英语民族史

导读典藏版

A HISTORY of THE ENGLISH-SPEAKING PEOPLES

VOLUME I
THE BIRTH OF BRITAIN

卷一
不列颠的诞生

WINSTON S. CHURCHILL
[英] 温斯顿·丘吉尔 著
薛力敏　林林 译　　林葆梅 校译

中共中央党校出版社

图书在版编目（CIP）数据

英语民族史：导读典藏版 . 卷一，不列颠的诞生 /
(英) 温斯顿 · 丘吉尔著；薛力敏，林林译 . -- 北京：
中共中央党校出版社，2022.7

书名原文：A History of thc English-Speaking
Peoples

ISBN 978-7-5035-7275-3

Ⅰ . ①英… Ⅱ . ①温… ②薛… ③林… Ⅲ . ①世界史
Ⅳ . ① K1

中国版本图书馆 CIP 数据核字 (2022) 第 040270 号

英语民族史 · 卷一：不列颠的诞生（导读典藏版）

策划统筹 马 瑞
责任编辑 孟宪爽
责任印制 陈梦楠
责任校对 王 微
出版发行 中共中央党校出版社
地　　址 北京市海淀区长春桥路 6 号
电　　话 （010）68922815（总编室）　（010）68922233（发行部）
传　　真 （010）68922814
经　　销 全国新华书店
印　　刷 中煤（北京）印务有限公司
开　　本 710 毫米 ×1000 毫米　1/16
字　　数 399 千字
印　　张 28.25
版　　次 2022 年 7 月第 1 版　2022 年 7 月第 1 次印刷
定　　价 268.00 元（全套）

微 信 ID：中共中央党校出版社　　**邮　　箱：**zydxcbs2018@163.com

王朝开启

25 万年前
不列颠岛开始有人类出现

公元前 13 世纪
伊比利亚人从欧洲大陆来到大不列颠岛东南部定居

公元前 700 年
凯尔特人不断移入不列颠群岛

公元前 55 年和前 54 年
恺撒两度入侵不列颠，迫使不列颠人臣服

公元 43 年
罗马帝国皇帝克劳狄一世率军入侵，不列颠成为罗马行省

5 世纪初
罗马帝国衰落，对不列颠的统治结束

5 世纪中叶起
盎格鲁－撒克逊人陆续侵入不列颠，驱逐凯尔特人
他们相继建立起十多个小王国，合并后剩下七个，史称“七国时代”

829 年
七国中实力最强的威塞克斯统一英格兰，
国王爱格伯特成为威塞克斯王朝第一代君主

英国王朝更迭

威塞克斯王朝（802—1066）***House of Wessex***

诺曼底王朝（1066—1154）***House of Normandy***

金雀花王朝（1154—1485）***House of Plantagenet***

都铎王朝（1485—1603）***House of Tudor***

斯图亚特王朝（1603—1714）***House of Stuart***

汉诺威王朝（1714—1901）***House of Hanover***

HOUSE OF WESSEX

威塞克斯王朝
（802—1066）

阿尔弗雷德大帝

Alfred the Great

（849—899）

威塞克斯王朝最杰出的国王，英国唯一冠以“大帝”名号的君主，被后人尊称为“英国国父”。他率领民众抵住了北欧海盗的入侵，构建了国家防御体系，提高了军队战斗力，同时他还完善法律体系、鼓励学术活动、重视发展教育，为后世统一不列颠奠定了基础。

HOUSE OF NORMANDY

诺曼底王朝
（1066—1154）

威廉一世
William Ⅰ
（约 1027—1087）

法国诺曼底公爵，英格兰诺曼底王朝第一任国王，号称“征服者威廉”。威廉一世严厉、残忍，且精力旺盛。他武力镇压各地反抗，进行军事改革，并在全国清查土地、财产和收入状况，以加强中央集权。

HOUSE OF PLANTAGENET

金雀花王朝
（1154—1485）

1399 年后，英国由该王朝的两支系
兰开斯特王朝（1399—1461，House of Lancaster）
及约克王朝（1461—1485，House of York）先后统治

亨利二世
Henry Ⅱ
（1133—1189）

金雀花王朝的首位英格兰国王。“他奠定了英国习惯法的基础，使后人得以在这个基础上添砖加瓦。它的‘图案’将有所改动，但‘外形’不会发生任何变化。”

亨利四世

Henry Ⅳ

(1367—1413)

金雀花王朝旁支兰开斯特王朝的创建者，去世时年仅47岁。他的王位继承权一直饱受质疑。亨利四世主张法治，反对国王拥有绝对权威，主张国王应由选举产生，王权应受到限制。随着动乱局势的发展，他最终改变了仁慈的本性。

爱德华四世
Edward Ⅳ
（1442—1483）

金雀花王朝旁支约克王朝首位国王，曾两次在位。第一次结束了兰开斯特王朝的统治，第二次击败了亨利六世复辟，达到权力顶峰。爱德华四世热爱和平，也在战争中锋芒毕露；他年轻时对政治没有热情，后成长为老成持重的政治家。

导 读 INTRODUCTION

读者面对的这部书，是温斯顿·丘吉尔历时 20 年写就的历史著作，即《英语民族史》。这一皇皇巨著共分四卷，以英国历史为主线，叙述了主要英语国家的历史。

一、《英语民族史》的价值

这一著作的价值，首先来自作者本身。温斯顿·丘吉尔在英国历史上是具有非凡地位的政治家，对当代英国乃至整个世界的发展走向产生了重要的影响。在这个意义上，他是历史进程的重要参与者和塑造者，历史人物看待历史本身就成为一种特殊的历史视角。正如其自己声言的，此书并不是要与历史学家的著述在专业上相媲美，而是从自身对历史事件经历的角度，阐述“个人的观点”。作为在国家危机时期深度参与国务活动的历史人物，其本身对国家整体历史进程的思考，就有了与专业历史学家不同的意义。恰如丘吉尔自己说的，“我以这样的身份”——历史经历者——“记述了过去那些对我来说显然是很重要的事情”，对阅读者具有多重的特别启示。一方面，我们可以从中寻觅其对“大英帝国”的执着与信念、执政理念和行为方式的历史根源；另一方面，亦可帮助我们理解其在重大历史活动中能够毅然作出艰难抉择的心路历程。

当然，历史著作的价值主要还是从其对历史的叙事中获得。丘吉尔是从比较宏大的历史视野去反观英语民族历史的，这让我们从其独特的叙事方式中获得对历史的整体性图景。这一著作从英语民族的起源、发展一直记述到1901年维多利亚女王逝世为止，即概述了英国各个历史时期的发展脉络，内容涉及政治、军事、经济、文化、宗教、社会等方方面面。与此同时，他也从一个英伦本土的视角，叙述美国、加拿大、澳大利亚和新西兰等英语国家的诞生过程，解释了它们与英国的关系。此外，本书亦从英语民族的视角详细叙述了欧洲历史上与英国有关的重大事件，如罗马帝国的兴衰、法国大革命的爆发、拿破仑帝国的兴亡、德意志帝国的崛起等，一方面从历史角度给读者展示出英语国家在世界中的发展脉络，为我们提供了一扇观察英语国家和世界的窗口；另一方面也给我们提供了一幅欧洲人从利益争夺走向帝国主义的历史。丘吉尔告诉我们，“到19世纪90年代，所有的工业强国都产生了建立帝国的欲望，英国、法国和德国在寻求新的殖民地和市场方面尤其活跃。……美国人有了强烈的进取精神”（4—242），“地球另一边的日本也迫切走上备战之路”（4—283）。列强带给受害者无尽的苦难，但是却给自身带来利益、“荣耀”，并且成为缓解国内矛盾的方法。正是美国与西班牙之间争夺殖民地的战争，“治愈南北战争的创伤”，“这次战争还表明，美国人民充分意识到了美国作为世界强国所拥有的力量”（4—244）。由此可见，这一著作也可以说是以盎格鲁－撒克逊民族为中心的殖民主义者和帝国主义者的自画像。

这部历史著作的价值，还体现在其独特的叙事方式和语言风格上。作为于1953年因写六卷本《第二次世界大战回忆录》而荣获诺贝尔文学奖的政治家，基于其政治家特有的高度所选择的史料、看问题的视角，叙事中代入的情感，修辞中体现的话锋，都带有其独特的个性魅力。另外，字里行间也能够感受到丘吉尔对自己国家民族传统的热爱之情以及他对国家的责任感和使命感。譬如，他引用探险家汉弗莱·吉尔伯特的话，“一个人如果怕死而不愿为国家效力，不愿意为自己争光，那么他虽生犹死。须知人终有一死，而荣誉则永世长存”（2—101）。他赞颂“英国人在军事上的勇敢和位居欧洲强国之首的自我意识”（3—48），还认为，在英国曲折的历史中，仍然“有普遍的道德观念，有可贵的传统，更主要的是有一种民族精神”（1—348）。甚至他对奋起抵御英国入侵的法国圣女贞德也不乏赞美之词，说她解放了养育自己的土地，赢得了光荣，因而大放异彩。这些饱蘸情感甚至偏见的生动文字，无疑增加了本书的可读性。

二、统筹“两个大局”，领导干部要多读历史

习近平总书记说，“历史是最好的教科书”。人类是历史生成性存在，人类文明是历史支撑起来的。如果没有人类的历史创造活动成果的积累，我们的生活现实就不可能达到现在的状态。越是了解历史越能看得长远，越是理解历史越能把握现实。掌握历史发展的规律，能够让我们走得更加稳健。大历史观要求我们从更长的历史时段去看社会的发展，从更加宏阔的国际视野看具体的事件，从更加宏大的系统观念和全局观以战略性思维去思考解决问题的策略。

目前，中华民族伟大复兴已经进入不可逆转的历史进程，而世界正经历百年未有之大变局。在新的时代背景下，中国日益走近世界舞台的中央。我们不仅要学习中国的历史，而且应该广泛了解世界历史。学习中国几千年辉煌历史，我们可以从中获得历史的根基感，坚定历史自信；广泛阅读世界史，我们可以从中获得许许多多的宝贵借鉴，丰富我们的认识，扩大我们的视野，让我们始终保持历史清醒。英国是第一个现代化工业国家，并且在殖民扩张中一度成为“日不落帝国”，给当代世界留下了不可磨灭的印迹；美国

仍然是当今世界最有实力的国家。在当今世界，西方文化的主导权，实际上就是盎格鲁－撒克逊文化的霸权。在世界处于变革动荡的当下，了解主要英语国家的历史，对于广大读者尤其是党政干部而言意义不言而喻。

今天，世界形势发生重大变化，进入动荡变革期。我国必须统筹中华民族伟大复兴战略全局和世界百年未有之大变局，才能使民族复兴的航船成功到达彼岸。人们常说，“它山之石可以攻玉”，阅读这部由所谓大英帝国最著名的国务活动家之一撰写的历史著作，显然能够给我们一些历史的启示。

首先，是要实现国家内部的民族团结，这样才能凝聚力量，抓住国家发展的历史机遇。例如，丘吉尔特别强调国家统一的重要性，如他指出“同苏格兰重修旧好是英格兰强盛的必要之举”（3—48）。他还以奠定大英帝国基业的重臣皮特的话说，国民“要团结一致”（3—120），才能成就英国的辉煌。丘吉尔指出，“英国人民协力奋斗”（4—3），从而创造了英国的霸权。另外，丘吉尔在为英国君主制辩护时认为，“在这个制度下，英格兰人世世代代为祖国的强盛而斗争，而法国和德意志则在内部纠纷中日益衰落”（2—70）。他的论点不一定正确，在他有生之年英国似乎是比法、德两国成功一些，但在其身后按照 GDP 排名的话，英国显然已经落到了德国之后，即使与法国相比也是伯仲之间而已。不过，国家内部的团结与稳定是国家强盛的前提，这一点的确值得重视。

其次，读这一著作让我们认识到，一个国家经济政治制度和文化传统，是复杂的历史演化的产物，英国的制度、文化和价值观演变在这方面表现得淋漓尽致。入主英国的盎格鲁－撒克逊人“把日耳曼各部落的一条共同原则带到了不列颠，即通过金钱的力量维护人与人之间的法律关系。如果有什么平等的话，就是社会各个阶层内部的平等；要说有自由，主要是有钱人的自由；如果有权利，也基本是财产带来的权利”（1—56）。他们用金钱规定每个人的精确价格。一个王子值 1500 先令，一个贵族值 300 先令，下层自由民值 100 先令，农奴根据其价值则在 40 到 80 先令之间。诺曼人又把军事等级制度带入不列颠社会，并且逐渐与盎格鲁－撒克逊的制度融合起来。以至于到金雀花王朝的亨利二世，一位语言和习惯不同于不列颠的法国人却塑造了英伦“国家的雏形，其轮廓至今依稀可辨”（1—166）。读这本书能够让我们认识到，民主的来源并不像西方自诩的那样是什么理想主义的产物，而是各种私利相互较量、纠缠甚至歪打正着的结果。鉴于当时的封建制度，国王的权力大，贵族的权力就比较弱。国王的地位软弱，贵族的力量就强大。譬如，被后来的人神化了的《大宪章》，实际上是 13 世纪前叶封建贵族与国王就权力平衡而钩心斗角的结果，或者按丘吉尔的说法，“只是心怀不满而坚持特权的统治阶级强迫国王补偿损失的产物”，在其中既看不到民主的影子，更看不到对普通人民的保护。到 17 世纪，试图制止斯图亚特王朝侵犯臣民自由的国会反对派重新发现了《大宪章》的可利用价值，英格兰人自由宪章的“光荣传说”就由此产生了。不过，很多有价值的东西就是这样历史性地产生的，《大宪章》让后来的英国人逐渐意识到：宪章既然具有了法律的意味，所有人都应该遵守，那么法律就应该居于所有人之上，即使国王也不能违背。另外，英国制度中的上院与下院的起源，也不是像现在将所谓西式民主理想化的那些人讲的那样有什么“普遍意义”，反而都是利益权衡和交换的产物。即使近代以来的所谓民主，也不像西方人自诩的那样高大上。丘吉尔承认“当时的资产阶级不是我们心目中的现代民主派，他们由于某些原因不信任民众，却打算煽动并利用民众去反对‘拥有特权的’贵族”（3—205）。丘吉尔在谈到美国的宪法时也指出，“成文的宪法当然会带有刻板僵化的弊端。无论多么高瞻远瞩的人，都无法提前制定出能解决未来问题的条例”。美国宪法起草者“作出了可以修改宪法的规定，他们起草的宪法也比较灵活，可以进行修改。但是修改宪法必须遵循先驱们的指导原则，在讨论中通过，并为大众普遍接受”（3—194）。可见，任何政治制度都是历史性的，都要经过无数历史风雨的洗刷，才成为现在所看到的样子，而“现在”仍然是历史发展中的一个环节而已。

再次，从丘吉尔对国王、重臣和将领的重点叙述中，我们仍然能够看到一个国家崛起的画面，这个画面的底色告诉我们：生产力和经济发展是国家繁荣崛起的基础。作为一个国务活动家，丘吉尔认识到，正是钢炉、矿石、铁路和工厂给英国创造出“各种财富，使英国人的生活逐渐好转”。“19 世纪中叶，英国在工业领域处于绝对优势。”（4—51）1851 年万国工业博览会主展厅“水晶宫”的惊艳亮相，是英国荣光时刻的标志。“英国比邻国更早尝到了工业革命的甘苦。她获得新的力量，享受到新的繁荣。”（4—7）而且“所有这些事业不是由政府主持的，而是由个人兴办的，它们将使英国成为 19 世纪世界头号工业强国”（4—45）。尽管受阶级立场的限制，他无法认识劳动人民的历史作用，但他也触及阶级斗争与历史之间的互动。他指出，从工业革命开启之后，“地主阶级的统治地位即将终结，自由贸易似乎对制造业至关重要，而英国行将称霸制造业”（4—45）。

又次，丘吉尔的英语民族叙事，给人一个重要的启示，即语言和文化传统在民族融合形成过程中具有不可替代的重要性。可以说，语言是人类有意义存在的家园，是文化的最直接载体。正是不断进化的语言让人区别于动物，而且有了文字人类才跃升到文明阶段。人们讲什么语言，就会成为什么样的人。不列颠岛上不断上演外敌入侵鸠占鹊巢的历史剧，但基于民族冲突和融合过程而演化形成的英语，却把具有多重来源的人们塑造成为讲英语的民族。布立吞人被迫学习罗马征服者的拉丁文，随后是盎格鲁－撒克逊人的语言，再后来是法文随威廉征服进入不列颠，英文之中多了许多法语词。随着英美两国连续的霸权，塑造了当今世界的语言地图。可以说，英语已经成为英国、美国等国家的重要资源。丘吉尔指出：“我使用‘英语民族’（English-speaking peoples）一词，是因为没有任何其他词汇能够既适用于不列颠群岛的居民，也适用于某些独立国家——这些国家本身及其语言源自英格兰，许多制度也沿袭了英格兰传统，并至今仍然保持着这些赠礼，且根据各自的情况加以充实和完善。”（1—前言 ii）英国国家“在语言、传统和法律方面基本上还保持着一致”（3—前言 i）。我们看到，当今世界臭名昭著的“五眼联盟”成员——美国、英国、加拿大、澳大利亚和新西兰——都是英语国家。由此可见，语言对认同整合的重要作用。

最后，读丘吉尔的书，能够让我们理解当今英国政治和国际关系的某些历史渊源。意大利哲学家克罗齐曾经说，“一切历史都是现代史”。丘吉尔也有类似的看法，不过他与克罗齐那种哲学家特有的普遍全称判断不同，其理解更具个体生命的体验。丘吉尔指出：“若非不断地把漫长的历史时期同我们短促的一生经历联系起来，就无从了解历史。”（1—39）从英国内部几个组成部分特别是英格兰与苏格兰之间理不清、割不断的历史，以及北爱尔兰问题的由来，我们仍然可以看到历史在当代英国政治现实中的影响。在文化的起源上，英格兰、苏格兰、威尔士以及北爱尔兰都是有差异或有“断层”的，以至于“一个优秀苏格兰人的标志，就是仇视英格兰”（1—262）。历史上，这种断层不时成为民族之间矛盾纠葛的原因，直到今日，仍然时常引起英国政治的地震，如苏格兰持续不断存在着试图独立的倾向。再有，丘吉尔承认，历史上英格兰人对爱尔兰的征服、屠杀和残酷统治，“造成的后果至今还影响并破坏着英国的政治生活。为了消除这些后果，我们世世代代费尽精力，可是收效甚微”（2—237）。正因如此，历史记忆及北爱尔兰问题，让英国与爱尔兰之间的龃龉关系到现在也无法真正解决。另外，从丘吉尔栩栩如生的故事叙事中，我们也可以发现英国与法国之间斩不断、理还乱的复杂历史渊源。

丘吉尔在书的前言中指出：“任何一个国家或地区都有自己的历史。只有了解这些历史，才能理解我们今天面临的问题、危险、挑战和机会。”他声言，“回顾我们祖先遇到的波折和苦难，不仅会为今日的英语民族增添力量，也将为实现世界大联合起到微小的作用”（1—前言 xii）。丘吉尔不仅对英国的历史感到自豪，而且还希望通过自己的著作弘扬英国的精神。从中，我们可以窥见某些可以借鉴或应该保持警醒的东西。

三、今天，我们应该怎样来读《英语民族史》这部书

丘吉尔的史观是错误甚至可以说是荒谬的。不仅体现为英雄创造历史的唯心史观，而且还有令人憎恶的殖民主义史观、深入骨髓的西方中心论，行文中往往会流露出盎格鲁－撒克逊文化优越论、英国贵族传统的傲慢和阶级偏见。

首先，丘吉尔在书中往往为资本主义的剥削与压迫本质辩护。可以说，英国历史也就是一部殖民史，“撒克逊人和北欧人曾经使英格兰殖民化，1000年以后，他们的子孙又开始占据美洲大陆”（2—146）。正如美国学者麦克尼尔指出的，欧洲人时代精神的“特点是集尚武精神和商业精神于一身，这一特点植根于过去的野蛮时代。北欧海盗和商人是11世纪北海商人的嫡系祖先。海盗劫掠成功总得找地方销赃。在地中海世界，至少从迈锡尼人开始，贸易和劫掠之间就没有明显的界限”[1]。较早生活在不列颠群岛的是作为凯尔特一支的布立吞人，先是被罗马人征服成为罗马帝国的海外行省，后是日耳曼盎格鲁－撒克逊人对凯尔特人的血腥征服，接着这些定居下来的盎格鲁－撒克逊人又面临来自斯堪的纳维亚半岛的挪威人和瑞典人特别是丹麦人侵袭和掠夺，后来又有诺曼人对英伦的血腥恐怖征服；随后则是英国人的对外征服。欧洲人的掠夺本性逐渐转化为近代的殖民侵略，“血与火”的罪恶成就了其历史性崛起，最初是在欧洲的征伐，随后是在全球范围内的征服。不过，通过阅读这部历史书，我们能够更好地理解英国的殖民主义和基于英国文化发展起来的所谓自由主义传统之间的基因联系。另外，如果按照丘吉尔的说法，“美国的扩张力量如同炸药般”，那么美国一独立就开始的“帝国宏图的神话”（4—110）显然是盎格鲁－撒克逊传统的延续和发扬而已。但是，通

---

1 〔美〕威廉·麦克尼尔：《竞逐富强：公元1000年以来的技术、军事与社会》，孙岳译，中信出版集团2020年版，第60页。

过阅读我们可以从中认识到，基于丛林原则的西方自由主义传统，以及英国19世纪盛行的社会达尔文主义，实际上是英国历史的产物。

其次，丘吉尔在书中往往为英国的殖民扩张辩护。实际上，英国的现代史就是一部殖民扩张的历史，而且是对殖民地人民“血与火”残酷掠夺和压迫史。1649年，在英格兰对近邻爱尔兰的战争中，克伦威尔的部队可以对爱尔兰人进行斩尽杀绝式的屠城，那遇到肤色不同的其他种族，英国人更加残酷无情也就可以理解了。由于天气或“运气”的帮助，英国在与西班牙舰队的海战中取得胜利，“开辟了通过冒险活动赢得财富和荣誉的广阔前景”（2—110），从而在葡萄牙、西班牙之后成为最为成功的殖民大国，将北美大部分、南亚次大陆、整个澳洲、南部非洲等地方纳入其海外版图。殖民侵略对英国的崛起起到了推波助澜的作用，正如丘吉尔承认的，“新大陆的财富迅速影响了欧洲的原有格局”（2—12），“殖民地在这方面起着不可或缺的作用”，不仅提供“重要的原料”，而且“为日益发展的英国制造业提供市场”（3—105）。丘吉尔还不忘对英国的扩张进行辩护，认为在印度，“只有英国的统治才能避免杀戮、专制和无政府状态”，是“东印度公司不情愿地，甚至无可奈何地主宰了印度四分之三的地区”（3—175）。他还说，是因为英国镇压“印度暴动……为大英帝国的崛起铺平了道路”（4—60）。看到这里，不仅暴露了其白种人的傲慢，而且是典型倒果为因的强盗逻辑。不过，有时他也说一些真实的意图，如“英格兰民族的人力和物力需要新的出路”（2—137），这表明基于民族私利的扩展，才是英国走上帝国主义道路的根本原因。

最后，丘吉尔在书中充斥着唯心史观的论调，在其对历史描述中，到处都是对英雄人物的赞颂，甚至把那些他看来的高贵品质与贵族的血统联系起来，他对镇压太平天国运动的戈登人格上的溢美之词尤其让我们难以接受。对此，我们必须从唯物史观的基础上加以审视。丘吉尔热衷于描写国王与贵族之间为争权夺利钩心斗角、相互残杀，权贵之间为争夺王位和统治权上演的各种尔虞我诈、出卖与背叛。但是，透过这些历史浪花和泡沫，我们仍然能够发现历史发展的动力之所在，如技术发明和生产力的提高对社会发展以及国家综合实力的重要意义。在中世纪，借助杀伤力比较大的“大弓”，英格兰逐渐取得了军事上的优势。如果说过去是欧洲大陆和北欧的入侵者一直对英伦保持压力的话，而快到 14 世纪中叶时，英格兰开始以充满优越感的眼光看待欧洲大陆了。后来，随着文艺复兴和宗教改革运动的蔓延，科学以及新大陆的发现，火药使用以及蒸汽机的发明，工业革命终于把英国推上了世界霸权的顶峰。当然，在其中，工业资产阶级与地主阶级也进行了许多斗争，尽管两个阶级都对底层民众持有戒心。另外，丘吉尔那些栩栩如生的故事也不是一点价值没有，他可以让我们意识到在危机四伏的历史进程中，领导者必须具有冷静坚毅、深谋远虑的品质以及纵横捭阖的能力。

虽然丘吉尔的历史观是有问题的，但我们仍然可以从中发现一些难能可贵的地方。在他书中有对贵族“淋漓尽致”的贪婪和对底层人民压迫掠夺的控诉，也有对教皇和高级教士“贪得无厌”生活堕落的指责，有时甚至对底层百姓也表达某种同情。他指出，历史上很长时间内，黎民百姓没有任何权利，包括新生的中产阶级在内的统治阶级，“尽管彼此进行着你死我活的斗争，但在压制百姓这一点上却总是一致的”（1—309）。他甚至引用托马斯 · 莫尔的话，说政府“就是富人以国家的名义进行强取豪夺的阴谋手段”（2—76）。尽管丘吉尔的立场是站在统治阶级一边的，但从其叙事的字里行间，我们仍然隐约可以看到底层人民如农奴反抗与“暴动”（按照我们的历史观，应该是“起义”）对历史进步所起的作用。如 14 世纪 80 年代，威克里夫对占有大量土地和财富的教会权威提出质疑和挑战，他发起的运动虽然失败了，但敢于同“教会进行斗争的可贵精神，在英国人民中间保存了下来”，“争取真正自由的坚强信念在英格兰没有消失”（1—305）。

总之，我们应该以唯物史观的立场、观点和方法来读这一著作。

习近平总书记在许多场合提出，要坚持辩证唯物主义和历史唯物主义的方法论，树立大历史观，以历史思维理解历史、时代和现实问题。我们应该深刻认识和理解习近平总书记大历史观的深邃哲学意蕴，保持历史清醒、强化历史自觉、增强历史自信，以历史主动精神把握中华民族伟大复兴的历史进程和当代世界发展大势。大历史观让我们更清楚地理解，像法国大革命、工业革命、美国独立战争这样具有世界历史意义的事件，只能放在长时段的历史中才能真正加以把握。由此，我们就能够理解为什么丘吉尔在讲述英国时，总是离不开世界特别是欧洲的背景。只有广阔的视野，才能让他认识到应有的真知灼见，如“但到了18世纪末，人们并未预见到美国的远大前途，就连她本国的政治家也没有预见到”。美国革命在当时并没有产生多大的影响，“在欧洲，自由、平等与民主的动力……来自法国”（3—202）。另外，唯有大历史观才能让我们理解，任何一个民族国家的崛起都会遇到许许多多的曲折，无论是经济发展、政治变革、社会进步和军事活动，都不是浪漫主义诗歌里的“高歌猛进”，而是充满了迂回、挫折和无数的不确定性，必须有高瞻远瞩的眼光、坚忍不拔的韧性、为民族大业而奉献的精神和泰山压顶不弯腰的定力，通过持续不断的奋斗甚至流血牺牲，才能塑造这个民族历史的辉煌。

韩 震

2022年4月3日于北京师范大学

哲学思维与社会发展战略研究中心专家工作室

前　言　PREFACE

大约 20 年前，笔者就开始写这部史书，第二次世界大战爆发的时候，已经写了 50 万字左右。1939 年 9 月 3 日，当我到海军部工作的时候，还有大量的篇幅尚待校对，此书遂搁置起来。大战历经约六年，此后，我又用了更长时间撰写战争回忆录，本书便始终搁在一边。直到现在，一切都平静下来了，《英语民族史》（*A History of the English-speaking Peoples*）才得以问世。

如果以前需要这样一部书，现在当然也需要它。在本世纪里（指 20 世纪），不列颠帝国和美利坚合众国第二次并肩应对战争的灾难，且规模是人类历史上前所未有的。在大炮停止轰击、炸弹停止爆炸之后，我们进一步认识到，我们对全人类负有共同的职责。语言、法律以及到目前为止的历史发展进程已经提供了独特的基础，使我们的目标日趋一致。在刚动笔的时候，我认为，这个一致的目标可能会对人类命运产生重大影响。在 20 年后的今天，我认为，实现这种一致目标的必要性丝毫没有减少。

恰恰相反，这方面的工作更加有力，也更加现实，人类的眼界也有所拓展。在大西洋两岸以及英联邦各成员国，人们普遍感受到兄弟般的温暖。新的一代即将诞生，许多有深远意义的实际措施正在施行。把英语民族作为一个整体加以考虑，决不等于某种狭隘观念：它不等于使世界事务朝某个特定的方向发展，也不等于禁止建立联合欧洲或其他类似组织——这些组织完全可以在我们所建立的世界组织中占一席之地——相反，它能使这些组织更实际、更有生命力。人们越来越清楚地认识到，如果形势有利，英语民族可以伸手指出正确的道路；如果形势不利，只要我们有力量，也可以实现自保。

此书并非要同历史学家的专著相媲美，它只是阐述个人的观点，写出全世界英语民族的特殊地位和独有特质，及这一切的形成过程。我对当代的重大历史事件并非全无经历，我以这样的身份记述了过去那些对我来说显然是很重要的事情。我使用"英语民族"（English-speaking peoples）一词，是因为没有任何其他词汇能够既适用于不列颠群岛的居民，也适用于某些独立国家——这些国家本身及其语言源自英格兰，许多制度也沿袭了英格兰传统，并至今仍然保持着这些赠礼，且根据各自的情况加以充实和完善。

本卷追述了从蛮荒时代到欧洲人发现新大陆前夕英语民族的历史情况，以博斯沃思战役[1]而告终。这次战役发生在1485年，是英国在动荡不安的中世纪的最后一次战役。同年，英国建立了一个新王朝。七年之后的1492年，哥伦布在美洲登陆，从此开始了人类历史的新纪元。

* * *

不列颠岛是本书内容的中心。这个岛离欧洲大陆只有一水之隔，它的西部和北部群山起伏，东部和南部则地势平缓，都是树林密布的河谷、一望无际的丘陵和水势缓慢的河流。不管在和平时期还是在战争年代，不管是海盗

1 Battle of Bosworth Field（1485），英国历史上的重要战役，发生在兰开斯特家族和约克家族之间，约克王朝末代国王理查三世战死。——编者注

还是商人，不管是征服者还是传教士，都可以轻而易举地踏上这块土地。岛上居民对欧洲大陆上的权力易手、信仰变化乃至各种时尚并非无动于衷，但是，他们对来自国外的每一种习惯和原则都作出独特的改动，烙上自己的印记。这个岛曾是罗马帝国的行省，后来联系中断，在中世纪的剧烈动荡中任凭浮沉；它回到基督教世界的怀抱，可是几乎又被丹麦的异教徒拖出这个世界；它取得胜利，获得统一，却已经筋疲力尽，几乎不抵抗地屈服在诺曼征服者的脚下；它似乎淹没在庞大的天主教封建制度中，可是又以自己特有的英姿重新屹立于世界之中。它的文化和语言既非纯粹拉丁化，也不全是日耳曼化。它有一整套习俗，有的是丹麦人和他们之前的撒克逊人带来的规矩，有的是从罗马法典中摘出的法律格言——不管这些习俗的最初来源是什么，它们在炉火锻造中形成了习惯法。于是我们看到，在 13 世纪的英格兰产生了《大宪章》[1]，也产生了早期的国会。

当我们透过历史长河上的雾霭回首凝视时，旧石器人和新石器人依稀可辨，也可看见远古巨石纪念碑的建造者，还可以看见带着酒杯和青铜工具离开莱茵兰的移民。他们当中的某个人可能曾经站在如今多佛一带绿草如茵的山坡上，指着脚下的峡谷对孙子说：“那条小湾里的海水比我小的时候又涨高了。”而他的孙子到老年时，大概已经看到汹涌的海涛推着白色的浪花漫卷整个峡谷，冲刷芳草萋萋的山坡，使之成为陡峭的秃崖，从而把英吉利海峡同北海连接起来。从此，法国或比利时平原的部族再也无法徒步到英格兰南部绿树葱茏的山谷和丘陵地带狩猎觅食，驾着独木舟在平潮时渡溪流而来的时代也一去不复返了。现在若想到不列颠来的人必须乘着大船，还要对付英吉利海峡的迷雾，并驾驭那里的潮汐。这需要大胆谨慎，而且即使这样，也未必能如愿以偿。

1 *Magna Carta*，英国封建专制时期宪法性文件之一，于 1215 年 6 月 15 日在兰尼米德草原签署。——编者注突然，迷雾驱散了，人类历史的阳光一度普照不列颠。恺撒[1]对不列颠的入侵只是一段毫不相干的插曲。但它表明，罗马帝国[2]的力量和地中海文化不一定要受大西洋海岸的限制。恺撒在迪尔的登陆弥补了大自然劈开的裂痕。在漫长的一个世纪中，罗马世界在内战中耗尽力量，或者说在新的帝国体制下慢慢地恢复元气，而不列颠则局促不安地处于同欧洲大陆若即若离的状态中，同时也通过贸易及和平交往吸收了西欧文化的某些特点。后来，罗马一声令下，罗马军团便扬帆而来。不列颠从此成为罗马帝国的行省，这种地位维持了近400年。在这个不短的时期里，不列颠有大部分时间处于安谧的生活中。她那么安详、繁荣而又平静，以致史卷没有什么可记载的。那么这段时期过后留下了什么呢？留下了壮观的罗马大道，虽然此时有的地段已被森林所覆盖；留下了规模宏伟的罗马墙，虽然此时已是支离破碎的断壁残垣；还留下了要塞、集镇和乡宅——罗马人之后的入侵者看到这些建筑物的遗迹不禁肃然起敬。至于罗马的语言、法律和制度，却没有留下什么痕迹。但是，如果因此而认为罗马的统治没有丝毫影响，那就错了——它为基督教的巩固提供了时间。在遥远的西方，有一个很小的基督教王国由于野蛮人的入侵浪潮而与世隔绝，它虽然受到严重的困扰，但是因为有群山作为屏障，得以保存下来。后来，基督教信仰从爱尔兰重返苏格兰，使野蛮人处于古典文化的包围之中；罗马人则铭记着，不列颠曾经是基督教世界的一部分，以后可能重新回到它的怀抱。

不列颠岛并非完全同大陆隔绝。它的东南部始终同海峡彼岸的法兰克兄弟保持着一定的联系，罗马的传教士因此可以来岛上传教。他们带来了新的信仰，这种信仰在某些地区受到暂时的顽强抵制，但随后便以惊人的速度传播开来。他们还带来一种新的政治制度，即教会机构。这个机构将有自己的

1　Cæsar（前100—前44），政治家，罗马共和国末期的军事统帅，罗马帝国的奠基者，被暗杀身亡。——编者注
2　Roman Empire（前27—公元1453），以地中海为中心，跨越欧、亚、非，分为西罗马帝国和东罗马帝国。中国史书称其为大秦。——编者注

领袖和官员，召开自己的大会，制定自己的法律——当然，这一切必须以适合岛上居民的古老传统为前提。他们还为教会与国家关系的分歧撒下了种子，这颗种子不断生长，1000 年以后几乎使二者的共同基础一分为二。不过，那是以后的事情。当时颇为重要的是，由于英格兰信奉基督教，而它又变成西欧世界的一部分，所以英格兰传教士不久将到大陆上履行自己的使命——英格兰朝圣者将越过阿尔卑斯山脉，去瞻仰罗马奇观，朝圣者中也有公子王孙，他们在尘世做了虔诚的事情，希望死后在耶稣使徒们的墓旁安息。

不仅如此，英格兰人还有一种组织，它不受语言和习俗纷杂的影响，甚至不被国度不同所限制。不管诸王国之间进行如何激烈的斗争，教会是统一而不可分割的：它在各地举行同样的宗教仪式，它的教士被奉若神明。肯特王国[1]失去早年的强盛，诺森布利亚王国[2]被默西亚王国取而代之，而坎特伯雷和约克的地位却永不衰落。俗界人士写了许多年鉴，其中都是记载征伐残杀之事，内容贫乏，篇幅冗长，同英格兰教会的光辉成就形成鲜明的对比。基督教世界最伟大的学者是诺森布利亚的一位修士，最受欢迎的作家是威塞克斯的一位修道院院长，最早到德意志传教的是德文郡的博尼费斯，查理曼帝国[3]文化振兴事业的中坚是约克的阿尔昆。

但是，不列颠岛上朝气蓬勃、繁荣兴旺和尚带稚气的文化得不到有力的军事保护。北方动乱迭起，丹麦海盗一再到波罗的海和挪威的海湾去抢劫财物，为密集的人口寻找新的乐园。不列颠有许多黄灿灿的金子、精巧的金属制品和珍贵的刺绣，这些东西收藏在毫无防御力量的教堂和修道院里。不列颠岛缺乏舰队的防护，也没有能够统一全岛力量的君主，野蛮人可能以为这些财物是专为他们保存的礼物，可以随时前来取走。英格兰平原上那些宽阔

1 Kingdom of Kent，位于今天英国的肯特郡区域，由日耳曼部落中的朱特人创建。——编者注

2 Kingdom of Northumbria，由盎格鲁人建立的王国，最初由伯尔尼西亚和德拉这两个独立的小王国组成。——编者注

3 The Empire of Charlemagne，因建立者查理曼而得名。查理曼即查理大帝，原是法兰克王国加洛林王朝国王，因此查理曼帝国又被称为加洛林帝国。——编者注

而缓慢的河流使野蛮人的大帆船得以长驱直入，驶到英格兰的中心地带。这支行动迅速且纪律严明的武装匪帮骑马或徒步登陆以后，从田间仓促召集起来的农民如何能够抵挡得住呢？这场风暴一爆发，英格兰北部、中部和东部立即被它的怒涛所压垮。倘若威塞克斯[1]也屈膝投降，那么整个英格兰就统统被征服了。侵略者的行动逐渐表明，他们来此既是为了抢掠，也是为了拓居。

这场风暴终于过去，人们可以计算一下他们的损失了。从东海岸中部深入德比郡的广大地区落入丹麦人的手中，这些已经变成农民的航海者仍然保持着军队的组织。但是，已经发展成为欧洲北部重要港口之一的伦敦和整个南方没有沦陷，那里是王室的大本营和力量所在；同欧洲大陆的联系也没有中断。阿尔弗雷德大帝[2]的王朝进行了多年的努力，通过和平方式和艰苦的战斗取得了优势，重新统一了全国。这方面的成就非常显著，以致丹麦人取代英格兰国王的短暂统治对历史没有产生多大的影响。阿尔弗雷德也是一名基督教徒，他也到罗马朝圣过。在这个简短的插曲之后，原来的王族得以复辟，而且可以把王位世代相传下去。可是，在1066年10月至圣诞节这短暂的三个月里，发生了惊人的变化。法国一个既非最大也非最强省份的统治者渡过英吉利海峡，登上了英格兰的王位。

* * *

诺曼人[3]所闯入的社会是一个王国，她对所有讲标准英语的人有绝对的权威，并对威尔士人和苏格兰人有一定的君主权。可以说，她由国王通过政务会实行统治，政务会由教俗两界的贤人组成，即主教、修道院院长、大地主和官

---

1 Wessex，意即“西撒克逊”，约495年撒克逊人建立的王国，也译韦塞克斯。——编者注

2 Alfred the Great（849—899），英格兰威塞克斯王国国王（871—899年在位）。他带领英格兰人民第一次迫使北欧海盗节节败退。——编者注

3 Norman，7世纪到11世纪，攻占了法国北部的维京人及其后裔。1066年，诺曼人攻打英国并成功，其后诺曼公爵威廉一世成为英国国王。——编者注

廷官员。就这一点来说，她同那些在罗马帝国废墟上建立起来的王国没有任何区别。最后一位强大的国王死后，她还表现出削弱王权、破坏统一和分裂割据的危险趋势。不过这只是趋势而已，因为人们仍然普遍认为，王国是不可分割的整体，王国的秩序人人应该遵守。在这种秩序里，许多异常复杂的权利和义务使人与人紧密地连在一起，而这些权利和义务在郡与郡之间有很大的差异，甚至在邻近的村庄之间也迥然不同。但总的说来，英格兰人的原则是：自由人可以自己选择领主，战时随他出征，平时为他工作；而领主则必须保护他们不受邻居的侵犯，并且在法庭上支持他们；此外，他们还可以投奔新领主，从他手中得到土地。这些领主组成统治阶级，其中的大领主参加国王的政务会，较小的领主是郡或区的要人。当自由人在法庭上澄清某个问题的是非曲直时，领主的话是举足轻重的。可是，我们并不能说形成了绅士阶级，因为撒克逊人在贵族和农民之间画了一条分明的界线，没有产生中间阶级的余地。不过，当时有产生绅士阶级的胚胎，后来它终于发育长大，最终成形。

诺曼人推行新制度的时候，英格兰就是处于这样一种状态。征服者威廉[1]继承了以前各代国王的一切权力，但是他的政务会成员主要是在法国生长和讲法语的人。国王制止了割据的趋势，他的法律在全国各地得到遵守。附庸与领主关系的灵活性被大大减少，以适应更先进或曰更合乎逻辑的诺曼原则——附庸与领主的关系不仅受道义和法律的约束，也受物质的影响。这样，如果某人是附庸，他所领有的土地以及对领主的效劳可以决定他的地位；如果他是领主，他可以对附庸发号施令。诺曼时代的统治阶级是比撒克逊时代更彻底的地主阶级。

英格兰虽然在猛烈的推动下再次同大陆联系起来，并入西欧的封建制度，但她仍然保持着自己的特性。这种特性表现在她脱离欧洲之后的五六百年里

1 William the Conqueror（约 1027—1087），即威廉一世，英格兰国王（1066—1087 年在位），欧洲中世纪最具影响力的君主之一，也被称为“私生子威廉”。——编者注

逐渐形成的制度中，并将得到迅速的发展。英格兰原来的官僚贵族被以财产和附庸的忠诚为基础的诺曼贵族所取代，平民在忙忙碌碌的太平生活中富裕起来。在这种生活中，英格兰人和诺曼人迅速融为一体，不久将从中产生大陪审员、地方治安官、郡选议员、不居高位而有很大权力的贵族以及国王本人。这已是遥远的过去了。同时，我们可以描绘出亨利二世统治时期的英国政治格局：国王的地位强大，他通过法官和郡守控制着全国的每一个角落；教会拥有实力，它同国王和解，使双方的权利都得到承认；贵族富有，刚愎自用，根据惯例，国王在所有国务问题上必须同他们商议；维持地方统治的绅士阶级有所扩大；国王身边的官员都是精通法律和财政的人。还必须提及的是，由于社会秩序良好、海陆交通安全和商业发达，各个自治市的财力愈加雄厚，地位日益重要。

*　　*　　*

站在此处展望未来，我们可以看到君主的重要作用。在诺曼人征服英格兰后的一段时期里，出现了三位强有力的统治者：威廉国王残酷无情，意志坚定，在英格兰建立了一整套诺曼制度；他的儿子亨利一世[1]目光远大，处事稳重，是一位匡世之才；亨利一世的孙子亨利二世[2]是一位伟大的政治家，他认为，国家的统一和国王的权力互为唇齿，为了巩固二者，唯一的办法是以一定的代价遍伸正义，并且用王权加强这种做法。在金雀花王朝[3]统治时期，某些关系显出紧张的趋势。国王对贵族施加压力，开始驱逐长期效劳的谋臣。我们需要一位能干的国王来维护法律，但他必须是一位公正的国王，必须为了众人的利益维护这些法律，而不是单纯为了保护或扩大自己的利益。

1　Henry Ⅰ（1068—1135），英格兰诺曼底王朝国王（1100—1135 年在位），威廉一世的幼子。——编者注

2　Henry Ⅱ（1133—1189），金雀花王朝的首位英格兰国王（1154—1189 年在位）。——编者注

3　The Plantagenets，也称安茹王朝，1154年由亨利二世创立。据说因亨利二世的父亲帽上常插金雀花而得名。——编者注

约翰国王[1]登基以后，英格兰开始了大规模政治实验的时代。

任何一个从童年时代起就听说过《大宪章》的人，如果他读到纽约最近隆重接受《大宪章》的一份副本的消息，并且初次拿起这个历史文献拜读一下，便会深感失望。他会同意某些史学家的主张，不把它译为“自由大宪章”（the Great Charter of Liberties），而是译作“一长串特权目录”，这些特权是损害国家利益的贵族特权。其原因是，我们的法律概念同祖先的法律概念完全不同。我们认为，法律是随着环境而不断变化的，如果一个政府不积极立法，它就应该受到谴责。中世纪的社会变化缓慢，其社会结构是由习俗和教令决定的，因此人们认为，法律是一成不变的标准，一旦发生不法行为或纠纷，可以用这个标准来确定人们的权利和义务。

所以，《大宪章》并不是我们所想象的立法或宪法式文件，而只是确定国王与贵族之间关系的法律。其中有些条款对我们似乎微不足道，但从中可以间接看出国王在哪些方面侵犯了贵族的传统权利。反过来，取得胜利的贵族大概也过分地侵犯了国王的权利。当时没有人认为《大宪章》彻底解决了所有重大问题，它的重要性不在于具体的条款，而在于广泛地确立了这样一条原则：国王也要服从法律。“国王不应该服从哪个人，但是应该服从上帝和法律。”这一点已经明确。国王有他的权限，在权限之内，他不受任何人的控制；如果越出权限，就必须强迫他退回去——倘若他无视存在已久的政务会，拒纳贤人之谏，试图通过宫内官员和宠臣独揽朝政，他必然会越出自己的权限。

换句话说，个人统治是不允许的，因为它很容易变得专横恣肆，反复无常。可是，要防止个人统治也并非易事。国王力量强大，远远超过任何一个显要贵族，也超过大多数显要贵族的联合力量。为了使王权受到一定的限制，只靠贵族的传统特权是不够的，必须有更广泛的反抗力量。在 13 世纪

---

1 King John（约 1166—1216），英格兰国王（1199—1216 年在位），外号“无地王约翰”。他在位期间签订了《大宪章》。——编者注

中叶，国会这一新的名词出现了。它的概念很模糊，最先使用这个词的那些人如果能够预见到它以后的含义，一定会感到震惊的。但是后来逐渐产生了一种普遍的看法：如果说国王仅仅同政务会“商议大计”是不够的，那么在另一方面，贵族仅仅坚持参加政务会的权利也是不够的。虽然贵族常常宣称自己代表全国的利益，但实际上他们只代表自己，而国王则代表了全体人民的利益。那么，为什么不召用地位不太高的绅士和市民呢？他们常常在地方问题上起作用，为什么不让他们在国家事务中发挥力量呢？把他们召到威斯敏斯特宫来吧，每个郡来两名绅士，每个自治市来两名商人。他们到那里去干什么，那是谁也不大明白的。大概是要听听贵族的讲话，向贵族诉说民众的疾苦，私下就一些事情进行商讨，了解国王对苏格兰和法国有何打算，并且在出钱时爽快一些，以谢知遇之恩。那时的国会是一棵很嫩的幼苗，它还没有强大的生命力，完全可能被当作不值得继续下去的试验而抛在一边。可是，它竟然扎了根。在两三代人之后，一个慎重的政治家会感到，要统治英格兰，国会同国王一样是不可缺少的。很难说国会有哪些实权，一般说来，任何重要的法案只有经过国会的批准才能生效：对传统习惯所作的重大改革必须经过国会颁布法案才能付诸实施；征收新的税款必须得到下院的批准。至于它还有什么其他权力，后来的时间将宣告于世。不过，它的权力是在一系列偶然的机遇中得到巩固的。爱德华三世[1]进行对法战争需要钱；亨利四世[2]攫取王冠需要支持；在玫瑰战争[3]中，较量的双方需要为他们的行动争取社会的某种支持，而能够给予这种支持的只有国会。

贵族势力在15世纪的派系斗争和内战中灭亡了，留在政治舞台上的国王受到国会的约束。当时国会已经明确分为两院，上院（The Lords）由贵族组

1 Edward Ⅲ（1312—1377），金雀花王朝的第七位英格兰国王（1327—1377年在位），他在位时开启了英法百年战争。——编者注

2 Henry Ⅳ（1367—1413），金雀花兰开斯特王朝的创建者（1399—1413年在位）。——编者注

3 Wars of the Roses（1455—1485），亦称“蔷薇战争”，英国王位之战。交战一方族徽为红玫瑰，另一方为白玫瑰。——编者注

成，下院（The commoners）议员都是各郡、市的代表。在此之前，国会没有发生什么变化。但是，老派贵族在战斗中或战斗之后遭到的毁灭将打破两院的力量平衡，而身为骑士或市民的下院议员代表则是在无政府状态中受苦最深而在强大政府统治下受益最多的那些人。国王同下院是天然的盟友。下院支持国王，不反对他牺牲贵族的利益来扩大自己的特权，不反对他成立“北方政务会”（Councils of the North）和“威尔士政务会”（Councils of Wales），或者为了保护小人物不受大人物的侵犯而在星室法庭[1]行使纠正错案的审判权；另外，国王也很愿意把地方统治权交给地方治安官，他们忠于国王，热衷于镇压屡教不改的乞丐，并且想悄悄地、安稳地发财致富。直到 1937 年，加冕仪式中还提到了都铎王朝[2]的理想。当时的祈祷文说：愿国王手下有“忠诚的贵族，尽职的绅士和正直、安分而且恭顺的平民”。终有一天平民要问，他们除了服从统治之外，是否别无其他职责呢？

*　　　　*　　　　*

到 15 世纪末，英语民族的主要特征和制度已经形成。在诺曼人征服英格兰之前，盎格鲁－撒克逊人带来的落后的日耳曼语言，已经随着时间的推移和教会里拉丁文的影响而面貌一新——它增加了许多来源于布立吞语和丹麦语的词汇。它的扩展和进化过程由于诺曼人带来法语而加速了，这两种语言开始迅速同化。13 世纪初的文字残存了下来，现在的普通人看过后，即使不能全懂，也能认出是一种英文。人们认为，到 14 世纪末，即乔叟所生活的那个世纪，连那些最显要的人物也不讲法语了，他们统统讲英语。不过，不单

1 Star Chamber，由于法院厅内顶棚有星形装饰品而得名。该院常常秘密开庭，以暴虐专断出名，于 1641 年关闭。——译者注

2 House of Tudor，1485 年亨利·都铎夺得王位，开启都铎王朝。1603 年女王伊丽莎白一世死后，被斯图亚特王朝取代。——编者注

是语言具有英格兰特点。英语民族同西欧其他国家不同，这些国家仍然保持着罗马法和罗马统治制度的特征和传统，而英语民族在本卷涉及的历史时期结束时，已经建立了一套法律原则和几乎可以称为“民主精神”（democratic principles）的原则。这些原则经受了动乱以及法国和西班牙帝国的冲击。哥伦布朝着美洲大陆扬帆出发的时候，国会、陪审团制度、地方自治以及新闻自由的萌芽已经破土而出，至少已经处于早期的发育阶段。

任何一个国家或地区都有自己的历史，只有了解这些历史，才能理解我们今天面临的问题、危险、挑战和机会。我这样说，并不是想挑动称王称霸的野心，也不想在历史研究中造成有利于民族野心而不利于世界和平的气氛。只要有了辨别能力，我们的视野就会不断扩大。我写此书时抱着这样一种希望：回顾我们祖先遇到的波折和苦难，不仅会为今日的英语民族增添力量，也将为实现世界大联合起到微小的作用。

温斯顿·丘吉尔

1956年1月15日于肯特郡韦斯特哈姆

目 录 CONTENTS

PART I

不列颠的诞生

THE ISLAND RACE

第一章 CHAPTER 1

不列颠

罗马纪元699年夏天，即公元前55年的夏天，高卢总督恺撒对不列颠虎视眈眈。在同日耳曼尼亚和高卢作战的时候，他就意识到了这个海岛的重要性。该岛使他垂涎欲滴，而且已经妨碍他的计划。他知道，岛上的居民和那些在德国、高卢和西班牙抗击罗马军队的部落同属一族。他们最近在高卢北海岸的战役中帮助过当地的部落。他们和凯尔特人[1]原属同宗，只是闭塞的海岛生活使他们具有更强烈的民族感情。前一年，不列颠的志愿军在布列塔尼沿岸协助威尼蒂人作战，且遭到了失败。那些从暂时被征服的高卢逃出来的难民，在不列颠受到欢迎和庇护。因此，恺撒认为，在他要迫使北方野蛮人屈服于罗马的统治和制度这一使命中，不列颠已经成为必不可少的一部分。岛上除了森林和沼泽地之外，芳草如茵，土壤肥沃。气候虽然谈不上风调雨顺，却也温和宜人。土著虽未开化，但是当奴隶，在田间或矿上干粗活，甚至充当家仆，还是有点用的。而且还盛传那里可以采集珍珠，可以淘金呢！

1 Celtic，古代西欧的一个部落集团，分布在欧洲的中部。公元前4世纪始，其受罗马人和日耳曼人的攻击，大部分领地并入罗马版图。——编者注

“即使那个季节没有时间向岛上征伐，恺撒觉得只要能到岛上看看，了解当地居民的状况，熟悉一下地形、港口和登陆点，对他来说也是大有裨益的。对于这一切，高卢人几乎一无所知。”[1]同时，其他因素也是很重要的。克拉苏，恺撒在三头政治联盟中的同僚，挥戈踏上美索不达米亚的征程，使罗马元老院和民众浮想联翩。这里，在已知世界的另一端，有着同样壮观的探险事业。罗马人对海洋又恨又怕，因为他们经过 200 年的拼命努力，才压倒了在地中海上航行自如的迦太基人[2]。但是一想到罗马军团要到北边烟波浩渺的海洋中，在那个遥远、陌生和神话般的岛上登陆，罗马社会的各个阶层又会激动起来，都会谈论这个新鲜的话题。

更主要的是，不列颠是督伊德教[3]的中心。督伊德教以各种形式、在不同的程度上对高卢和日耳曼尼亚的生活产生了深刻的影响。恺撒写道：“凡是想研究这个问题的人，一般都到不列颠去。”不列颠的督伊德教徒奉行以人做祭品的邪恶教规，简直到了极端残忍的地步。森林中神秘的教士用人类所能举行的代价最大的圣礼，把自己和信徒联结在一起。也许，在这个阴沉岛上的木制祭坛上，展示了高卢部落的秘密之一。这个秘密十分可怕，令人愤慨，却有统一的力量。那么这种可憎的风俗从何而来呢？也许是迦太基人被罗马军团彻底消灭以前，向西方世界传递的一部分信息吧？这是最重要的问题。恺撒目光远大，能预见到几百年之后的事情，而且在他所征服过的地方，都播下了文明的种子。

于是，在公元前 55 年的夏天，恺撒从日耳曼尼亚撤回军队，毁掉他在科布伦茨以南莱茵河上构筑的规模宏伟、设计巧妙的木桥，在整个 7 月份里提兵西进，向高卢沿海地区，大约就是今天的加来和布洛涅一带远征。

---

1 引自恺撒所著《征服高卢》（*The conquest of Gaul*）。——原注

2 Carthaginians，迦太基是古城名，意为“新的城市”。——编者注

3 Druidism，基督教传入不列颠之前，影响最大的神秘宗教，信奉多神，信仰“灵魂不灭”。其最受古罗马时代作家关注和诟病的，是以“人祭”为特征的“献祭”。——编者注

恺撒认为，不列颠人和他正在高卢征服的凯尔特部落属于同宗，但是更加剽悍粗野。他率领总共不到五万士兵的十个军团，进攻一个肯定有 50 万战士的好斗民族。与此同时，迫于东方的压力而西迁的日耳曼人，出没于他们的另一侧翼。恺撒对这些逃窜的日耳曼人采取的政策是，只要他们一逃过莱茵河，就立即把他们赶到河里去。虽然当时敌对双方只用淬过火的铁器作战，而且只靠严明的纪律和指挥才能取胜，但是恺撒觉得他和部下有能力完成大业。在他所经历的艰难和风险中，进攻不列颠只是一个小小的插曲。可是到了海边，却产生了新的问题：这里的海潮是地中海所没有的，可以经常看到惊涛拍岸。罗马的军舰和舰长尝到了北海狂涛的滋味。但是，他们毕竟曾在一年前以极小的代价消灭了吃苦耐劳并熟悉水性的威尼蒂人舰队。他们在长竿末端绑着镰刀，割断了威尼蒂快船上的扬帆索具，跳上船去杀戮敌兵。他们控制了不列颠和欧洲大陆之间的英吉利海峡，使海洋由天堑变为通途。

恺撒承认，他无法得到有关天气、潮汛和水流的可靠情报，但他依然认为，登上该岛犹如探囊取物。那个时候，还没有像 2000 年后由经风耐雨的船只在伟大的科西嘉征服者[1]和不列颠之间构成的漫长防线。要紧的是在天气宜人的 8 月份选择一个晴朗的日子，派几个军团登上距他们最近的海岸，看看这个陌生的海岛上究竟是怎样一幅景象。

在离开莱茵河穿过高卢北部，可能是经过兰斯和亚眠向海岸进军的时候，恺撒派出一名军官乘战船侦察不列颠岛的沿岸。当他到达今天布洛涅附近或者是索姆河入海口时，这名军官同博识之才、商人、凯尔特王子和不列颠的叛逆者一起，正在那里等着迎接他。他把打败威尼蒂人的这支军队集结在离不列颠最近的两个港口或者说两个出海口，等待宜于扬帆横渡的日子。

1　指拿破仑，他是科西嘉人。——译者注

*　　*　　*

即将在历史上第一次同伟大的世界联结起来的这个海岛，究竟是个什么样子呢？近年，从斯旺斯科姆的石堆中，我们发掘出一个显然是25万年前的人类头盖骨[1]。生物学家发现，这个头盖骨与装着我们这些脑子的头盖骨有明显的区别，但并没有理由说明，我们这位生活在遥远的旧石器时代的祖先，不会干出人类在所难免的罪行和蠢事，也不会表现出人固有的弱点。有证据表明，在一个漫长的、几乎是静止的时期里，男人和女人赤身裸体，或者裹着兽皮，在原始森林中觅食，在广漠的沼泽地里奔走跋涉，猎取自己的同类和其他野兽，或者像历史学家特里维廉所描绘的那样，以欣赏百鸟争鸣为乐[2]。据说那时候，整个不列颠南部只有700个家庭。这些居民真是天之骄子。只有700户，又有这么富饶的一块土地，而且除了玩耍和格斗就再也没有别的活好干了。当时，人们已经发现，石头比拳头更顶用。他们的子孙常在石灰石和沙砾中挖掘，寻找大小合适、质地坚硬、可以当作战斧的坚石，借以生存。但是到那时为止，他们只学会把这种石头打磨成粗糙的工具。

冰河时代末期，气候发生了变化，旧石器时代以狩猎为生的文化也随之衰落了。又过了很长时期，接二连三的入侵把新石器文化带入西部的森林地区。新来的人懂得原始的农业技术。他们扒开泥土，播下了可吃的禾本科植物的种子。他们挖土坑或打洞，为了安全而聚居在一起。随着岁月的流逝，垃圾逐渐把洞塞满了。不久，他们便用土在山顶筑起围墙，晚上把家畜关在里面。在埃夫伯里附近的温德米尔山上，仍然可以看到这些原始时代的设计师们为保护人畜而作出努力的痕迹。而且，新石器时代的人还发明了一种办

1　早期智人化石之一，包括一块枕骨、一块左顶骨和一块右顶骨，属于同一个青年女性。该化石发现于英国肯特郡斯旺斯科姆的全圣教堂附近。——编者注

2　引自《英国史》（*History of England*）。——原注

法，能把石头打磨成完美形状的杀生工具。这象征着很大的进步，但是还有许多东西尚待发明。

在这时期，似乎“整个西欧都住着同属一族的长颅人。他们的外表，尤其是肤色，有些不同。一般说来，北部的人白一些，南方人则黑一些。不过，他们在许多方面都非常相似。后来，东方的圆颅移民挤入了长颅人的领地。人类学家把这些圆颅移民叫作‘阿尔卑斯’人[1]。曾经侵入不列颠的大多数民族都属于西欧长颅人，因此和岛上的土著基本相似。结果，尽管这些新来者之间有些差异，不列颠的趋势一直是形成和保持比较一致的长颅民族”。[2]

在英国发现的历代人类头盖骨中，绝大多数是属于长颅或中等长度的头颅。可是人们知道，比克人和其他圆颅人也曾经侵入许多地方，他们定居下来，自成体系。青铜器时代晚期几乎普遍实行的火葬，毁灭了长颅人和圆颅人结合的一切痕迹，但二者无疑是曾经存在的。罗马时代[3]停止了火葬而恢复墓葬。根据当时的一些遗迹，老派人类学家断定有一种典型的罗马–布立吞人（Roman-British）。其实，这种人可能远在罗马人征服不列颠之前就形成了。随着这方面知识越来越丰富，可以看出人们早期对人种的分类是不够确切的。

在远古时代，不列颠是欧洲大陆的一部分，一块广阔的平原把它同荷兰连接起来。泰晤士河和莱茵河在这块平原上汇合，然后向北奔流而去。由于地壳的一次轻微变动，这块平原下沉了几百英尺[4]，大西洋的水得以涌进了北海和波罗的海。在我们所了解的这些变迁中，另一次很重要的地震劈开了多佛和格利斯纳茨之间的峭壁，由于大西洋潮水的冲刷及其涨落，形成了多佛海峡和英吉利海峡。这些沧桑之变是什么时候发生的呢？不久前，地质学家

1　Alpine race，欧洲分布最广泛的白色人种，欧洲旧石器农业人群的遗民。——编者注

2　引自科林伍德和迈尔斯所著《罗马时代的不列颠》（*Roman Britain*）。——译者注

3　Roman Times，可分为罗马王政时代、罗马共和时代和罗马帝国时代。罗马在数个世纪内是当时全欧洲文化、经济、军事最强大的国家。——编者注

4　1 英尺约合 0.3 米。——编者注

还认为，这些变化远在新石器时代之前就已经发生了。但是，地层黏土和挪威冰川的沉积物逐层逐年反映出当时的气候变幻。而且，现代科学使人们发现了考证年代的其他方法。根据这些方法和其他手段，人们可以比较准确地把握史前数万年的年代和气候变迁的阶段。借此可以确定，英国森林中的橡树是什么时候在比较温和的气候条件下取代了松树，而这些植物的化石可以提供详细的佐证。拖网渔船常常从北海底捞出树木的残枝，用气候变迁的各个阶段衡量一下，得出的结论是，不到 9000 年前，现在汹涌澎湃、水深百米的地方曾经生长着橡树。当知识丰富的埃及人在兴建金字塔中艰难地探索古代撒卡拉遗迹的时候，不列颠仍然只是欧洲的一个岬角，或者说同欧洲只有一衣带水之隔。这一衣带水后来才逐渐形成多佛海峡。

当我们的海岛仍然同欧洲大陆相连的时候，人类的破坏手段又有了一大改进。铜和锡被发现并被开采出来。其中一个太软，另一个用起来又嫌太硬，但是一经人类的智慧把它们融为一体，就开创了青铜器时代。在其他条件相同的情况下，用青铜器武装起来的人可以打败手持石器的人。人们为这一发明而欢呼，青铜器时代就这样开始了。

欧洲大陆的青铜武器和工具侵入或曰渗入英国的过程，经历了许多世纪。很多事情，往往在二三十代人之后，才能看出明显的变化。科林伍德教授为我们描绘了青铜器末期的图景。他说："总的说来，同欧洲大陆相比较，不列颠是个落后的国家，文化处在原始阶段，生活格调平庸而呆滞；由于受到外国的入侵和影响，它取得了一些进步。它的居民不是住在孤寂的农庄里，就是住在全是草棚的村子里，选择的位置多半是河边的卵石地带，或是像灰质丘陵和鲕状岩高原那样的沙土地带。当时，这些地方的灌木丛大部分已经消失了。每个定居点周围都有些小块的田地，耕地的工具是赫布里底群岛上的佃户直到不久前还在使用的那种人力犁，或者充其量是一种轻便的牛犁。这种牛犁只能把地皮划一下，不能把草皮翻过来。人死后火化，骨灰用瓮装起来，埋在一般的公共墓地。这个地方的住户稳定，居民勤劳。他们以农牧业为生，这种农牧业无疑是由渔猎发展起来的。他们在没有转盘工具的情况下能制造粗糙的瓷器。他们仍然用锋利的石头做箭头一类的东西，但是偶尔也有浪迹四方的铜匠来光顾一番。这些铜匠能打造剑、矛、斧头和其他许多器具，如镰刀、木匠的工具、车辆的金属部件、水桶和大锅等。当时这里没有城镇，真正的防御设施也很少，居民在军事上处于无组织状态，政治生活既简单又落后。当然，贫富之间还是有着差别的，因为从这个时期的许多金属制品可以看出，这些物品的主人是相当富有和奢华的。”

根据大多数权威人士的意见，不列颠南部的青铜器时代末期是公元前1000年到公元前400年之间。这时候，随着发明创造的进展，人类的舞台上又出现了一种新的因素：铁被开采并锻造出来了。用铁器武装起来的人从欧洲大陆进入不列颠，杀戮使用青铜器的人。从这一点，我们可以透过几千年的时光，清楚地看见和我们一样的人。用现代的眼光看，能够用铁器杀死自己同类的两足动物，显然是人，是我们的兄弟。要打碎头骨，不管是长颅人的还是圆颅人的，最管用的是铁器，这是毫无疑问的。

铁器时代同青铜器时代交错在一起，它带来了一种较好的、较高级的社会形式，但对当地居民的影响却非常缓慢，他们长期形成的风俗也是一点一点地缓慢地改变的。可以肯定，青铜器一直应用到公元前最后一个世纪，这种情况在不列颠北部尤其突出。

在恺撒把目光转向本岛以前，铁器在岛上冲击着青铜器的地位。公元前500年以后，来自欧洲大陆的一系列入侵，逐渐使本岛的南部普遍发生了一些变化。科林伍德教授说：“总的说来，在东南部，从肯特到科茨沃尔兹和沃什湾，到处都有村落能够制造具有铁器文化特点的陶器。可以看出，许多村落的生活方式同青铜器晚期没有什么区别。它们不是农庄，就是村子，位于河边卵石地带或石灰质高原地区，周围有小块的田地，一般都没有防御设施。死人多半火化。粮食贮藏在地下的坑里，碾米用的是原始的小手磨，而且还不是一块石头在另一块上转动的那一种石磨。当地居民还饲养牛、绵羊、山羊和猪，仍然使用青铜器甚至石器，铁器少得可怜。不过，从陶器式样的变化上倒是可以推断这些村落的年代，但是，这些陶器仍然不是在转盘上做出来的。”

铁器时代移民的迁入，使新石器时代以来已经无人建造的山顶营盘又时兴起来。在公元前 3 至 4 世纪，不列颠有人居住的地区建起了许多这种营盘。这类营盘周围筑有一道壁垒——有的是石头的，但多数是土的——外边加一层木桩，还挖出一条深沟加以保护。

壁垒的规模一般都不很大。虽然考古工作者在一些地方发掘出了木头岗楼的残迹，入口的构造还是比较简单的。这些营垒不仅仅是避难所，有许多是内有私人住宅的定居点，长期有人居住。它们似乎并非用于防御外国侵略者，相反，倒像是由于部落制度的发展而逐渐产生的。这种部落制度缘于铁器时代成倍增长的外来移民，也就是后来部落战争的起源。

在铁器时期，凯尔特人入侵的浪潮滚滚而来。最后一批凯尔特人是在公元前 1 世纪初期来到的。“贝尔吉部落[1]到了肯特，分散到埃塞克斯、赫特福德郡以及牛津郡的部分地区，这个部落的其他支系……后来……分散到汉普郡、威尔特郡、多塞特郡以及萨塞克斯的部分地区。”[2]善于驾驶战车和骑马的贝尔吉人在入侵者当中无疑是最开化的，他们此时到了海岛的内地。他们不那么迷恋于当地人所信赖的山顶要塞，而是在山谷里，甚至在顶峰有古堡的山麓兴建新的城镇。他们还首次引进了银和铜制造的货币。这些后来者在不列颠形成贵族部落，压迫土著民族。他们在东边建立了惠特汉普斯特德、韦鲁勒姆（圣奥尔本斯）和卡姆勒多纳姆（科尔切斯特），在南边建立了卡利佛（锡尔切斯特）和万塔贝尔格罗姆（温切斯特）。他们是从高卢的居民中分出的一支，因此同高卢人很相似。这个活跃、机敏、正在征服和统治他

1 贝尔吉部落原属于凯尔特族。——译者注

2 引自达比所著《英国历史地理》（*Historical Geography of England*）第 42 页。——原注

人的民族所到之处，都能安然而迅速地站稳脚跟，也许还有望维持长期的统治。但是，在他们背后罗马军团的脚步声不断迫近，因此，他们必须立即对付比自己更强大的敌人、更高级的统治系统和战争机器，以保卫已经赢得的成果。

当时，罗马的核心人物和最高阶层对西方的这个群岛只有模糊的印象。“最早的地理学家认为海洋环绕着大地，并不知道还有什么岛屿。”[1] 大约公元前 445 年，希罗多德[2] 听说在遥远西方的神秘海岛上有锡。他把这几个岛叫作卡锡特利德，但是他还比较谨慎，只把它们看作寓言中的岛屿。到了公元前 4 世纪中叶，历史上最伟大的探险家之一、马赛（Maasai）的皮特阿出海航行两次，实际上环绕不列颠群岛一周。他宣布，在海上确有亚里士多德[3] 所说的“普列坦群岛——阿尔比恩岛和伊内尔岛”。可是，别人认为这是一派胡言。直到他离开世界以后，他的发现才受到世人的赞赏。但是，在公元前 3 世纪，罗马人就确信有三个大岛：阿尔宾、伊内尔和图勒（冰岛），它们位于世界的边缘，岛上的一切都是十分奇异的。当时，岛上锡制品的外销引起了人们的极大关注。从波里比阿[4] 写于公元前 140 年的著作中可以看出，锡制品贸易至少已经在经济著作中得到充分的论述。

* * *

对于这些问题，我们了解的情况比恺撒从布洛涅出发时多得多。下面是他的一些印象：

---

1 引自《古代》（*Antiquity*）第 1 卷第 189 页。——原注

2 Herodotus（约前 484—前 425），古希腊作家、历史学家，被尊称为“历史之父”。代表作《历史》（*Herodotus*），是西方文学史上第一部完整流传下来的散文作品。——编者注

3 Aristotle（前 384—前 322），柏拉图的学生，亚历山大的老师。他是古希腊哲学的集大成者，也是各门科学的奠基人。——编者注

4 Polybius（约前 204—前 122），古希腊历史学家，被誉为“历史学家中的历史学家”。著有《通史》（*The Histories or The Rise of the Roman Empire*），共 40 卷，现存前 5 卷及其他片段。——编者注

根据祖祖辈辈的传说，不列颠内地的居民自称为当地土著。而在沿海一带居住的贝尔吉移民，则先是为掠夺和战争而来，而后才定居下来种田的；他们绝大多数还保留着自己原来部落的名字。不列颠人口众多，像高卢人那样的住宅鳞次栉比，而且牛群遍野。他们用的钱是铜币、金币或固定重量的铁锭。内陆有锡，沿海有少量的铁，他们用的铜则是进口的。该岛像高卢一样盛产各种木材，只是没有山毛榉和枞树。他们认为，吃兔子、鸡和鹅是非法的，饲养它们仅供玩赏。那里气候比高卢温和，没有那么寒冷。

在肯特这个地道的沿海地区，居民是最开化的。他们的生活方式同高卢人没有什么区别。内地的大多数部落都不种玉米，而是以奶和肉为食，身上裹着兽皮。布立吞人[1]都用靛青把自己的身体染成蓝色，因此在战斗中他们的样子显得更加可怕。他们蓄着长发，除了头上和上唇外，全身刮得精光。十多个男人，尤其是兄弟间或父子间，可以共妻，但是在这种群婚生活中生出的孩子，算作和他们母亲同居的第一个男人的后代。

* * *

公元前 55 年 8 月底的一个午夜，恺撒率领两个军团和 80 艘运输船，向不列颠扬帆出征。东方发白的时候，他望见了多佛的灰白悬崖，同时也发现崖顶布满了守备的军队。他估计这里“不适于登陆”，因为从崖顶投下的石头可以打到海滩上。于是他抛锚一直等到退潮，才又向前航行七海里，在迪

1 Briton，古代凯尔特人的一部分。5 世纪后，部分退入不列颠西部山地，形成近代威尔士人；部分渡海迁居高卢的阿尔摩利卡，后裔为法国的布列塔尼人。——编者注

尔和沃尔摩之间平坦的海滩上登陆，进攻阿尔比恩。但是，布立吞人注意到了恺撒的行踪，便沿海岸线随之移动，准备迎击。接着就出现了历史上赫赫有名的一个场面：岛上的居民随着他们的战车和骑兵，冲进岸边的浪花中迎击入侵者。恺撒的运输船和战船在深水的地方停住了；军团的士兵不知水有多深，在纷纷投来的标枪和石块中犹豫不定。但是，第十军团的旗手举着神圣的鹰旗跳入水中，恺撒这时带着装有石弩和火箭的战船进攻布立吞人的侧翼。罗马人受到了鼓舞和支持，跳入水中，尽量保持着队形向敌人冲去。双方在浪花汹涌的水中进行了短暂的激战，但罗马人还是打到了岸边。他们一摆成阵势，很快就把布立吞人打得狼狈逃窜。

可是，对于恺撒而言，登陆仅仅是重重困难的开端。运载骑兵的 18 艘船是在他动身三天后出发的。这些船只在能望见恺撒军营的时候，突然遇到一阵狂风，沿着英吉利海峡向南漂去，后来幸好回到了欧洲大陆。月圆时海潮高涨，可是恺撒却不懂这个道理，因而停泊着的舰队损失惨重。他说："一些船只被打坏了，其余的船只也都失去了锚链、锚和其他索具，不能航行了。这自然使全军惊恐万分，因为他们既没有任何其他船只可以返航，又没有材料修理船只；而且，他们都知道，他们原来计划回高卢过冬，因此根本没有准备在不列颠过冬的粮食。"

海滩之战以后，布立吞人曾经求和。但是他们一见到入侵者陷入困境，又产生了新的希望，于是就中断了谈判，并以众多的人数袭击正在搜索粮食的罗马军队。然而，受到攻击的军团事先并没有忽略防备措施，纪律和盔甲也再次发挥了威力。同时，仅靠军营周围玉米地里的粮食，就能供两个军团维持两个星期，足见岛上粮食是何等之多。布立吞人屈服了，好在他们的征服者恺撒只规定了一些名义上的条件。他拆毁一些船只用来修理好其余船只，便高兴地带着人质和俘虏回到欧洲大陆了。恺撒从来没说过这次远征是成功的。为了取得较好的战绩，第二年他带着五个军团和一些骑兵，乘着 800 艘船再度乘风破浪而来。岛上的人被这庞大的舰队吓住了。登陆者没遇到抵抗，但是大海再次捉弄了恺撒。在已经深入内地12英里的时候，他接到报告说，一场大风暴毁坏了大批船只。因此他又退回海边，并且不得不花十天的时间，把所有船只拖上岸来，再把修筑好了的部分营垒加固一番。随后，他又开始向内地进军，并轻而易举地捣毁了布立吞人在树林中用木桩围起来的栖身之所，然后在布伦特福德附近渡过了泰晤士河。但是，布立吞人有了卡西维罗尼斯做他们的领袖。卡西维罗尼斯深谙当时条件下的战争艺术，让大批缺乏训练的步兵和农民解甲还乡，自己率领战车和骑兵同入侵者角逐。恺撒对这种车战曾经作过如下的详细描述：

> 在车战开始时，布立吞人驾着战车遍地而来，同时投掷标枪。一般说来，狂奔的战马和车轮的嘈杂声，足以使敌人惊恐万状，溃不成军。在自己的马队冲开一个缺口之后，他们便从战车上跳下来，徒步作战。同时，战车的御者向后稍退，把战车摆到合适的位置上，使他们的主人在寡不敌众的时候，能够顺利地退到自己的阵线中去。他们就这样把机动部队的灵活性同步兵的稳定性结合起来，而且经过每日训练，达到了非常熟练的程度——即使在陡峭的斜坡上，也能控制住奔驰若飞的战马，能迅速勒马停蹄，或转辔他去。他们能沿着车辕跑动，站到车轭上，然后像闪电一般回到车里。

卡西维罗尼斯避免同罗马军团正面作战，他派机动力量去骚扰进犯中的敌人，切断敌人同筹粮部队的联系，但恺撒还是夺取了他的第一座堡垒。当地部落开始求和，要捣毁恺撒在肯特的濒海基地的周密计划也破产了。在这个紧要关头，在战术和策略上都很谨慎的卡西维罗尼斯经过深思熟虑，同恺撒谈判达成协议，再交出一些人质，并保证归顺纳贡。作为回报，恺撒再度满意地撤离不列颠岛。在一个风平浪静的日子里，“恺撒深夜启程，黎明时所有舰只安然返回大陆”。这次，他宣称征服了海岛。他举行了凯旋仪式，布立吞俘虏们跟在他的后面垂头丧气地走过罗马的大街。在以后近 100 年中，再也没有侵略军在这个岛上登陆。

关于卡西维罗尼斯，我们所知甚少，但愿以后不列颠岛的守卫者将取得同样伟大的成就，将采取同样适应环境需要的措施。他留给人的印象永远是一位谨慎能干的首领，其才能和功绩，倘若不是表现在这偏僻的舞台上，或许可以同费边・马克西姆・康克蒂特[1]媲美。

1　Fabius Maximus Cunctator（约前 280—前 203）。古罗马政治家、军事家，杰出的统帅。在第二次布匿战争中，他采用拖延战术对抗汉尼拔，挽救罗马于危难之中。——编者注

第二章 CHAPTER 2

征 服

在恺撒入侵后的100年里，不列颠群岛的居民没有受到任何侵扰。贝尔吉人在他们的城市里逐渐形成自己的生活方式；那些好斗的部落在彼此间的战争中两败俱伤之后，则认为再也不会有人来攻击他们了。不过，他们同欧洲大陆的联系以及同罗马帝国文化的联系却加强了，多种货物的交易也随之发展起来。罗马商人在许多地方有了立足点，他们回去后盛赞不列颠的富庶，宣称只要在那里建立稳定的政府，便可得到很多收益。

41年，卡利古拉[1]皇帝的遇刺和一系列不测事件，使他的叔父腐儒克劳狄乌斯[2]登上了统治世界的宝座。谁也说不准，这位新统治者是否确有征服别国的欲望。罗马的政策是由权限很大的政府部门的官吏们制定的，涉及面很广，而且在各个方面得到社会许多阶层日益广泛而强烈的支持。德高望重

1 Caligula（12—41），罗马帝国第三任皇帝（37—41年在位）。他好大喜功，导致罗马帝国财政急剧恶化；后来试图通过增加税收缓解财务危机，引起各阶层不满。41年，他被近卫军大队长刺杀身亡。——编者注

2 Claudius（前10—公元54），罗马皇帝（41—54年在位）。卡利古拉死后上位，在此之前从事史学著述。由于他身体残疾，不见容于罗马上流社会。——编者注

的元老院议员发表了赞同的意见，重要的商业和财政利益获得了协调；上层社会也找到了闲谈的新话题。在这个胜利的时代，对于一个新皇帝来说，总有许多可取的计划供他选择。这些计划事先经过周密的考虑，符合人人皆知的罗马制度，其中任何一项计划都可能使这个刚刚拥有最高权力的人想入非非。被这类偶然的机缘拥上宝座的皇帝不乏其人，他们唯一的特点是刚愎自用，为所欲为；他们的宫廷贪得无厌，残忍无比；他们本人则昏庸残暴。而且，在颁布大规模出征命令或批准长期有效的良好法案时，他们只是谋士和宠臣的傀儡而已。

征服不列颠这个桀骜不驯的海岛的益处一一摆在新君主的面前，使他垂涎三尺。他企图赢得军事荣誉，因此下令继续进行这个富有戏剧性，而且很可能是一本万利的冒险事业。43 年，即在恺撒撤出不列颠近百年之后，罗马准备了两万强大而组织严密的军队，用来征服不列颠。“士兵们一想到要到未知的世界去打仗，就感到愤愤不满。”但是，当皇帝所宠幸的解放奴隶纳齐苏斯要向他们讲话时，他们感到受了侮辱。一个释放了的奴隶竟然代替指挥官来动员他们，这激起了他们的责任感。他们以奴隶出身来奚落纳齐苏斯，还高喊“农神节”[1]来嘲弄他，因为在农神节，奴隶穿上主人的衣服主持节日的活动。但不管怎样，他们还是决定服从上司的命令。

> 可是，这一耽搁使他们在季末才能出征。他们分三路出发，因为一支单独的部队可能难以登陆。开头，他们被风吹了回来，因而勇气锐减。后来，一道闪电顺着他们的航向，由东向西划破了长空，这又使他们振奋起来。于是他们进港登陆，且没有遇到任何抵抗。他们一打听才知道，布立吞人没料到他们会来，所以没有事先集合起来。[2]

1　Io Saturnalia，古罗马人的大型祭祀活动，一般在每年的 12 月 17 日至 12 月 24 日间召开。人们在这个节日里向农神萨图尔努斯祈福。——编者注

2　引自狄奥·卡西乌斯所著《罗马史》（*History of Rome*）第 9 章第 19—20 页。——原注

岛上的形势有利于入侵者。库诺比莱纳斯（即莎士比亚笔下的辛白林）在东南部建立了自己的封建王国，首都设在科尔切斯特。在他的晚年，内部纷争削弱了他的权威。他死后，王国由他的两个儿子卡拉克塔克斯和德哥杜姆尼共同统治。他们没有得到普遍的承认，因此也没有时间在罗马指挥军普劳提乌斯和他的军团到来之前统一这个部落王国。肯特郡的人又采用了卡西维罗尼斯的战术，使普劳提乌斯很难找到他们。在他终于找到他们以后，他首先打败了卡拉克塔克斯，后来在肯特东部打败了卡拉克塔克斯的兄弟。然后，普劳提乌斯沿着昔日恺撒的进军路线前进，来到他从未听说过的梅德韦河边。"野蛮人以为罗马人没有桥根本无法过河，就粗心大意地在对岸露营。"但是，这位罗马将军派出了一支"日耳曼人支队，他们能够轻易地武装泅渡最湍急的河流。他们出其不意地向敌人扑去，但是射击的目标首先不是人，而是拉着战车的马匹。在随后的混战中，车上的武士当然也不能自保"。[1]可是第二天，布立吞人又组织抵抗，只是由于后来成为皇帝的韦帕芗在上游发现了可以涉水而过的地方，从侧翼进攻才击溃了他们。这次胜利打乱了战役的导演程序，普劳提乌斯得胜太早，而且是在错误的地点获胜的。罗马皇帝要设法表明，御驾亲征是取胜的必要条件。所以，一直在法国静待时机的克劳狄乌斯带着大批增援部队和一些大象跨海征西。经过一场大战，罗马人胜利了。克劳狄乌斯回到罗马去接受元老院授予的"不列颠征服者"（Britannicus）这一头衔，并获准庆祝胜利。

但是，不列颠战争仍在继续。布立吞人不同罗马人进行近战，而是隐蔽在沼泽地和森林里，想把侵略者拖垮，使他们也像恺撒那样空手而归。卡拉克塔克斯逃到了威尔士边界，发动当地部落进行了长达六年之久的顽强抵抗。50 年，他终于被接替普劳提乌斯的新任罗马将军奥斯特利打败。奥斯

---

1 引自狄奥 · 卡西乌斯所著《罗马史》（*History of Rome*）第 9 章第 19—20 页。——原注

特利是一名精力充沛而又能干的军官，他征服了从沃什湾到塞文河之间人口比较稠密的整个地区。卡拉克塔克斯在西部全军覆没时幸免于难，并企图唤起北部的布列干特族，但是被该族的女王引渡给罗马人。苏托尼斯写道：这时，这位布立吞王子的名望已经传遍高卢和意大利各省。当他到达罗马帝国首都的时候，四面八方的人都赶来看他。他的入城仪式十分隆重。在靠近罗马军营的平原上，军事执政官的军队列阵而立，皇帝和他的大臣们在队前就位，后边是老百姓的队伍。整个行列的开头是在战争中从布立吞人手中夺来的各种战利品，然后是这位战败王子的兄弟们。他的妻子和女儿被铁链锁着，哀怜的眼神和手势流露出她们内心的恐惧。但是，卡拉克塔克斯却不是这样。他迈着雄赳赳的步伐，带着无所畏惧的表情，走到皇帝坐着的法官席前面，对皇帝说了下面一番话：

> 假如我除了高贵的出身和显赫的地位之外还有温顺的性格，那么，我就会成为罗马的座上宾，而不是阶下囚，你也不会拒绝同有着荣耀的祖先并统治着许多民族的王子携手联合。我命运的逆转给你带来光荣，给我则带来耻辱。我曾经有武器、人马和巨大的财富；我不愿意丧失这一切，难道有什么奇怪的吗？难道因为罗马向往统治全世界，人们就必须默然归顺吗？我曾长期阻止你们军队的前进。但是，假如我没有这样做，是你能戴上征服者的桂冠呢？还是我能博得奋勇抵抗的英名呢？此时此刻，我的命运掌握在你的手里，如果你决意报复，我很快就会被人遗忘，但是你却得不到任何荣誉。保全我的性命，我将成为你宽大仁慈的丰碑，直到生命的最后一刻。

“克劳狄乌斯听完这番话，立即把他和王族的其他成员释放了。他们都感激涕零地向皇帝致谢；等铁链一解开，他们就向坐在附近一条长凳上的阿格丽品娜走去，激动地向她表达了同样的感谢和敬意。”[1]

*　　　　*　　　　*

但是，这次征服也引起了一次可怕的激烈反抗。据塔西佗[2]记载：“61 年，不列颠蒙受了深重的灾难。”新总督苏托尼斯一直忙于处理西边的问题。他把罗马军队的作战基地从罗克斯特迁到切斯特，准备进攻“人口众多的莫纳岛（即安格尔西岛），因为该岛成了逃亡者的避难所。他建立了一支平底船队，以适应那里的浅滩和暗礁。步兵乘船，骑兵找水浅的地方涉水而过；在水太深的地方，骑兵就和马一起泅渡。岸上密密麻麻地站着许多武装敌人，其中还混杂着像复仇女神那样穿着黑衣的女人，她们披着长发，手里拿着火把。站在周围的督伊德教士，双手伸向苍天，口里念着令人胆寒的咒语。这种可怕的景象把罗马士兵吓呆了，他们木偶似的站着不动，任人砍杀。在苏托尼斯将军的鼓舞下，他们终于振奋起来，互相告诫不要在这群女巫的乌合之众面前退缩，并高举军旗向前冲去，粉碎一切抵抗，使敌人在自己点燃的火焰中丧生”。

“苏托尼斯派兵管制被征服的人，并且砍倒了他们借以进行残忍的迷信活动的小树林，因为他们根据自己的部分宗教仪式，在圣坛上用俘虏的血做祭品，献出人的内脏来了解神的意志。”

在今天威尔士边界发生的这一惹人注目的事件，是一场悲剧的序幕。东英吉利亚的爱西尼王国国王逝世了。为了使他的王国和家族免受侵扰，他指定已经继克劳狄乌斯登上皇位的尼禄[3]同他的两个女儿一起成为继承人。塔西

---

1 引自苏托尼斯所著《十二个罗马皇帝的生平》（*The Lives of the Twelve Cæsars*），此书的英文本是由亚历山大 · 汤姆森翻译、福雷斯特改编的。——原注

2 Tacitus，古罗马历史学家，历任保民官、执政官、行省总督等职。主要著作有《年代记》，记载 14—66 年的事件；《历史》记载 69—96 年的事件；《日耳曼尼亚志》介绍古日耳曼人的生活习俗和社会制度。这些著作均系研究西方古代史的重要资料。——译者注

3 Nero（37—68），罗马帝国朱里亚 · 克劳狄王朝第五位也是最后一位皇帝（54—68 年在位），被后世称为“嗜血的尼禄”。他的死标志着罗马帝国第一个世袭王朝终结。——编者注

佗写道："但是，事情的发展并不符合他的意愿。他的王国被许多百夫长劫掠一空；他的私有财产也被奴隶抢走了，好像它们是战利品似的；他的寡妻博阿迪西娅（学者尊称她为布狄卡）遭到鞭笞，女儿被强奸；酋长们的世袭财产也被夺走，皇亲国戚沦为奴隶，好像这整个王国就是送给罗马人的一件礼物。"[1] 这位古罗马历史学家就是这样记载的。

博阿迪西娅的部落既是最强大也是最顺从的部落，如今对罗马侵略者却怒不可遏了。他们纷纷拿起武器，博阿迪西娅则成了这支庞大军队的统帅，附近的布立吞人几乎都聚集到她的麾下。压在他们心底的仇恨一下子迸发出来，它反映了征服者的残暴程度。这是他们对不可抗拒的压迫发出的怒吼，也是对这种压迫所依赖的优越文化发出的怒吼。兰克说："博阿迪西娅粗鲁、朴实、诚恳、可怕。"[2] 现在，她的纪念碑耸立在议院大钟对岸的泰晤士河堤上，时时使人想起当年"不自由，毋宁死"的悲壮呼声。这呼声经久不息，一直回响于悠悠千载之间。

不列颠全境总共只有四个军团，最多不过两万人。第十四和二十军团正在跟着苏托尼斯进攻威尔士，第九军团在林肯，第二军团在格洛斯特。

起义队伍进攻的第一目标是卡姆勒多纳姆（即科尔切斯特），那里是罗马和罗马化了的布立吞人的殖民地。刚刚住到那里的退伍军人在军队的支持下，把当地的居民从他们的家园宅舍赶出去。而那些军队的士兵也希望自己能够得到同样为非作歹的许可。一些征兆使布立吞人受到鼓舞：胜利女神的雕像脸朝下倒在地上，似乎她刚从敌人那里逃出来；海水变红了；会议厅和剧场里可以听到怪叫声。罗马官员、商人、银行家、高利贷者以及同这些人狼狈为奸而从中牟利的布立吞人，发现他们和一小撮老兵处在"野蛮人的汪洋大海"之中。苏托尼斯离他们有一个月的路程，第九军团也远在 120 英里

1 引自塔西佗所著《年代记》（*The Annals*）。——原注
2 引自《英国史》（*History of England*）第 1 卷第 8 页。——原注

之外。他们既得不到饶恕，也没有解脱的希望。这座小城化为灰烬，只有一座庙宇因为有坚固的墙壁才顶住熊熊大火，支撑了两天。所有的人，不管是罗马人还是罗马化了的人，都被杀死；所有的东西都被捣毁。这时候，第九军团正在赶来援救。获胜的布立吞人从被攻陷的科尔切斯特出发迎敌。他们完全凭着数量上的优势战胜了罗马步兵，把他们杀得片甲不留，指挥官佩迪雷斯 · 赛雷利斯只得带着骑兵仓皇逃走。这就是苏托尼斯在安格尔西岛所得到的消息。他立即意识到，他的军队要赶去防止更大的灾难已经来不及了。塔西佗写道，但是他“并不畏惧，在这个充满敌意的国家里向伦敦赶去。当时伦敦虽然尚未荣获殖民地的称号，却已成为商贾云集的商业中心了”。这是有史以来各种文献中第一次提到伦敦。虽然在那里发现了罗马征服时期前后所制造的高卢和意大利陶器的残片，但是仍然可以肯定，直到大批军需商和官员随着克劳狄乌斯的侵略军来到泰晤士河上这座便利的桥头堡之后，这个地方才繁荣起来。

苏托尼斯只带一支小马队到达伦敦。他早已下令第二军团从格洛斯特赶来和他会合，可是，这个军团的指挥官被第九军团的惨败吓住了，没有遵命前往。伦敦是一个没有设防的大城镇，住满了罗马商人、他们的布立吞同行、扈从和奴隶。城里有一个设防的军需站，堆积着很有价值的物资，由一小股军队守卫着。伦敦的居民恳求苏托尼斯保护他们。但是，当苏托尼斯听说博阿迪西娅不再追击向林肯逃窜的赛雷利斯而掉头南进的消息后，便作出了无情而正确的决定：让他们听天由命。由于第二军团的指挥官没有服从他的命令，他没有力量抵挡那滚滚而来的人流，唯一的办法是同第十四军团和第二十军团会师。这两个军团正从威尔士沿着罗马大道，即现在的华特林大道，全力向伦敦前进。于是，他不顾伦敦居民的哀求，下令出发。愿意跟他走的人都可以加入他的队伍。

伦敦遭到了大屠杀，男女老幼无一幸免。起义者的愤怒集中地发泄在被侵略者所诱惑的布立吞人身上。近年来，由于伦敦的建筑物越建越高，地基也就越打越深，挖土机在许多地点挖到了废墟层，这证明伦敦曾经被不列颠土著毁灭过。

后来，博阿迪西娅把矛头指向了韦鲁勒姆（圣奥尔本斯）。这个贸易中心、等级比较高的城镇，也同样遭到了屠杀和毁灭。据塔西佗记载，在这三个城市中，“被杀害的居民和盟友至少有十万人”，“因为野蛮人不要俘虏，不卖俘虏，也不做战争中常有的任何其他交易；他们只要屠杀，把人刺死、钉死、绞死和烧死”。从这些恐怖的词句中可以看出，同 200 年前迦太基及其反叛的雇佣军之间的战争一样，这是一场深仇大恨的战争。当代一些极有权威的人士认为，这些数字被夸大了。不过我们完全可以相信，当时伦敦有三四万人口，科尔切斯特和圣奥尔本斯合起来也有三四万人。要是加上乡下的被杀人数，塔西佗的估计可能是很正确的。这次大屠杀也许是我们岛的历史上最可怕的一页。一种比较进步的文化，在它的粗野和混乱不清的萌芽阶段就被土著部落的凶猛暴动所扼杀了。但是应该承认，为自己赖以生存的土地而献身、杀敌和严惩本民族中所有同侵略者沆瀣一气的败类，是人类的基本权利。

“这时，苏托尼斯身边有了第十四军团，加上第二十军团的老兵和近在咫尺的辅助部队，约有一万全副武装的军队，他要……决一死战。他在一片树林背后的狭谷里选好阵地，当打探到在正面不宜设伏兵的一片平地上才有敌人，便命令各军团编成密集队形，把轻装部队安置在两侧，使骑兵列在两翼的外围。”这是血肉横飞、决定胜败的一天。野蛮人的军队有八万多人，像日耳曼人和高卢人那样，他们的妻子儿女坐在一队长龙船的马车里随军前进。他们摆开阵势，也要一决雌雄。谁也没有想到以后会有和解的可能性，双方都投入了全部兵力。在众多的敌人面前，罗马人凭着纪律和战术技巧取胜了。他们对敌人格杀勿论，妇女也难逃厄运。

“那是一次辉煌的胜利，可以和昔日的战线媲美。有些人说，我们杀死了将近八万布立吞人，而我们自己大约只有四百人死亡，受伤人数稍多一些。”

这是胜利者说的话。博阿迪西娅服毒而死。第二军团指挥官皮尼斯 · 波斯图穆斯既违抗了将军的命令，又使自己的部下失去了获胜的机会，听到第十四军团和二十军团胜利的消息时便拔剑自刎了。

苏托尼斯现在只考虑报复的事情，实际上也确实有许多账要算。尼禄又从日耳曼尼亚派来四五千援军，所有怀有敌意或有此嫌疑的部落都陷于刀光火海之中。但对于布立吞人来说最糟糕的是缺粮。因为他们蛮有把握地指望从罗马人手里夺取给养，所以让男人全部投入了战场，田里没有播种。尽管如此，他们并未丧失斗志。要不是新财政长官在罗马财政部官员的支持下力陈异议，这个古代布立吞民族就要被灭绝了。新财政长官认为，再这样下去，他们得到的将不是一个省，而是一片荒漠。苏托尼斯是一个高级军人，他在军事上作出的决定也是正确的。但是，罗马有吹毛求疵的习气，这不能简单地认为是大人物的嫉妒心理所致。人们认为，苏托尼斯轻率地贪求战功，而且对该省爆发的大规模起义毫无预感，“他的失败是由于愚蠢，而成功则全靠幸运”；必须另派一位总督，此人应该“不受敌意和胜利情绪的影响，而能宽待我们所征服的敌人”。财政长官克拉希斯阿努一再向罗马上书进谏，请求安抚好斗的部落。这些部落仍然继续战斗，不要求停战，也不求饶，在森林和沼泽地中挨饿死去。最后，罗马决定友好地对待布立吞人。由于莱茵河彼岸的日耳曼人进行骚扰，连罗马军界也不愿意把军队分散到更偏僻的地区去。在一次风暴中，苏托尼斯损失了一些船只，这正好成了撤换他的借口和时机。尼禄皇帝派了一位新总督。这位总督同进行绝望挣扎的部落和解了，使他们的血统得以在岛上的人种中延续下来。

* * *

塔西佗对这个新省份作了有趣的叙述。

从喀里多尼亚（他这样叫这个省份）居民的红头发和较长的四肢可以明显看出：他们是日耳曼人的一支，而希卢尔人有黑色的皮肤和通常卷曲的头发。他们的住地与西班牙隔海相望，这些都足以证明伊比利亚人（Iberians）早年渡海来到这里，定居下来。在离高卢最近的地方，人种也像高卢人；这可能是血缘的长期影响，也可能是气候为他们造就了共同的特点……从不列颠的特殊迷信（督伊德教）中，也可以找到高卢的宗教观念。语言也没有很大的区别。他们都勇敢地向危险挑战，可是一旦危险来临，便胆怯地退缩了。然而，布立吞人相对说来更有民族精神，长久的和平生活并没有使他们变得软弱……岛上常常阴雨连绵，天空晦暗，不过气候还比较温和。白天比我们这里长，夜晚比较亮。在岛的最北边，夜间很短，日落和黎明几乎没有间隔……除了橄榄、葡萄以及通常在更暖和的地区才能生长的植物外，岛上盛产各种农产品。由于土壤和空气的湿度太大，农作物长得很快，成熟却很慢。

78年，富有才干、精力充沛的阿格里科拉出任不列颠总督。在任期的第一年里，他没有进行例行的礼节性巡视，而是讨伐仍然不服从罗马帝国权威的人。他灭绝了一个大部落，因为这个部落曾经消灭了罗马的一个骑兵后备中队。他也征服了当年苏托尼斯在博阿迪西娅起义时所放弃的莫纳岛。阿格里科拉既有政治家的仁爱美德，又有军事才能。他的女婿塔西佗写道，阿格里科拉说过：“如果征服以后就进行压迫，那么征服者将一无所得。”他减少了纳贡的粮食数量，并且鼓励和帮助修建寺庙、法院和住宅。他为酋长的儿子提供了良好的教育，还说“布立吞人的天赋胜过高卢人”，因此博得了不列颠富有阶级的好感，使他们愿意穿罗马的大袍并接受其他风尚。“他们逐渐接触到可以去掉恶习的新事物，诸如起居室、洗澡和宴会等，他们把这些不懂的新事物叫作文明。其实，在这种文明中，他们只是侍候人的角色。”

虽然罗马的元老院和政府官员常常说，帝国仍然遵循奥古斯都大帝[1]确定的政策，要保持疆土而不必扩张，但阿格里科拉还是获准在不列颠发动了六次扩张领土的战役。在第三次战役中，他扩张领土到了泰恩河。他的军团每进一步，都有船队从海上运送给养。在第五次战役中，他到了福斯河和克莱德河一线。他本来可以控制英国的这个细腰地段，掘壕固守。但是，如果他不能制服被他赶到北边去的那些强大部落和拼命挣扎的大批勇士，罗马的不列颠行省就无法获得安全，就不会有持久的太平。其实，除了海滨之外，阿格里科拉不会在任何方向停止扩张。所以，他带着全部人马再度北上，发动了第六次战役。如今，他面临着难以对付的局势，因为过去的灾难曾使布立吞人饱尝不团结的苦果。

阿格里科拉的女婿有这样的一段叙述：

> 在胜利的鼓舞下，我们的大军兴奋地高喊道，我们必须深入喀里多尼亚的腹地，要一鼓作气地连续战斗，直达不列颠的最远边缘。但是布立吞人也毫不气馁。他们认为，他们难对付的与其说是我们的勇猛，不如说是我们的将军巧用战机的才能。他们把家属安置到安全的地方，集合举行神圣的仪式，批准所有的公国结成的联盟。

83年，在蒙斯格劳皮乌斯进行了一场决战。至今，我们依然不能确定这个地方的准确所在，有些人说是在基利克兰基山口。塔西佗详述了这场著名战役的经过，不过所谈的细节未必令人信服。在不列颠唯一未被征服的整个喀里多尼亚地区，一大群穷愁潦倒、遭到搜杀的当地人怀着不自由毋宁死的决心，以4∶1或5∶1的数量优势，同指挥有方的罗马军团及其后备队展开了战斗。毫无疑问，也有许多不列颠的叛徒投靠罗马军队。可以肯定地说，

1 The Great Augustus（前63—公元14），罗马帝国首位元首，元首政制创始人，统治罗马40年之久。——编者注

塔西佗明显地夸大了土著军队的规模。在这片荒原野岭之中，他们没有现成的军械来武装部队。即使人数可观，也一定是很有限的。正如古代许多战役一样，败者显然是错估形势的一方。当他们之中的大多数人还没有意识到殊死战斗已经开始的时候，败局却已注定了。他们的预备队从山上冲下来想夺取胜利，但为时已晚，结果正好赶上和溃败的队伍同归于尽。在蒙斯格劳皮乌斯，不列颠最后一股有组织地抗击罗马军队的力量灭亡了。据罗马人记载，在这次战役中"杀死敌军一万，我方损失 360 人"。在保证大英帝国长期统治印度的普拉西战役[1]中，克莱夫也是用较小的代价以少胜多的。

彻底征服不列颠的道路这时已经铺平了。如果当时阿格里科拉得到帝国政府的鼓励，或者至少获得它的赞助，那么历史也许就会有不同的进程。可是，对罗马来说，喀里多尼亚问题只是轰动一时的新闻，而真正的压力是在莱茵河和多瑙河之间。罗马采纳了比较慎重的意见，因此，一批幸存的布立吞武士得以在薄雾蒙蒙的北方安然度日，自行消亡。100 多年以后，狄奥·卡西乌斯（Dio cassius）在他的著作中写道，他们成为南方地区的殖民者长期忧心忡忡的因素。

在不列颠，喀里多尼亚和密阿蒂这两个部落生活在辽阔的地区。密阿蒂人居住的地方靠近把不列颠岛拦腰截断的哈德里安墙[2]，喀里多尼亚人（caledonia）住在大墙之外。二者都生活在缺乏水源的野岭上或者泥泞不堪的沼泽地带，没有房舍，没有城镇，也没有家畜，只靠放牧和采集野果为生。鱼类虽然很多，他们并不食用。他们在草棚里栖身，赤脚裸体，群婚群育，抢劫成癖，基本上实行民主制度……他们能忍饥耐寒，不怕艰难困苦；他们可以在沼泽中忍受多日，也可以在森林中依靠树皮和草根苟延残喘。

---

1 Battle of Plassey，英国东印度公司与印度孟加拉王公的战争，发生于 1757 年。借由该战争，英国东印度公司在孟加拉取得霸权。——编者注

2 Hadrian's Wall，罗马帝国在占领不列颠时修建的，全长约 118 千米，是古代罗马帝国在该岛的北部疆界。也译哈德良长城。——编者注

* * *

在荒凉的北部和西部，只有山区还是自由的。在其他地区，征服和绥靖的事业终于完成了。不列颠变成了罗马帝国的45个省份之一。奥古斯都大帝宣布，罗马帝国的目标就是建立一个自治省联邦。每个省均为独立的行政区，有权批准省内各个城市的建立并确定其具体权限。有的省份受到野蛮人的侵扰，需要帝国派驻军队，其他省份则不需要这样的保护。有驻军的省份直接受皇帝监督，比较安全的省份至少在形式上是通过元老院加以监督的。但是，有这样一条原则：所有省份的统治形式都要视当地的具体情况而定。罗马制度有容纳异族的特点，没有种族、语言或宗教上的歧视，有的只是阶级区分。不过，在建立起稳定秩序的世界中，阶级差别并未遭到多少反对。在罗马制度下，有罗马公民，有大量的非罗马籍公民，还有奴隶，但是奴隶阶级中的幸运儿可以跻身于正式公民之列。不列颠社会就在这样的基础上发展起来了。

第三章 CHAPTER 3

罗马行省

在罗马制度下，不列颠度过了近 300 年的时光。从许多方面来看，这 300 年都是岛上居民所领略过的最惬意、最舒适、最文明的时代。就边界局势而言，驻军并不算多。非正规军守卫着罗马墙：一个军团驻扎在约克作为后援；两个军团镇守着威尔士，一个在切斯特，另一个在卡利恩 – 阿斯克。占领军总共不到四万人，几代人之后便在当地招募新兵，新兵几乎都是布立吞人。在这段时期（几乎等于从伊丽莎白一世到现代之间的时期），布立吞富有阶层的生活比维多利亚时代[1]末期以前的任何时候都要好。从 400 年到 1900 年，这片土地上没有任何人享有集中供暖设备，只有个别人能洗热水澡。但在罗马制度下，富有的布立吞公民建造乡间宅第时，火炕供暖系统是必不可少的。可是在此后 1500 年的时间里，他们的后代却生活在没有供暖设备的寒房冷舍中，只是为一时温暖而生起大火的做法，被认为是比较浪费的。即便是现在，家里有集中供暖设备的人口比例也比古时候小。至于浴

1 Victorian Times，指维多利亚女王统治时期，这一时期被认为是大英帝国的黄金时代之一。——编者注

缸，在19世纪中叶以前已经无处可见了。在这段漫长暗淡的时期里，甚至最幸运和最显贵的人们也无法摆脱肮脏和寒冷之苦。

在文化和学术方面，布立吞人刻板地照搬罗马的一套，不像高卢人那样能够灵活地加以运用。但是，在不列颠，法律严明、秩序井然、气象升平、宅舍温暖、食物充足，人们有长期形成的生活习惯。他们不用担心野蛮人的威胁，可以安然度日，但并未玩物丧志。罗马人的习惯渗入进来，罗马的厨房用具以及语言也逐渐得到广泛的应用，有些文明的事物甚至传播到了农村。布立吞人认为自己在许多方面可以同罗马人并驾齐驱。的确，没有哪一个省份像不列颠那样恰当地采纳了罗马制度。当时，不列颠军团和辅助部队同伊里利亚军队相比，可谓旗鼓相当，或仅略逊一筹，是罗马帝国的强军劲旅。人们以能够生活在高贵和幅员辽阔的罗马帝国而感到骄傲。一名罗马公民就是一名世界公民，享有野蛮人和奴隶之上的绝对优越地位。大帝国的国内交通像维多利亚女王登基时那样便利，不受边界、法律、货币或民族主义的影响。例如，在诺里奇可以看到居住在不列颠的一个叙利亚人（syrian）为他妻子建立的纪念碑，君士坦狄·克劳鲁死在约克，布立吞士兵守卫着莱茵河、多瑙河和幼发拉底河。来自小亚细亚的军队透过薄雾监视着苏格兰的入侵者，在罗马墙的防线上仍然崇拜着密特拉，这个波斯太阳神在罗马世界广受崇拜，尤其受到军人、商人和行政官员的顶礼膜拜。在第三世纪，密特拉教[1]是基督教的强大对手。从1954年在沃尔布鲁克发掘出的一座巍然壮观的寺庙可以看出，密特拉教在罗马时代的伦敦可能拥有大批信徒。

罗马帝国进入全盛时期之后发生的剧烈变化对日常生活的影响，并不像人们想象的那么严重。战争和起义此起彼伏，皇位你争我夺，军团哗变，觊觎皇位的人在受这些事件影响的省份中建立起自己的势力；布立吞人非常关

1 Mithraism，崇拜密特拉神的古代秘密宗教。密特拉神象征太阳，被敬拜为太阳神。密特拉原意是“契约”，因此也被视为“契约之神”。——编者注

心罗马世界的政治，对帝国力量的变化或首都的士气有深刻的看法；他们中间还产生了许多富有进取精神的人物，在帝国你死我活的政治博弈中，力图一显身手，并因此有的飞黄腾达，有的一败涂地。不过，大家都能完全顺应罗马的思潮。他们有自己的法治，过着较好的生活，这种生活纵使发生了短暂的波动，基本上还是宁静安定的。如果在 4 世纪举行一次民意测验，其结果一定是希望罗马能够保持千秋万载的统治。

我们现在所处的时代，是一个变化无常、动荡不安、危机四伏和玩世不恭的时代，因此，我们必须认真地研究一个已经过去了的时期。那个时期只有 30 万军队，分兵四守，但是在整个已知的世界范围内却能世代维持和平；而且，刚刚发祥的基督教促使人们考虑打破文明世界的界限，创造更和谐的新环境。

在市政和政治方面，罗马文化都作出了贡献。城镇像棋盘那样设计成许多方格子，便于居民有秩序地居住。建筑物是按照罗马世界的标准式样兴建的。各城都有广场、庙宇、法院、监狱、浴池、市场和下水道，可以说是十分完整的。在 1 世纪，规划者们显然对不列颠的资源和前途抱有乐观的看法，因此，他们规划城市时都考虑到人口的增长情况。当时真是个充满希望的时代。

不列颠在罗马时代究竟有多少人口，专家们议论纷纷，莫衷一是。他们的几种估计是在 50 万到 150 万之间。看来可以肯定，驻军、政府雇员、市民、富有阶级和他们的仆从有三四十万人，根据当时的耕作技术和方法，要养活这么多人还得有两倍于此的农民。因此可以断定，在当时罗马化了的地区至少有 100 万人口，而且很可能更多。但是没有迹象表明，不列颠人口在罗马制度下有大幅度的增加。在太平无事、秩序井然的 200 多年间，人口数字仍然和卡西维罗尼斯时代相去无几。当时未能养育更多的人口，这使许多布立吞人感到失望和萎靡不振。征服者虽然轻而易举地制服了布立吞人，并把他们纳入自己的社会生活轨道，但是，除了阻止部落战争外，并没有给他们带来增加农业收入的好办法。这个新社会尽管结构很好，还有浴场、宴会、礼服、学校、文学和雄辩术等文明和奢华的东西为它增添色彩，可是它的基础仍然是史前的落后农业。古代布立吞人所处的物产比较丰饶的自然环境，只能在某种程度上维持外表堂皇的罗马生活。耕地仍然主要分布在便于耕种的、偏高的沙土地带，几千年来一直采用原始的耕种方法。虽然带有轮子、效率很高的高卢犁在不列颠已经毫不新奇，但是尚未取代当地那种掘地不深的笨犁。森林、沼泽和肥沃的低洼黏土地带，基本上没有得到大规模的开垦。铅矿和锡矿的开采及冶炼仍旧采用原始的方法，好在管理办法有条不紊；在物质方面，没有新技术，也没有新的动力和知识。这一切都使经济基础停滞不前，所以不列颠没有富强起来，只是比较文明一些。不列颠的生活在小规模上年复一年地继续着，但是没有发展下去。这座新大厦似乎巍然壮观，令人赞叹，而实际上却摇摇欲坠，脆弱不堪。

这些不利因素迅速地给那些大胆规划的城镇罩上了阴影，它们周围农业区的繁荣程度不能满足规划者的要求。在几次发掘中所了解的情况表明，原来划定的城镇边缘地区从来就没有住过人，或者最初住过人，后来逐渐荒芜了，因为当时的物质基础不足以维持这些地区。不过，人们的生活是比较安全的，他们的财产受到铁一般的法律的保护。不列颠的城市生活依旧存在，只是没有得到发展。像一些大教区里的主要城市或一些青春渐逝的省城一样，不列颠的城市生活宁静、落后，甚至开始衰退，但还保持着端庄和风采。

由于罗马的统治，我们才有伦敦这座城市。克劳狄乌斯的军事将领、负责部队后勤的官僚机构以及随后来到的商人，给伦敦带来了经久不衰的生机。公路网建立以后，贸易随之发展起来。一座占地广阔、规划合理、有坚固城墙保护的城市代替了61年末木屋遍布的商业区，不久便成为罗马所属不列颠省的一个重要城市，取代了贝尔吉要镇科尔切斯特的商业中心地位。3世纪末，伦敦设立了造币厂，且成为财政管理中心。到了罗马时代末期，伦敦虽然从未得到直辖市的地位，但它却似乎是行政中心，就像约克是军事中心一样。

从整个定居地区的别墅人口中，可以看出罗马文化处在不列颠的全盛时期。中间阶层乡绅的别墅建在乡下原始森林中，可闻溪水潺潺之声，附近的景色令人心旷神怡。当时，舒适的别墅犹如雨后春笋，比比皆是。每个别墅的周围都有大片土地。在南部各郡，至少已经发现了500个别墅遗址。约克郡以北和格拉摩根近海平原以西的地方，目前还没有发现一个别墅遗址。由于城市生活不太令人满意，罗马制度下富有的布立吞人都迁往乡下居住，所以说，乡间别墅是不列颠行省全盛时期的主要特点。在城市衰落之后，乡间别墅仍然保持着繁荣的景象。3世纪后，城市开始衰败，而这种别墅直到4世纪还比较兴旺，有的甚至延续到黑暗的5世纪。

当罗马帝国的扩张已经达到极限的时候，便需要强大的防御工事。所以，弗拉维王朝[1]的几位皇帝奉行了巩固边疆的政策。多米蒂安首先构筑了一道完整的防御工事，这个伟大的土质屏障于89年左右在黑海沿岸兴建，另一道工事连接着莱茵河和多瑙河。到1世纪底，形成了一条标准的边界屏障。阿格里科拉在不列颠北部兴建的工程由于他奉召仓促离去而未能完成，没有形成令人满意的防御体系。他在苏格兰获得的立足点后来也被逐渐放弃了，军队撤至由卡莱尔到东边的斯坦哥特大路一线。在以后的岁月里，不列颠的边界暴露出了它的弱点。哈德里安上任的时候，正好发生了一场灾难。在镇压不列颠北部部落一次不引人注目的起义时，第九军团在历史的舞台上永远地消失了。防御体系被粉碎，不列颠省处于危险之中。于是，哈德里安在122年亲自来到不列颠，开始重新组织防御。

在此后的五年里，从泰恩河到索尔韦湾建立起一条73英里长的军事屏

1 Flavian Dynasty（69—96），罗马帝国第二个世袭王朝，共传三位皇帝：韦帕芗、提图斯和图密善。——编者注

障。那是一道用石头砌成，8 英尺到 10 英尺厚的大墙，有 17 座要塞，每座要塞由 300 至 600 人组成的辅助步兵队守卫，大约有 80 座炮台，160 多座烽火台。大墙的前面有一条 30 英尺深的沟渠，后面也有一条沟渠，似乎是海关的边界，很可能由财政当局把守控制。这个防御体系需要 1.4 万多人驻军，另外还有 5000 多人的不属于守备要塞的部队，沿墙执行巡逻任务。当地人用小麦纳税，为这些军队提供粮食。此外，每个要塞都有谷仓，能容纳一年所需的粮食。

20 年后，在安东尼[1]皇帝的统治期间，罗马军队又向北推进到阿格里科拉曾经占领过的地方，并且在福斯－克莱德地峡筑起一道 37 英里的大墙，其目的是控制低地地区中部和东部的部落。但是，不列颠的罗马军队无力驻守这道新工事，否则就得削弱哈德里安墙和西部的防务力量。2 世纪中叶，不列颠在军事方面危机重重。186 年前后，安东尼墙被放弃了，在那里驻守的军队撤到原来的防线。当地部落和苏格兰人不断进攻北边的边界防御体系，在一些地方，防御墙和支援部队的军营被彻底摧毁。

直到 208 年，塞维鲁[2]皇帝来到不列颠，全力重建防御体系，形势才稳定下来。哈德里安墙遭到严重破坏，修复工程也很浩大，所以后人以为是他兴建了这堵墙。但是，实际上他只是这座大墙的重建者。他于 211 年死在约克。在此后的 100 年中，大墙沿线一直比较太平。

根据后来时常发现的里程碑，可以看出罗马时代的筑路活动。这些里程碑上面还刻着下令进行这些工程的皇帝的名字。这样漫长而笔直的公路像一条条粗线贯穿不列颠岛。在一般地段，路面底层是大石块，而且常常是嵌在沙子里，上面铺一层夯实的沙砾。路面平均有 18 英寸[3]厚，在个别地段或者

1 Antoninus（86—161），罗马帝国“五贤帝”中的第四位（138—161 年在位）。在他统治时期，罗马帝国达到全盛顶峰。——编者注

2 Severus（145—211），首位来自非洲的罗马皇帝（193—211 年在位），开创了塞维鲁王朝。他出生于罗马帝国阿非利加行省大莱普提斯，死于不列颠。——编者注

3 1 英寸合 2.54 厘米。——编者注

多次修补过的地方，路面增加到三英尺厚。在布莱克斯通边界的泥炭地段，有一段用方块的粗砂岩筑成的长达 16 英尺的路面，两边镶着石头，中间铺着大块方石。就是在这样用大块方石铺成的路面上，古代的马车向山下行驶时，由于刹车留下了车辙的痕迹。[1]

在克劳狄乌斯入侵以后的 50 年里，筑路工程加紧进行。在 2 世纪，大部分筑路工程集中在军事地区的边境地带。到了 3 世纪，公路网已经完成，剩下的只是一些保养工作了。君士坦丁大帝[2]统治时代的里程碑至少出土了四个，它们表明，当时公路网有了新的扩展。但是，这些新工程在 340 年以前全部结束了。从以后出土的里程碑来看，罗马人再也没有发展这些公路，只是尽力保养而已。350 年以后，高卢的公路情况也是这样。这些材料虽然枯燥，却反映了罗马帝国的兴亡。

如果一个罗马时代不列颠的切斯特人今天[3]能够复活的话，他就会发现，我们的法律是直接在他那个时代许多法律的基础上臻于完善的。他还会在每个村庄看到，当年在各地渐获胜利的新教义如今已有它的教堂和教士。他可能会认为，基督教的传教设施已经远远超过教徒的需要。他也会扬扬得意地看到，他的后代要想考取最有名的大学，就得学习拉丁文。他可能感到今天的发音很困难。他会发现，公共图书馆里所藏的许多著名的古代文献，是用质量极差的纸张大量发行的。他在这里会看一个稳定的政府，发现人们感到自己是一个世界大帝国的一员；他可以饮酒，可以到巴斯洗澡，如果觉得巴斯太远，那么每个城市都有蒸汽浴和方便的洗澡设备，这些对他都是既亲切又陌生的。他还会发现，过去的货币、土地使用权以及公共道德和礼貌的问题依然存在，这些问题同过去有些不同，但仍然引起人们的激烈辩论。他同

---

1 引自《古代罗马经济研究》（*An Economic Survey of Ancient Rome*）第三卷第 24 页。——原注

2 Constantine（272 或 274—337），罗马帝国皇帝（306—337 年在位）。临终时，受洗为基督徒，是罗马转换到基督教的第一个君主，被尊称为君士坦丁大帝。——编者注

3 写于 1939 年。——原注

样会感到处于不安全的社会或开始衰落的王朝之中，也仍然会日益担心野蛮人拿着罗马军团或民团用过的那种武器，进行突然的大屠杀。他仍然会害怕北海彼岸的人；别人还会告诉他，边界线是莱茵河。这些和当年都没有什么两样。对他来说，最明显的变化是通信迅速，广播事业和印刷业都十分发达。他可能会对此感到困惑不解。他会看到我们还有三氯甲烷、防腐剂和更丰富的卫生科学知识。他会读到比他那个时代篇幅更长的历史书，从中了解到比塔西佗和狄奥叙述的更为可怕的事件。他也可以通过一些设备看到“恺撒从未发现的地区”，当然，他很可能感到难过，也可能惊叹不已。他还会发现，在国外旅行虽然速度较快，却很麻烦。如果他要去罗马、君士坦丁堡或者耶路撒冷，只要不是乘船，就要受到十几个国家的入境检查。他得响应号召，学会仇视许多部落和民族，而他在过去则没有见过这种情况。他越是详尽了解 3 世纪以来所发生的一切事情，就越会庆幸自己没有过早地复活。

* * *

罗马帝国的人力和物力资源如果得到细心保护的话，很可能足以使它的疆界完整无损。但是，这些资源往往在争夺皇位的内战中白白浪费掉。到 3 世纪中期，帝国内部政治混乱，经济崩溃。尽管如此，帝国仍有活力。伊里利亚军队中涌现出许多杰出的军人和行政官员，他们恢复了帝国的统一，巩固了它的国防。到了 3 世纪末，罗马似乎又同以前一样强大、稳定了。可是，在这华丽的外表下面，罗马帝国的基础正在土崩瓦解，许多新的思想和制度开始出现了。各地的城市都在衰落，贸易、工业和农业由于沉重的税收而萎靡不振，交通也不那么安全。在一些省份，强盗出没无常，他们都是无法再靠土地谋生的农民。帝国渐渐分裂成许多前所未有的小单位。有朝一日，这些小单位将以新的形式组合起来，那就是封建的基督教世界。可是要实现这一点，需要度过数百年的漫长岁月。在此期间，新的专制主义千方百计地使交通畅行无阻，使土地有人耕种，使野蛮民族不敢前来进犯。

然而，罗马帝国的制度毕竟已经日薄西山了。它的筋肉和血管已经承受了古代世界的一切压力。罗马帝国像一个年已垂暮之人，希望生活在和平宁静的环境中，力图以超然的镇静态度去享受生活给幸运阶层带来的赠礼。但是在帝国内部，新思想打扰了这种保守主义的倾向；在严密警戒的边界之外，大批饥肠辘辘的野蛮人蜂拥而至，图谋不轨。罗马时代之所以能够保持太平，关键在于对各种宗教采取容忍的态度，在于根据各地情况实行灵活的统治制度。可是在 2 世纪中叶以后，这个制度逐渐削弱，宗教的统一趋势却不断得到加强。罗马世界认为已经彻底解决的许多问题以及从来没有想到过的一些问题，又被基督教重新提了出来。几百年来，人们认为具有种种不良后果的地位差别是自然规律的一部分，连那些深受其苦的人也有同样的看法。但是，使罗马社会的三分之一人口受到束缚的奴隶制度，不能永远顶住基督教新思想的有力冲击。每当皇帝即位时，过度挥霍和禁欲主义之间的来回变化，最高权力阶层的道德标准和被征服地区广大民众的道德标准的迥然差别，都使社会日益动荡不安。当人类似乎已经解决了俗界的大部分困难，一个最高政府允许精神探讨有无限自由的时候，内忧外患仍未稍止。“这里没有我们的极乐园，但是我们要努力迎接它的到来。”奇怪的命运展现出来了，破坏了和平与秩序，但却震撼人心。罗马制度遇到了不可解脱的麻烦：贫穷、屠杀、混乱以及即将笼罩世界的漫漫长夜。

蒙昧的野蛮人开始从外部攻击罗马帝国的防御屏障。在欧洲大陆上，野蛮人，或曰能战斗的野兽，联合起来并肩作战，以最骁勇善战的战士及其后代作为首领。这些乌合之众虽然罪恶多端，兽性发作，但是他们比业绩辉煌的罗马帝国有着更积极的生活原则。这些部落像洪水一样，在罗马帝国的大坝前不断上涨，不仅从坝面溢出，而且有时从裂口中冲出来，有时一点一滴地从坝体渗透出来。可悲的是，在这个期间，人们一直知道这座大坝的脆弱性。像后浪推前浪似的，野蛮人无穷无尽地从亚洲向西汹涌而来。对付他们，光靠优良的武器是很难占上风的，唯一可以依靠的是刀剑、严格的纪律以及组织和调动军队所需要的一点金钱。如果英勇的罗马军团遭到失败，那么一切就将付诸东流。其实，从 2 世纪中叶开始，这些破坏力量就明显地显露出来了。可是世代布立吞人一直认为，他们猜破了斯芬克斯[1]的怪谜。实际上，他们误解了她的笑容。

1 Sphinx，希腊神话中的狮身人首怪物，常出谜语让过路人猜。——译者注

第四章 CHAPTER 4

沦陷的海岛

若非不断地把漫长的历史时期同我们短促的一生经历联系起来，就无从了解历史。对大多数人来说，五年的时间是不短的，二十年是漫长的，而五十年前则简直像远古一样。要想知道任何一代人的命运如何，首先得想象出他们的处境，然后用我们生活的时间概念加以衡量。在编年史家把一个时代的特点概括出来以前，身处时代之中、历经种种变化的人，反而不太了解这些变化。我们可以用研究历史的望远镜，穿过近两千年的距离，观察那些遥远模糊的历史场景。毫无疑问，2 世纪以及 3 世纪的某些时期，同它们以前的任何时期及以后的大部分时期相比，是不列颠的黄金时代。可是到了 4 世纪初，这个不完善而又过得去的社会蒙上了一层阴影。罗马帝国治下的不列颠渐渐失去了安全感。从日常生活中，它的公民感到，囊括不列颠行省的这个世界性体系正在衰亡，他们进入了惶恐不安的时代。

考古学家的铁锹纠正和扩展了历史学家的研究成果。洞穴、废墟、碑石、碑文、钱币和头骨的发现及其研究，空中摄影在考古方面的新成果以及考古学家的铁锹，这一切都展现出毋庸置疑的历史画卷。虽然 19 世纪的主要论点没有被人否定，但是，我们现在对历史有了更真实、更确切和更深刻的了解。维多利亚时代的作家强调的重要起因、事件和它们的年表被改变了。这一变化主要发生在第一次世界大战以后。他们的剧本被改写或推翻了，很多地方作了大刀阔斧的修改，显得层次分明。我们迈出的步子小一些，但却更加踏实。许多作者一辈子辛辛苦苦所写的著名书籍，现在被认为过时了。新的结论与其说是出自新的观点，不如说来自新的发现。不管怎样，原来的历史梗概还是站得住脚的，因为它是以无可否认的明确事实为基础的。

3 世纪末，不列颠的罗马文化及其面临的挑战都达到了顶点。此时，野蛮人开始从欧洲以及不列颠岛的荒凉地区向西侵犯。苏格兰人（现在应该称他们为爱尔兰人）和皮克特人[1]开始从苏格兰进攻哈德里安墙，而且以越来越大的规模从海上进攻它的两翼。同时，撒克逊人划着细长的船只渡过北海，在纽卡斯尔到多佛的整个东海岸进行骚扰活动。从这时开始，不列颠农村也受到来自海上的严重威胁，就像现代国家受到空袭的威胁一样。根据近年来出土的许多证据，都可以得出同样的结论。作为罗马占领军大厦的基础，不列颠的别墅生活也受到了威胁。全国各地的迹象表明，当时存在着普遍的恐惧心理。除了东部和南部沿海地区的要塞以及以此为基地的军舰，还可以看到许多新的防御措施。伦敦的城墙上修筑了碉堡。所用的石头是从住宅上拆下来的，因为城市人口越来越少，许多房屋已经没有存在的必要。在许多地方，罗马人的高大城门用石头砌窄了一半，这是当时社会越来越不安全的铁证。迄今在全国各地已经发现了埋藏起来的大量钱币，它们几乎都是公元 400 年之前铸造的。当时，在这富饶、静谧而有秩序的土地上，人们担心会发生一连串的灾难。

罗马帝国同其他正在衰亡的政权一样，在元气大伤之后还能维持百十来年。在近百年的时间里，我们的海岛是垂死的文化同贪婪而饥饿的野蛮人进

1　Picts，指数世纪前，居住于福斯河以北的皮克塔维亚（现今的苏格兰）的先住民。——编者注

行较量的场所之一。4 世纪以前，哈德里安墙在军队的守卫下，挡住了北边的野蛮人。但是从那时开始，很可能又开辟了新的防线。“撒克逊海岸伯爵”[1]一定在和“北方公爵”（Duke of the Northern）并肩战斗，在沃什湾到南安普敦海湾的东南沿海地区，艰难地修筑了许多大要塞。迄今已有八座要塞被考察过。其中最大的一座在第一次世界大战期间为人们所熟知，它就是给法军运送给养的要津——里奇博罗要塞。

对于修筑这些据点时的战略考虑，人们有些争论。许多人作出了过低的估价，认为当时的政策不过是企图靠这八座要塞来保护 400 英里长的海岸线。这些责难显然失之公正。这些新的沿海据点只有被用作不列颠—罗马舰队的基地，才有真正的价值或存在的理由。

从 1 世纪开始，就有这样一支舰队。刻有海军部标记的瓦片证明，它在多佛和林普尼拥有固定的基地，且在整个沿海地区都组织了防御。这些措施发挥了长期的作用。维吉提乌斯[2]在 4 世纪著书论述战争艺术时，提到不列颠船队有一种很特殊的轻艇。这些船只的船体、帆、船员的衣服甚至他们的脸都涂成海水的颜色，便于隐蔽。维吉提乌斯还告诉我们，在海军的行话中，这些船只被称为“蓝漆船”。帝国和不列颠的海军力量渐渐落后于入侵者。于是，要塞的墙越修越高，其效用却越来越低。在相距 50 到 100 英里的一些基地之间作战，用划艇组成的小船队并不能永远挡住进犯的敌人。能在现代荷兰、德国、丹麦附近的海域连续活动几个月的远洋舰队，虽然是一支强大的威慑力量，但是在风平浪静的时候，未免行动迟缓，对付不了飞快的小划艇。

罗马时代的布立吞人是帝国中最活跃、最放肆的成员。他们抱着神宠论的态度（即等待上帝的拯救），但却想参与帝国的政治。随着时间的流逝，驻

1　Count of the Saxon Shore，4 世纪，为了抵御日耳曼人的劫掠，罗马皇帝设立的爵位。——编者注
2　Vegetius，古罗马军事家，著有《军事摘要》。——编者注

扎在不列颠的罗马军队里，当地人逐渐增多了。到3世纪末，这支军队显示出强烈的民族特点。布立吞人及其驻军为自己的罗马帝国公民和罗马人身份而感到荣耀，并不想独立，但对帝国政府却抱着严厉的态度。不重视布立吞人的意见或者牺牲不列颠利益的皇帝，比那些戴上忽视不列颠省防务这一“罪名”的人遭到更强烈的反对。一系列的兵变和叛乱加剧了越来越危险的局势。要是没有当地舆论的强烈支持，驻扎在切斯特、约克或卡利恩－阿斯克的几股罗马军队是不敢觊觎王位的。这些叛乱并不能简单地看作心怀不满的士兵哗变，它们是一些军团要控制罗马帝国的大胆尝试。虽然他们只有几千人，但是却反映了他们所生活的那个社会的情绪、感情和野心。他们离开当地的小舞台，要登上最高层的大舞台，就像那些想离开小地方到首都去的演员一样。但不幸的是，他们的每一次活动都使保护不列颠大坝的微弱军事力量又失去了一批重要的成员。

* * *

戴克里先皇帝在历史上的主要形象，是早期基督教徒的迫害者，而他重拓昔日边境的卓著功勋，一直被这个形象的阴影所掩盖着。他奉行双皇储制——设立两名皇帝、两名皇储，而他自己则居四人之首。皇帝期满退位，皇储继位，同时任命新的皇储，这样，皇位的接替就不会中断了。285年，另一位皇帝马克西米安[1]被派到高卢，同时兼管不列颠。撒克逊海盗的劫掠活动引起了他的深切关注。他加强了英吉利海峡舰队，任命来自西北欧国家的海军军官卡劳西为舰队司令。卡劳西是个果断顽强、野心勃勃、无所顾忌的人。他在布洛涅基地纵容海盗抢劫，当海盗抢到大批财物时，他便带着快

1 Maximian（约250—约310），285年任罗马帝国副帝，286年被戴克里先任命为同朝皇帝，统治帝国西部，305年与戴克里先一同退位，由其副手君士坦提乌斯一世接任。——编者注

船队突然出击，生擒多人，把他们统统杀死。不列颠社会对他的功绩并不满意，指责他与被他杀死的海盗同流合污。他辩解说，这只是伏击的一部分策略。可是，他无法解释把掠夺物据为己有的事实。马克西米安要处决他。但是卡劳西在不列颠登陆，宣布自己为皇帝，把岛上的驻军争取到自己的一边，并在一次海战中打败了马克西米安。至此，当局认为，同这个顽固的叛逆者讲和将是明智之举。因此卡劳西在 287 年被承认为皇帝之一，管辖不列颠和高卢北部。

这个控制着海军的冒险家在我们岛上统治了六年。他似乎还比较好地维护了这个岛的利益。然而，戴克里先皇帝和他的臣属在等待着时机。293 年，他们扔掉了友好的面具。作为新皇储之一的君士坦狄・克劳鲁[1]围攻并占领了卡劳西在大陆上的主要据点布洛涅。卡劳西本人不久便被手下的一名军官杀死。这位新来的竞争者也想当皇帝，但是他没有得到布立吞人的支持。整个国家又陷入了混乱状态。皮克特人没有放过这个机会，他们突破了哈德里安墙。北部地区在刀光火海之中成为一片废墟。克劳鲁渡过英吉利海峡前来援助。他的同僚带领一部分部队在朴次茅斯附近登陆，他本人沿泰晤士河西征，受到感恩戴德的伦敦人毕恭毕敬的欢迎。他恢复了当地的秩序。1922 年在法国阿拉斯城发现的一枚金质纪念章证明，克劳鲁曾率领一支舰队沿泰晤士河溯流而上，把北边的入侵者赶了回去，并着手恢复和改进整个防御体系。

*　　*　　*

罗马制度下的布立吞人不断反击入侵者。在两三代人的时间里，小船队

1 Constantius Chlorus（250—306），即君士坦提乌斯一世，四帝共治时代，罗马帝国西部的皇帝（305—306 年在位）。他是君士坦丁王朝的开创者，也是君士坦丁大帝的父亲。——编者注

不断反击海盗，罗马步兵队和不列颠后备队则经常急行军，去对付各种袭击或入侵。当时，衰败的过程持续了多年，灾难逐渐加深。我们现在仍应正视367年发生的骇人听闻的大惨剧，在那灾难性的一年里，皮克特人、苏格兰人和撒克逊人看来在联合行动，一起向不列颠扑来。罗马帝国军队英勇抵抗，北方公爵和撒克逊海岸伯爵战死，防御体系被打开一个很大的缺口，嗜杀成性的游牧部落蜂拥而入。他们破坏了美好的乡村别墅和宅舍，所到之处留下一片废墟。据说，现在陈列在不列颠博物馆里的精美的米尔登霍尔银质餐具，就是当时主人在别墅受到袭击的情况下埋藏起来的。很明显，他们没有等到把餐具挖出来就死去了。这场浩劫之后，不列颠的乡村别墅生活稍有恢复。城市早已开始没落，但是它们至少还有城墙作为屏障，人们仍然前来避难。

从史卷中可以看到，罗马帝国曾为保护不列颠作过多次努力。尽管布立吞人不知感恩戴德，而且有时还起来造反，帝国政府还是一再派军队前来恢复秩序或驱逐野蛮人。367年的灾难发生后，瓦伦提尼安一世[1]派狄奥多西[2]将军率领一支人数不少的军队来解救不列颠省。狄奥多西完成了他的使命。沿海地区的工事中，留下了进一步加固和重建的痕迹。可是，不列颠的驻军和民众未能从依然存在的危险中接受教训。383年，他们心甘情愿地屈服在一个名叫马格努斯·马克西姆的西班牙人脚下。这个人是不列颠的驻军指挥官，当时他僭号称帝。他纠集自己的所有军队，并且把哈德里安墙和要塞上本来就不多的军队也撤了下来，带着他们匆匆赶到高卢。他在巴黎附近打败了格拉提安皇帝[3]。格拉提安在里昂被自己的部下杀死。这样，马克西姆不仅

1 Valentinian Ⅰ（约312—375），罗马帝国西部皇帝（364—375年在位），瓦伦提尼安王朝开创者。登基后30天，授予弟弟瓦伦斯（罗马帝国东部皇帝）奥古斯都头衔。——编者注

2 Theodosius（约346—395），罗马帝国狄奥多西王朝第一位皇帝（379—395年在位）。临终前，他将帝国分给两个儿子，罗马帝国正式分裂为东罗马和西罗马。——编者注

3 Emperor Gratian（359—383），罗马帝国西部的皇帝（375—383年在位）。瓦伦提尼安一世的长子，17岁其父病逝后在高卢即位，并与弟弟瓦伦提尼安二世分享帝国。——编者注

是不列颠的主人，也是高卢和西班牙的统治者了。为捍卫自己统治这些地区的权力，他进行了五年的斗争。但是，继格拉提安登上皇位的狄奥多西最终打败了马克西姆，并把他杀死。

这时，哈德里安墙又一次被突破了，不列颠的北方和海上都受到敌人的威胁。过了七年，狄奥多西才派史迪利科将军到不列颠。这位杰出的军人赶走了侵略者，修复了防御设施。御用诗人克劳狄安[1]在他的作品中，用欢欣的笔调描写了公元400年不列颠从撒克逊、皮克特和苏格兰入侵者的桎梏中解放出来的情景。为了庆祝史迪利科首次担任执政官，他记载了布立吞人如何感谢史迪利科把他们从敌人的威胁中拯救出来。可是，这种感激之情很快就淡薄了。

阿拉里克带领西哥特人[2]侵略意大利的那一年，史迪利科已经回到罗马，并且掌握了军队的最高指挥权。他不得不再从不列颠调回一些军队，保卫帝国的心脏。402年，史迪利科在波连萨大战中击败了阿拉里克，并把他赶出了意大利。胜利的欢乐未逝，以拉达盖苏为首的大批野蛮人又发动了一次入侵。到405年，史迪利科彻底粉碎了他们的侵犯。意大利刚刚平静下来，结成联盟的苏维人[3]、汪达尔人[4]、阿瓦人[5]和勃艮第人[6]就越过莱茵河边界，践踏高卢北部。史迪利科毫不畏惧，准备迎击进犯的敌人。但是，不列颠军队抱怨不列颠省不受重视，因而叛变。他们拥立一个名叫马库斯的人当皇帝，可是他不久就被人杀死。他们又选了一个名叫格拉提安努斯的布立吞人继任，但他在四个月后也被暗杀了。于是，他们又选了一个布立吞人，他的名字也叫作人所熟知的君士坦丁。他不保卫不列颠，却到大陆去保护他篡夺的爵位。

1　Claudian（约370—约404），罗马公民，古典传统的最后一位重要诗人。——编者注
2　Visigoths，属于哥特人，东日耳曼人的一支。——编者注
3　Suevi，居住在日耳曼尼亚中部的民族。——译者注
4　Vandals，日耳曼民族的一支。——译者注
5　Avars，突厥人的一支。———译者注
6　Burgundians，日耳曼民族的一支。——译者注

他调空了不列颠的军队，而且还像马克西姆那样，到布洛涅去冒险。他在这个重要的舞台上同史迪利科较量了三年，取得了各种胜利，但是最后也像马克西姆那样，被抓住处以死刑。随他出征的军队再也没有回到不列颠。就这样，在这致命的几年里，不列颠岛上开化地区的保护者相继下台，这既帮助了帝国，也打击了帝国。

5 世纪初，所有的军团都执行各种使命去了。410 年，对于接二连三的告急书，霍诺里乌斯皇帝[1]无计可施，只能发出告别不列颠的回信，他说："罗马帝国的各处行政区应该设法自卫。"

* * *

罗马政府停止保护不列颠以后，我们对这个岛的初步印象是圣杰曼斯在 429 年访问本岛时所提供的。这位主教从欧塞尔来到不列颠，要扫除皮拉吉[2]的邪说。这块基督教土地上，这种邪说发展了起来。它过分强调自由意志，因而必然诋毁原罪论[3]。它认为，人出世时没有犯罪的本性。这位欧塞尔来的主教和他的一个主教团同事到了圣奥尔本斯。可以肯定，他们很快就说服了不信基督教的人放弃误信的谬论。他在不列颠看到什么情况呢？他说这里非常富庶，财宝无数，牛羊成群，粮食充足，教俗机构共存。岛上虽然万象繁荣，但是却进行着战争。一支侵略军正从北边和东边步步进逼。据说这股乌合之众是撒克逊人、皮克特人和苏格兰人组成的邪恶联盟。

杰曼斯主教年轻的时候是一名优秀的将军。他在这里组织了军队，侦察了周围的地形，注意到敌人前进的路线上有一条群山环抱的狭谷。于是，他率领部

1 Emperor Honorius（384—423），罗马帝国正式分裂为东西两部后，首任西罗马帝国皇帝（395—423 年在位）。他是狄奥多西一世的次子，东罗马帝国皇帝阿卡狄乌斯的弟弟。——编者注

2 5 世纪初的教士，他认为人不是天生有罪的；要避免罪恶，得到拯救，主要依靠个人的意志，而并不一定要靠上帝的恩典。——译者注

3 《圣经》中亚当犯了罪，因此基督教徒认为人类具有犯罪的本性。——译者注

队在那里埋伏起来，等待不信基督的凶恶敌人。当敌人进入这条狭窄的通道时：

教士们朝敌人喊了一声哈利路亚（即“赞美神”的意思）……这晴天霹雳般的喊声在狭谷中回响，把敌人吓呆了。他们还以为是群山倾倒，苍穹塌落，因而个个魂飞魄散，两腿发软。他们丢盔弃甲，落荒而逃，只要能留得一条性命，就谢天谢地了。许多人在仓皇逃窜之际淹死在河中，而他们来的时候却是秩序井然地渡过这条河的。不列颠军队看到，他们不费吹灰之力就取得了胜利，因而天真地认为，是上帝为他们报了仇。布立吞人打扫了战场……他们未流一滴血就击溃了敌人。这次胜利是靠信仰而不是靠武力获得的。……杰曼斯主教安顿好这个富饶海岛的事务之后，回到欧塞尔。他既战胜了精神上的敌人，也战胜了世俗的敌人，换句话说，就是战胜了皮拉吉的异端派和撒克逊人。[1]

12 年之后，高卢的一位编年史家在 441 年或 442 年写下了这样一段忧郁的话：“近来各种天灾人祸使布立吞人逐渐陷入撒克逊人的控制之中。”这又是怎么回事呢？原来是日耳曼尼亚北部开始了大迁徙。这比 4 世纪的抢掠性袭击更加可怕，中世纪的黑暗时期从此来临了。

我们可以通过四个窗口观察这段黑暗时期，但是，每个窗口都有模糊不清或涂上颜色的玻璃挡着。首先，我们有中世纪人怀着感激之情授予“智者”称号的吉尔达[2]所写的一本小册子。它大约写于 545 年，即不列颠与大陆隔绝的 100 年之后。大约又过了 200 年，圣徒比德[3]在他的以英国教会为主题的著作中，离开宗教，提供了关于大迁徙的一些宝贵资料。第三个窗口：在名为《布立吞历史》（*Historia Britonum*）的一部集子中，收录了比德之前的部

1 引自里昂人君士坦丁的著作，他是杰曼斯主教的传记作者。——原注
2 Gildas，6 世纪不列颠历史学家。——译者注
3 Bede（约 673—735），英国历史上最早的学者、历史家，被尊为“英国史学之父”。——编者注

分文献。最后一个窗口是9世纪由散存在各个修道院的各种编年史汇集起来的《盎格鲁－撒克逊编年史》[1]。这部年代记很可能是阿尔弗雷德大帝授意编纂的。把这四种资料互相印证对照一下，加上考古发现的确凿例证，我们可以给不列颠画出这样一幅图景。

450年前后，不列颠的统治者模仿罗马的惯用手段，从海外招来许多雇佣军，以加强自己的力量。后来证明，这是作茧自缚。门户一旦开放，整船整船的野蛮人便源源而来。他们沿着河流向内地前进，可能从亨伯河一直到朴次茅斯都是这样。但是他们一离开沿海地区，布立吞人就奋起抵抗，并取得巴登山战役的胜利。在这以后的近50年里，入侵者未能前进一步。如果画出V字形的线条，一条腿从切斯特到南安普敦，另一条腿从南安普敦折回到亨伯河，那么，我们就会看到，大部分撒克逊异教徒依然存在。能说明他们早期定居地域的以ing或ings结尾的地名，都在这第二条线以东，两线中间是割据地带，第一条线以西仍然是不列颠的地盘。这就是英格兰在公元500年左右的形势。

现在，这种推算在历史上和地理上均已得到证实。吉尔达可能亲耳听他年轻时代就认识的一些老人讲过雇佣军的情况；而怀疑奈尼和比德就更没有理由了。奈尼是个编年史家，可能生活在9世纪。比德同意下面的看法：引狼入室而受到欺骗的那位不列颠统治者叫沃蒂根。北欧人常常提到的亨吉斯特和中世纪的雇佣军一样，谁为他的人马提供可以生活的土地，他的刀剑和船只就为谁效劳。而他索取的土地就是后来的肯特王国。

吉尔达记载了这场悲剧。

> 他们（布立吞人）刚回家园，一群群讨厌的皮克特人和苏格兰人就立刻乘柳条制成的小船登陆了。……这两个民族的举止有些不同。但是，

---

1 *Anglo-Saxon Chronicle*，英国著名史书之一。以编年体写成，记载了公元前50年至公元1154年的英国历史。——编者注

他们嗜血成性，不用遮羞布，散乱的头发盖着丑恶的脸，在这几点上倒是相同的。他们占领了整个北方的边远地区，一直来到哈德里安墙的脚下。墙上的守卫部队都是些胆小厌战的人。这些可怜的公民被裸体的敌人用有钩的武器从墙上拉下来，摔倒在地上。我还有什么可说的呢？这些公民放弃了这堵高墙和他们的城池，争相逃命的绝望样子简直前所未有。敌人又一次追击他们，越发残酷地屠杀他们。敌人杀戮这些可怜的公民，正像屠夫宰杀羔羊一样。他们简直像漫游的野兽，靠掠夺一点食物为生。内部的宿怨加深了外患。而由于外患频仍，全国的粮食荡然无存，只有猎物可供充饥了。

在这种情况下，处境艰难的幸存者又给大权在握的罗马人埃狄写了一封信，倾诉布立吞人的苦衷。他们在《致任职三次的执政官埃狄》（*To Atius, three times Consul, the groans of the Britons*）的信中写道："野蛮人把我们赶向大海，大海又把我们赶向野蛮人；不是杀死，就是淹死，二者之间是没有活路的。"但是，他们没有得到任何帮助。由于饥饿难忍，许多人向掠夺者投降。……但也有一些人誓死不降，不断从山上、洞穴、要隘和茂密的灌木林中出来袭击敌人。他们信仰上帝，而不信赖人，所以第一次杀戮了多年来一直抢掠他们国家的敌人……敌人的放肆行为暂时有所收敛，而我们的同胞却未改前非。敌人离开了布立吞人，而布立吞人却积习未改。

奈尼还把吉尔达遗漏的一点告诉了我们，他说出了在巴登山战役中获得大胜的那位布立吞军人的名字。这个名字把我们从隐约朦胧的历史迷雾中带到了浪漫的阳光之下。关于亚瑟王[1]和圆桌骑士的传说仍然时隐时现地流传着。它有所夸大，不够确切，也不够细致，但是却永远闪烁着光辉。在岛上

1　King Arthur，传说圆桌骑士的首领，被称为"永恒之王"。——编者注

某个地方，一位伟大的军事家集合起罗马帝国不列颠省的军队，同入侵的野蛮人进行了殊死的战斗。他的身上、他的名字和他的业绩都放射着传奇文学和诗歌所能赋予的一切光彩。奈尼在他的拉丁文著作中，对亚瑟王的12次战役作了详尽的描写，但是没有说明战役发生在何处以及敌人是谁，只指出他们是野蛮人。其他权威人士指出："根本没有亚瑟这个人，至少不能证明确有此人。"直到600年后蒙茅斯城的杰弗里歌颂封建制度和军事贵族时，骑士气概、荣誉、基督教信仰、身佩刀剑的骑士以及为之神魂颠倒的贵妇人——这一切才被带入胜利光辉所照亮的光圈之中。后来，马洛礼[1]、斯宾塞[2]和丁尼生[3]又对这一切作了极其出色的修饰。不管是真是假，这些传说已经在人们心中赢得了永恒的地位。要说这一切都是一位威尔士作家臆想的产物，那是难以置信的。假如真是他想象出来的，他一定是个优秀的幻想家。

从现代的研究情况来看，还不能接受没有亚瑟这个人的看法。比较权威的历史学家在最近的著作中都说，确有亚瑟其人。他们的说法虽然比较谨慎，但都是肯定的。他们不清楚亚瑟生活在黑暗时期的什么时候，也不知道他在哪里统治，在哪里战斗，但是他们确信，曾经有一位布立吞勇士在不断袭来的风暴中保持了文明的火炬，用他的剑保护了我们仍然记得的忠诚追随者。居住在不列颠高原丘陵地带的四个凯尔特部落都为亚瑟的传说而欢欣鼓舞，并且都说各自的地区是亚瑟建树业绩的地方。从康沃尔到坎伯兰，到处都寻找过亚瑟的王国和活动区域。

现在人们发表意见有时未免过于含蓄了。有些作者怕遭到反驳，就把自己的看法写得模棱两可，几乎没有一个明确的含义。下面仅举一个典型的例子，就足以说明这种情况。

---

1 Mallory（约1415—1471），英国作家。最著名的作品是史诗式传奇《亚瑟王之死》，书中收录了亚瑟王及其圆桌骑士们的传奇故事。——编者注

2 Spenser（1552—1599），英国文艺复兴时期诗人。其主要作品长诗《仙后》，主人公是青年王子亚瑟。——编者注

3 Tennyson（1809—1892），英国维多利亚时代诗人，他根据亚瑟的故事创作了《国王叙事诗》。——编者注

可以比较肯定地说，曾经有过一位叫作亚瑟的小酋长，很可能在威尔士南部。他或许掌握了一些兵权，把凯尔特部落，或者把高原地区的部落，或者是把部分高原地区的部落联合起来，共同对付袭击者和入侵者（他们不一定都是条顿人）。大概也可以说，他也许参加了人们归功于他的全部战斗或部分战斗。不过，这些功绩也可能是后来别人立下的。

经过长期的钻研和辛勤的研究之后，仅仅说到这个程度是不够的。不过，肯定了有关亚瑟传说的事实基础，倒也是一点值得尊重的贡献。我们认为，杰弗里在12世纪给爱听故事的欧洲人所写的这些事情并非纯属虚构。[1]如果我们能目睹这些历史片断，就会觉得人们所研究的这个问题像《奥德赛》[2]史诗和《旧约》[3]一样，有事实根据，又有神圣的想象，而且也是人类遗产中不可分割的一部分。它全是事实，或者说应该是事实，甚至比事实更加壮丽、更加动人。当人们为了自由、秩序和尊严而同蒙昧、专制和杀戮行为进行斗争的时候，应当记住，即使牺牲了，他们的光辉业绩也会博得永恒的纪念。所以，让我们宣告，亚瑟王及其可敬的骑士们靠勇气、体力、骏马和铠甲保护了基督教坛上的圣火，维持了世界秩序的原则，杀死了无数邪恶的野蛮人，从而为世世代代的正直同胞树立了榜样。

据说，亚瑟就是战争之王。不列颠应该选择一位总司令，或者应该实现50年前请求埃狄委派一个新总督的夙愿，自己拥立一名不列颠总督，有什么事情比这更加自然、更有必要呢？既然承认亚瑟统率过一支机动的野战军，奔驰于国内各个地区，同当地的武装力量并肩作战，那么关于他的活动区域

1　引自弗兰克·斯坦顿爵士《盎格鲁－撒克逊英格兰》（*Anglo-saxm Englands*）1943年版第3页。——原注

2　*Odyssey*，古希腊两部著名史诗之一，为盲诗人荷马编辑整理，主要讲述希腊英雄奥德修斯在特洛伊战争中取胜，及返航途中的历险故事。——编者注

3　*Old Testament*，记载了上帝与他的选民以色列人所立的盟约。“旧约”之所以称为“约”，来源于耶和华拯救以色列人脱离埃及法老时，与以色列人立的约。——编者注

问题又有什么可争论的呢？何况在4世纪，骑兵的战斗作用显著上升，步兵的时代暂告结束，而罗马军团的时代则已经一去不复返了。入侵的撒克逊人只是步兵，打仗只凭剑和矛，也没有什么铠甲护身。对付这样的敌人，只要有一支较小的普通罗马骑兵，就可能攻无不克、战无不胜了。如果像亚瑟这样的一位酋长组织了一支铁甲骑兵，便能够在不列颠各地行动自如，带领当地人反抗侵略者，所向披靡。亚瑟的形象历久不衰，反映了人民日益深重的苦难和盼望救星的心情。亚瑟被说成最后一个建树业绩的罗马人。他了解罗马思想，并且运用这种思想为布立吞人民谋幸福。科林伍德教授说："罗马的遗产在许多方面依然存在，而亚瑟则这一遗产的最后一个创造者。不列颠的罗马时代随着亚瑟的离去而告终。"

奈尼写道，亚瑟的"第12次战役发生在巴登山。在这次战役中，他一个人一天就杀死了960人。他每战必胜。屡遭失败的敌人向日耳曼人求援，以更多的人数不断前来袭击"。

确定巴登山战场遗址的一切努力均告失败。许多学识渊博的专家作了大量的调查研究，但都没有取得预期的结果。但是，战役如果（而且很可能）是发生在V字线的中间割据地区，目的是要阻止敌人从东边继续向西侵入，那么最有资格戴上巴登山桂冠的就是靠近斯温登，俯瞰巴德伯雷的利丁顿坎普了。另外，我们能很准确地推断出来战役发生的时间。吉尔达在他的著作中说，它发生在43年零1个月以前，还说，他能记住这个日期，是因为他的生日也是这一天。我们从他的书中得知，北威尔士国王梅尔格温在他写书的时候还活着。《威尔士编年史》中记载，这位国王在547年得鼠疫去世了。所以，吉尔达著书的时间最晚不迟于547年。那么上溯43年，巴登山之战的时间就应该是503年了。我们还可以借助《爱尔兰编年史》从另一个角度印证一下。该史书指出，吉尔达死于569年或570年，因此，他的出生时间不可能早于490年。那么，巴登山战役的日期似可断定在490年到503年之间。

*　　　　*　　　　*

还有一个更大的问题引起了激烈的争论。入侵者是把当地人斩尽杀绝了呢，还是压迫他们并在某种程度上与之融为一体呢？在这个问题上，有必要把旨在掠夺的凶猛袭击阶段同定居阶段区别开来。吉尔达所说的是前一个阶段。他所描绘的情景在300年后丹麦人入侵时又重现了。对定居者来说，这类袭击在以开发土地为主的生活中只是一段小小的插曲，而要开发土地，劳动力和土地是同样重要的。从地名上可以看出，苏塞克斯地区的居民被消灭了。再往西，有些迹象表明，大部分布立吞人活了下来。694年的《西撒克逊法典》（*West Saxon code*）明确规定了各阶层“威尔士人”的权利，这些人包括大地主以及由于擅长骑术和熟悉羊肠小道而被国王选中的差役。在撒克逊人企图杀害全部当地村民，而不是把他们作为田间劳动力保留下来的地方，少女的苦苦哀求、美人的悲声呼救和侵略军的肉欲可能在胜者和败者之间造成某种联系。这样，当地人的血脉得以保存下来。几代人之后，征服与被征服的色彩也就淡薄了。人们很难想象在广大的地区彻底灭绝某个种族的做法，征服者即使没有怜悯，至少会受到实际利益或性欲的引诱。因此，比较严肃的作者都认为，对于布立吞社会的大部分人来说，盎格鲁-撒克逊征服者只是替换了原来的统治者。富人被杀掉了，大批勇敢而自重的人退到西部群山，还有许多人则及时逃到了布列塔尼，他们的子孙后代有朝一日是要回来的。

撒克逊人喜欢居住在河谷地区。他们认为，有经济收益的地方就是河边的草地，低处种庄稼，高处放牧。但是，有许多地方要经过很长时间才能收拾好，把水排干；在这期间，除了高原地带的布立吞人田庄的产品以外，他们能靠什么为生呢？比较可能的是，在河谷可以播种以前，他们让本地人当奴隶耕种自己原有的土地。后来，古老的布立吞田庄逐渐荒芜了，所有人都聚居到河边或溪头的村子里。河谷居民的语言，同散居山上者的语言相比，占着支配的地位。对现代英国地名的研究证明，山、森林、河流的名称一般起源于凯尔特语，甚至在村名都是盎格鲁－撒克逊语的地区也是如此。由此可见，不列颠的原有民族并没有被灭绝。他们语言的消失是可以理解的，即使在我们知道有布立吞人混居的地方也能找到答案：他们必须学习主人的语言，而主人却不用学习他们的语言。结果，拉丁语和布立吞语完全让位于后来者的语言，甚至在最早的文献资料中也很难找到这两个语种的痕迹。

但是，岛上的情况也不尽相同。我们有充分理由认为，在肯特郡，这些新来的人定居在离原住民不远的地方，并且采用了他们的名字，叫作坎迪亚西人。在诺森布利亚，法律受到了凯尔特法律的重大影响。在汉茨和威尔茨，从利斯到德维利尔的宽阔地带用的都是布立吞名称，这似乎可以说明，本地人仍然在丘陵地带耕种着他们的田地，而撒克逊人则在开垦河谷。这两个民族没有种族歧视，他们的体形也很相似；在许多地区，撒克逊人可能大量混合了布立吞人的血统。

这些侵略者也渴望获得栖身之地。他们的严厉法律和艰苦生活，源于中亚细亚贪婪的游牧民族大规模西迁给他们造成的巨大压力。外出劫掠六个月以后回来的武士，总想稍事休息，他们对于逼人的形势并非无动于衷。然而，首领和长者不禁要问，何处可得安居之所呢？5世纪，东方的压力日益加重，另外，每年到不列颠劫掠的人都满载而归，还说那里十分富庶。这使部落首领们想到，登上这个海岛是十分困难的，但如果哪个顽强勇敢的民族能够占领此岛，便可以安然无患了。也许，在这个惊涛拍岸的海岛上，人们可以定居下来，享受生活的乐趣，而不必整日担心被强者所征服，也不会遭受大陆上的军事生活和部落生活每日所造成的巨大牺牲。于是，野蛮人挥剑指向不列颠这个庇护所。他们入侵以后，便逐渐作出殖民计划，并付诸实施。在前面充满光明而后面是一条绝路的情况下，移民和占领不列颠的活动便逐年增加了。

*　　　*　　　*

在日耳曼各部落中，撒克逊人是最凶狠的。据说，之所以叫作撒克逊，是因为他们使用一种叫赛克斯的短剑。虽然根据传说和圣徒比德的著作，是盎格鲁人、朱特人和撒克逊人共同征服了不列颠。各个殖民点具有不同部落的特征，但是实际上，撒克逊人很可能在离开石勒苏益格—荷尔斯泰因之前就兼并了另外两个部落。

我们小时候所读的历史书，大胆地列出了所有重大历史事件的确切日期。449年，在沃蒂根的邀请下，亨吉斯特和霍萨在肯特郡原有居民的尸体上建立了朱特王国。477年，埃拉和他的三个儿子来到不列颠，继续进行侵犯活动。495年，塞迪克[1]和他的儿子坎里克登陆了。501年，海盗波特建立了朴次茅斯。514年，西撒克逊人斯塔弗和威特格进行袭击，把布立吞人赶跑了。544年，威特格被杀害。547年，艾达来到这里，他后来建立了诺森伯兰王国。

对于这些年代，我们只能说，它们与事实大体相符。接连不断的入侵者带着殖民者，登上了这座多灾多难岛屿的海岸。

还有一些作家作了另一番描述。J.R. 格林写道：

> 村里的大部分宅舍属于自由民或最底层的自由民，其中一些较大的宅舍属于出身比较高贵的自由民。这些人世世代代受到尊重，在战时和太平时候全村的首领都是从他们当中选出的。但是，村民的这种抉择完全是自愿的；出身比较高贵的人在法律上不享受半点特权。[2]

1　Cerdic，传说是威塞克斯第一位国王。——译者注

2　引自《英格兰民族简史》（*Short History of the English People*）第4页。——原注

如果这是真实的情况，那么我们早已实现了“民众联合和贤者当政”的民主理想。毫无疑问，在日耳曼部落的概念中，有许多至今仍然令人钦佩的原则。在英语民族向世界传递的信息中，这些原则是重要的成分。但是，征服不列颠的人根本没有实现这些理想，反而为我们展现了一个十分卑鄙可恶的社会。入侵者把日耳曼各部落的一条共同原则带到了不列颠，即通过金钱的力量维护人与人之间的法律关系。如果有什么平等的话，就是社会各个阶层内部的平等；要说有自由，主要是有钱人的自由；如果有权利，也基本是财产带来的权利。任何犯罪行为都可以用赔款或罚款的方式获得解决。除了拒绝出征以外，最大的罪行就是盗窃了。

他们用先令确定了每个人的精确价格。一个王子值 1500 先令，一个贵族值 300 先令，下层自由民值 100 先令，农奴值 40 到 80 先令，家奴就一文不值了。在肯特，1 先令相当于一头牛，在别处相当于一只羊。这些法律条理分明，规定明确，但是也很古板。如果一个下等自由民杀死一个贵族，他的赔款是贵族杀死一个下等自由民所付赔款的三倍。这些法律适用于任何家庭。杀人可用现款赔偿。有钱能使鬼推磨，没有钱就只好受惩，或者失去自由。当然，价值 1500 先令的王子在某些方面也受这些法律的制裁。对诽谤者的惩罚是割其舌头。如果王子犯了诽谤罪，他的舌头价值是贵族身价的五倍，是自由民身价的十五倍，他只有如数缴纳罚金，才能保住舌头。地位卑贱者的舌头当然更为便宜了。正如阿尔弗雷德在很久以后所说的那样，这种赔款或罚金制度至少比血腥的仇杀好一些。

血缘宗亲关系本来是日耳曼社会的基础。每个家庭是一个社会单位，部落则是整体。从新殖民者中间所发生的巨大变化可以看到，以血缘宗亲关系为基础的社会结构开始解体了，而以土地所有制为基础的地方社会结构和贵族阶层则开始取而代之。这一变化同人们知道的许多事物一样，是随着战争的残酷需要而产生的。每个先驱部落为了生存和保住立足点同处境差不多的部落进行搏斗，但最终都不可避免地败在最勇敢、最威严、最走运的酋长手上。然后，要做的事情已经不是连年的劫掠或征战，而是要选择定居点，要开垦肥沃的处女地；还必须用武力保卫这片土地。但是，除了那些勇敢地踏着原有主人的尸骨夺来这些土地的酋长以外，谁能保得住它呢？

日耳曼人在英格兰定居以后，他们原来的社会结构也发生了变化。由于频繁的军事活动，前来开拓土地的农民殖民者被迫接受更大的国家权威。在日耳曼尼亚的时候，他们没有国王。在不列颠，他们的国王是从那些自称古神后裔的首领中产生的。国王的地位日益显赫，他的支持者和随从在社会上逐渐形成一个新的阶级。这一阶级产生了封建制度的胚胎，后来控制了整个社会。封建领主是主人，也一定是保护者。他必须支持他的属民，打官司时给他们撑腰，发生饥荒时供养他们；反过来，属民必须为他种地，为他打仗。

国王起初只是长期任职的军事首领，但是一旦登上王位，他就有自己的利益、自己的需要和自己的安危考量。保证自己地位的安全是他的首要目标。“除了安全稳固，其他不值一提……”[1]怎样才能确保稳固呢？唯一的办法是国王招纳一批英勇善战的武士，鼓励他们征服外国和开拓新土地，国王则将土地赏赐给他们。当时已有特权阶层。国王身边都是一些和他同建战功并受过恩典的人。战利品很快消耗掉，而土地却永世长存。有大量的、质量不一的土地，但是，要给每个武士分封一块采邑这件事，却和日耳曼部落的传统格格不入。经过大规模的战争和拓荒，越来越多的土地成为私有财产。于是，蒙受国王恩宠的地主贵族阶级也就应运而生了。它的产生过程起初并不明显，但从 7 世纪起便日益迅速。布立吞人顽强抵抗了 200 多年。在这期间，双方各有胜负，而与此同时，出身神圣的军事领袖所实行的个人统治制度，也在盎格鲁 – 撒克逊入侵者中间扎下根来。

当这个统一的社会结构正在形成的时候，一些互相倾轧的小王国也相继

1 莎士比亚戏剧《麦克白》第三幕第一场。——译者注

诞生。当时交通闭塞，没有文字，各个地区像海洋中波涛汹涌的孤岛一样彼此隔绝。因此，在入侵部落占领区里顿时，王侯四起。在日耳曼人的许多根本缺点和恶习中，互不相容尤其突出。在很长时期里，不列颠岛处于组织严密的小公国群雄割据的混乱状态之中。在殖民初期，亨伯河以南整个地区的居民共同处于一个统治者的管辖之下，但是始终没有产生国王。他们仍然靠劫掠为生，因此费尽心机保护自己的掠夺品。

目前，已经有许多著作论述了罗马人在不列颠统治的衰落过程，介绍了当时在这个制度下的人们，如何因舒适的生活而变得懒散的情况。毫无疑问，吉尔达的著作使读者获得的印象是，罗马制度衰落后，不列颠社会十分虚弱，政府极其无能。这种印象大概是比较客观的。但是，要想公正地评价这个时代就得承认，布立吞人同我们现在所说的英格兰人斗争了大约 250 年。他们在罗马帝国的支持下同英格兰人战斗了 100 年，在另外 150 年里则全靠自己的力量。这场斗争波澜起伏。布立吞人曾经多次取得胜利，阻挡征服者的步伐达百年之久。而在战争末期，当初连罗马人也无法征服的山区，再次成为布立吞民族不可攻克的堡垒。

第五章 CHAPTER 5

英格兰

夕阳带着火红的余晖落下去，苍穹拉下了漫长的夜幕。长夜过后终于又到了薄雾迷蒙的阴暗黎明。可是天色大亮的时候，人类的遥远后代才清楚地看到，一切都变样了。在黑夜中入睡的是不列颠，黎明时醒来的却是英格兰。它贫穷落后、野蛮愚昧、四分五裂，但还活着。不列颠曾经是一个世界大帝国的活跃地区，而英格兰却再度成为野蛮愚昧的孤岛。它曾经是基督徒的王国，而现在却是异教徒的场所了。她的居民曾经在规划合理的城市中欢度时光，城市中有庙宇、市场和学校，养育了工匠、商人以及精于文学和修辞学的教授。在400年的岁月中，那里秩序井然、法律严明，财产受到尊重，文化不断发展。可是现在一切都不复存在了：木头房屋代替了昔日的石头建筑，写作技巧完全丧失了——盎格鲁-撒克逊人所用的粗鄙文字，成为他们向远方人表达思想和愿望的唯一手段。在英格兰，野蛮人四方割据、划地称王，当年使日耳曼部落得以兴旺发达的严格军事原则已经消失殆尽。许多小无赖自立为王、你争我夺，蹂躏着大好河山。当时谈不上有什么国家，甚至也无部落文化可言。但这是个过渡时期，19世纪的学者都称它为人类向前迈进的阶梯。我们从一场当时可能显得漫长的噩梦中醒来，发现周围一片死气沉沉。摧毁罗马文化的野蛮游牧部落，不但没有作出恢复旧貌的任何努力，而且很可能长期执迷不悟。幸好一股新的力量在大洋彼岸活动着，它在文明的废墟中一步一挪地向前慢慢移动，终于通过各种渠道到了这个不幸的海岛。东罗马历史学家普罗科匹厄斯[1]说，大陆上的亡灵被一些未开化的卡戎[2]运到了不列颠。如果没有这种新力量，盎格鲁-撒克逊人肯定还会过着肮脏的生活，这种生活不知要到什么时候才算了结。

在罗马帝国占领不列颠后的前两个世纪里，基督教还没有成为帝国的国教。由于帝国对宗教比较宽容，基督教和其他宗教都得到了发展。不列颠岛上也有了基督教会，教会派主教参加早期的宗教会议，同时进行独自的灵魂探索，并有力量建立起皮拉吉邪说。当不列颠过着不幸的日子，并同撒克逊人进行长期斗争的时候，基督教会和其他幸存者退到了本岛的西部。两个交战民族之间的鸿沟如此之深，致使不列颠的主教们根本就不打算吸收入侵者入教——也许真相是他们根本就没有机会使撒克逊人改变信仰。过了一个时期，一位杰出的主教，即后来的圣戴维主教，使现在的整个威尔士地区皈依了基督教。此外，不列颠的基督教在动乱中已趋衰落，要不是一位魅力非凡的人物登场，它很可能已经一蹶不振了。

圣帕特里克[3]是罗马时代出身名门的布立吞人，可能住在塞文河流域。他父亲担任基督教副主教，既是罗马公民，又是市议会议员。5世纪初期的一天，一伙爱尔兰强盗前来焚烧劫掠。他们抢走年轻的帕特里克，把他卖到爱尔兰当奴隶。有人说他被卖到康诺特省，也有人说他被卖到北爱尔兰，大家各执己见，但都言之有据。也许两种说法都是对的，这两个省也都自称享有

---

1 Procopius（约500—565），拜占庭帝国著名历史学家。他善于选材，并严格按照编年顺序叙事。——编者注

2 Charon，希腊神话中把亡灵渡往冥府的神，此处借喻野蛮人。——译者注

3 St. Patrick（约385—461），他少年时曾被绑架到爱尔兰成为奴隶，辗转逃脱。后来，他冒着生命危险重回爱尔兰传播天主教，担任爱尔兰主教，后成为圣人。——编者注

这个荣耀。不管在哪一个省，他养了六年猪倒是确有其事。寂寞促使他到宗教中寻找慰藉。在神奇的启示下，他设法逃了出来。虽然离海边很远，他还是设法走到了港口，找到了一艘船，并说服船长把他带走。经过长时间的航行，他到了马赛附近的一个小岛。这个小岛当时是由东地中海向西扩展的新修道运动的中心。他后来和欧塞尔城的杰曼斯主教在一起。圣帕特里克怀有以德报怨的强烈愿望，把过去在爱尔兰当俘虏时了解到的情况告知世人。在14年间，他被杰曼斯主教精心培养，同时为可能结局悲惨的冒险做好准备，然后于432年乘船回到他所逃离的野蛮地区，并很快在那里取得了不朽的成就。他把已有的基督教会组织起来，使尚未入教的王国皈依基督教，并把爱尔兰同西欧的基督教会联系起来，从而使它成为基督教世界不可分割的一部分。他还把蛇蝎之辈从爱尔兰驱逐出去，这虽属次要方面，但亦值得永志不忘。为此，他的名字世代相传，永放光芒。

因此，在黑暗时期，基督教的火炬是在爱尔兰而不是威尔士或英格兰燃烧发光的。福音书也是从爱尔兰传到不列颠北部，第一次显示了赎救皮克特入侵者的神力。圣帕特里克去世50年后出生的哥伦布，参加了他的教会，并在圣帕特里克恩典和热情的鼓舞下，成为这一信仰的新旗手。哥伦布的许多门徒离开他在艾奥纳岛建立的修道院，分别前往斯特拉斯克莱德的布立吞人王国、北边的皮克特部落居住地区以及诺森布利亚的盎格鲁人王国。哥伦布是苏格兰基督教会的奠基人，他使圣帕特里克传到爱尔兰的基督教越过波涛汹涌的海面，在苏格兰广大的地区传播开来。不过，圣哥伦布的传教士传到英格兰的基督教，同欧洲基督教国家普遍接受的基督教有所区别。它采取修道院的形式，从爱尔兰东部传到北部，然后又传到它的新“家”，中途和罗马势力的中心没有一点接触。因此，凯尔特教会的统治机构，得到由修道士和传教士组成的松散组织的支持。在这些重要的早期年代里，它同世界性组织的教廷没有什么联系。

* * *

虽然交通不便，消息闭塞，但罗马教廷一开始就密切注意到圣哥伦布努力奋斗的成果。罗马教廷不仅对福音书的传布表示关注，也注意任何偏离正轨可能把新基督教徒引入歧途的倾向。当它看到这些遥远的北方岛屿开展热烈的基督教运动，自然欣慰莫名，但同时又注意到这个运动一开始就游离于教皇的管辖之外，故又感到不安。当时，罗马主教最关心的问题，就是使基督的所有羔羊[1]聚为一群。在充满宗教热情的北方，基督教信仰似乎根子不正，更主要的是，它像脱离罗马教廷这个主根而单独培育起来的。

鉴于福音书的传布和其他许多问题，罗马教廷在6世纪末决定派一名引路人到英格兰去传布和加深基督教信仰，使异教徒皈依基督教，并且使不列颠基督教会同罗马教廷有效地合为一体。为了执行这一崇高的使命，后来被加上“伟大”称呼的格列高利教皇[2]和齐集罗马的教职政治家，选择了有文化的可靠修士奥古斯丁[3]。596年，在前景光明的情况下，历史上有名的圣奥古斯丁开始执行他的神圣使命。肯特一直是不列颠岛上同欧洲联系最密切的地区，并且在各个时期中也是文化最发达的地区。肯特的国王同克洛维斯的后裔、巴黎的法兰克国王的女儿伯莎结了婚。肯特国王仍然信奉托尔[4]和沃登[5]，但是伯莎王后已经开始向宫中的侍臣讲解基督教教义。她的法兰克牧师是一个作风认真而精力旺盛的人，获得了传教的全权。这使肯特人受到极大的鼓舞，因为他们本来就愿意接受在西欧占支配地位的基督教教义。所以，圣奥古斯丁在肯特登陆时便知道，他的使命已有雄厚的基础。他的到来加强了人

1 基督教把该教的神称为牧者，将信徒称为羔羊。——译者注

2 Pope，源自希腊文 pappas，原意为父亲，开始是对圣职人员的尊称，11世纪后逐渐成为罗马主教的专称。——编者注

3 Augustine（？—604），本笃会的修士、天主教会第一位坎特伯里大主教。他奉命往英格兰传扬福音，使天主教会在英格兰确立了根基。——编者注

4 Thor，北欧条顿神话中的雷神。——译者注

5 Woden，日耳曼神话中的主神，也被称为奥丁。——译者注

们信奉基督教的意志。在法兰克公主的帮助下，他使国王埃塞尔伯特[1]皈依基督教。这位国王由于政策方面的原因，对采取这一步骤也曾经反复考量。圣奥古斯丁以不列颠残存的圣马丁教派为基础，在坎特伯雷恢复了基督教生活，使这个地方后来成为英格兰的宗教权威中心。

英格兰的君王埃塞尔伯特有力地控制着南部和西部的一些王国，巧妙地奉行野心勃勃的政策。尽管他虔诚地皈依基督教，但却俗念未净。作为撒克逊人唯一的基督教君主，他有条件向布立吞诸君主伸出宗教之手，用基督教信仰作为连接全岛的纽带，建立自己的无上权威。这同奥古斯丁在罗马领受的意旨肯定也是不谋而合的。于是，7 世纪初，埃塞尔伯特和奥古斯丁召集了一次不列颠基督教主教会议。会议地点选在塞文河谷，位于撒克逊人和布立吞人统治区域的交界处，已经远离肯特王国的疆界了。两个敌对的民族本可以利用这个机会以基督的名义获得和解，实现全面的持久和平，埃塞尔伯特和他的后代肯定也会从这次和解中大受裨益。但令人遗憾的是，英明政策所鼓励的和解没有得到实现。原因有二：第一，布立吞主教们互相猜疑，优柔寡断；第二，圣奥古斯丁态度傲慢，机智不足。

他们开了两次会，中间休会一段时间。从表面上看，会议讨论的只是一些有趣而不易引起分歧的问题，其中有至今仍有争议的复活节日期问题，还有修士发型问题。奥古斯丁主张按照罗马习惯，只把头顶剃光。布立吞主教则可能基于督伊德教的习惯，认为需从头顶剃到两耳，前额留一道额发。这真是一种可笑的选择。这些都是容易解决的问题，并为会议的顺利进行提供了良好的条件，使重要的问题可以在友好气氛中迎刃而解，或者可以在幕后缩小分歧。

但是，布立吞主教们不愿自动处于罗马的严格控制之下。他们曾经在可

1 Ethelbert（836—865），威塞克斯王（860—865 年在位）、肯特王（858—865 年在位）。他在位期间，丹麦人洗劫了肯特和诺森布利亚。——编者注

怕的暴行和压迫面前长期捍卫基督教信仰，如今又何必听从那入教不久的肯特王国的撒克逊国王的摆布呢？尽管他的政治意图是那么蛊惑人心，但野心还是昭然若揭。第二次会议以彻底决裂而告终，奥古斯丁认为他遇到了极端的偏见和深刻的敌意。看到归顺罗马的几位布立吞主教被他们的兄弟们斥为叛徒的时候，他立刻采取了恐吓的手段：如果布立吞基督教会不接受他提出的合理要求，那么罗马教廷将站到撒克逊人一边，利用自己的影响和威望反对它们；当信教已久的布立吞基督教徒被新皈依基督教的撒克逊国家割断喉咙的时候，撒克逊军队将得到罗马教廷和大部分基督教徒的祝福和支持，而布立吞基督教徒则不会得到任何同情。这位圣徒还喊道："如果你们不接受朋友的和平之手，就得抵挡敌人的无情之剑。"但是，这同布立吞人 200 年来所经历的战祸比较起来，算不得什么，他们并不在乎。会谈在敌对的气氛中破裂了，留下了不可弥补的裂痕。罗马教廷后来又通过埃塞尔伯特和肯特王国作了多次努力，试图同布立吞基督教会建立哪怕是一丁半点的联系，然而都被断然拒绝了。

奥古斯丁虽然光荣地完成了他的使命，但是他的成就却并不圆满。他在圣保罗教堂遗址上建立的一座教堂里，主持了梅利塔斯就任东撒克逊主教的仪式，此外，他根本没有想过要到肯特以外的地方去改变人们的宗教信仰。他得到了"英格兰使徒"（Apostle of the English）的不确切称号。在许多世纪里，把罗马不列颠行省重新送进基督教怀抱的伟大功绩，一直被记在他的名下。直到近代，这个荣耀的光环仍在他的头上大放异彩。

*　　　　*　　　　*

几十年之后，群雄割据的政治局面发生了一些变化，罗马教廷的使者随之开始进入英格兰北部，教化当地人民。东撒克逊人的国王雷德沃尔德取得了一系列胜利，在迪河到亨伯河之间的英格兰中部地区开拓了辽阔的版图。

在雷德沃尔德的帮助下，一个名叫埃德温[1]的流亡王子获得了诺森布利亚的王位。埃德温靠个人能力逐渐在英格兰取得了重要地位，甚至在他的朋友雷德沃尔德逝世以前，就成为肯特除外的英格兰诸王国所公认的王中之王。他的舰队还征服了安格尔西岛和马恩岛。他树立了个人权威，他所建立的联盟也为统一的英格兰王国奠立了基础，使其后来得以在默西亚国王和威塞克斯国王的手中脱胎成形。埃德温娶了肯特王国的一位信奉基督教的公主，并保证尊重她所信仰的宗教。因此，当她在625年从坎特伯雷前往埃德温的首都约克时，随员中就有第一个到过英格兰北部的罗马传教士保利努斯——24年前圣奥古斯丁活着的时候，保利努斯曾作为使节首次来到不列颠。

埃德温留下了一幅令人赞叹的美好图景："凡是埃德温国王在不列颠所统治的地方，都呈现出一片太平景象。至今还流传着这种人人皆知的说法：妇女可以抱着她的新生婴儿走遍全岛，而不受丝毫危害。这位国王十分重视臣民的福利，凡是公路附近有清泉的地方，他都叫人安上木桩，上面挂着合适的饮水器皿，供过路行人解渴之用。没有人敢将饮水器皿另作他用，这是因为人们对国王满怀恐惧或敬爱之情。"他还恢复了罗马人的威仪："无论在战斗中或在和平时期，他率领臣子巡视各省市和小镇时，总要别人在他的前面高举旗帜。他学罗马人的气派，在街上行走的时候，也都有人在前面举旗开路。"

保利努斯所依靠的国王，在极盛之时就是这样威风凛凛。保利努斯教化了埃德温，版图和英格兰相似的诺森布利亚王国也随之成为基督教世界的一员。可是，这件值得庆幸的大事却很快带来了可怕的后果。诺森布利亚王国的霸主地位，引起了位于现在英格兰中部的默西亚国王彭达[2]的强烈不满，一

1　Edwin（？—632），诺森布利亚王国国王（616—632年在位）。616年，统一诺森布利亚，并成为其国王。627年皈依基督教，并任命保利努斯，也译波莱纳斯，为约克大主教。——编者注

2　Penda（？—655），默西亚国王（626—655年在位），默西亚也译麦西亚。他击败诺森布利亚国王埃德温，击败并杀死奥斯瓦尔德，奠定了七国时代中"默西亚霸权"的基础。——编者注

场戏剧随着命运的沉浮开始了。633年，不信教的彭达同北威尔士信奉基督教的布立吞国王卡德瓦隆结成了反常的联盟，旨在推翻埃德温的宗主权，粉碎诺森布利亚王国。据我们所知，这是有史以来布立吞人和撒克逊人第一次并肩作战。这一次，政治高于宗教和民族。在唐克斯特附近的一次激战中，埃德温战败身亡。他的头被挂在陷落的约克城墙上示众，不过这不会是最后一个用来示众的首级。约克过去一直驻有一个罗马军团，城里的布立吞人可能还保持着罗马时代的传统，他们对凯旋的同胞表示欢迎。布立吞人突然消灭了岛上这位最伟大的国王，却也招致了同样迅速的报复。不管怎样，布立吞人的卡德瓦隆国王战胜了诺森布利亚王国，布立吞人长期盼望向撒克逊人报仇雪恨的一天终于来到了，他们如愿地讨还了大笔旧债。当年博阿迪西娅的精神几乎又表现出来了。

诺森布利亚王国有很大的内在力量，作战牺牲的埃德温誉满全国。埃德温的继承人奥斯瓦尔德[1]出身于伯尼西亚省（国内两省之一）的世家，此时成为新皈依基督教和同仇敌忾的撒克逊军队的首领。埃德温死后不到一年，奥斯瓦尔德就在沿着罗马墙展开的一次激烈战斗中消灭了卡德瓦隆和他的布立吞军队。这是布立吞人和撒克逊人之间的最后一次激战。应该承认，布立吞人不仅时运不济，而且策略欠妥。他们联合英格兰中部不信基督教的撒克逊人一起为自己报仇，并且利用了撒克逊人的分裂运动，因此破坏了他们立誓信奉的基督教要统一全岛的光明前途。结果，他们自己吃了败仗，被扔在一边。他们同入侵者进行的长期斗争，得到了悲惨的结局。但是值得我们庆幸的是，它终于结束了。

鉴于布立吞人的暴行而联合起来的北部撒克逊人，在消灭卡德瓦隆并把疯狂的西部布立吞人赶出诺森布利亚之后，便开始同彭达国王进行斗争。撒

1 Oswald（？—642），诺森布利亚国王（634—642年在位）。他统一了诺森布利亚，将其重新改造为基督教王国。——编者注

克逊部落认为，由于彭达与宿敌结成可耻的同盟，撒克逊人遭受了无穷的灾难和屠杀。可是，彭达国王也盛极一时，他以默西亚王国的全部力量维护托尔和武登在国内的神圣地位，共达 7 年之久。像对待诺森布利亚的前任国王那样，他打败了奥斯瓦尔德国王，将他砍首断肢。但是几年之后，奥斯瓦尔德的弟弟奥斯维清算这笔家仇，彭达引剑自刎。诺森布利亚王国在经历了严峻的考验和苦难之后，变得更加强大。

由于埃塞尔伯特未能将撒克逊和布立吞的基督教派重新统一起来，这一希望落在诺森布利亚王室的肩上。罗马教廷寄予重望的是约克，而不是坎特伯雷；是撒克逊军队，而不是布立吞军队——因为撒克逊军队可以肩负统一全岛为基督教世界的重任。当灾难降临诺森布利亚王国的时候，保利努斯已经仓皇地乘船赶回坎特伯雷。他和奥古斯丁都不是能经受当时残酷战争考验的人，虽然他们都在教义、利益和政策方面受到罗马教廷的核心培养，但却缺乏充当殉道者或福音传教士的素质。布立吞人的这次进攻非常凶猛，但保利努斯的助手詹姆斯副主祭在这场战争中一直忠于职守，在抢劫和屠杀之际仍然坚持传教和洗礼活动。然而，比他的工作更为重要的是圣艾丹率领的凯尔特传教团在诺森布利亚的活动。凯尔特传教团使诺森布利亚以及东英吉利亚和默西亚的大部分地区重新皈依基督教，这样，在英格兰又一次出现了两支基督教教派。随后，它们之间争夺主导地位的斗争就开始了。

在彭达死后，被压抑的各种情绪都迸发出来，盎格鲁－撒克逊人的英格兰完全进入了基督教阵营。这时，在任何一个王国里，除基督教以外，任何宗教活动都没有市场。整个不列颠岛都信奉基督教，只有少数人仍然崇拜武登，不过他们是无足轻重的。这件好事本来可以造福于全岛，但是由于撒克逊和布立吞两个民族之间新产生的分歧而黯然失色了。这两个民族本来就有深仇大恨，如今对于宗教统治又有了分歧，这种分歧使两个民族几乎像基督教和异教那样水火不相容。从此，问题的核心已经不在于不列颠岛应该是基督教的还是异教的领地，而在于究竟是罗马教廷还是凯尔特人对基督教的看法应占主导地位。这些分歧持续了好几个世纪，双方一直为此争论不休。

比较有名而成效卓著的调解活动，是664年召开的惠特比宗教会议。会上讨论的关键问题是，不列颠的基督教学说究竟应该同基督教世界的基本原则保持一致，还是应该由在北方建立了凯尔特教派的那些修道士进行诠释。双方争执不下。但是在听了多次苦口婆心的宣讲之后，诺森布利亚教会终于决定完全加入罗马教会，成为天主教的一分子。不久，默西亚王国的教会也隶属了罗马教廷。凯尔特人的教会领袖及其门徒愤然退到艾奥纳岛，而爱尔兰教士们还在分庭抗礼。这次会议的重要意义是怎么评价也不算过分的——英格兰教会已经不受那些在小城镇和穷乡僻壤过着苦行生活的修道院长狭窄眼界的影响，每个教徒的眼前都展现出世界性基督教大家庭的广阔图景。诺森布利亚因此发展到了极盛时期。不列颠岛第一次在信仰和道德方面实现统一，教会势力遍及岛上六分之五的地区，这是该岛在精神领域里迈出的决定性一步。它目前已经完全基督教化，而且大部分比较强盛的地区都同罗马教廷有了直接联系。

罗马教廷认为奥古斯丁和保利努斯有辱使命，它意识到，通过肯特王国去引导和控制不列颠基督教会的努力算是落空了。于是，它制定了一项体现天主教普遍性的新计划。668年，它又选定两名特使，要他们给雾霭迷蒙的北方带去光明。一个特使叫西奥多，是小亚细亚塔尔苏斯人，另一个特使叫哈德里安，是非洲迦太基人。他们比自己的先驱者更加坚忍不拔。此外，这两个人在性格和诚实方面也是他人望尘莫及的。他们到达坎特伯雷的时候，整个英格兰只有3名主教出来迎接。可是，当他们完成任务的时候，英格兰教会已经傲然挺立，至今不衰。西奥多于690年去世以前，把主教管区由原来的7个增加到14个，而且，由于他的管理才能，英格兰教会内部拧成了一股绳。尽管英国的教会至今尚未尊他为圣徒，但这位杰出的亚洲人仍然不失为英格兰最早的政治家，他以自己的智慧为英格兰导航，作出了不朽的贡献。

*　　　*　　　*

7 世纪和 8 世纪，盎格鲁 – 撒克逊各王国的国王为取得霸主地位进行了长期而复杂的斗争。这场斗争对当时的人虽然极为重要，可是对后来的历史面貌却没有产生多大的影响，所以这里不必多费笔墨。由于地理位置不利和国力不强等内在因素，诺森布利亚王国的最高权力受到威胁，它的极盛时期遂告终结。这个王国在各方面都容易受到攻击。它北有皮克特人，西有布立吞人的斯特拉斯克莱德王国[1]，南有英格兰中部的默西亚王国，而默西亚人对于彭达之死及其追随者所受的惩罚仍然怀恨在心。这些敌手是诺森布利亚王国难以对付的，当然，曾竭力应付，而且在敌对的国王进行劳民伤财的互相残杀之际，一些英明首领也一度占过上风。但是它依然不可避免地要失去岛上的领导地位。

不过，诺森布利亚有幸在它的没落时代哺育了我们已经提到过的一位编年史家，他写下的史料经过长期湮没之后传到了我们手里。他就是才华出众的比德修士。当年他深居教堂，默默无闻地工作；今天他来到前台，成为不列颠岛那段模糊不清的历史时期中最有权威的而且几乎是唯一的发言人。比德和吉尔达不同，他写的是历史事实。中世纪里，人们感激地称吉尔达为“智者”，但是，“圣徒比德”（Venerable Bede）至今依然蜚声文坛。他独自尽力为我们描绘和解释盎格鲁 – 撒克逊人管辖下的英格兰初期景象：那时的英格兰普遍信奉基督教，由于部落、王朝以及个人之间的激烈斗争和领土纠纷

1　Kingdom of Strathclyde，Strathclyde 意为“克莱德河畔的斯特拉斯”。位于现在南苏格兰和北英格兰。——编者注

而四分五裂。一位伊丽莎白时代的文物工作者称这个时期为七国时代[1]。这七国都宣传基督的福音书，可是也都不择手段地互相打击、争夺霸权。从731年到829年，几乎整整100年间，它们在同一宗教的旗帜下不断进行残酷的掠夺性战争。

在撒克逊人的英格兰，霸主地位转移到了默西亚王国。在将近80年的时间里，默西亚的两代国王掌握着亨伯河以南的所有英格兰地区，埃塞尔博德和奥法[2]分别统治了40年。埃塞尔博德在成为独裁者之前是个流亡者，同修士和隐士相处，也曾和圣人来往。他掌权后仍不失为一个虔诚的基督徒，但是有时无法摆脱世俗的各种引诱。圣吉思拉克在他穷途潦倒的时候安慰过他，而后来圣博尼费斯鉴于他的伤风败俗行为却不得不加以斥责。

当时在性生活方面的道德观念已经很强，教士甚至可以指责国王生活放荡。来自日耳曼尼亚的圣博尼费斯指责埃塞尔博德利用自己的国王地位，在女修道院博得别人无法企求的欢心，因而犯了“弥天大罪”。关于埃塞尔博德国王的史料很少。他赈济穷人，维持治安，733年袭击了南边的威塞克斯，740年又乘诺森布利亚国王同皮克特人斗争而处于困境之机，蹂躏了这个王国的部分地区。在取得这最后一次胜利以后，他开始自称为“南英格兰国王”（King of the Southern English）和“不列颠国王”（King of Britain）。在亨伯河以南，他的这些称号是名副其实的。

*　　　*　　　*

埃塞尔博德后来被他的卫士杀死。奥法继承王位，他是一位更了不起的

1 指5—10世纪，罗马帝国结束在不列颠的统治到威塞克斯统一英格兰这段历史时期。七国包括肯特、萨塞克斯、威塞克斯、埃塞克斯、诺森布利亚、东盎格鲁和默西亚。——编者注

2 Offa（？—796），默西亚国王（757—796年在位）、东盎格鲁国王、肯特国王，盎格鲁－撒克逊王国的霸主，修建了留存至今的著名的“奥法墙”。——编者注

人物。有关奥法的情况，后人所知甚少，只知道他统治了默西亚极盛时期的后 40 年。但他执政时期的痕迹不仅在英格兰处处可见，甚至在欧洲大陆也有证可考。奥法是查理大帝同时代的人，他的政策同欧洲国家的政策有许多相同之处。他被誉为第一位“英格兰国王”（King of the English），也是罗马时代以来第一个同大陆发生争执的人。

查理大帝希望他的某个儿子能和奥法的某个女儿结婚。这是英格兰人奥法位高权重的重要证据。奥法要求，查理大帝必须把自己的某个女儿也嫁给他的一个儿子才行。起初，查理大帝对奥法这种平起平坐的建议大发雷霆，但他不久又感到，同奥法重修旧好确是上策，因为这位“英格兰国王”对大陆实行了贸易禁运，这种报复措施所带来的不利因素很快就完全战胜了他的虚荣心和个人情绪。不久，奥法又成了这位神圣罗马帝国皇帝“最亲爱的兄弟”。查理大帝同他商定，两国国王应“根据传统的贸易惯例”，彼此保护对方商人的活动。当时提出来协商的交易品可能是法国的“黑石”（Black stones，大概就是煤）和英国的斗篷。此外，还有难民问题和引渡问题——查理大帝想遣返一名在四旬斋期间吃肉的苏格兰人。查理大帝送给奥法一把古剑和一个丝织的斗篷，由此可见，奥法已经跻身于欧洲最伟大人物之列。当时不列颠岛国在欧洲显然也是举足轻重的，任何强大帝国的君主都不会同无足轻重的人联姻和商定详细的贸易条约。

这两个国王统治时期的繁荣昌盛，恢复了不列颠岛在世界上不可忽视的地位。奥法不仅自称为英格兰国王，而且还自称为“全英格兰国王”（King of the whole land of the English）。历史学家们认为“英格兰国王”这一称呼是我们历史上的一个里程碑。这位英格兰国王统治着岛上的绝大部分地区，他所控制的贸易很重要，他的女儿是查理大帝儿子的合适配偶。我们对奥法的了解几乎完全是从他对邻国的影响中得到的。根据这些邻国的史料记载，奥法清除了塞文河流域的一些小国王，在牛津郡打败了西撒克逊人，征服了伯克郡，砍了东英吉利亚国王的头，成为伦敦的主宰，废除了亨吉斯特在肯特建立的君主制度，非常残酷地镇压了那里爆发的起义。从那时起，他便在肯特发号施令。他没收了那里的造币厂，在坎特伯雷大主教发行的硬币上铸上了自己的名字。其中有一枚硬币很奇特，是一个巧妙模仿阿拉伯骰子而制造的金第纳尔[1]，上面有“英格兰国王”的印记。坎特伯雷的造币厂显然只是把币面上的阿拉伯文当作一种装饰，其实这些阿拉伯字的意思是，“只有一个神，穆罕默德是他的预言者”。他们要是知道这些内容，准会感到非常震惊。奥法同教皇建立了比较融洽的关系，大祭司长称他为英格兰国王。奥法于 787 年在他的王宫里热情地接见了教皇的使者，并且向他们保证尊重圣彼得。为了证明这一誓言，他此后每年都向教廷纳贡。贡品包括那种表明对立宗教信仰的硬币，当然，他不是故意这样做的。

我们在研究奥法的时候倒像一些地质学家，他们没有找到某种东西的化石，只是发现了和它形状相同的大空洞，因此断定洞里曾经住过庞大有力的生物。查理大帝宫中的几名编年史家之一阿尔昆[2]对奥法说：“你是不列颠岛的光荣，也是对付不列颠敌人的刀剑。”在皈依基督教的撒克逊英格兰和尚未征服的布立吞人之间，奥法命令修筑了后来成为他纪念碑的一堵长墙。这时局势改变了，那些长期坚信旧信仰而保持独立的人，在人们的眼中降低了身份——那些人住在贫瘠的山区，而任意掠夺他们的人却大摇大摆甚至威严地阔步而行。这堵长墙翻山越谷，从塞文河口一直修到默西河附近，中间有些部分同密林相衔接。它向我们证明，奥法主宰的国家拥有何等巨大的权力。只要想到争取生存的斗争是多么的艰难，想到搜集供人生存的粮食不仅是每个家庭而且是每个民族多么关心的重要问题，我们就会惊讶不已地赞叹，一个人的一生以他的意志竟然能够完成这样浩大的工程！想象一下奥法王国的辽阔疆域和强大力量，若非以有力的政治权力为基础，这样浩大的工

1 Dinar，英国古时的一种货币单位。——译者注

2 Alcuin（736—804），僧侣、英国学者，曾被法兰克王国的查理大帝请到宫廷中，负责帝国的教育改组。——编者注

程是无法完成的。“奥法墙”（Offa’s dyke）不仅反映了当时的人力资源，也反映了当时的政策。在许多地段，它的位置有利于布立吞人，因此历史学家得出结论：与其说这是防御工事，不如说是疆界，而且是根据有利于双方的协议修建的。它不是安东尼和哈德里安在野蛮人和文明世界之间修筑的那类罗马墙，而是一项庄重协议的产物。这一协议使奥法在很长时期里免受布立吞人入侵的威胁，从而在没有后顾之忧的情况下腾出手来同欧洲进行谈判和斗争。

*　　*　　*

艺术和文化在秩序稳定的情况下得到了发展。撒克逊人从大陆原籍带来了富有活力的野蛮艺术和早期诗歌，这种艺术在岛上一经传播，很快就受到善于运用线条和颜色的凯尔特人的热烈欢迎。凯尔特人的这种才能在罗马时代受到外省风气的压制，罗马势力一被赶走，它又光彩四射了。基督教使他们有了许多新的装饰目标，创造了像《林迪斯法恩福音书》[1]和英格兰北部的十字架雕塑那样的著名作品。发祥于修道院的艺术和文化出现了，但是我们了解得很少。比德是当时人们普遍尊敬的最伟大学者，由于他的影响，基督降生的那一年被作为公元元年。马姆思伯里的奥尔德赫姆是欧洲最享盛誉的作家，在欧洲大陆修道院出版的著作中，他的作品最多。白话诗盛行起来。在威塞克斯，有人开始写散文。另一位西撒克逊人博尼费斯教士，生于埃克塞特附近的克雷迪顿，是日耳曼尼亚的使徒。在 8 世纪，英格兰确实堪居西方文化之首。

在历史上模糊不清、对于当时几乎所有人都没有意义的黑暗时期过去之

---

1 *The Lindisfarne Gospels*，手抄本福音书，于 7 世纪后期或 8 世纪完成。出自英格兰北部林迪斯法恩岛的修道院，推测为当时该岛的主教所作。——编者注

后，一个新的目标正在逐渐形成。具有不愿受约束的性格和气质的英格兰，虽然尚未像罗马时代那样成为世界性文化的一部分，但是，面貌确已焕然一新了。她比以前任何时候都更接近于民族统一，并且有自己的创造才能。从此，她以一种历久不变的新精神挺立于世。

第六章 CHAPTER 6

北欧海盗

罗马帝国灭亡以后，获胜的野蛮人也同样被基督的福音迷住了。虽然他们并不比今天的善男信女更能克制自己的欲望，但是他们有共同的教义和神灵的启示。一条纽带联结着欧洲各个民族，一个世界性机构遍布所有国家，它无比强大，而且是罗马时代幸存下来的唯一成为系统的机构。这一机构的首脑是罗马主教，他在精神上或者至少以教职的形式，恢复了罗马皇帝已经丧失的权威。基督教会成了知识和学问的唯一庇护所，它的侧廊和回廊里收藏着从古代世界抢救下来的一切遗产。它使人们在冲突和罪恶中体会到，"人间悲哀得到唯一的安慰，尘世权力受到唯一的限制"。在异教文化的光辉尚未完全消失之时，新的光辉已经开始照耀野蛮人。不仅在我们的岛上是这样，在整个欧洲也都是如此。基督的启示驯服了野蛮人，并使他们精神振奋。从幼发拉底河[1]到博因河[2]，原来崇拜的偶像弃如敝屣，而基督的传教士则可以行迹四方。他们在每一座城镇都有心心相通的同教兄弟，都可受到普遍的热情

---

1 Euphrates，在伊拉克境内。——译者注

2 Boyne，在爱尔兰共和国境内。——译者注

招待，尽管这种招待有时是比较简朴的。

在罗马帝国的衰落时期，社会动荡不安，轻视学术，所有知识分子起初都到教堂里躲避起来，后来他们从教堂里发挥出控制社会的力量。教堂成为培养政治家的学校。教士们实际上垄断了知识与写作技巧，因而那些傲慢专横的酋长们离不开他们。教士成为各国王朝的官员，有些成为国家的栋梁。他们自然而且必然地成为罗马时代的地方行政官，穿着罗马行政官的服装——现在的教士还穿着这种服装。胜利的野蛮人不知不觉地屈服于一种机构，许多事例证明，他们依靠这种机构在无休止的权力之争中取得了胜利。中世纪的动荡局面已经结束，阳光终于重新照耀到不列颠岛，此时，她醒了过来，发现世界发生了深刻的变化。但是，这世界既不减当年的仪表，也不失旧日的尊严，岛上的习习微风也更加令人心旷神怡。

新皈依基督教的异教徒的热情引起一些危害，造成了新的灾难。基督教根据自己的原则必定要反复灌输和善、宽容的思想。它的利益和教徒的热情使它必然想方设法巩固自己的权力结构。不久，入侵者的后代由于谦卑和虔诚而显得意志薄弱，受到有组织的盘剥。由于这种盘剥，六七世纪的教会在许多国家占有财产和土地的数量之大，简直超过了它控制局势的需要。当时基督教世界有虔诚的信仰，然而也是难以控制的；它在精神上获得了统一，却苦于俗界的纷争；它得到神的感化，但也受到了权欲野心的威胁。

此时，在这个刚刚苏醒、处于恢复时期的松散社会里，又刮起两股外来的冷风。一股风来自东方。在阿拉伯半岛，穆罕默德举起了伊斯兰的军旗和圣旗。622 年，穆罕默德从麦加逃到麦地那，这次著名的事件素称“徙志”[1]，穆斯林纪元就是从这时开始计算的。在随后的数十年里，穆罕默德和继承他的哈里发[2]们征服了整个阿拉伯半岛、波斯、拜占庭帝国的许多地方，以及北

1　Hejira，也译希吉拉。——编者注

2　Caliph，穆罕默德继承人的尊称，是伊斯兰教政教合一的领袖。——译者注

非的所有沿海地区。8 世纪初年，伊斯兰教传过了直布罗陀海峡，盛行于西班牙，直到大约 800 年以后才被清除出去。法国一度似乎也要投降，但是在 732 年，查理大帝的祖父查理 · 马特在普瓦捷一带打败阿拉伯人，把他们赶了回去。所以说，伊斯兰大军几乎打到了不列颠群岛。

还有第二股入侵的冷风在等着款待不列颠。这次入侵来自北方，斯堪的纳维亚半岛的北欧海盗准备好了细长的船只，要破浪南侵。在阿拉伯异教徒和北欧海盗的两面夹攻下，本来已经衰落的欧洲社会在二三百年的时间里不得不分力对付他们。直到 11 世纪，中世纪后期，基督教世界的封建骑士们（他们当中有许多人是皈依基督教的北欧海盗后裔）才完全阻止了阿拉伯人的前进，在基督教的阵营中形成了庞大而有力的军事力量。

*　　　*　　　*

一报还一报。撒克逊海盗对布立吞人所做的一切，在 400 年后轮到了他们自己的头上。8 世纪时，斯堪的纳维亚半岛上对外征伐的欲望产生了强大的力量。挪威、瑞典和丹麦派出一股股可怕的武装力量，这些人不仅骁勇善战，还能顽强地同风浪搏斗，在苍茫的大海上任意行走。这些民族之所以要对外侵略，进行冒险活动，是因为他们的力量和人口同时增长，还因为各国王室之间进行着错综复杂的斗争。当时，这些北欧人并未遇到由于来自亚洲平原的新压力而被迫西迁的问题，他们是自动进攻的。这些北欧人勇猛惊人，其中有一股军队从瑞典挥戈南进，不仅打到君士坦丁堡，而且在那里撒下了在几个世纪里影响俄国欧洲地区的茁壮种子。另一部分人乘着他们的长船从挪威到达地中海，骚扰沿岸各国，同阿拉伯人在西班牙和非洲北部沿岸建立的一些王国进行激烈的较量之后，败退下来。第三股斯堪的纳维亚海盗直奔不列颠群岛、诺曼底和冰岛，不久又穿过大西洋来到美洲大陆。

丹麦人与挪威人的关系错综复杂，变化无常。他们有时狼狈为奸，有时又互相残杀，但对撒克逊人的英格兰却是共同的威胁。他们极端残忍，虽然不吃人肉，却经常在胜利后聚餐时，在敌人的尸体上架起锅灶，有时甚至把锅直接放在尸体上。挪威人和丹麦人在爱尔兰进行一次战斗以后，采取中立态度的爱尔兰人对这种可憎的习惯表示厌恶，他们问这些北欧人为什么这样做，得到的回答是，“为什么不呢？他们要是打胜了，也会这样对待我们的”。据说，这些斯堪的纳维亚猎人从来不为自己的罪过而哭泣，也从来不为同伴的死亡而落泪。不过，他们在许多地方一旦定居下来，就养成了奢侈的生活习惯。他们洗澡，穿丝绸礼服，船上还携带着上岸后要用的帐篷和床铺。在他们侵入的各个地方，军事首领都享受多妻制，在东方甚至照搬了宫妃制。据说，有一个首领在征服异地之后所占有的妻妾不下 800 名。这种说法很可能是受了《圣经》[1] 故事的影响。936 年，利默里克城从北欧海盗手里夺回来的时候，他们住宅中女人的花容月貌以及身上刺绣别致的锦衣丝带，使爱尔兰人神魂颠倒。当然，这些爱尔兰人很快就又神态自若了。

* * *

北欧海盗依靠的主要是长船。他们不断改进这种船，使它在八九世纪臻于完善。这种船吃水浅，可以沿河逆流而上，能在许多溪流和港湾里停泊；由于有合适的形体和柔韧的结构，它也能够安然经受大西洋上最强烈的风暴。

我们对这种船只了解较多。有六艘船完好无损地发掘出来了，其中最著名的是 1880 年在挪威格克斯塔德的一座古冢中挖出的那一艘。那艘船上的东西几乎样样俱在，甚至包括水手的饭锅和跳棋盘。1944 年虽是多事之秋，人们还是把这艘船重新精确地量了一遍。它的长度是 76 英尺 6 英寸，宽度是

1 *The Bible*，犹太教与基督教的共同经典。基督教的《圣经》又名《新旧约全书》，由《旧约》《新约》组成。——编者注

17 英尺 6 英寸，中部吃水仅 2 英尺 9 英寸。它的两边各由 16 条硬橡木做成的列钣叠接起来，用木栓和 U 形铁钉钉牢，船板之间的空隙用编成辫子的兽毛堵塞起来。船板用有韧性的植物纤维做成的绳子绑在肋材上，因此船体具有颇大的顺应性。甲板的木板都是活动的。补给品无疑是装在贮存箱里的，但是这些贮存箱已经不见了。它的桅杆立在巨大牢固的桅座上。科林伍德教授说，桅杆立得非常巧妙，"当它挺立而起的时候，轻而有弹性的船体不受任何拉力的影响（我把他的话改写成现代英语了）"。船上有 16 对桨，桨形优美，长度一般在 17 英尺到 19 英尺之间，长桨用在船头和船尾，因为这两处船舷的上缘离水面高些。桨孔打在船舷的主要外钣上，孔上有一块木板帘，桨收进来时可以把孔堵上。舵装在船尾右舷，形状像网球拍，其实是一个粗大的短桨。舵柄是活动的，安装的形式很巧妙，使舵叶便于活动。桅杆高 40 英尺，一根又长又重的帆桁挑着一块方帆。这艘船还可以携带小舢板，我们发现了它的三只小舢板。在格克斯塔德发现的这艘船可乘载 50 名船员，必要时还可以另带 30 名战士或俘虏。不管天气如何，它能在海上活动一个月之久。

北欧海盗就是乘着这类大小不同的船只去掠夺文明世界的。他们乘船去攻打君士坦丁堡，围困巴黎，建立都柏林，发现美洲。现在我们可以生动而清晰地描绘出这类船只的图景：龙首船头，精雕细刻，船尾高高翘起，船旁排着黑黄交错的盾牌，刀剑寒光闪闪，显得杀气腾腾。用于远洋航行的长船则更加坚固，干舷也更高一些。1892 年，挪威人按照格克斯塔德的船型仿造了一艘船，并驾驶这条船横渡大西洋，且只用了四周的时间。

然而，海上军事力量所依赖的这种高级工具要是没有人来掌握，还是一堆废物。掌握这一工具的人都是自愿而来的，他们的头领非常能干。在中世纪的北欧传说中，我们读到了有关船上这些"斗士或欢乐之人"（Champions，or merry men）的情况：船员无疑是从许多申请者当中挑选出来的，他们"掌舵和划桨像使用刀剑一样熟练"。他们一加入海员的队伍，就得遵守严格的纪律——早期的"军事法规"。参加者年龄在 16 岁到 60 岁之间，每人都得经过体力和敏捷程度的测验。在出海或从戎期间，谁也不许心怀旧怨。船上不得携带女人，发现情况时只向船长一人报告。所有的战利品都得集中到火刑柱前，在那里出售或者按照规定分配。战利品只属于个人，也就是说，根据斯堪的纳维亚人的法律，一个人的战利品不得遗留给他的亲属，但是他有权把这些东西带入坟墓。

奥曼写道："对付数量相等的敌人，北欧海盗总能保持不败。但是，当整个乡村都发动起来，许多郡的人民一齐起来反击他们的时候，他们就得当心，否则，就有可能被众多的敌人所消灭。"北欧人只有与非常庞大的舰队同来的时候，才敢和敌人在战场上正面交锋。这些侵略者东抢西劫，却不善于打仗，只要发现岸上有强大的守卫者，就回到船上，驶到没有被掠夺过的省份，洗劫一番。此外，他们很快掌握了在陆地上的机动能力。他们一登陆，就立即搜罗附近的马匹，带着掠夺品骑马东奔西窜。他们搜集马匹并不是为了打仗，而只是为了快速运动。866 年首次提到英格兰境内乘马劫掠的做法。那时"野蛮人的大军来到东撒克逊人的土地上，而且是骑马的军队"。[1]

他们的无耻行为不亚于任何其他海盗，但是我们考虑他们的暴行时，也不要忘记他们的严格纪律、刚毅精神、亲密关系和军事特长。他们靠着这些特点横行天下，成为当时最令人生畏的勇敢民族。

* * *

大约在 789 年夏季的一天，当"纯正无邪的英格兰人在安谧的气氛中走向田野，把牛套在犁上"时，国王的官员、多切斯特的地方长官接到报告说，有三艘海船已经靠岸了。地方长官以为来客是商人而不是敌人，便"跳上马，带着几个人赶到港口（很可能是波特兰港）。他以长官的口气下了命令，要把来者送到王府去。但是，来者当场杀死了他和他的随从"。于是，一

1 引自《盎格鲁－撒克逊编年史》（*Anglo-Saxon Chronicle*）866 年版。——原注

场残酷的斗争开始了。这场双方互有胜负的斗争折磨和蹂躏英格兰达 250 年之久。它是北欧海盗时代的开端。

793 年 1 月的一个早晨，诺森布利亚沿海林迪斯法恩岛（也称圣岛）的一个富裕修道院，受到一支强大丹麦舰队的突然袭击。丹麦人大肆洗劫，宰了家畜，杀害了许多修士，劫掠大量金银珠宝和圣徽扬长而去，还带走了能在欧洲奴隶市场高价出售的所有修士。这次袭击是经过精心策划的。海盗在隆冬时节呼啸而至，陆地上任何援兵都无法及时赶到。这次暴行的消息四处传播，不仅传遍英格兰，也传遍了欧洲。基督教会向四方发出了警报。诺森布利亚的阿尔昆从查理大帝的王宫里往国内写信，安慰他的同胞说：

> 嗨！我们和我们的祖先已经在这块美好的土地上生活了将近 350 年，如今我们在异教徒手里受到了不列颠前所未有的可怕磨难。大家没有想到他们竟然会完成这样的一次航行。看看圣卡思伯特的教堂吧！它洒遍了基督教传教士的热血，礼拜用品被洗劫一空……保利努斯离开约克以后，是这个教堂在我们中间撒开了基督教信仰的火种，但是痛苦和灾难也是从此开始的……在这场灾难之前出现过凶兆……那么四旬斋期间在约克发生的大惨案有过什么凶兆呢？

第二年，北欧海盗又来了。他们在贾罗登陆时碰上了坏天气，又遭到了猛烈的反击，死了许多人。他们的“国王”被捉，并被处以极刑。幸存者逃回丹麦，细说这次惨败的经过，以致此后 40 年里，无人再敢侵犯英格兰海岸。在此期间，北欧海盗不敢大规模出征，只是经常利用小股的海上力量袭击苏格兰东海岸和苏格兰的一些小岛。在那以前，这些岛屿一直是修道院的安全处所，如今修士们发现，他们成为特别易受攻击的对象。他们的财富和所居住的孤岛，使他们成为海盗眼中最诱人的猎物。艾奥纳岛在 802 年遭到抢劫和破坏，爱尔兰的教会机构也成为贪得无厌的抢劫者心目中的佳选。从那以后，当地教士不断蒙受苦难。教士的活跃力量和热情，使教会在废墟上恢复了起来。北欧海盗抢劫可选的目标很多，因此他们第二次光顾某个地方时，那里往往已经历了一段恢复时期。艾奥纳岛就被洗劫过 3 次，基尔代尔[1]的一个修道院遭难不下 14 次。

海盗活动成了一种专门的职业，而教会则是海盗不断充实的宝库。查理大帝的御用历史学家埃京哈德记载道，侵扰劫掠连续不断，基督教世界笼罩在恐怖的阴影之中，无人能够采取有效的措施。而且掠夺的行当又如此多利，斯堪的纳维亚半岛上的人因此都看中了这个职业。一位苏格兰人笔下所称颂的“这些四肢优美、性格爽朗、骁勇善战的北国先生们”，每年都以更多的人数扬帆而来，满载而归。他们的收获使所有大胆无耻的老老少少都跃跃欲试。其他舰队的活动区域更加广阔，它们甚至进入了地中海。查理大帝在纳尔榜附近的一座小镇里，透过窗口望见了这些可恶的船只在沿海出没骚扰，令人难忘地预告了即将到来的怒潮。

* * *

835 年，这场风暴终于席卷而来。有时甚至能拥有三四百艘船的舰队沿着河流驶入英格兰、法国和俄国的内地，进行规模空前的抢劫。在此后 30 年间，英格兰南方不断遭受洗劫，巴黎不止一次被围困，君士坦丁堡受到袭击，爱尔兰的一些港口城镇多次陷落，奥拉夫部下的北欧人还建立了都柏林。北欧人在他们征服的许多地区定居下来。瑞典人侵入俄国中部，统治河边的城镇，以禁止贸易的手段勒索赎金。来自更为寒冷地带的挪威人发现苏格兰的岛屿适合居住，于是他们使设得兰群岛、法罗群岛和爱尔兰殖民化了。他们到了格陵兰岛和斯通兰（即现在的拉布拉多半岛），还乘船驶入圣劳

1 Kildare，爱尔兰的一个小镇。——译者注

伦斯河，甚至发现了美洲——但是他们并不重视这一创举。

在很长的一个时期里，北欧人没有在不列颠和法兰西建立长期的立足点。直到 865 年，大陆上的抵抗暂时得到加强，丹麦人才开始大举入侵诺森布利亚和英格兰东部。

此时撒克逊人的英格兰果实已经成熟，可以挥镰收割了。入侵者在整个东部沿海一线扑上岛来。当年“撒克逊海岸伯爵”曾经保卫这些地区，可是此时，帝国时代留下来的工事已经沦为一堆瓦砾，被数百年的风尘残叶所埋葬了；再也没有罗马军队的战船荡桨巡逻，也没有罗马帝国政府派出的英明指挥官或罗马军团前来救援；有的只是遍布四方的大小修道院和教堂，它们在那个贫穷的时代拥有许多金银珠宝，还有大量的食物、葡萄酒和当时的其他奢侈品。虔诚的英格兰人囿于向教会捐钱才能免罪的观点，觉得自己罪孽深重，经常忏悔，所以教会也就自然富足起来了。在这里，只要你拔出利剑，横财便随手可得。

除了过分服从教会之外，英格兰人当时还在军事方面处理不当。他们的防御体系只能将古代布立吞人的后裔限制在贫瘠的山区，或者防止邻近同族人的入侵。当地的贵族接到他的主人或国王的诏令时，可以把附近的强壮农民召集起来，就地服役 40 天左右。这 40 天的服役不是自愿的，期限一到，军队就解体了。至于敌人是否前进，或者自己刚刚进行的战斗是否已经达到目的，他们就不管了。现在他们面临的是另一种类型的敌人。丹麦人和挪威人不仅可以利用长期以来海上力量所提供的便利进行突然袭击，而且在陆地上也发挥了机动性和灵活性。他们还养成了每到一处就构筑营垒的习惯，这些营垒几乎像罗马人的营垒那样无懈可击。他们的谋略，尤其是他们惯用的“诈败”（feigned flight）战术，备受赞赏。我们从史料中可以多次看到，英格兰人几乎击溃了这些异教徒，但是到了傍晚，丹麦人却能重新守住阵地。有一次，一批丹麦人围攻一个小城，他们的首领说他自己要死了，恳求当地主教为他举行基督教的葬礼。这位诚实的主教很高兴有机会教化一名海盗，便同意了他的要求。但是，当这位北欧人的尸体被抬入城里准备举行葬礼时，穿着丧服的随从突然变成了全副武装的精壮武士，他们不费吹灰之力，立即开始掠夺和屠杀。有关北欧人作风和习俗的这类杂闻颇多，他们实际上是有史以来最大胆无耻、奸诈无信的海盗和骗子。由于撒克逊人的组织有严重的缺点和当时的客观条件，北欧人实现了自己的愿望，其取得的硕果是任何仿效他们的人望尘莫及的，而他们确有许多仿效者。

*　　　*　　　*

在这个时期的北欧传奇中，无人能比拉格纳·洛德布鲁克或“毛马裤”（Hairy-breeches）更有名了。他生于挪威，但是同丹麦的王族有关系。他年轻时就开始了海盗的生涯，“跨海征西”（West over seas）是他的格言。他的航海范围西抵奥克尼，东至白海。845年，他率领一支北欧船队沿塞纳河逆流而上，进攻巴黎。这次进攻被打退了，而且瘟疫也突然向海盗们进行了报复。他率领机动灵活的军队转而进攻诺森布利亚，但他时运不济。据斯堪的纳维亚的传说，他被诺森布利亚的艾利国王俘虏，艾利国王把他扔进蛇坑，赐其一死。在一堆蜷曲蠕动、令人头皮发麻的蝰蛇中，他唱着歌迎接死亡。拉格纳有四个儿子，他躺在毒蛇中时发出灵验的威胁：“小猪们现在要是知道老公猪的遭遇，一定会哇哇叫的。”我们从北欧诗人的作品中，可以了解到拉格纳的儿子们听到噩耗时的反应。“勇士”（Ironside）比约恩紧紧地握着矛杆，指痕都印到上面去了。维特瑟克正在下棋，他死死地抓着一个小卒，鲜血顺着指甲流出来。“蛇眼”（Snake-eye）西格德正在用刀削指甲，他不停地削，直到削到了骨头。但是，第四个儿子“无骨人”（Boneless）伊瓦尔[1]是不可小看的人。

1 Ivar（约830—873），绰号“无骨人”。萨迦文学提及他无法行走，需要别人抬着，可能跟他患有先天性成骨不全症（又称脆骨症）有关。——编者注他叫人讲了其父蒙难的细节，脸色“忽红，忽灰，忽白，浑身要气炸了”[1]。

根据当地报仇的规矩，儿子应该报复杀死他们父亲的仇人。仇人的肉和肋骨必须被砍成或锯成老鹰形，然后，孝顺的儿子用双手掏出还在悸动的肺。这种报仇方法叫作“血红的鹰”（Blood-red Eagle）。据传说，艾利国王就是落得这样的下场。海盗给英格兰造成的实际后果是非常严重的。“无骨人”伊瓦尔既有军权而又诡计多端，是9世纪末年斯堪的纳维亚人入侵英格兰的指挥官。是他策划了征服东英吉利亚、诺森布利亚的德拉以及默西亚的那些大战役。他以前一直在爱尔兰作战，但是在866年，他出现在东英吉利亚。他的强大军队本来是在船队基础上组织起来的，867年春天他却骑着马，沿着昔日的罗马大道向北挺进，乘船渡过了亨伯河。他们骑马是为了加快行军的速度，而不是为了打仗。

他包围了约克。诺森布利亚人由于分别忠于两个互相抗争的国王，长期处于分裂状态。这时他们忘记宿怨，联合对敌，要决一死战，但为时已晚。他们向约克城下的敌人发动了反攻，起初还算顺利，从城墙上把丹麦人打得向后退了一些，随后杀出城去。在混战中，丹麦人把他们全部击败，进行了残酷的屠杀，将两位国王杀死，并且完全摧毁了诺森布利亚的抵抗力量。诺森布利亚王国的气数就此告终。英格兰北部再也没有恢复它的优势。

霍奇金有过这样一段记载：

学校和修道院都湮没无闻，或者根本不复存在了。这个王国出了比德和阿尔昆这样的人物，留下了石制的大十字架这样的英格兰艺术明珠，也产生了西德蒙[2]的作品和《十字架显圣》（*The Vision of the Rood*）这样的英格兰诗歌。但是它在867年惨败后的几十年里没落了，再度陷入黑暗的野

1 引自J.A.哈默顿所编《世界通史》（*The Universal History of the World*）第4卷。——原注
2 7世纪的英格兰诗人，有“英格兰歌父”之称。——译者注

蛮状态中……一个王朝覆没了，它的宗教几乎奄奄一息，它的文化又回到了愚昧阶段。[1]

这场灾难性的约克战役过了 150 年之后，达勒姆的西米恩写了一部书，证实了下面的悲惨景象：

侵略军到处袭击，使各地血水横流，哭声哀切。他们用火与剑毁灭了各处的教堂和修道院。他们每离开一个地方，身后留下的只是断壁残垣。其破坏程度如此之大，使我们今天很难发现这些地方的陈迹，也看不出它们往昔繁荣的任何迹象。[2]

但是，伊瓦尔还要征服默西亚王国。谁都知道，在大约 100 年中，默西亚代表着英格兰的力量。伊瓦尔兵临诺丁汉城下，默西亚国王向威塞克斯王国求援。威塞克斯的老国王已经去世，他的两个儿子——埃塞尔雷德[3]和阿尔弗雷德——答应出兵援助。他们派兵营救默西亚国王，建议同他一起向围城的敌人发动进攻。但是默西亚人退缩了，要同敌人举行和谈。伊瓦尔在斗争中软硬兼施，并且没有损坏约克和里彭的教堂。他愿意在诺森布利亚扶植埃塞尔伯特为附庸国王，又在 868 年通过和谈协议确定了他在诺丁汉的宗主地位。然后，他就在约克过冬，加强自己的力量。

就在丹麦人实行着攻城略地的可怕计划，由东英吉利亚向外扩展，征服默西亚，洗劫诺森布利亚的时候，威塞克斯国王和他的兄弟阿尔弗雷德在悄悄地加强自己的军事力量。他们和敌人势均力敌，但这种均势非常脆弱，并

---

1 引自霍奇金所著《盎格鲁 - 撒克逊历史》（*History of the Anglo-Saxons*）第 2 卷第 525 页。——原注

2 引自霍奇金所著《盎格鲁 - 撒克逊历史》（*History of the Anglo-Saxons*）第 2 卷第 524 页。——原注

3 Ethelred（837—871）。这里指埃塞尔雷德一世，英格兰、联合王国王室，威塞克斯王、肯特王（866—871 年在位）。他去世后，由阿尔弗雷德继位。——编者注

不可靠，哪怕再多一丝一毫的压力，对他们也必然是致命的。所以，伊瓦尔在破坏诺丁汉协议和杀害东英吉利亚国王埃德蒙之后，突然永远撤离英格兰，这使他们如释重负。据北爱尔兰史料记载，北欧人的两个国王——奥拉夫和伊瓦尔——于 870 年从苏格兰又来到都柏林，“许多撒克逊、布立吞和皮克特俘虏被带到了爱尔兰”。最后还有这样一条记载：“爱尔兰和不列颠境内所有北欧人的国王伊瓦尔于 872 年去世。”他曾经征服默西亚和东英吉利亚，攻占斯特拉斯克莱德王国的重要据点邓巴顿。他满载战利品，以不可一世的气概在都柏林定居下来，两年后在那里溘然长逝。虔诚的编年史家都说，他“长眠于基督的怀抱之中”。看来他生前万般显赫，死后又备享哀荣。

*　　　*　　　*

丹麦人每年在不列颠岛上的逗留时间越来越长了。夏季他们乘船前来，焚烧抢掠，与此同时也愿意在这块气候宜人、草木葳蕤的土地上到处闲游。最后，武士们感到离家劫掠的时间已久，而他们所征服的地方又比较安定，便把家眷迁来了。于是，在海盗的劫掠杀戮以后，拓居运动又一次开始了。丹麦人的拓居点和撒克逊人的有所不同，新拓居点都是军营，其界线就是前线，有一系列据点作为它的后盾。斯坦福、诺丁汉、林肯、德比和莱斯特是新入侵者的基地。在它们的边界线内，驻守的士兵在十年后成为殖民者和地主。丹麦人在英格兰的殖民活动主要是军事性的，他们用剑开路，然后在当地获得牢靠的立足点。一开始，武士型的农民就要求得到与普通农民有所不同的社会地位。撒克逊人在这里已经住了 400 年，有资格成为这里的主人，但是他们的民族没有统一组织起来，不能打退来自海外的突然进攻，因此几乎完全屈服在丹麦侵略者的脚下。他们之所以尚未没有完全屈服，是因为在那个混乱的衰落时代突然出现了一位伟大的历史人物。历史上每一个危急关头几乎都能化险为夷，都是出于这个原因。

第七章 CHAPTER 7

阿尔弗雷德大帝

有关阿尔弗雷德的一些详细情况，我们是从阿瑟[1]的著作中了解到的。阿瑟是圣戴维修道院的一名修士，后来成为舍伯恩城的主教。他在书中顺理成章地描述了这位主人公的宗教态度和道德品质。但是我们也应该知道，阿尔弗雷德尽管身体不好，却是一位有名的猎手；另外，他小时候就随父亲去过罗马，所以对那个伟大的世界有着深刻的印象。

阿尔弗雷德受权之初，辅佐身为国王的哥哥，担任副统帅。兄弟俩并不互相嫉妒，但是性情却大相径庭。埃塞尔雷德倾向于宗教界的观点，认为虔诚和祈祷是战胜异教徒的主要途径；阿尔弗雷德虽然也很虔诚，却更加强调武力和策略的重要性。

早些年，默西亚王国的霸主地位并不受人欢迎。它的几代国王极端错误地同坎特伯雷的宗教当局抗争。825 年，侵略威塞克斯的默西亚军队，在斯

---

1 Asser（？—908/909），舍伯恩主教。885 年，他受阿尔弗雷德大帝邀请，成为宫廷学者。他著有《阿尔弗雷德大帝传》，此书是了解这位国王生平事迹的主要史料。——编者注

温登附近的埃兰顿被阿尔弗雷德的祖父爱格伯特[1]国王打垮之后，南方和东部各王国都急忙同胜利者修好。于是，统一的肯特（大主教的所在地）和称雄英格兰的威塞克斯便形成了坚强的南方集团。这就实现了西撒克逊人世世代代为之奋斗的目标，而且还可以及时地抵御北欧人的入侵。用战略的眼光来看，威塞克斯是比较强大的。它的北方群山起伏，并没有默西亚境内那些水势平缓的长河，这使丹麦人无法乘着他们的长船深入心脏地带。而且，威塞克斯还发展了一种地方体制，并因此具备了在受到打击后迅速恢复原状的特殊能力。根据这种体制，郡守可以自行决策，其优越性后来就显示了出来。由公认的指挥官或总督管辖固定军区或政区，这比起古代的部落王国是进了一大步。肯特、诺森布利亚和默西亚各国的王朝覆灭之后，各方的期待目光都转向威塞克斯王国，那里的王位从撒克逊人定居的时候开始，就一直由同一王族的人世袭，从未间断。

丹麦人占领了伦敦，他们的军队在雷丁构筑了工事。当时伦敦并不是英格兰的首都，只是默西亚王国的一个小镇。丹麦人的军队继续前进，在伯克郡的丘陵地带遇到了西撒克逊人的军队。871 年 1 月，阿什当之战[2]就在这里打响了。双方都把自己的军队分为两路。埃塞尔雷德做祈祷耽搁了很长时间。北欧海盗拿着涂得发亮的盾牌，举着旗子，穿着华丽的服装，戴着金手镯，这种气派使西撒克逊人不免相形见绌。丹麦人慢慢地逼近了，一边走一边用武器敲打着自己的盾牌，一遍又一遍拉长声音发出蔑视敌人的战斗呐喊。虽然弓箭用得不多，但是石头已经开始打过来了。这时候，威塞克斯的国王仍在祈祷。有些人提醒他，必须马上参加战斗，但是他说，首先要祈祷上帝。阿瑟主教根据“诚实的目击者”叙述的情况写道：

1　Egbert（约 770—839），威塞克斯国王（796—829 年在位），英格兰统一后的首位君主（829—839 年在位）。他在位期间，结束了七国时代。——编者注

2　Battle of Ashdown，西撒克逊人军队与丹麦人侵军进行的一次重要战役。经过一天激战，西撒克逊人军队打败并赶走了丹麦人侵军。——编者注

但是阿尔弗雷德发现异教徒迅速地进入阵地，并且已经做好进攻的准备……在这种情况下，他再也不能让敌人来进攻了：要么全部撤退，要么不等待他哥哥而立即同敌人开战，二者必择其一。最后……尽管国王尚未到达，他像一头野猪一样，率领基督教军队勇敢地同敌军搏斗起来。他依靠上帝给予指引和帮助，命令手持盾牌的士兵排列好，向敌人杀去。[1]

激烈的战斗持续很久。埃塞尔雷德国王尽到了精神上的义务以后，就同他弟弟并肩作战。阿瑟主教说："异教徒占据了较高的地势，所以，基督徒必须向上进攻。我们亲眼看见那里只有一棵矮小的荆树。双方的军队就在这棵树附近交战，发出震耳欲聋的喊声。一方渴望作恶，另一方则为了生存，为了他们所爱的人和家园而战斗。"最后，丹麦人败退了，在敌军紧追不舍的情况下，奔向雷丁。当天下午、整个晚上和第二天，他们都在溃逃。广阔的阿什当（意即伯克郡的山岭）遍布着他们的尸首，包括一个国王和五名酋长。

这次胜利并没有摧毁丹麦军队的战斗力。半个月以后，他们又兴师出战了。但是，阿什当之战由于结局的重要性仍不失为历史上最伟大的战役之一。如果当时西撒克逊人失败了，整个英格兰就会陷入异教徒统治的混乱状态之中。因为他们打胜了这一仗，不列颠岛上的基督教文明国家才有希望生存下去。这是侵略者第一次在战场上败北，最后一个撒克逊王国顶住了敌人的进攻。阿尔弗雷德使撒克逊人对自己的力量又充满了信心，他们可以在两军对垒中与敌人抗衡。阿什当之战是此后撒克逊作家世代珍视的题材，也是阿尔弗雷德的第一仗。

---

1 引自霍奇金所著《盎格鲁－撒克逊历史》（*History of the Anglo-Saxons*）的第2卷第544—545页。——原注

871年，双方的军队一直进行着残酷的战争。埃塞尔雷德国王不久就病逝了。他虽然有几个孩子，但是，谁将继承他的王位是自不待言的。24岁的阿尔弗雷德登基为王，接过了一份岌岌可危的遗产。战局时有波动，双方各有输赢。丹麦人从海外得到了大批的援军，所谓“夏季军队”“大量地”来到岛上，和他们会合，“急切地要同西撒克逊军队交战”。双方交战七八次，据说丹麦人每次都能掌握战局。那年夏天，大约在阿尔弗雷德登基以后的一个月，他在自己国内的中心地带威尔顿遭到惨败。在这次战斗之前，他的兵力已经由于死亡和开小差而锐减，而且，北欧人在战斗中又一次成功地运用了诈败的诡计。

在这次惨败之后，阿尔弗雷德认为，最好的办法是趁手里还有军队的时候，赶紧同敌人讲和。我们不知道停战有哪些条件，但其中肯定有一条是要交付重金。《盎格鲁－撒克逊编年史》中简洁地写道：“撒克逊人以异教徒撤出境内为条件同他们讲和，异教徒撤走了。”丹麦人过了三四个月之后才撤回伦敦，似乎在等待着收缴贡金。不过，阿尔弗雷德和他所属的撒克逊人在战斗中也使北欧人明白，他们具有不可轻视的力量。通过这项不光彩的协定和顽强的战斗，阿尔弗雷德赢得了五年时间，来加强自己的力量。

现在很难分析丹麦人同阿尔弗雷德停战的原因。他们当然知道，只有通过长期的血腥战斗，才能征服西撒克逊人。双方都喜好战争，因而进行了激烈的较量，可是除了伤疤和尸体以外，双方都一无所获。阿尔弗雷德一直指望侵略者内部分化，从侵略军内部的各种压力来看，他的策略是有道理的。

丹麦人在继续控制伦敦的同时，又回到了已经完全俯首听命的英格兰中部地区。“默西亚人同丹麦军队讲和了。”他们的国王伯格莱德在874年被赶到海外，在教皇的庇护下虔诚地死于罗马。阿瑟说：“他被赶走以后，野蛮人统治了默西亚王国的全部地区。”他们在得到人质和“决不违命，完全服从”的誓言后，扶植起当地的傀儡国王。这就是后世常常仿效而立的那种傀儡。

*　　　*　　　*

在9世纪的最后二十几年里，“异教徒大军”（Great Heathen Army）内部发生了深刻的变化。事实证明，阿尔弗雷德和威塞克斯王国的人确实顽强，不是可以轻易征服的。因此，有些丹麦人希望在已经控制的地区安居乐业，另一部分人则主张在合适的时机继续作战，直到征服整个英格兰为止。这两部分人的行动大概是相辅相成的，前者提供了巩固的根据地，后者则成为远征军。在践踏斯特拉斯克莱德王国并把当地的牲畜和农具抢走以后，几乎有一半海盗在诺森布利亚和东英吉利亚定居下来，从此开始以“稼穑为生”。这是个很大的变化。他们有纪律，有组织，船上的全体船员迄今为止一直作为军人在陆地上并肩作战。他们的村落组织都是军事性的。这些人由航海者变成了士兵，又由士兵转为自耕农。他们保持着独立思想，只有在性命攸关的时刻或重大问题上，才步伐一致地遵守纪律。这种协调一致和纪律性是他们昔日海上生活的命脉。

于是，英格兰东部各地接纳了一批种田者。他们除了共同防御外，不对任何人承担义务。他们用自己的剑夺来了这片土地，因此只忠于能保住土地的军事组织。从约克郡到诺福克，这个体态优美的强壮民族到处扎下根来。随着时间的推移，他们逐渐忘却了海上生活，忘却了戎马生涯，只关心田地——自己的田地。他们喜欢田园生活，有相当熟练的耕种技术，但是没有多少东西可以教给当地的原住民；他们没有带来新农具或者新方法，只是立志要学习。

新的耕耘者并不完全依靠自己的劳动，他们肯定利用了原来的土地主人及其奴隶。土地划分为块，每块地能够供养一个家庭，以八头牛用一定的时间在特定条件下所能耕种的面积为限。但是，研究这些问题的人对于此处所指的时间和条件各持己见。丹麦人自己辛勤劳作，但是显然也借助了当地人。

由此可见，丹麦人在许多方面和400年以前定居在这里的撒克逊人是不同的，他们并不想灭绝原住民。两种语言差别不大，生活方式和耕作方法也很相似。已经成为殖民者的丹麦人把家眷从斯堪的纳维亚迁到本岛，但是也可以肯定地说，他们同被剥夺田产的英格兰人建立了和谐自然的关系。这些富有活力的个人主义者、获胜的高傲武士的血统从此和岛上的民族结合起来，使这个民族增加了一种活跃、强壮、持久而能复苏的特性。正如数量较少的特殊金属合金能提高钢的硬度一样，这种以土地私有制为基础的强烈的个人主义倾向，后来不仅对英格兰人的性格，而且也对英格兰的政治事务产生了长期的影响。经过激烈的动荡之后，亨利二世在其统治时期制定了可贵的法律，建立了皇家法院。当时这些坚忍不拔的农民后裔——不光是佃户和独立农民，还包括许多小农——也仍然保持着祖先所赋予的高傲和自信。在定居后的 300 年里，凄风苦雨并没有消磨掉他们的坚强意志，也没有淹没他们对自己祖先所征服土地的感情。在英格兰的历史上，这种特性直到今天仍在闪光。

这些被改造、驯化了的海盗带来了丹麦人的许多习惯。他们使用一种不同的记数方法——要是听见我们称之为“12 进位制”（duodecimal system），准会大吃一惊的。他们计算时以 12 为单位，而不是以 10 为单位。直到现在，在东英吉利亚的某些地区赶集时，还能听到“长百”（the long hundred）这种说法，意即 120。

关于社会正义，他们同撒克逊庄园主有着不同的看法。他们逐渐形成的习惯法肯定比撒克逊人的律法有所改进。

> 东英吉利亚仍然保持着丹麦人的影响。远在诺曼人的征服之前，那里就发展起独特的乡村社会形式。在这种社会中，保留了许多斯堪的纳维亚的特点，自由农也成功地抵制了当时田产庄园化的趋势。[1]

1　引自弗兰克·斯坦顿爵士所著《在英格兰的丹麦人》（*The Danes in England*）第 13 页。——原注

在英格兰的斯堪的纳维亚人形成了自由的农业人口，这是威塞克斯和默西亚在税收和防务的沉重负担下很难做到的。这些农业人口同早年的入侵者有着十分密切的联系，所以有些研究人员试图从 11 世纪的《末日审判书》[1]中，找到材料来估量 9 世纪北欧海盗军队的规模。盎格鲁–撒克逊君主们甚至在取得最后胜利以后，向丹麦人居住的地区，即人们熟知的丹麦法地区，提出了公正而又恭敬的条件。这样一来，如果进一步采取措施使丹麦人皈依基督教，就可以把他们完全融合在一个民族的整体和气质之中。在阿尔弗雷德通过英勇战斗和交纳贡金的政治手段而赢得的五年喘息时间里，可能一直都有这些考虑。在这五年间歇期间，北欧人的国王哈夫丁像伊瓦尔一样退出了人类的舞台。饱受折磨、屡经劫掠的教会为了惩罚他曾经的暴行而宣布：到头来上帝要严惩他，使他发疯，让他散发出一种使同伴不敢接近的味道。

在惨遭丹麦人蹂躏的诺森布利亚王国，林迪斯法恩岛上流传着这样一个故事。落魄的修士扛着圣卡思伯特的尸体和圣艾丹的遗骨，离开了遭受践踏而玷污了的圣所。七年里，他们经过海陆两路的辗转流徙，最后在切斯特勒街的圣卡思伯特新教堂定居下来。北方对圣卡思伯特的崇拜给他的教区带来了巨大的财富，因此在 995 年，那里的主教们开始在达勒姆的岩石上建造一座新的大教堂。圣卡思伯特的遗骨运到了新教堂。他的威望非常之高，直到 19 世纪，达勒姆的主教还是主教之首，在英格兰东北部行使着很大的权力。

*　　　*　　　*

阿尔弗雷德用重金买来的停战结束了。野蛮人军队中好战的机动部队新首领格斯洛姆，制订了征服威塞克斯的庞大计划。他分兵从海陆两路出发，

1 *Domesday Book*，1086 年英王威廉一世颁布的全国土地、财产、牲畜和农民的调查清册。——译者注

陆上的军队到达波特兰角附近的韦勒姆，在那里的普尔港同海上的部队会师。他们在这个地区筑起了堡垒，然后从四面突袭阿尔弗雷德的王国。谨慎的国王谋求和平，并且主动赔款。同时，他很可能在韦勒姆紧紧包围了陆上的敌军。丹麦人接受了赔款，“对着圣戒发誓”要撤走军队并恪守和约。但是，他们突然转而夺取了埃克塞特，这一背信弃义的行为简直无法诉诸笔墨。阿尔弗雷德率领步兵骑马随后追赶，可是到达那里时已经为时太晚了。敌人已经壁垒森严，无法接近。但是，一切背信失约的野蛮人要小心点！从海上来的敌军遇上一场可怕的风暴，在斯沃尼奇附近被大自然的力量毁灭了。在那个时代，人们认为风雨是由上帝直接指挥的。120 艘船沉没了，5000 多名发假誓的侵略者葬身鱼腹，受到应有的惩罚。丹麦人的周密计划就这样破产了。

877 年夏天，阿尔弗雷德监视并围困着埃克塞特，他的敌人想再次求和。这次他们更加信誓旦旦，但是只不过老实了五个月。

878 年 1 月，阿尔弗雷德的运气出现了惊人的逆转。他的司令部和宫廷设在威尔特郡的奇彭纳姆。那是主显节[1]的夜晚，经历长期磨难的撒克逊人庆祝这个宗教节日以自娱，因而放松了警惕，只顾虔诚地举行礼拜仪式，或许甚至喝得酩酊大醉。敌军乘虚扑来，大肆焚烧杀戮。保卫英格兰泰晤士河以南地区的威塞克斯军队完全陷入混乱之中。许多人被杀死，大部分人溜回家里，有相当一部分人逃往海外。有些难民逃到法国，徒然地恳求法王出兵援救。只有极少数军官和随员跟从阿尔弗雷德，他们一起躲入萨默塞特的沼泽和森林中以及有沼泽环绕的阿塞尔纳岛上。这是阿尔弗雷德最困难的时期。过了好几个月，他才能开展一些游击活动。他“同大乡绅和附庸在深重的苦难中过着心神不定的生活……没有生活来源，只能靠频繁出去，从异教徒或者屈服于异教徒统治的基督徒手中连偷带抢地搞点东西”。他像很久以后罗宾

1 基督教圣诞节后第 12 天。——译者注

汉[1]在舍伍德森林中那样生活着。

这个时期的历史事件像一件件光彩夺目的玩具，使后来各个时代的儿童爱不释手。其中有尚武的国王乔装诗人吟游丹麦军营的故事，也有国王作为厨房小伙计给撒克逊主妇打杂的趣闻。在最近一版的《阿瑟主教生平》（*Bishop Asser's Life*）一书中，就有阿尔弗雷德与面包的著名故事。故事的大意是这样的："有一天，阿尔弗雷德国王和一个放牛人同住，放牛人的妻子开始烤面包。国王坐在炉边准备他的弓箭和其他武器。主妇突然发现面包烤焦了，赶紧跑过来把面包从炉子上取下，责备勇敢的国王说（很奇怪，她的话最早是用拉丁文的六韵诗句写下的）：'哎呀！伙计，你看面包烤焦了，为什么不翻一下呢？尤其是你还那么喜欢趁热吃呢！'这位主妇造成了错觉，根本没有想到她是在同与野蛮人勇敢作战并且取得无数胜利的阿尔弗雷德国王说话。"残酷无情的盎格鲁－撒克逊人正处于厄运之中。古代布立吞人的直系后裔这时很可能幸灾乐祸，冷眼旁观，尽管他们自己困居山中，显得懒散可怜，但是并未被人征服。

此时，丹麦军队的首领确信他们已经稳操胜券。威塞克斯王国的人民则觉得，一切似乎已成泡影，军队溃散、国土沦陷，国王即使活着，也正在避难。不过，阿尔弗雷德在这样的困境中还能行使自己的最高权力，同他的臣民保持联系，这充分说明了他的才干。

四旬斋即将结束的时候，丹麦人遭受了意外的损失。他们的一部分人在威尔士肆虐逞凶之后，乘 23 艘船驶到德文港，从那里去攻击阿尔弗雷德在埃克斯摩的一个据点。这个地方不易攻破，但是：

> 他们包围了这个据点，以为国王的人不久就会迫于饥渴而投降……

1 Robin Hood，英国民间传说中的英雄人物。传说他住在舍伍德森林，武艺出众、机智勇敢，是一位劫富济贫、行侠仗义的绿林英雄。——编者注因为堡垒里边没有水源。

弹尽粮绝之前，基督徒受到苍天的启示，认为如果不能获胜，则宁可战死。于是，他们在黎明时突然向敌人杀去。他们在第一次进攻中就消灭了大部分敌人及其国王，只有几个逃得快的回到了船上。[1]

有800多丹麦人被杀死。战利品中有一面中了魔的战旗，叫作渡鸦旗。据说，拉格纳·洛德布鲁克的三个女儿一天就织完了这面旗。在以这面旗开路的历次战斗中，如果他们胜利在望，旗中央的渡鸦就像活的一样频频振翅。可是这次渡鸦没有振翅，它无精打采地卷在丝绸的褶皱中。这次战斗证明，丹麦人在这种情况下是无法取胜的。

阿尔弗雷德听到这个消息时十分振奋，争取重上疆场。他继续对敌人进行游击战，同时派出使者，召集各地的民兵在五月底以前和他会合。各地纷纷响应，国王仍受人民的尊敬和爱戴。民众听说国王仍然活着并且在积极战斗，无不欢欣鼓舞。所有的战士又聚在一起了。但是，国家仍有被征服的危险，过去的国王现在只是一个英雄而已，所以，他们随时可能再度分散回家。萨默塞特郡、威尔特郡和汉普郡的部队都集结到塞尔伍德附近。集结点选在三郡的交界处，这说明，阿尔弗雷德在这几郡的队伍当中还得讲究策略。可是，他毕竟又有了一支军队。“士兵们看见劫后余生的国王时，惊喜万分，简直把他当成了起死回生的人。”

必须趁着士兵充满热情的时候寻找战机。丹麦人仍然在奇彭纳姆享受他们的掠夺物。阿尔弗雷德推进到伊桑敦（即现在的埃丁顿），在光秃秃的丘陵地带进行了他所发动的最大、最激烈的一次战斗。全部赌注都押上了，生死胜负，在此一举。双方的武士都跳下马来，马匹都牵到了阵后。持盾的两军战士列成阵势，激战开始了。刀剑和战斧飞舞了几个小时。异教徒由于违背

1　引自霍奇金所著《盎格鲁－撒克逊历史》（*History of the Anglo-Saxons*）第2卷第565—566页。——原注

誓言而失去上帝的宠爱，由于这一点和其他原因，他们逃离了刀剑迸鸣的残酷战场。这一次，阿尔弗雷德的追击很有成效。北欧军队的首领格斯洛姆刚刚成为唯一未被征服的撒克逊王国的主人，现在却被困在他的军营里。阿瑟主教写道："异教徒被饥寒和恐惧征服了，他们感到绝望，乞求和平。"他们说，阿尔弗雷德要多少人质，他们都无条件地如数交出，并且马上撤离。

但是，阿尔弗雷德的眼光看得更远。他竟然产生了使这些未开化的敌人皈依上帝的奇怪念头。他打算用洗礼来惩罚战败者，但这可能有损于洗礼在精神上的实际效果。精神的力量是神奇的，不过，我们不要以为这些凶狠的武士和海盗会立地成佛。实际上，对战败的北欧军队进行的大规模洗礼几乎流于形式。据说，一名北欧老兵自称已经受过 20 次洗礼，并且抱怨说，洗礼时给他穿的白长袍根本比不上普通的长袍。阿尔弗雷德的意图是要同格斯洛姆永息干戈。他已经掌握了格斯洛姆及其军队的生死予夺之权，本来可以把他们围困到粮尽投降，然后统统处死。但是他没有那样做，反而希望同格斯洛姆及其部下平分土地，使两个民族忘却那可怕的创伤而和睦相处。他在自己的营中接待了格斯洛姆和 30 名海盗头领，并且当了格斯洛姆的教父。他把格斯洛姆从圣火盘前扶起来，招待了他 12 天，向他及其武士赠送珍贵的礼物，还称他为自己的儿子。

阿尔弗雷德具有一种崇高的力量，能够使感情不受环境的支配，在大胜或惨败中仍然保持公正的看法，不为艰苦的逆境而气馁，也不因命运的好转而得意忘形，并且对于屡次失信的人仍然信赖。由于这一切，他的形象远远高于同野蛮人进行斗争的动荡不定的战争舞台，在荣誉的顶峰放射着永恒的光华。

* * *

在伊桑敦大战胜利后的 14 年里，丹麦人没有大举进攻。尽管局势不安，动乱时起，但用当时的眼光看，基本上维持了和平。阿尔弗雷德锲而不舍地加强自己的王国。他对丹麦人在东英吉利亚定居感到满意，并同饱经忧患的默西亚王国建立了非常友好的关系，尽管默西亚王国的大部分地区当时尚未被丹麦人占领，但它已经成为丹麦的属国。886年，他把自己的长女嫁给了默西亚的摄政王埃塞尔雷德，后者尽力肩负着伯格莱德国王流落国外以后留下的重担。默西亚和威塞克斯王室之前已有几人通婚，而此次通婚则推进了英格兰南部和中部的合作。

886年伦敦获得光复，就是这次新联合所结出的第一硕果。长期以来，伦敦一直是信奉基督教的英格兰商业中心。古罗马人认为，泰晤士河畔的这个桥头堡由于处于水陆交通的要冲，可以发展为岛上最大的商业和军事中心。这时，伦敦开始成为国家的首都。我们在《盎格鲁－撒克逊编年史》中读到："阿尔弗雷德国王光复了伦敦，所有的撒克逊人，即不受丹麦人奴役的撒克逊人，都站到他的一边。他任命埃塞尔雷德为总督，管理这个自治市。"收复伦敦时可能进行了激烈的战斗，造成了很大的伤亡，但是对此没有任何记载。我们只知道，阿尔弗雷德在这次胜利后，把市内的公民组织成有效的防御力量，并把城墙加固到独一无二的程度。

阿尔弗雷德国王的精力主要放在恢复防御体系和提高威塞克斯军队的战斗力方面。他改组了民军，把它分成两部分，轮流服役。这样，虽然他的军队可能少一些，但农民出身的士兵知道他们的田地由留在家里的那一半民军照管，就不会在长期的战斗中开小差了。这种羞羞答答的改革说明，阿尔弗雷德面临的困难是很大的，同时也证明，即使在国家存亡危急之秋，要撒克逊人弃农当兵也是很难的。在南到英吉利海峡，北到泰晤士河谷的全国广大地区，阿尔弗雷德国王都建立了自治市，并且划给每个市一部分附属地区，使它有足够的人守卫城墙，维修工事。这一措施加强了国家的防御力量。同时，他还考虑到发展英格兰海军的前景。在一个岛上要想平安无事，就必须掌握制海权。他一反船舶设计的常规，打算以少数特大的船只战胜北欧人在船只数量上的优势。下面的结论直到不久以前仍是客观正确的。

> 阿尔弗雷德国王下令建造很长的船只来对付丹麦人的战舰。这些船几乎比其他船只长一倍，一些船上有30对桨，有的甚至更多。它们比别的船只更快更稳，而且也更高。其形状既不像弗里希安人[1]的船，也不像丹麦人的船，但在他看来，这些船可能非常有用。[2]

然而，撒克逊海员缺乏经验和技术，摆弄不了这些大船。《盎格鲁－撒克逊编年史》中说，在九艘这样的大船对付六艘海盗船的一次战斗中，有几艘大船"非常笨拙地"撞到岸上，而只有两艘敌舰落入阿尔弗雷德手中；他下令在温切斯特把这两艘船上的人员绞死，从而稍获慰藉。尽管如此，英格兰海军的诞生仍将永远和阿尔弗雷德大帝的名字连在一起。

886年伦敦再度沦陷以后，尽管局势混乱，双方却缔结了明确的条约。缔约中双方措辞都比较慎重，阿尔弗雷德一方被称为"撒克逊民族的顾问"（the counsellors of the English nation），格斯洛姆一方被称为"居住在东英吉利亚的人"（The people who dwell in East Anglia）。丹麦法地区的机构完全以军队和被征服的居民为基础，尚未形成国家机器。另一方面，撒克逊人早已实行了"国王和贤人会议"（King and Witan）的制度；最积极推行这种制度的就是阿尔弗雷德本人。根据上述条约，划出了一条政治疆界，这条疆界沿泰晤士河而上，溯利河之源，然后直走贝德福德，过乌斯河，直达华特林大道。过了华特林大道，就没有定界了。这条边界线并非根据自然的边界走向而定，而是划在无人居住的地区，只不过承认了当时的战线而已。

条约的第二部分比较古怪，但却为我们提供了一些资料。双方都知道

---

1 Frisian，条顿族的一支，善于航海。——译者注

2 引自霍奇金所著《盎格鲁－撒克逊历史》（*History of the Anglo-Saxons*）第2卷第584页。——原注

“赔款”的作用。为了制止混乱状态所导致的凶杀和对身体的伤害，必须设法共同制定赔偿或报复的标准。任何力量都不能阻止丹麦人屠杀和掠夺撒克逊人，反之亦然。但是，如果出现停战状态，就必须制定一个赔款价目表。丹麦人和撒克逊人中每个自由农定价为 200 银先令，地位较高的人定为 68 盎司纯金。格斯洛姆接受了这一条。实际上就是他同意，在赔款的问题上，对他统治下的撒克逊人和丹麦人要一视同仁。阿尔弗雷德赢得了重要的一分，足见他确有实力。

* * *

阿尔弗雷德大帝的法典试图把摩西律法[1]同基督教原则和传统的日耳曼习惯结合起来，其痕迹在肯特、威塞克斯和默西亚的现存法律中仍然依稀可辨。阿尔弗雷德颠覆了原有的金科玉律，把“以眼还眼，以牙还牙”的信条改为进取性稍差的原则——“你们愿意人们怎样待你们，你们也要怎样待人”。他还评论说：“法官如能牢记这一原则，就可以普施正义，而不需要其他法典了。法官应设身处地替原告着想，考虑怎样判决才能使他满意。”这位国王在法典的绪论中谦逊地解释说：“我未敢擅自写进我自己制定的许多法律，因为不知哪些法律将获得后人的赞同。”由于此后历代国王的不断充实，阿尔弗雷德法典发展成各郡和各分区法院所执行的圣爱德华（忏悔者）[2]法典，受到出身于诺曼望族的国王们的尊重。经过此后无数封建律师的巧手匠心，它成为英国习惯法的基础。

阿尔弗雷德大帝还尽力鼓励宗教和学术活动，尤其重视发展教育事业。他给伍斯特的主教写了一封信，抄件保存了下来：

---

1 《摩西五经》的另一种称呼。《圣经》的第一部分，内容包括希伯来习惯、宗教戒律及国王敕令，是公元前6世纪以前唯一一部希伯来法律汇编。——编者注

2 Edward the Confessor（约 1001—1066），盎格鲁－撒克逊的末代国王（1042—1066 年在位）。——译者注

我想告诉你，我经常想起以前盎格鲁－撒克逊民族教俗两界的重要人物是多么贤能，那是多么令人怀念的时代；那时统治着臣民的各代国王又是何等地服从上帝和他的牧师，他们在国内维护治安、道德和他们自己的权威，同时也向外扩张领土；他们通过战争和自己的智慧使国家繁荣起来……异邦人前来寻求智慧和教益……可是如今这种智慧在我们的民族中已经消失，以致在亨伯河此岸能看懂英文祈祷书或者把拉丁文信件译成英文的人寥若晨星。我以为，这样的人即使在亨伯河彼岸也是屈指可数的。[1]

阿尔弗雷德还努力改革修道院的生活，因为它在一片混乱中已经完全堕落了。

如果谁未经国王或主教的许可把修女从修道院带走，他就得缴纳120先令，一半交给国王，一半交给主教……假如这个男人先行去世，他所诱拐的修女无权继承他的财产，她要是生了孩子，孩子也和其母一样没有继承权。[2]

另外，阿尔弗雷德还研究历史。编纂《盎格鲁－撒克逊编年史》的工作就是由他开始的。开头的条目都很零散，可见没有经过编纂者的运笔。从阿尔弗雷德的时代起，条目都很确切，内容往往很丰富，而且有时文笔流畅，并能写出某些事件的历史意义。

透过上千年的迷雾，我们看到了一个指挥若定、足智多谋的伟人。他以

1 引自霍奇金所著《盎格鲁－撒克逊历史》（*History of the Anglo-Saxons*）第609页。——原注
2 引自霍奇金所著《盎格鲁－撒克逊历史》（*History of the Anglo-Saxons*）第612页。——原注

同样的力量挥舞着战斗的刀剑，掌握着正义的天平；他在防御策略中文武兼用，在逆境和危机中仍然珍视宗教、文化和艺术；他缔造了统一的国家，致力于消除多年的宿怨，使国土沐浴在和平的阳光之中。

据说，阿尔弗雷德大帝是伟人中的奇才。阿瑟主教写道："他在摇篮中就对智慧满怀爱慕之情。"他宫廷中的基督教文化同北欧人百无聊赖的野蛮生活形成了鲜明的对比。历史较久的民族将制服野蛮的北欧武士，教他们享受和平这门艺术，让他们懂得安然共存的价值。一个统一的国家正在脱胎而出。由于阿尔弗雷德的努力，撒克逊人和丹麦人后来水乳交融，形成了统一的信奉基督教的英格兰。

在诺曼人统治的黑暗时期，阿尔弗雷德仍然保持着民族英雄的形象，就像一座灯塔，闪烁着撒克逊民族的光辉成就。这位统治者使撒克逊人在抵御丹麦人的无休止的战争中产生了勇气和自力更生的精神，他以自己对本民族的信心和宗教信仰鼓舞了他们。他实行法治，治国有方，并把民族英雄的英勇业绩载入史册。这一切使他在传奇和诗歌中获得了"阿尔弗雷德大帝"的英名。

* * *

还有最后一场战争等待着阿尔弗雷德。这场战争对北欧海盗而言，无疑是一次危机。885年，北欧人纠集了四万人，乘几百艘战船沿塞纳河逆流而上。他们带着各种军事装备包围了巴黎，攻城长达一年有余。当受阻于法兰克人在河上架设的一座戒备森严的桥梁，他们便把他们的长船拖上岸，从上游下水，把所经之处夷为平地。但是，他们一直无法攻克巴黎。武侯奥多伯爵在城里防御着这些无耻的海盗，城内普遍要求法兰克国王前来援救他的首都。但是，查理大帝并没有把他的本领传给儿子，他们荣获的绰号足以证明他们的无能。秃头查理已经死了，胖子查理取而代之。这个羸弱不堪的可怜虫最后不得不调集一支数目可观的军队，率军前来营救巴黎。他的援救行动收效甚微，但是巴黎仍然在镇定的总督的指挥下坚守不舍。北欧人的攻势开始减弱，最后崩溃了。在这方面，历来的记载说法不一。据说他们同德意志军队又进行了几次战斗，在其中的一次战斗中，他们的尸体填满了护城河。显然，他们在西欧各地的入侵都遇到了抵抗。这种抵抗虽然并非锐不可当，但却是他们的力量所不及的。有六年的时间，他们一直蹂躏着法兰西北部的内陆地区。他们走到哪里，便把饥荒带到哪里。最富庶的地区都被抢劫一空，他们还有何处可抢呢？于是，他们的注意力又转向英格兰：经过一段时间的太平盛世，那里也许又积累了一些财富。在大陆上，可以掠夺的基地正在衰落，他们也许可以再到不列颠岛上劫掠一番。霍奇金在他令人叹服的著作中说："他们像一个饥肠辘辘的庞大妖魔，要到英格兰搜索食品，猎取财物。"一些不信教的暴徒和海盗控制了一支有效的海上军事力量，他们的部下都是可怕的久经沙场的人，他们必须给这些人饭吃，管理他们时得格外小心，还得为他们提供杀人的机会。制订计划的就是这样一些魁首，而在那个黑暗的时代，他们对英格兰的袭击当然是筹划最周密、准备最细致的罪行之一。

格斯洛姆在891年死去了，他和阿尔弗雷德订立的，并未得到严格遵守的条约也随之寿终正寝。892年秋天，突然有一支由250艘船组成的庞大舰队杀气腾腾地出现在林普尼港[1]附近，载着践踏过法兰西的"异教徒大军"前来侵略英格兰。侵略者在靠近森林的阿普尔多尔登陆，并且构筑了堡垒。接着，又有80艘船载着进攻大陆受挫的海盗随后赶到。这第二批人马沿泰晤士河而上，在南岸锡廷伯恩附近的米尔顿安营扎寨。因此，肯特郡处于腹背受敌的境地。面对大规模的联合进攻，阿尔弗雷德必须进行第三次殊死的斗争。默西亚人和西撒克逊人已经联合起来，我们可以称之为英格兰人。他们

1 Lympne，肯特郡东南沿海的一个古代港口。——译者注

度过了 14 年不平静的和平时期，利用这段时间加强了防御。南部的许多城镇都构筑了防御设施；民军的基本弱点虽然尚未克服，但它在组织上却有所改进。财富和食品又有积聚，有了稳定的政府，阿尔弗雷德已是人心所向，众望所归。他与查理大帝不同，有一个骁勇善战的儿子。他的儿子爱德华[1]年方 22 岁，却已经能够代替他挂帅出征了。默西亚人当中也产生了一个埃塞尔雷德王子，他是威塞克斯王子爱德华的合适伙伴。在这个时期，阿尔弗雷德大帝身体欠佳，因此很少亲临疆场；他虽然有时也率军出征，但这次战争大舞台上的灯光一直聚集在年轻一代首领的身上。这也是理所当然的。

在这第三次战争中，英格兰人打败了北欧人。侵略者利用他们的制海权，从南北两边来击肯特半岛。阿尔弗雷德曾经用金钱买通他们，使他们退兵，这一措施毫无疑问地推迟了他们的全面进攻。他劝说北欧人的首领黑斯顿，要他同意至少让他的两个小儿子获得洗礼。他给了黑斯顿许多钱。双方都立下了维护和平的誓言，但根本不想予以履行。誓言的话音未落，丹麦人就无情地展开了进攻；阿尔弗雷德极力唤醒英格兰人奋起抵抗。893 年，由定居在诺森布利亚和东英吉利亚的丹麦老兵组成的第三支远征军，从海上绕过南部沿海地区，登陆并包围了埃克塞特。这时候，年轻的英格兰首领开始了猛烈的进攻。英格兰部队似乎有许多人骑马，这些马并不完全是我们通常所说的骑兵，但至少行动迅速。他们在现代的奥尔德肖特一带进攻并击溃了入侵者，一直追击了 20 英里，直到敌人逃过泰晤士河，在科恩河彼岸躲避起来。不幸的是，年轻王子们的军队不够强大，无力继续追击，而且给养也消耗殆尽，因此只好收兵，眼睁睁地看着敌人逃之夭夭。

丹麦人在伦敦东边泰晤士河畔的本弗利特布置防御，据说现在还能看出他们大兴土木的痕迹。他们恢复了元气之后，又前来劫掠，只留一支小部队

---

1 Edward（约 870—924），盎格鲁-撒克逊时期的英格兰国王（899—924 年在位），史称“长者爱德华”（Edward the Elder）。他多次击败丹麦人的入侵，收复了英格兰大多数地区，并使苏格兰与威尔士称臣。——编者注

驻守据点。两位王子对这个据点发动了进攻。在当时的战争中，要攻克一个沟深墙高的城池几乎是不可能的。但是，阿尔弗雷德的儿子和女婿率领从伦敦调来的一支强大军队猛攻本弗利特，“打跑了敌军，攻占了这个堡垒，把里边的一切都带到伦敦，其中不仅有妇孺，还有物资。他们把缴获的船只或毁成碎片，或烧成灰烬，或拖到伦敦和罗彻斯特”。以上是《盎格鲁－撒克逊编年史》中的原话。19世纪在这个地段修筑铁路时，在本弗利特的遗址上挖出了烧黑的船只碎片和一些人体残骸。在这个陷落的据点里，战胜者发现了黑斯顿的妻子和两个儿子。这几个人是珍贵的人质。可是，阿尔弗雷德把这三个人交还了黑斯顿，因而在当时和后来受到了强烈的非议。他交还黑斯顿的妻子是出于博爱。他还给黑斯顿的两个儿子施洗礼，自己担任其中一人的教父，默西亚的埃塞尔雷德做另一个人的教父。于是，黑斯顿的两个儿子就成了基督教会里的兄弟，阿尔弗雷德大帝保护他们免受其父发动的不义战争的连累。在9世纪，人们很难理解，当自己的王国同凶残的入侵者进行殊死搏斗的时候，国王为什么会这样做。但是，国王后来被称为“阿尔弗雷德大帝”，其原因之一正在于此。当时战争仍在进行，但据有关的记载，黑斯顿并没有再度出战，也许是阿尔弗雷德的宽厚仁慈和骑士气概感动了他。

在这场残酷的战争中，北欧人动用了三支军队，即黑斯顿从欧洲大陆带来的一支大军、在林普尼一带登陆的那一支和来自丹麦法地区的军队。然而，在这场全面、持久的战争中，他们终于被默西亚、威塞克斯和威尔士的基督徒打得一败涂地。

还有一个事件是值得注意的。《盎格鲁－撒克逊编年史》中写道：

入冬以前（指894年冬），丹麦人……拖着船沿泰晤士河和利河而上……在伦敦上游20英里处建筑了一座堡垒……到了秋天（895年），阿尔弗雷德大帝在伦敦附近扎营抢收庄稼，以免被丹麦人抢走。收割过后，国王有一天骑马沿河而行，想找一个合适的地点把河道封锁起来，使敌人的船只不能返航。……他在河的两岸建起两座炮台……敌军发现他们的船驶不出去，便丢弃船只落荒而走……伦敦人收缴了这些船只，把值得带走的东西都带回伦敦，不能带走的则统统毁掉了。

896 年，战争结束了。似乎已在衰落的北欧人分散了，有的在丹麦法地区住下来，有的回到了法兰西。《盎格鲁－撒克逊编年史》总结这次战争时感叹地写道："感谢上帝！这支军队（丹麦军）并没有给英格兰人造成太大的创伤。"阿尔弗雷德有力地保卫了岛上的国家，用智谋和武力保护了英格兰的基督教文化；他加强了南方的强大力量，使它成为不列颠以及后来大英帝国的重要支柱；他还解放了伦敦。尤其值得庆幸的是，他养育了勇敢的子孙，我们将看到，这几代子孙成功地继承了他的业绩。

* * *

阿尔弗雷德于 899 年安然长逝，而同北欧人的斗争仍将经历几个迥然不同的阶段。他的血脉为英格兰人造就了许多伟大的统治者，他的精神为鼓舞基督教军队频传捷报提供了动力。他的儿子，立即登基执政的爱德华，早已成为全军敬畏的杰出统帅。爱德华和他的堂弟埃塞瓦尔德发生了争执，后者逃到丹麦法地区，挑唆诺森布利亚和东英吉利亚的北欧人再次入侵他的家乡。904 年，埃塞瓦尔德和丹麦人的国王在泰晤士河上游的克里克莱德附近渡河南侵，践踏了威尔特郡的部分地区。为了惩罚他们，爱德华调集了一支由肯特和伦敦人组成的军队，下令侵入东英吉利亚。他们把中英吉利夷为平地。但是，肯特人的军队撤退缓慢，被怒不可遏的丹麦人追上，只好回身应战。结果，丹麦人打胜了，砍杀了许多肯特人。但命运也不是那么偏心，丹麦人的国王埃里克和叛徒埃塞瓦尔德也在战斗中一命呜呼。继位的新国王格斯洛姆二世以阿尔弗雷德在 886 年签订的条约为基础同爱德华讲和，不过在条约上又增加了一些条款。从这些新条款中可以看出，情况已经发生了变化。条款中规定，丹麦人都是基督徒，得向教会交纳什一税；大教区的教士如果使会众记错了某个宗教节日的日期，就要受到罚款。

910年，丹麦人撕毁了这一条约，在默西亚重新拉开了战幕。爱德华早已派威塞克斯和肯特的主力部队去援助默西亚人，他自己则在海上指挥舰队。在斯塔福德郡特顿豪尔进行的一场激战中，丹麦人受到了致命的打击。

英格兰人的胜利是这次长期冲突中的一个里程碑。诺森布利亚境内的丹麦军队从此一蹶不振，丹麦人控制的英格兰中部和东英吉利亚因而成为英格兰人的囊中物。在此以前，默西亚和威塞克斯一直处于防御地位，常常陷入非常危急的境地。现在局势倒过来了，丹麦军营中风声鹤唳，草木皆兵。

前面已经提过，爱德华的妹妹和默西亚的埃塞尔雷德伯爵结了婚。埃塞尔雷德于911年去世，他的遗孀埃塞弗莉达继承了王位，并且比他更有建树。在那个野蛮的时代，一名妇女能执政为王，这件事情本身就足以说明她有超人的才智。爱德华后来被称为“长者爱德华”（Edward the Elder），他和妹妹“默西亚夫人”（The Lady of the Mercians）共同指挥这场战争，取得了当年阿尔弗雷德不敢奢望的辉煌胜利。由于血缘关系和政治需要，这两个王国的政策完全一致，因而它们能够满怀信心而灵活地迎击丹麦人的又一次进攻，并且迅速予以粉碎。这次胜利之后，胜利者审慎地着手彻底征服丹麦法地区及其五个自治市。兄妹俩在各自的战线上步步为营，共同前进，为这一目标奋斗了十年。917年，爱德华攻陷贝德福德附近的坦普斯福德，杀死了格斯洛姆国王，彻底摧毁了东英吉利亚的抵抗力量。丹麦人的头领都归顺爱德华，承认他为保护人和君主。爱德华则承认他们的田产，允许他们按照丹麦的习惯生活。与此同时，“默西亚夫人”征服了莱斯特，甚至连约克也主动归顺。在这凯歌声中，埃塞弗莉达去世了，爱德华急忙赶到塔姆沃里[1]，应默西

1 默西亚王国首都。——译者注

亚贵族之请登上了国王的宝座。

阿尔弗雷德的儿子这时已是亨伯河以南英格兰所有地区无可争议的国王，威尔士南部和北部的布立吞诸侯也都赶紧表示永远臣服。在此后的两年里，爱德华继续北上，在曼彻斯特、柴郡的泰瓦尔以及德比郡与曼彻斯特之间丘陵地区的贝克韦尔建立了据点。诺森布利亚的丹麦人的末日已经临近，广泛而持久的统一似乎就要实现了。长者爱德华在胜利后的宁静中又统治了五年，于925年逝世。他的权力和才能传给了第三代杰出的君主，这位新君主能够在各方面继承他父亲和祖父的未竟事业，把它推向前进。

第八章 CHAPTER 8

撒克逊的黄昏

西撒克逊人的第三个伟大的国王阿瑟尔斯坦[1]在继位之初采取其家族的传统政策，努力同丹麦法地区未被征服的部分建立和睦关系。但是，由于发生了一些纷争，他于926年率军进入约克郡，在那里确立了自己的统治。诺森布利亚表示归顺，苏格兰国王和斯特拉斯克莱德国王称他为“父亲和君王”（father and lord），威尔士的诸侯同意纳贡。此后又出现了一段不太平静的和平时期。到933年，阿瑟尔斯坦进行了讨伐苏格兰人的战役；937年，在这场历史剧中败北的一切角色发动了全面的暴乱，因此战火又熊熊燃烧起来。在不列颠岛北部的所有地区，凯尔特人、丹麦人和挪威人，其中有基督徒，也有非基督徒，都聚集到苏格兰国王君士坦丁和都柏林的奥拉夫的麾下，形成了反对阿瑟尔斯坦的统一战线，从挪威本土还来了援兵。这一次，双方并没有在花招诈骗上浪费时间和人力。冰岛的传说和英格兰的一首诗中都有这次

1 Athelstan（约894—940），也译埃塞斯坦，历史上第一位英格兰国王（924—940年在位），长者爱德华之子。924年，继承威塞克斯和麦西亚王位，不久被所有英格兰人尊为国王。937年成为“全不列颠之王”，基本确定了英格兰的版图。——编者注

战争的记载。根据传说，阿瑟尔斯坦向敌人挑战，要他们和他列阵而战，甚至还提出了战斗的具体地点。敌人欣然同意。在当时的贫穷社会中显得非常庞大的各路军队，像参加奥林匹克运动会一样各就各位，而且还就位置问题进行了多次交涉。两边的人马在狭小的战场上彼此挥动着盾牌和刀剑，并且互相嘲弄，因而双方都怒气冲天。不久，诺森布利亚和冰岛的北欧人就同一部分撒克逊军队激烈地厮杀起来。虽然诺森布利亚的北欧人统帅临阵脱逃，撒克逊人还是失败了。第二天进行了真正的较量。双方的军队以威严的仪式列队而出，然后怀着"良好"的意愿抡起战斧，挥起大刀和长矛，从早晨一直激战到天黑。

从最早布鲁南博[1]战歌中的自然比喻和好战情绪，可见盎格鲁－撒克逊人思想之一斑：

> 阿瑟尔斯坦国王乃公爵之君主和贵族之庇护者，同其弟爱德蒙王子，靠血迹斑斑的剑锋，赢得了布鲁南博的长久殊荣。劈开盾墙，砍断长矛，杀退敌人逞英雄……苏格兰民众和船队……血染沙场，红日高悬……这颗巨星，犹如圣烛俯照大地，光华四射，直至其遽然西沉。斗士中多人中枪，僵卧战场，原来是北欧人尸横盾牌之上。苏格兰人也备受艰辛，意气消沉。他们身后留下了满身灰尘的长嘴渡鸦、白翎黑羽的鹰鹫、嗜血成性的凶隼以及林中的灰狼，它们都在饱餐腐尸，兴味正浓。

撒克逊人取得了决定性的胜利。他们所说的"发假誓者"君士坦丁逃回了北方，奥拉夫带着他的残余力量退回都柏林。从此，阿尔弗雷德的孙子、英勇无畏的阿瑟尔斯坦成为西欧的显要君王之一。他在硬币和国王特许状上都自称为"不列颠全境之王"。

他自称为王的行动在欧洲大陆得到了承认。他的三个姐妹分别同加洛林

1 这次大战的战场，具体地点尚待确定，史学家说法不一。——译者注

王朝[1]的昏君查理、卡佩王室[2]的休大王和未来的神圣罗马帝国皇帝撒克逊人奥托[3]结了婚。他还扶立了一位挪威王子，这位王子在约克接受洗礼，并且宣誓永远做他的忠实附庸。

人们可能以为延续多年的争斗就此了结，其实不然。在布鲁南博之战两年以后，阿瑟尔斯坦与世长辞，他的异母兄弟，年仅 18 岁的埃德蒙继承了王位。被击败的力量又乘机作乱。埃德蒙以他的民族气概顶住了敌人的进攻。他只统治了六年，但直到 946 年去世为止，他寸土未失。埃德蒙死后，他的弟弟，阿尔弗雷德之子“长者爱德华”的幼子埃德雷德[4]继位。埃德雷德也在所有的来犯者面前成功地保护了自己的版图，而且在打垮这些来犯者之后，似乎从此扑灭了诺森布利亚的反叛火种。

* * *

史学家认为，北欧人在英格兰活动的第一个阶段结束于 954 年。从北欧人的入侵浪潮卷入不列颠岛以来，120 年已经过去了。前 40 年，信奉基督教的英格兰社会为了生存而斗争；后 80 年，阿尔弗雷德、爱德华、阿瑟尔斯坦、埃德蒙和埃德雷德五位尚武的国王打败了侵略者。光阴荏苒，撒克逊人的统治经历了形式上的变化之后，终于在全国重建起来。在他们的统治下，在东部的大平原上丹麦人也扎根下来。在这一地区里，丹麦人的血统和习俗在英格兰国王的统治下保存了下来。

---

1 Carolingian（751—911），自 751 年统治法兰克王国的王朝。在鼎盛时期，加洛林家族开创了后世所谓的神圣罗马帝国。——编者注

2 该王室建立的卡佩王朝（987—1328）是法兰西王国的第一个强大王朝。据说因建立者雨果·卡佩喜欢一种名为“卡佩”的短披肩而得名。——编者注

3 Otto（912—973），德意志国王（936—973 年在位），亨利一世之子，萨克森王朝第一个神圣罗马帝国皇帝（962—973 年在位）。——编者注

4 Edward（923—955），爱德华一世之子，继承其兄王位（946—955 年在位）。曾经入侵北方王国，在那里进行劫掠。——编者注

在埃德加国王繁荣和平的统治时期，伟大的行政机构臻于完善。在再度征服英格兰的过程中，撒克逊人一直有意识地重建行政机构。这一行动对于英格兰制度的发展产生了至今未消的长期影响。他们重新划分各郡，每郡有郡守，即直接对国王负责的行政长官；在郡下边设区，区以下的城镇都布置了防御设施；从郡、区到市有一套严密的司法系统维持治安，缉拿罪犯；税收制度也得到了恢复。而且，随着军事和政治方面的复兴，修道院制度和学术又获得了新生，土生土长的英国文学也开始萌芽了。它们最初发展很慢，而且只限于撒克逊人居住的地区，但是，在 10 世纪中叶同大陆上宗教复兴有了联系之后，就开始大踏步前进了。坎特伯雷大主教邓斯坦以及比他年轻的同代人——伍斯特主教奥斯瓦尔德和温切斯特主教埃塞尔沃尔德，都努力恢复修道院内的严格教规，进而间接地改革主教团，因为有越来越多的修道士当选为主教。另外虽属偶然但却令人可喜的是，当时欧洲亟须的行文清楚的重要手稿得到复制，学术研究有所发展。有许多手稿用英文写成，供俗界学习教义之用。据说，恩舍姆修道院院长阿尔弗里克的天主教布道书是英语发展成简单书面语言的标志；而在欧洲各地，英语是最先达到这个阶段的语言。无论从哪个方面来看，10 世纪都是英格兰在命运之路上向前迈出的关键一步。虽然埃德加死后君主制度不幸衰落，但是它的组织机构和英格兰文化却已根深蒂固，以致在不到 100 年的时间里经历两次外族征服而不灭。

973 年在巴斯举行了一次隆重的加冕典礼，从而奠定了日后加冕典礼的程序。那个时代的人认为，这次加冕典礼标志着英格兰王国的彻底统一。在全国各地，无论是郡，还是区和市，法院都定期开庭。币制和度量衡得到了统一，建筑和装饰艺术正在恢复，学术研究又在教堂里繁荣起来。有文化的人都写书面语言，即标准英语。不列颠岛上又恢复了文明，但是，为它提供营养的政治结构即将倒塌。在此之前，统治国家的都是有力的军事领袖，可现在，一个孩子，一个懦弱低能而又多变无信的家伙登上了一直由武士占据的王位。英格兰沉浸在 25 年的和平环境之中，以勇士为首的撒克逊人在危险和困境中顽强无畏，不可战胜，如今却被这种和平环境消磨了意志。那是“寡断者埃塞尔雷德”（Ethelred the Unready）的统治时期。“寡断者”一词对他很贴切，是指他纳谏不当或不听忠告。

980年，大规模的侵扰活动又开始了。切斯特遭到爱尔兰人的洗劫，南安普敦居民被斯堪的纳维亚或丹麦的入侵者大肆屠杀。塔内特、康沃尔和德文都惨遭大屠杀和浩劫。有一首史诗描写了991年的“莫尔登之战”[1]。丹麦人在莫尔登东边的诺西岛整军待发，英格兰人在布莱克沃特河入海口的南岸与他们隔海对峙。战斗发生在连接诺西岛和不列颠本土的狭长地段，那个地段在涨潮时就被海水淹没了。北欧人又以他们特有的方式提出了条件：“要想活命，赶快交钱，纳金息干戈胜过一场恶战……拿出金子我们就停战……我们将带着金钱扬帆远去，永不相扰。”[2]

埃塞克斯郡守拜特诺斯回答说：“海盗们，你们听见这里的人是怎么回答的吗？他们要交纳的金钱就是长矛、致命的标枪和昔日的利剑……这里有一位高贵的伯爵，他将率众保卫这块土地，保卫埃塞尔雷德王子的家园、百姓和田地。野蛮人将毙命于沙场。而且，你们既然风尘仆仆地远道而来，如果不打一仗就带着纳金离去，似乎不太体面。你们别想轻易得到我们的财富：必须先苦战一场，尝一尝我们的标枪利剑。”[3]

实际上，这些慷慨激昂的言语并没有得到实现。就在他们互相奚落的时候，海潮已经落了下去，小岛和本土之间的地峡露了出来。英格兰人天真地同意北欧人穿过地峡，在布莱克沃特河南岸摆好了阵势，以便公平地开战。战斗一开始，英格兰人就失败了。拜特诺斯的军队中许多人四散逃命，但是有一些因武功而获得领地的自由民虽眼看大势已去，还是奋战到最后一息。

---

1 指一篇没有题目的、描述埃塞克斯郡守拜特特诺斯之死的诗篇。它是古代英格兰人的战争史诗，也是有关莫尔登之战的主要文献。——编者注

2 引自肯德里克所著《北欧海盗史》（*History of the Vikings*）第259页。——原注

3 引自肯德里克所著《北欧海盗史》（*History of the Vikings*）第259页。——原注

随之而来的，是向丹麦人俯首纳贡的最可耻时期。

阿尔弗雷德当年不仅敢于动武，在需要交钱获得和平的时候也从未犹豫不决。埃塞尔雷德却只是一味赔款而不敢用兵。他交纳的款项数目日益增加，而收效却越来越小。991 年，他用 1 万镑银子讨好入侵者，还为他们提供给养。994 年，他交纳 1.6 万镑，赢得了片刻宁静，还讨好地为入侵者奥拉夫洗礼。1002 年，他以 2.4 万镑银子的代价再次换取了和平，但是这次破坏和平的却是他自己。在穷途末路中，英格兰人雇用了大批丹麦人在军中服役。埃塞尔雷德怀疑这些危险的帮手要谋害他，吓得惶恐不安，因此计划把英格兰南部的所有丹麦人，不管是雇佣军还是平民，统统杀死。这个残暴的计划在 1002 年的圣布莱斯节变成了现实。受难者有北欧人魁首之一帕利格的妻子、丹麦国王斯韦恩的妹妹岗恩希尔德。斯韦恩誓死为他的妹妹报仇，在两年的时间里，不断打击可怜的撒克逊人。埃克塞特、威尔顿、诺里奇和塞特福德都遭到了洗劫，可见报复的范围相当大。复仇者的怒气并未被敌人的鲜血所平息，只是由于饥馑而暂时受挫。丹麦人的军队在这片满目疮痍的土地上已经无法生存，于 1005 年撤回丹麦。但是据一些编年史记载，1006 年斯韦恩又卷土重来，劫掠肯特、雷丁和沃林福德。最后，埃塞尔雷德用相当于三四年国民收入的 3.6 万镑银子又一次买来了短命的和平。

英格兰人现在想不惜一切代价建立一支舰队。当年曾经激励迦太基人竭尽全力的那种绝望心情，促使这个贫穷、潦倒、饥饿，被劫掠一空的民族建造了大量的船只。新生的英格兰舰队于 1009 年集结在桑威奇。《盎格鲁 – 撒克逊编年史》中说："但是，我们既没有好运气，也不配享受这支海军力量的保护作用。"它的指挥官们发生了内讧。有些舰只被击沉，还有一些毁于风暴，其余的船只被指挥官们可耻地遗弃了。"后来，海军官兵把船驶到伦敦，全民族努力奋斗的成果就这样付诸东流。"据史料记载，1012 年向北欧人交纳了最后一笔巨款。北欧人这次收了 4.8 万镑银子，而且是通过抢掠坎特伯雷和绑架阿尔菲奇大主教的办法强迫撒克逊人交纳的。他们后来在格林尼治把阿尔菲奇大主教杀害了，因为他拒绝敦促他的会众筹措赎金。《盎格鲁-撒克逊编年史》评述说："我们蒙受的这些灾难都是由于政策错误造成的，因为我们结款的时机不当，而且未作任何抵抗——每当他们肆虐逞凶，我们就与之讲和。但是，尽管已经讲和，我们也交了巨款，他们仍然四处横行，掠夺和屠杀我们的可怜同胞。"

那些惨事无须赘述。而且，那个时代以前的恐怖行为没有记载下来，所以我们也不知道。在这个可怕景象中闪闪浮动的一点烛光，足以使我们感受到当时颓败、凄凉、残酷的程度。最值得注意的是，斯韦恩于 1013 年在他小儿子卡纽特的陪同下再次来到英格兰。他征服了约克郡的丹麦人和丹麦法地区的五个自治市，成为诺森布利亚和丹麦人控制的默西亚的统治者，并报复性地抢劫了牛津和温切斯特。而且，尽管他进攻伦敦未果，但仍然被宣布为英格兰国王。这时，埃塞尔雷德逃到他妻舅诺曼底公爵那里避难。在取得一系列胜利之后，斯韦恩于 1014 年初去世了。他死后，英格兰人所受的苦难又暂时有所减轻。他们想恢复埃塞尔雷德的统治，"他们说，如果他比以前统治有方的话，哪个君主也不如名正言顺的君主更加可贵"。

不久，年轻的丹麦王子卡纽特开始要求获得英格兰的王位。这时候，阿尔弗雷德的血液开始在埃塞尔雷德之子埃德蒙的身上沸腾起来。埃德蒙在 20 岁的时候就已赫赫有名，不久便被称为"勇敢的埃德蒙"。虽然他被父亲称为逆子，而且完全违背父亲的意志行事，但他还是聚集了一支人马，在辉煌的战役中给敌人一次又一次沉重的打击。他知道兵不厌诈，多次取胜，还解了伦敦之围，于是成为众望所归的人物。满目疮痍的英格兰有了新的军队。埃塞尔雷德死后，埃德蒙肩负英格兰的希望登上了王位。虽然敌我力量悬殊，而且他还受到一次重创，但他仍有足够的力量。他把王国划分为几个地区，然后开始重整旗鼓，准备再战。但是，年仅 22 岁的"勇敢的埃德蒙"在 1016 年不幸早逝，整个王国因此陷入绝望之中。

在政治上举足轻重的教界贵族早已详述了圣邓斯坦所预言的灾难。甚至在埃德蒙活着的时候，英格兰的教俗领袖就在南安普顿达成一致意见，要永远废黜埃塞尔雷德的后代，承认卡纽特做他们的国王。反抗丹麦人的一切活动，不管是道义上的还是军事上的，都失败了。埃塞尔雷德的家族成员被赶下王位，于是，威塞克斯王族的末代子孙便下野流亡了。年轻的丹麦王子虽然采取了一些血腥的行动，以得到并巩固他的地位，但他还是欣然接受了卑微的全面屈服。他遵守诺言，履行了一个国王在教俗事务中对全国承担的职责。后来，英格兰的贵族达成协议，要用巨额赔款使丹麦人撤军。但是，新国王在他的主要谋臣的支持下，"信誓旦旦地"表示要永远统治，普救众生。这就是英格兰人和丹麦人的核心人物郑重签订的协定。兰克写道："国王的家族在殖民初期就有治民率众的卓越表现，它统一了英格兰，把她从水深火热中拯救出来。可是，在这道德沦丧而又灾难临头的时刻，它却被盎格鲁－撒克逊和丹麦血统的教俗首脑抛弃了。"[1]

*　　　*　　　*

产生君主的方式有三种：一是不容争议的征服，二是极受尊重的继承权，三是介于两者之间的选举。卡纽特是通过第三种方式登上王位的。早期的英格兰人把阿尔弗雷德和卡纽特当成理想的国王和德政的化身，这可能是因为有图拉真[2]皇帝的形象作为榜样的缘故。这位皇帝是最先派来传教士的教皇格列高利的宠信。有史料证明，图拉真的德行在英格兰教堂的礼拜中也被朗朗传诵。此外，卡纽特可能还研究了奥古斯都大帝的泰然自若的特点，而且肯定学到了这一点。他坐在海边禁止海潮上涨时教训阿谀奉承者的故事，已在天下传为美谈。他执法依法，甚至以军人身份遵守王宫卫队内部的纪律。登

1　引自《英国史》（*History of England*）第 1 卷第 25 页。——原注

2　Trajan（53—117），古代罗马安敦尼王朝第二任皇帝（98—117 年在位），罗马五贤帝之一。在位期间，将罗马帝国的疆域扩张到历史上最大。——编者注

基伊始，他就解散了丹麦人的庞大军队，把自己的命运坦然寄托于地位降低的英格兰人的忠诚。他娶了埃塞尔雷德的遗孀、诺曼人埃玛为妻，因此预防了诺曼底公爵为她和埃塞尔雷德所养育的后代报仇的任何行动。

卡纽特成为北方的重要君主，据说他统治着五六个王国。他在征服英格兰的时候，已经是丹麦的国王，不久又实现了另一愿望，成为挪威国王。苏格兰主动向他表示臣服。北欧人的力量虽然有所削弱，但仍然遍布世界各地，从挪威一直到北美，从波罗的海延伸到东方。但是，卡纽特在他的所有王国中，选择了英格兰作为长久住处和首都所在地。据说，他喜欢盎格鲁－撒克逊人的生活方式。他希望在人们的心目中成为“埃德加的继承者”（successor of Edgar），因为同后世相比，埃德加统治下的 17 年和平生活仍然光彩夺目。他遍施法制，并且让人们知道，这些法律的执行完全不以他的行政权力为转移。

他修建教堂，宣布高度忠于基督教信仰和教皇。他还纪念被他的同胞杀害的圣埃德蒙和圣阿尔菲奇，虔诚而郑重地把他们的圣骨移到坎特伯雷。1027 年，他在罗马朝圣的时候，给他的臣民写了一封宽宏大量、热情洋溢的信，允诺执政时公平如水，尤其强调向教会交纳税款的重要性。他的女儿和康拉德皇帝的长子结了婚，后者最终把神圣罗马帝国的版图从石勒苏益格扩展到艾德河畔。卡纽特的这些卓越成就虽然得到上帝的祝福和命运的厚爱，但在很大程度上是靠他的个人才能取得的。从他的身上，我们又一次看到了伟大人物经天纬地、治乱扶危的力量；也又一次看到，如果没有这样的伟人，世人将遭受不可估量的痛苦。

早期关于卡纽特的记载，生动地展示了他的性格和气质：“当在隆重的欢迎下走进修道院时，他迈着谦卑的步伐，两眼虔诚地盯着地面，泪水潸潸成行——不，应该说泪如泉涌——虔诚地寻求圣人的帮助。天啊，当他献祭的时候，他的泪眼有多少次盯着地面！他多么频繁地捶着自己的高贵胸膛！他的叹息多么真挚！他又有多少次祈求上帝的宽容！”[1]

但是，两个世纪后的传奇却显示了他的另一种性格：

卡纽特国王和乌尔夫伯爵对弈一会儿之后，国王走错了一步，因而被伯爵吃掉了一匹马。国王把这只棋子又放回棋盘上，让伯爵先走一步。伯爵一怒之下推翻了棋盘，拂袖而去。

国王说：“去你的吧，可怕的乌尔夫。”伯爵在门口转过身来说：“……当瑞典人在赫尔吉河地区把你打得像落水狗一样，我前去援救你的时候，你可没有称我为可怕的乌尔夫呀！”伯爵说完走了出去，上床睡觉了……

第二天早晨，国王在穿衣服的时候对他的侍从说：“你去把乌尔夫伯爵杀死。”

小侍从领命而去，过了一会儿回来了。

国王问：“你把伯爵杀死了吗？”

“没有，他到圣卢修斯教堂去了。”

有一个名叫伊瓦尔·怀特的挪威人，是国王的内侍。国王对他说：“你去把乌尔夫伯爵干掉。”

伊瓦尔到了教堂，走近唱诗班，用剑刺穿乌尔夫伯爵的胸膛。伯爵当即毙命。然后，伊瓦尔提着血淋淋的剑去见国王。

国王说：“杀死乌尔夫伯爵了吗？”

他说：“已经杀死了。”

“干得好。”

伯爵死后，修士们关闭了教堂，锁上了门户。国王听说后，传令修士重开教堂，并唱着圣歌作弥撒。修道士们遵命而行。国王来到教堂时，

1　引自《埃玛女王颂词》（*Encomium Emma Regina*）。——原注

赠给它一大笔财产，于是它拥有很大的领地，并升到很高的地位。直到现在，这些土地还属于这个教堂。[1]

*　　*　　*

与此同时，一支新的军事力量正在英吉利海峡彼岸崛起。北欧人于10世纪初在诺曼底拓居的地区，此时已成为法兰西境内最强大的军事国家。在不到100年的时间里，这些海盗就迈进了封建社会。现存的有关资料都富有传奇色彩，因此我们甚至不能确定，这个诺曼底国家的创建者罗洛到底是挪威人，还是丹麦人或瑞典人。诺曼底公国[2]是在罗洛和西法兰克人的糊涂国王查理[3]签订《埃普特河畔圣克莱条约》(*Treaty of Saint-Clairsur-Epte*)以后建立的，这项条约确定了诺曼底公国的疆界，明确了法兰西国王对它的宗主权。

诺曼底产生了一个骑士贵族阶层，他们为自己的领主服役，从领主那里得到封地，再以同样的方式把土地转分给自己的附庸。重视合法性和条理性的诺曼人建立了基本的社会结构，在这个社会结构中，不久就产生了一支精良的军队。诺曼人还努力确立秩序。除了公爵，任何人不得兴建城堡或私自设防。诺曼底公爵的宫中有内廷官员、高级教士和地位显要的封臣，这些封臣不仅要为他服役，还得入宫听差。宫廷是公国的统治中心。在诺曼底各地都有子爵维护公爵的利益，监督执行公爵的决定。他们不仅是公爵田产的税收官，而且实际上也是与宫廷有密切联系的高级长官，管辖着像英格兰一郡大小的地区。诺曼底各代公爵同教会建立了关系，为中世纪欧洲的政教关系提供了蓝本。他们保护国内的修道院，欢迎10世纪的宗教复兴，因而得到复兴运

1 引自斯诺里·斯图鲁松所著《海姆斯林格拉》(*Heimskringla*)第9章。——原注

2 Duchy of Normandy，起源于10世纪。911年，查理三世将现今法国诺曼底半岛一带封给诺曼人首领罗洛，建立了诺曼底公国。——编者注

3 Charles the simple（879—929），这里指法国国王查理三世（889—929年在位）。他的统治非常虚弱，帝国的统一很大程度上空有其表。——编者注

动领袖的赞赏和支持。但是，他们没有放松对主教和修道院长的授职权。

未来的英格兰国王就来自这个组织得井井有条的强大公国。1028 年到 1035 年间，北欧人的本能促使诺曼底的罗伯特公爵积极策划对外侵略。由于他中道去世，而且没有留下合法的继承人，这些计划便暂时搁浅了。

在这一段英格兰历史中，诺曼底公爵罗伯特之妹埃玛的形象非常突出。先是埃塞尔雷德出于一种自然的考虑，为了通过和欧洲头号军事强国的宗亲关系来加强自己的军事力量，和她结了婚；后来卡纽特又为了保持英格兰的统一和她结了婚。关于她的才智和品行，我们几乎一无所知。不管怎样，像她这样处于强大的联合力量中心的妇女是古今罕见的。在英格兰国王中，有她的两个丈夫和两个儿子。

1035 年，卡纽特国王去世，他的帝国也随之瓦解了。他有三个儿子，两个系北安普敦的埃尔吉娃所生，另一个为埃玛之子，名叫哈迪·卡纽特。这三个儿子都是北欧人，因此，许多人又考虑拥戴原来威塞克斯王族的代表阿尔弗雷德和爱德华。二者是埃塞尔雷德和埃玛的儿子，他们正在诺曼底过着流亡生活。兄弟俩中的长者阿尔弗雷德，即编年史家所说的“天真王子”（the innocent prince），于 1036 年以看望再次孀居的母亲埃玛王后为借口，急忙赶到英格兰。威塞克斯公爵戈德温是住在英格兰的丹麦人首领。他很有才干，能够左右政局。冒险的阿尔弗雷德被逮捕，他的随从都被杀害。这位不幸的王子被弄瞎双眼，不久死在了伊利修道院。人们普遍认为，这次暴行是戈德温干的。除掉阿尔弗雷德之后，王位继承的问题就简单了——卡纽特的儿子们分享了父亲的遗产。斯纬因在挪威统治了一个时期，他的两个兄弟则是英格兰的统治者，而且很短命。不到六年，英格兰王位再次出现空缺。

戈德温仍是英格兰的核心人物，主宰着她的一切要务。埃塞尔雷德和埃玛所生的另一个儿子、运气不佳的阿尔弗雷德的弟弟爱德华，仍在诺曼底过着流亡生活。在这个无政府的混乱时代，人人都希望建立一种稳定的制度。只有君主制才能做到这一点，而阿尔弗雷德大帝的名门子孙则具有独一无二的权利和资格。在五六代人的时间里，这支撒克逊人的君主政体领导了反对丹麦人的抵抗运动。韦撒克逊王族是欧洲最古老的王族。两代人以前，卡佩王族只是巴黎和法兰西岛[1]的勋爵，诺曼底的公爵也不过是北欧海盗而已。谁要是能证明自己是阿尔弗雷德大帝的后代，或者是埃及乃至更古老的望族后代，他就会受到至高无上的尊重和敬畏。戈德温看出，如果拥立爱德华为国王，他就能巩固自己的权力，并能得到盎格鲁 – 撒克逊人和丹麦人双方的支持。他向流亡者提出了条件，还威胁说，如果不同意这些条件，他就立卡纽特的侄子为王。在他的条件中，主要的一条是限制诺曼人在英格兰的影响。爱德华同意了这些要求，于是得以荣归故土，加冕登基。在后来的 24 年里，除了很短的一段时间外，英格兰的权柄一直掌握在戈德温父子手中。伍斯特的弗洛伦斯所著的《编年史》中说："他是那样踌躇满志，好像他统治了国王和整个英格兰。"

爱德华是个文静而虔诚的人，他不喜欢战争，也不太善于理政。他所受的诺曼教养使他在戈德温允许的范围内，有限地但却是主动地传播诺曼的影响。在英格兰的教会里有诺曼的高级教士，王宫里有诺曼的职员，郡里有诺曼的地主。为了不麻烦，爱德华娶了戈德温年轻漂亮的女儿为妻。但是，当时的一些著作中肯定地认为，这个婚姻只是形式而已。据传说，爱德华国王仁慈、懦弱、臃肿，而且是个白化病人。后来的一些作者说，根据爱德华同身边可怕的盎格鲁 – 撒克逊人和丹麦人的一些往来看出，他有一种潜在的能量。不管怎么说，他的兴趣主要是在宗教方面，随着年龄的增长，他越来越多地用修士的眼光看问题。在那艰难的时世中，他基本上扮演了玫瑰战争中亨利六世[2]的角色，二者的性格也很相似。经过一段时间，他像圣徒一样的作风受到人民的尊重；鉴于他品德高尚，人们原谅了他的脆弱。

---

1 法国古代的一个省，因四周有塞纳河等河流环绕，故有此称。——译者注

2 Henry Ⅵ（1421—1471），金雀花兰开斯特王朝最后一位国王（1422—1461，1470—1471 年在位）。由于他的软弱，英格兰在亨利五世时代取得的战果丧失殆尽。——编者注

这时，戈德温家族仍然在国王手下保持着专制地位。在那个时代，裙带关系不仅仅限于家庭之内，它几乎是统治者网罗亲信的唯一渠道。宗亲关系虽然常常不和，但至少能在利益上保持某种一致。关于当时的情况没有统计资料，但是，那个时代的人通常认为，自己的兄弟、妻舅或者儿子比陌生人可靠。所以，我们不应该因为戈德温公爵把英格兰的权力分给自己的亲戚就轻易地责怪他，也不应该因为其他野心勃勃的大官对权力不均和宠信有别的现象满腹牢骚而感到惊奇。在英格兰的王宫里，诺曼势力和撒克逊－丹麦势力进行了多年的激烈斗争。

1051 年，宫廷里的诺曼底势力迫使戈德温流亡海外，导致了一场危机。据说诺曼底的威廉公爵在戈德温流亡期间来到英格兰，正式访问忏悔者爱德华，谋求英格兰王位的继承权。爱德华国王很可能作了肯定的答复。第二年，戈德温在他儿子哈罗德的积极帮助下，带着在佛兰德纠集起来的一支军队回来了。父子俩强迫爱德华国王恢复他们的权力。国内许多显要的诺曼人被驱逐出境。自此，戈德温家族的权威又遍及英格兰，他们直接控制的地区扩大到从沃什湾到布里斯托尔海峡一线以南的地方。

1053 年，戈德温在复辟七个月之后去世了。戈德温从受到卡纽特重用时开始，已经度过了 35 年的政治生涯。他在世的儿子中年龄最长的哈罗德继承了他的大片领地。哈罗德进一步扩大他的权力，在此后动乱不已的 13 年里，是英格兰的真正统治者。尽管撒克逊—丹麦势力中的伯爵们心怀敌意，而且诺曼人的反对势力仍然忠于爱德华王朝，戈德温父子还是在相当于现代的君主立宪制度下保持了他们的统治地位。哈罗德的一个弟弟成为默西亚伯爵，他的另一个弟弟托斯蒂格讨好诺曼人，颇受爱德华国王的宠信，得到诺森布利亚伯爵的封号，并驱逐了那里原来的伯爵。此时戈德温家族内部已经不和，哈罗德和托斯蒂格很快成为冤家对头。哈罗德的能力、才干和诡诈都有助于维护国内的统一，尽管如此，他们兄弟间的鸿沟还是削弱了英格兰，使她成为外族鹰爪下的牺牲品。

*　　*　　*

在忏悔者爱德华统治的末年，英格兰在政治上极为虚弱。虽然装帧漂亮的手写本、雕刻、金属制品和颇有艺术特色的建筑照旧流行，宗教活动照旧十分活跃，正常的行政和司法工作也依然如故，但是，阿尔弗雷德的后代已经道德沦丧，意气消沉，撒克逊人的君主制本身也日趋衰败。几个身体羸弱的王子相继早亡，身后无嗣，连子孙众多的“寡断者”埃塞尔雷德也快得出奇地断了香火后代。曾经打败北欧入侵者并再克丹麦区的尚武王朝，此刻只剩下老态龙钟的国王以及健康堪虞的幼王子和公主在支撑着门面。各地的伯爵大有抗主称雄之势。

虽然英格兰仍是欧洲唯一由国王掌管财政大权的国家，全国的郡守都必须向中央报告财政收支情况，但是国王对郡守的控制已经放松了。国王主要靠自己领地上的收入维持生活，而且靠王室本身的力量尽力实行统治。而君主仅存的这一点权力实际上也受到了一批撒克逊和丹麦要人的很大限制。这个经过精心挑选的“贤人会议”从未超过60人，它一直是支持英格兰国王的基础，他们似乎把自己看作全国的代表。这个“贤人会议”实际上就是由朝臣、大地主和高级教士组成的委员会，此时已经不能体现国家的生活。它不仅没有加强反而削弱了国王的权力。它的特点和长处在国家的普遍衰落中受到了影响，逐渐沦为名门望族的工具。中央权力削弱以后，各郡的地方酋长群起割据。他们追求的只是个人和家庭的利益，关心的只有家族宿怨，因而动乱四起、干戈不息。人民不仅被互相冲突的诸侯所拖累，也由于撒克逊地区和丹麦人地区的风俗迥然不同而深受影响。一些反常现象和矛盾影响了公正执法。从威塞克斯的采邑到东部和北部丹麦区的自由民社会，土地的使用情况也不尽相同。领主和土地之间没有固定的联系，自由民有随同国王出征的义务——这和他拥有多少土地并无关系。不列颠岛停止了前进的步伐，对于欧洲大陆已经无足轻重。海岸线和城镇的防御都松懈下来，在未来的征服者眼中，岛上的社会、道德、政治和军事等各种制度都已经衰落。

忏悔者爱德华给我们留下的印象模糊不清而又脆弱，因为他所笃信的教会在细心剪裁中世纪传说时，对他作了夸张。撒克逊人的英格兰已到了风烛残年，在黑暗即将来临时，一位鬈须花白的善良先知预言了她的末日。爱德华在弥留之际顿受启示，喃喃地说，一个罪恶的时代即将来临，在场的人无不感到惊恐。只有当年忠于戈德温的斯蒂甘德大主教无动于衷，并且对哈罗德耳语说，国王由于年老病重已经神志不清了。1066 年 1 月 5 日，末代撒克逊国王寿终正寝了。在眼下的艰难岁月里，撒克逊的民族情绪和教会对国王的感激之情使国王的形象放射出神圣的光彩。不过，这种民族情绪很快就抑制住了。几度春秋之后，爱德华的精神成为人民普遍崇拜的偶像，到威斯敏斯特朝拜他圣陵的人络绎不绝。他于 1161 年被宣布为圣徒，过了数百年，撒克逊人还忘不了他。诺曼人也重视他的威望，由于他的智慧，英格兰的王冠才传给诺曼底公爵。所以，双方都把他看作圣徒。从此，圣忏悔者爱德华一直是英格兰王国的保护圣徒，直到英法百年战争时才被圣乔治所取代。实际情况表明，圣乔治显然更符合岛上居民的心意、性格和需要。

PART 2

国家的形成

THE MAKING OF THE NATION

第九章 CHAPTER 9

诺曼人的入侵

长期以来，由于国内派系纷争不已，英格兰疲于应付，致使海外势力对她虎视眈眈。斯堪的纳维亚人企图恢复卡纽特的帝国。诺曼人则声称，他们的威廉公爵曾经得到他表弟爱德华以王位相传的诺言，且其有父系的王族血统和艰苦的经历。对于这两个如狼似虎的强国中任何一方，英格兰都能够满足其野心。二者起初同时行动，并且利益共沾。

*　　　*　　　*

一天早晨，诺曼底公爵罗洛的第四代子孙罗伯特公爵骑马奔向他的都城法莱斯时，看见皮匠的女儿阿莉特在河里洗亚麻。他一见钟情，把她带回都城。他虽然已经娶了一位名门之女为妻，却和阿莉特白头到老。1027年，他们浪漫而不合常规的结合有了结晶，生下了后来名扬四海的威廉公爵。

威廉刚刚七岁时，罗伯特公爵就去世了。在那个严酷的时代，一个小孩子的继承权是很不保险的。作为他保护人的贵族相继暴死，国内觊觎权柄的各派势力都跃跃欲试。难道他们要受一个私生子的统治吗？难道皮匠的外孙子要成为许多将门世家的君主吗？私生子这个污点一直印在威廉的心灵上，刻在他的性格中，使他结下了怨恨，变得冷酷起来。多年以后他围攻阿朗松时，城内居民鲁莽地把皮革挂出墙外，口里喊着："这是给皮匠的皮子！"作为对这种嘲弄的报复，威廉踏平了这座城市，砍去城内居民领袖的四肢，或者活剥了他们的皮。

法国国王亨利公然宣称，他的政策是承认和维护这个幼年继承人爵位的。亨利成为这个小公爵的封建保护人和领主，否则，这个小孩子就很难活下来了。1047 年，正当威廉 20 岁时，有人策划了一场可怕的阴谋。反叛集团计划瓜分诺曼底公国，向集团中的一人宣誓，推举他为有名无实的诺曼底公爵。当时威廉正在这个叛乱国家的中心地带狩猎。叛乱集团打算逮捕他，但是他的弄臣闯到他身边，及时警告他赶紧逃命。东方发白的时候，他已经骑马逃到 40 英里之外，得以在忠顺的法莱斯稍事安歇。他知道自己力量单薄，便马不停蹄地投奔他的封建领主法国国王，要求援助。亨利国王答应了他的请求，出兵援救。威廉把忠于他的贵族和家臣都聚集起来。在瓦雷杜尼，双方展开了骑兵大战，叛乱者土崩瓦解。诺曼底公爵威廉的地位至此初次得到巩固。

在当时的社会条件下，人们互相倾轧，有些领地上甚至发生了家族战争，但国家大权一旦落在强大的君主手中，这些纷争就有所收敛。这种情况并不影响在军政方面都广交外邦的军事社会迅速发展。封建等级制中各级领主的密切联系、土地与武力的关系，还有教皇权力在精神方面的影响——这些因素使骑士和贵族在欧洲日益扩大的地区内团结起来。在各地普遍接受的基督教势力中，又孕育了军事贵族的胚胎。这个军事贵族在骑士思想的刺激下，形成了以土地为基础的军事力量。随着这个制度的产生，身披铠甲的骑士上升为战争中的主要力量。新的势力便应运而生了，这种新势力不仅能对外征服，还能保持对所征服地区的统治。

在当时的封建世界里，就这个新势力的战斗力而言，诺曼人当然居于首位。威廉是一个熟悉战争艺术的大师，因而使自己的小公国享受了30年前英格兰在卡纽特坚定而英明的统治下所享受的部分荣誉。他和他的骑士以无所畏惧和乐于冒险的眼光环顾世界。他们隔着英吉利海峡虎视眈眈——这不仅出于好战民族的自然心理，而且也是颇有理由的。威廉像他父亲那样，同英格兰的撒克逊王朝保持着密切的联系，注视着戈德温及其儿子哈罗德为首的撒克逊－丹麦势力的一举一动。

运气惊人地撞入诺曼底公爵的怀抱。大约在1064年，哈罗德在一次巡视途中被风刮到法国海岸。统治蓬蒂厄的伯爵把遇难的人及其物品看作难得的宝藏。他扣留了哈罗德，要索取同人质地位相称的一大笔赎金。此时诺曼和英格兰宫廷之间联系密切，关系友好，因此威廉公爵要求释放爱德华国王的臣属——起初是采取行政手段，后来还以武力相要挟。蓬蒂厄的伯爵被迫放弃了这笔横财，把哈罗德引渡到诺曼宫廷。廉威和哈罗德之间建立了友谊。撇开政治不谈，他们之间可谓情趣相投。他们带着猎鹰出郊打猎；哈罗德帮助威廉对付布列塔尼人，还在危险的争端中巧妙相助。威廉授予哈罗德骑士封号。威廉公爵期待着继承英格兰王位，这是他确实可以夺到的锦标。哈罗德的母系有一点王族血统，但是，威廉的父系血统让他更有权利或者至少有更充分的理由要求获得英格兰的王位。他决心要坚持这一权利。他知道哈罗德在“忏悔者爱德华”的宫中所拥有的权力，他也知道，爱德华去世时他如果在场，就会轻而易举地把这种权力变成王权。他请哈罗德同自己达成协议，由他任英格兰国王，哈罗德受封伯爵，领有重要的威塞克斯全境。哈罗德由此得到了保证，并且通过与威廉的女儿结婚而同未来的国王联姻。

一幅记载威廉王政编年史的壁毯生动地叙述了达成这个协议的经过。一般人认为这幅壁毯是威廉的妻子马蒂尔达王后的杰作，但它实际上是一些撒克逊艺术家在威廉之弟、巴约教区主教奥多的指导下设计的。壁毯上所记载的当然是诺曼人的说法，他们的历代史学家根据这种说法认为，威廉入侵英格兰是有充分理由的。可见早在那么古老的年代里，侵略者就已经需要正当的理由了。撒克逊人则说，这不过是诺曼人的蓄意宣传而已。双方的论证也照例有矛盾之处。不过，哈罗德可能曾对威廉郑重发誓，放弃他继承英格兰王位的权利或打算。如果他没有这样做，他也许永远不能重返英格兰，因而也就无法看到英格兰的王冠了。

哈罗德发誓依附威廉，这件事的意义由于他们想出的一个新花招而加深了。哈罗德宣誓时，他面前的圣坛下藏着圣物，后来的一些史学家说是圣埃德蒙的部分圣骨。这样，誓言就又增加了一层被基督教世界承认的神圣色彩。这是特殊的誓言，其中包含的义务虽然并不引人注目，但对哈罗德还是有约束力的。不过，也不能说这两个人的交易没有道理，当时哈罗德可能从中看出自己有利可图。

当时威廉已经加强了他在国内的地位。他打垮了政敌和野心勃勃的亲戚所率领的叛军，巩固了与布列塔尼相接的西部边界，并且从法国北部最强大的安吉文王朝[1]手中夺取了自己西南方的曼恩。他迫使巴黎那些曾在他幼年时期给予保护的权力人物把他当作成年人加以尊重，他还和佛兰德伯爵的女儿马蒂尔达结婚，因而在东面有了友好的同盟者。

后来哈罗德获释，回英格兰主持政务，受到衷心的拥护，政绩也越来越大。1066 年 1 月，“忏悔者爱德华”终于与世长辞，从他时时受到引诱的尘世罪恶中解脱出来。据说，他临终之前违背了对威廉的诺言，向“贤人会议”荐举他年轻勇敢的顾问和指导者哈罗德为国王的最佳人选。总之，在决定性的 1066 年初，哈罗德受到伦敦、英格兰中部和南部的拥戴，在威斯敏斯特大教堂隆重地加冕为王。

这一事件再次打开了通向战争的大门。在法国，已经有过非王室人物成

1 The Angevins，安茹王朝的前身。十字军东征时期，安茹伯爵富尔克与梅利桑德共治，成为耶路撒冷国王。——编者注

为国王的先例，开创这个先例的是休·卡佩。但是，这种做法引起了贵族的强烈不满，他们的自尊心和共同的思想感情正在日益加强西欧的法治。每一个有抱负的自由民听到哈罗德加冕的消息时，都感到受了侮辱，他们也意识到，才智和刀剑又大有用武之地了。更主要的是，封建社会的整个结构是以誓言的神圣为基础的。对于毁誓的人，骑士界和教会都予以强烈的谴责。更使哈罗德倒霉的是，为其主持加冕礼的坎特伯雷大主教斯蒂甘德是从一名主张教会分立的教皇手中接受的大主教白羊毛披肩的，罗马教廷因此不承认哈罗德为国王。

这时候，上帝在天堂做了一个模棱两可的手势。在哈罗德加冕的时候，天空出现了长尾巴的彗星，也叫“毛毛星”（hairy star）。现在天文学家已经确定，这颗“毛毛星”就是哈雷彗星[1]。以前，它曾预示过耶稣的诞生。显然，神圣的天体系统为俗界事物而运动的这个例子，可能被巧妙地解释为哈罗德的吉兆。可是征服者也自有其说，在他们看来，这个预兆告诉人们，一个渎圣的暴发户即将倒台。

有两个入侵英格兰的计划迅速制订完毕。第一个计划来自斯堪的纳维亚。在挪威，卡纽特的继承人决心恢复他们过去一直占据的英格兰王位。当他们正在组织一支远征军的时候，被哈罗德赶出诺森布利亚伯爵领地的托斯蒂格，满怀复仇的心情流亡到挪威，详细透露了不列颠岛上的危机和防御上的缺点。哈罗德·哈德雷达国王便兴师出征，要夺取英格兰的王冠。他先乘船去奥克尼群岛，在那里集结苏格兰群岛和马恩岛的新兵。1066年夏末，他和托斯蒂格率领一支庞大的舰队和大军，向英格兰东北海岸出发。

因此，英格兰的哈罗德面临着南北受敌的局面。1066年9月消息传来：哈德雷达和托斯蒂格率领挪威舰队驶入亨伯河，击败了埃德温伯爵和莫卡伯

1 Halley's Comet，以英国著名天文学家哈雷的名字命名。哈雷在1705年预言，1682年出现的彗星将于1758年重现，大约每隔75年重现一次。——译者注

爵的地方军队，在约克附近的斯坦福桥安营扎寨。哈罗德是在伦敦听到这个消息的，他在那里等着看哪一股侵略军先发动进攻，在哪里进攻。他这时表现出了自己的军事才能，带领由丹麦人组成的禁卫军沿罗马大道向北赶到约克，沿途召集地方军队。他在埃德温伯爵和莫卡伯爵受挫后的五天之内就到达约克，而且当天就上前迎击距约克十英里的挪威军队，行动之迅速完全出乎北方入侵者的意料。

战斗开始了，英格兰人发起了冲锋。起初，挪威人虽然没有盔甲，但却能保持战斗队形。过了一会儿，他们中了当时惯用的佯攻之计，散开盾墙向前冲去。这正是哈罗德等待的时机，兵器的撞击声顿时响成一片。哈德雷达的喉咙中了一箭，托斯蒂格接过指挥权，站到了“大地蹂躏者”（Land-ravager）的旗帜之下。在这间歇的时刻，哈罗德提出要把和平赐给他的兄弟，饶恕所有的挪威人。但是，“挪威人齐声喊道，他们宁可战死，哪怕尸积如山，也不愿意接受英格兰人的饶恕”。哈罗德麾下骁勇的北欧人禁卫军向敌人猛冲过去，随着一阵喊杀声，战斗又开始了。这时候，侵略者留在船上的部队赶来增援。他们和先投入战斗的同伴不同，身披坚固的盔甲，但是由于急行军而气喘吁吁，精疲力竭。他们扔掉铠甲，投入战斗，把自己的命运和处境艰难的同伴连在一起，结果死亡殆尽。哈罗德胜利了。他按照自己曾经以轻蔑的口吻作出的诺言，把哈德雷达埋在英格兰的七尺黄土之下，同时饶了他儿子奥拉夫的一条性命，让他带着残存的部下平安离去。托斯蒂格为他的不可平息的怨恨付出了生命的代价。虽然斯坦福桥之战由于黑斯廷斯之战[1]而黯然失色，但我们仍应把它看作英国史上决定性的战役之一。从那时起，再也没有任何一支斯堪的纳维亚军队能够对英格兰的王权和领土完整构成严重的威胁。

在这胜利之时，南方又传来消息说：“私生子威廉”（William the Bastard）

1 Battle of Hastings，哈罗德在这次战斗中败于威廉公爵，因此决定了英格兰被征服的命运。——译者注在佩文西登陆了。

*　　　*　　　*

征服者威廉入侵英格兰的计划就像企业的冒险投资一样。诺曼底的力量显然不足以完成这一使命，但威廉公爵在封建世界里负有盛名，而且许多国家的军事贵族都想占领英格兰，从中瓜分一点红利。诺曼底的贵族在利勒博纳会议上拒绝正式支持这次冒险行动，因为这是威廉公爵的而不是诺曼底的冒险事业，但他们当中大多数人却又赶紧提出他们所能派出的骑士和船只的数目。布列塔尼派出了一支大军。我们不可忘记，罗马时代不列颠的一些优秀祖先逃到布列塔尼避难，形成了当地人种的一个重要分支，一直保持着罗马时代和布立吞的特点。法国各地与诺曼底不同，对此深感兴趣。从佛兰德，甚至从阿尔卑斯山之外来了雇佣军。在意大利南部和西班牙的诺曼人当中有贵族，也有骑士，他们接到“广告”后纷纷前来“入股”。股票就是骑士和船只，此外还明确约定，被杀死的英格兰人的土地将根据股份分配，作战有功的当然还有奖励。于是，1066 年夏，这群好战成性而攻城略地的无耻强盗云集在索姆河口的圣瓦莱里。自春天以来，法国的各个港口都在建造船只，到 8 月初已有近 700 艘船只准备就绪。同时，约有 7000 人整装待发，他们当中大多数是出身高贵的人。这批人将跟随大名鼎鼎的诺曼底公爵扬帆北上，分享英格兰的土地和财富。

但是风向不顺，整整六个星期没有一天刮南风。这支成分复杂的军队既没有封建君臣关系的约束，也没有共同的爱国主义心理，更没有统一的道德标准。他们开始互相抱怨和争吵，只是由于“企业经理”威廉的名望和他们要大肆抢劫的企图，才没有四分五裂。最后，他们不得不采取极端措施来改变天气。他们从圣瓦莱里教堂取来圣埃德蒙的圣骨，以庄严的军事和宗教行列带着圣骨沿着海边游行。这个措施果然灵验，第二天风向就变了，不过不是正南风，而是西南风。威廉觉得西南风也可以，便发出了出发的信号。所有的船只都载着给养、武器、铠甲和许多马匹扬帆出海。为了使船只不致失散，威廉专门作了安排，确定在索姆河口集合，夜晚还在自己的桅顶挂上一盏异常明亮的灯。第二天早晨，所有的船只都向英格兰海岸驶去。公爵的船只比其他船只快，不久就发现自己孤零零地驶到了英吉利海峡中间。于是，他下令顶风停船，“就像在自己的大厅里一样”和同船的部下安详地共进早餐，还喝了许多葡萄酒。饭后，他扬扬自得地谈到了这次伟大的事业以及所有参加者将要得到的收获和利润。

9 月 28 日，舰队驶近不列颠岛。所有的船只都安全地抛锚停泊在佩文西港，登陆时没有遇到任何抵抗。原来这一年里，当地的民军已经四次奉召警戒海岸，由于侵略军尚未露面，他们就以撒克逊人特有的思维方式推断出，危险已经过去，于是便解甲还乡了。据传说，威廉刚刚下船就一下摔倒在地，但是他把这一跤解释为吉兆。他说：“你们看，我的双手已经抱住了英格兰。”登陆后的头两周，他一直忙于组织自己的军队，到萨塞克斯搜索给养，还忙于构筑保护船只和基地的防御工事。

此时，哈罗德带着在斯坦福桥战役中损失惨重的禁卫军，骑着小马沿着华特林大道星夜奔赴伦敦，七天行程 200 英里。他在伦敦集中了他所能召集到的部队，威塞克斯和肯特的大多数贵族也带领家臣和当地的民军迅速聚集到他的麾下。哈罗德只在伦敦停留五天，然后就向佩文西进军。10 月 13 日傍晚，他在直接通往首都途中的一面山坡上进入了阵地。

当年和现代的一些军事专家认为，他要速战速决的策略是错误的。北方的埃德温伯爵和莫卡伯爵的忠实性值得怀疑，他们正带着一支强大的增援部队火速南下，但是，他们会加入哪一方尚难断定。战斗打响以后，他们“临阵脱逃了”。也有些人认为，哈罗德应该运用一下 1100 年前卡西维罗尼斯对恺撒使用过的战术。这些批评家没有充分注意到，当年罗马军队全是步兵，布立吞人则都是战车兵和骑兵；而此时威廉的人马主要是骑兵，配有弓箭手，哈罗德国王的军队则全是步兵，他们的马匹只是交通工具。骑兵跟踪和骚扰步兵很容易，而步兵采用这个办法对付骑兵则很困难。哈罗德国王很相信他军内令人胆寒的刀斧手的威力。10月14日上午，他怀着轻松的心情组织了一道盾墙。现在关于双方参战人数的各种说法相去甚远。据现代一些人士的说法，诺曼底方面参战的有五六千骑士和士兵，还有几千名弓箭手，英格兰方面有八千到一万名手持战斧和长矛的士兵。双方人数或许要少一些，究竟有多少人，姑且不论。当东方刚刚露出第一缕晨曦的时候，威廉从设在佩文西的营盘里率军出战，决心投入全部兵力，决一雌雄。哈罗德则已在八英里之外严阵以待。

战斗一开始，曾经向威廉要求发动第一次冲锋的诗人骑士伊沃·泰尔弗就拍马冲上山去，在英格兰军队面前将自己的标枪和利剑抛向空中，然后再接住。随后，他冲入英格兰人的阵营，被敌人杀死。由于身披铠甲而行动笨拙的威廉部下骑士紧随其后，发起了冲锋，向密集而整齐的英格兰队伍砍杀，但是毫无效果。冰雹般的弓箭和骑兵的冲击都不能战胜英格兰军。威廉左翼的骑兵反而阵势大乱，急忙退下山来。哈罗德右侧的部队多是民军，见此情景便立刻冲出阵地，追杀下去。站在自己阵中的威廉命令训练有素的骑兵阻击他们，结果把敌人砍成肉泥。诺曼人重新列好阵势，再次向英格兰人发起频频进攻，并在进攻的间歇向他们猛射羽箭。常常有人说，这个战斗片段酷似滑铁卢战役中的那个下午。当时，奈伊的骑兵接连不断地冲击英国人的方阵，打得筋疲力尽，他们在进攻的间歇用大炮猛轰英国军队。在这两次战斗中，步兵虽然处境艰苦，却没有被打垮。据当时的说法，诺曼骑士从未遇到过如此顽强的步兵。骑士们不但无力摧毁英格兰人的盾墙，反而惨遭灵活的战斧、标枪和从盾墙后面打来的棍子的杀伤。密集如雨的箭矢造成了严重伤亡，但英格兰人紧紧地靠在一起，以致伤员无法撤走，死者甚至不能倒下。

当夕阳西下的时候，战斗才有些进展，威廉采用了人们惯用的老计谋。

在诺曼人第一次败阵的时候，威廉看到哈罗德的右翼迅速离开阵地下来追击，于是，他导演了一场佯装溃不成军的假败退，同时准备好一支强大的部队。哈罗德身边的禁卫军仍然遵守纪律，保持着战斗的阵列，可是，那些缺乏训练的部队经过长时间的战斗之后，一见敌人逃跑就如释重负，而且无法控制自己。他们在胜利的冲动中杀下山去，在半山腰遭到威廉骑兵的大肆砍杀。夜幕降临的时候，哈罗德国王的身边和王旗下只有无畏的禁卫军在继续战斗，他的弟弟格斯和利奥弗文已经阵亡。威廉这时下令弓箭手把箭射向空中，使箭落在盾墙后面。其中一支箭穿入哈罗德的右眼，造成了致命的创伤。哈罗德在王旗下倒了下去，只有死神才能战胜他，而死亡并不是衡量荣辱的准绳。这场激战胜负已定。最后一个组织严密的步兵阵列已被攻破，但并没有被消灭，他们撤入后边的森林里。这对一直冲杀在前并已损失三匹战马的威廉来说，真可谓胜利在望了。但是，他在追击时却被狠狠地将了一军。黑斯廷斯山的另一侧山坡上突然出现了一条深沟，许多诺曼骑兵掉了进去，被森林里怒目以待的英格兰人砍杀殆尽。

哈罗德国王裸露的遗体只用一件紫袍裹着，藏在海滩的岩石中间。他母亲主动提出缴纳与哈罗德的身体同重量的金子，要求威廉允许将他安葬在神圣的土地上，但是没有得到许可。诺曼底公爵回答说，把哈罗德葬在他为之战斗并献身的撒克逊海岸更为合适，哈罗德的遗体被转送到他所建立的沃尔萨姆大教堂。虽然英格兰人这时又一次被征服，屈从于命运的突变，但是，哈罗德的名字在他率领著名的禁卫军为之血战到底的不列颠岛上，值得人们永世怀念。

第十章　　CHAPTER 10

征服者威廉

侵略军在战场上安营扎寨。威廉公爵知道，他的工作刚刚开始。他用了一年多的时间亲自筹划入侵英格兰，以取得她的王冠。现在登陆不到一个月，他就消灭了撒克逊人唯一的正规军，杀死了他的政敌。但是近年来，岛上四分五裂的内部纷争为他的征服道路设置了新的障碍，这种分裂局面使他容易打胜但难以征服英格兰。西部和北部的撒克逊贵族可能会长期坚持斗争，切断他同欧洲大陆的联系。于是，威廉小心翼翼地向伦敦进发。

威廉惯于采取通过血腥残酷的场面造成普遍恐惧心理的做法，这种做法在如今这个文明时代被称为“恐怖政策”[1]。他率领由诺曼人、法国人和布塔尼人组成的联军，穿过肯特向首都进军。起初，当地没有人到他的营中表示忠心。罗姆尼的民众杀死了一伙诺曼骑士之后，遭到了报复。这个消息传遍全国，英格兰人便“像叮在伤口上的苍蝇一样”，成群地前来表示归顺，以避免同样的下场。当时，一提起这些事情，英格兰人就感到一阵痛楚。

1　写于1939年初。——原注

威廉逼近伦敦以后，先在周围制造了满目凄凉的荒芜地带，使伦敦孤立起来。他从萨瑟克挺进到沃林福德，然后又通过奇尔特恩丘陵到达伯克姆斯特德。在那里，撒克逊的教俗要人低声下气地来到他的营帐，要尊他为王。圣诞节那天，约克的大主教奥尔德雷德在威斯敏斯特为他举行英格兰国王加冕礼。他在亨伯河以南的英格兰所有地区迅速建立了自己的统治。征服英格兰不到两年，在威廉出征期间统治诺曼底的公爵夫人马蒂尔达也来到英格兰，于1068年的圣灵降临节[1]在威斯敏斯特举行了自己的加冕礼。又过了一年，他们的儿子亨利降生在英格兰的土地上，象征并预示着这个王朝的稳定。

北方仍然在撒克逊人埃德温伯爵和莫卡伯爵的控制之下，并对诺曼人表现出桀骜不驯的态度。威廉国王调集一支军队前去讨伐。他一路上在北方农村进行的暴行造成了长期影响，也在幸存者及其后代的心中留下了沉痛的记忆。东西海岸之间满目凄凉，逃亡者躲在约克郡森林密布的山谷之中，在饥寒交迫中死去，或者为了生存而卖身为奴。直到多年之后，人们还经常讲述当时饿殍遍野的凄凉景象。威廉在约克度过了1069年圣诞节，节后又继续搜捕。在英格兰，只有切斯特尚未归顺征服者威廉。1070年隆冬时节，威廉率军向切斯特进军。该城遵命投降，同意在那里建筑城堡。

此时，英格兰亨伯河以北的地区也归诺曼人统治。辽阔的里士满伯国建立起来，在约克郡和邻近数郡拥有大片领地。达勒姆教区也重新组织起来，并拥有当地的行政大权。显然，诺曼底有力量和气魄来同化撒克逊人的英格兰全部地区，但是，威廉能否使他所征服的所有地区免受海外侵扰，直到他的晚年才略见端倪。征服英格兰的时期是充满危险的。在入侵英格兰后至少20年里，诺曼军队处在敌对情绪的汪洋大海之中，他们全靠在重要地点建筑城堡来压制当地的居民。撒克逊人的抵抗一直坚持到最后一刻。一些传说和

1 Whit Sunday，又称五旬节。复活节后第50日为该节日。——编者注

编年史记述了赫里沃德在伊利周围的广大沼泽地带最后抵抗诺曼人的情况。直到 1071 年，即在黑斯廷斯战役的五年之后，赫里沃德的力量才被镇压下去。在能够继任新首领的大佃主阶层中，有许多人已经为赫里沃德的事业战死沙场。伊利的城堡是他们力量消亡的标志。

但是，诺曼人内部的反对派相继开始活动。1075 年，心怀不满的诺曼骑士们在英格兰中部、东英吉利亚和威尔士边界地区发动大规模的叛乱，已经和威廉媾和的撒克逊首领瓦尔塞奥夫也加入了他们的行列。正在诺曼底的威廉国王不得不赶来镇压。撒克逊民众支持他镇压叛乱者，民军也参加了战斗。到头来，遭到报复的只有瓦尔塞奥夫一个人，他在温切斯特城外的一座小山上被处死。当时，倾向撒克逊人的编纂年代记的修士记下了刑场上的动人场面。根据中世纪的传说，威廉后来之所以时运不济，就是由于这次不义的处决。但是，这次处决也标志着英格兰的彻底归顺。诺曼人的堡垒镇守着城池，诺曼领主掌握着土地，诺曼教堂保护着人们的灵魂。英格兰全国有了共同的统治者，征服英格兰的事业已经完成，而重建的工作也从此开始了。

被征服的人们真是灾难重重。诺曼人盘踞在英格兰的土地上，控制着土地和财富；来自安茹、曼恩、布列塔尼，甚至阿尔卑斯山脉和比利牛斯山脉之外的武士，得到了与自己地位和勇敢相称的庄园和土地，并开始巩固自己的地位，到处筑起城堡。起初，这些城堡并不像后来的庞大石头建筑，而只是由土墙和木桩围起来的军营，中央是圆木构成的碉堡。诺曼的骑兵以这些城堡为中心，统治和剥削周围的地区。他们的最高层是威廉，他活跃而残忍，对自己的事业兴致勃勃，要求下属随时效劳，对有功者则赐予大量的战利品。

在征服初期，诺曼人没有接受岛上居民的生活方式，也没有仿效岛上的风俗习惯。当时岛上唯一的文化是法兰西文化，幸存的撒克逊要人把自己的儿子送到法国的修道院接受教育。盎格鲁－撒克逊人重复了古代布立吞人的经历。像博阿迪西娅时代人们学习拉丁文那样，此时一切有条件的人都学习法文。起初，征服者轻视不开化的撒克逊人，认为他们愚蠢粗鲁，因而用武力进行统治。但是不久，他们就以诺曼人特有的方式同当地的自由民通婚，与撒克逊人融为一体。

占领英格兰之后，威廉仍然作为诺曼底公爵同法国国王进行长期的明争暗斗。从这个角度来看，他在英格兰的工作就更为可观了。虽然英格兰是一份比诺曼底更有价值的财产，但威廉和他的儿子们总是对诺曼底更感兴趣。另外，法国国王把削弱诺曼底公爵的力量当作自己的首要政策，因为公爵的力量已经非常强大，且边界离巴黎只有20英里多一点。于是双方展开了一场斗争，一直进行到约翰国王在1203年丧失诺曼底为止，前后经历了无数个春秋。马蒂尔达王后在鲁昂摄政有方，但她的业绩却由于其子犯上作乱而深受影响。她的长子罗伯特参加过十字军东征，他大胆鲁莽，淫奢无度，像他父亲那样喜欢战争和冒险，却不像他父亲那样精明能干、目标明确。他怨恨威廉老而不死，迫不及待地要求继承诺曼底公爵之位。有许多次，威廉不得不渡过英吉利海峡来惩罚那些叛乱的城镇，先发制人地粉碎他儿子和法国王朝策划的阴谋。罗伯特被他父亲赶出国土，在法国腓力国王[1]的热伯华城堡避难。威廉仍然紧追不舍。父子戴着面甲在城下单独格斗。罗伯特刺伤其父之手，把他打下马来，要不是沃林福德一个名叫托基格的英格兰人及时抢救，把征服者扶上马，罗伯特真会把他父亲杀死的。这次偶然的遭遇使二者都清醒起来，导致了一个时期的和解。

马蒂尔达死后，威廉的性情越来越坏。法国人的侵袭激怒了他，他便越过边界，一路焚烧劫掠，直捣芒特。诺曼人突然攻占该城，在城里到处放火，肆意抢劫。威廉在穿过还在燃烧的废墟时马失前蹄，撞在马鞍的前桥

1 King Philip（1165—1223），此处指腓力二世，卡佩王朝第九位国王（1180—1223年在位）。腓力二世使法国王权由弱转强，王室领地扩大了三倍。——编者注

上。他在痛楚中被抬到鲁昂的圣热瓦兹小修道院，这是1087年炎夏的事情。他在酷暑中躺在城外的高山上，同创伤的剧痛搏斗着。死神临近的时候，他的儿子威廉和亨利赶到身边。忠诚孝顺的威廉被指定为征服者在英格兰的继承人，无耻的罗伯特也终于要统治诺曼底了，年龄最小的亨利只得到5000镑白银以及有朝一日他将统治统一的撒克逊－诺曼底国家的预言。后来事实证明，这个预言并不是空头的祝福。

征服者危在旦夕的消息使他的臣民惶恐不安。一位强大的统治者死后，会产生什么样的骚乱呢？1087年9月9日清晨，那是星期四，当鲁昂大教堂的钟声开始在山间回荡时，威廉去世了，他的权力也随之进入坟墓。卑鄙的随从剥去了他的衣服，抢劫了停放他遗体的厅堂。鲁昂的教士把他的遗体运到他在卡昂建立的圣斯蒂芬教堂。威廉的最后旅程也并不安宁。在墓地，一个叫阿斯林的人喊叫说，那块地皮是已故的公爵从他父亲手里夺去的，他在众人面前要求惶恐不安的教士主持公道。后来他得到了60先令，征服者威廉才寒酸地入土了。然而，威廉的功绩并没有死，《盎格鲁－撒克逊编年史》记载道：

> 他是一个严厉而残暴的人，谁也不敢违背他的意志行事。他把抗拒他意志的伯爵禁锢起来，把主教驱逐出他们所任职的教区，剥夺修道院院长的职权，将大佃主投入监狱，最后也不饶恕自己的兄弟奥多。奥多在诺曼底是一位很有实力的主教，地位仅次于威廉国王，并且在英格兰拥有一个伯爵领地。威廉把奥多投入了监狱。在他的政绩中，他在英格兰建立的良好社会秩序令人难忘，因此任何一个正直的人即便怀里揣满金子在他的王国旅行，也不会受到伤害。谁也不敢打人，不管这个人对他做了多少坏事；如果哪个男人强奸一个妇女，他就会立即遭到阉割。
>
> 威廉统治着英格兰，并且狡猾地对英格兰进行了非常细致的全面调查，甚至知道每一块土地的主人和价值，然后记录在案。威尔士归他统

治，他在那里建筑了城堡，完全控制了那里的民族。由于他的强大力量，他还以同样的方式征服了苏格兰。他继承了诺曼底的土地，并统治着曼恩伯国。如果他多活两年，就会通过深谋远虑而不动干戈地征服爱尔兰。当然，在他的统治下，人民受到了残酷的压迫和极其严重的伤害。

写到这里，这位编年史的作者突然吟起诗来：

国王建起城堡，
压榨穷人。
异常冷酷待黎民，
太不公平，
无端抢去千百镑金银。
性情贪婪，迷恋财富。
保护猎物珍禽，
为此制定法度。
谁敢猎杀鹿羔，
必使双目失明。

保护小鹿，禁猎野猪，
如父爱子，牡鹿堪怜。[1]

* * *

诺曼人把以军事服役为基础的租地制度传入英格兰。他们由上至下推行

---

1 引自《盎格鲁－撒克逊编年史》（*Anglo-Saxon Chronicle*）1953 年版第 2 卷。——原注

了军事等级制度。不仅军事技术方面发生了革命，上层社会也发生了变革。威廉首先打算巩固一支坚强有效的军队，他很关心骑士的服役期和每个显贵朝臣应出的人数，而不太关心这些臣下领地上的社会关系。在英格兰社会中只占极少数的诺曼人，已经摧毁了撒克逊统治阶级，强迫英格兰接受外族统治。但对英格兰的大多数居民而言，只受到这一变化的间接影响。在许多年里，封建的上层建筑让人印象深刻，但还没有最终确立起来。英格兰的新主人在领地所有权及其如何符合盎格鲁－撒克逊法律和习惯的问题上，存在着无止境的争论。大教区和修道院怨声载道，国王的使臣常常在郡级法院开庭，解决这些争端。

最后在1086年，全国对国王封建附庸的所有财产进行了普查，国王本人的收入有很大一部分来自这些附庸身上。这次调查进行得细致入微，有条不紊，这在当时是绝无仅有的，在后来的几百年里也无与伦比。许多英格兰村庄的历史，是在它们列入《末日审判书》之后才开始的。从这次著名调查的结果可以看出，英格兰的社会基础和农民生活并没有由于入侵的震动而发生多少变化。

促成这次普查的是一次危机。由于国外势力欲染指英格兰，驻扎在英格兰的诺曼军队受到威胁。不列颠岛曾是斯堪的纳维亚帝国的西域，正因如此，那里的统治者一直对其垂涎欲滴。他们在1069年支持了不列颠北部的起义，并在1085年扬言，要以更大的力量进行干预。一支舰队已经集结完毕，虽然由于指挥官遇刺而未出航，但却促使威廉采取预防措施，以便迅速解决诺曼人征服英国所引起的一切封建矛盾——《末日审判书》就是在这种情况下编制出来的。1086年，威廉在索尔兹伯里把“英格兰全国各阶层拥有土地的人”召集在一起，“不管他们是谁”，都要出席。国王需要他手下所有的显要封建佃主向他保证忠诚，而这批显要的臣属以誓言和耿耿忠心把自己束缚在他的身边。

诺曼人在英格兰取得的成就不仅表现在军事方面。虽然骑士服役制度决定着财产的分配，并且培养出新贵族，但撒克逊英格兰的许多传统仍然保留了下来。诺曼人擅长于执法和司法，而不善于立法。他们的中央统治机构是王家法庭，即最高法院和监督机构。盎格鲁－撒克逊王国的财政措施和秘书工作方法在这里保留下来并得到发展；对后来很有益处的撒克逊地方政府体制，即郡、郡守和法院，也保留了下来，国王通过这种体制同全国保持着广泛的联系。征服者威廉本人也借此了解到很多情况，正是这些信息促使他决定进行财产清查。不仅法院保存了下来，连丹麦金一类的捐税也为了增加诺曼人的岁入而加以保留。各郡组织的民军在诺曼人征服英国之后依然存在，并且对威廉及其继承人有所帮助。就这样，在后来统治英格兰的过程中，诺曼人和撒克逊人的制度逐渐严密地结合在一起了。

在某种意义上，这一切都突然加速了向采邑制演变的过程。这个过程在盎格鲁－撒克逊人的英格兰早已得到很大的发展，在威塞克斯当然也不例外。但即使在威塞克斯，人们仍然认为，领主和自由民的关系主要是个人关系，所以，自由民可以带着土地从一个领主转向另一个领主。然而，诺曼人封建制度的实质则是，不管附庸转到哪里，土地仍归原来的领主所有。这样，就形成了以土地为基础、以国王为顶尖的金字塔，每一英亩[1]土地都以某种劳务为条件分封到个人手中。附庸除了为领主服兵役，还得在郡和区的法院出庭效劳。这两级法院除了有各种特权以外，还是国王的法院，执行旧习惯法。英格兰和大陆封建制度的不同之处，就在于英格兰保存了区法庭、郡法庭和郡守制。在英格兰，国王的影响和势力无所不在，在诺森伯兰和米德尔塞克斯都是如此。在任何地方犯下罪行，都是破坏了他的秩序。如果想了解一些情况，他就告诉郡守先组织陪审团调查一下，然后派遣有地位的人到威斯敏斯特向他报告。有时这些有地位的人到达威斯敏斯特时，可能对他说，他误听谗言，若不修订政纲，他们就不纳税。在这里，我们可以看出17

1　1英亩约合0.4公顷。——编者注

世纪立宪问题的萌芽。在诺曼人统治的时代，英格兰除了伦敦以外没有别的商业重镇。倘若威廉没有把郡和区作为积极有效的行政单位保留下来，那么除了贵族世家以外，就不会有别的力量能够抵制中央政府或与之抗衡。

在诺曼人当中，存在着立宪抗衡力量的细胞。这种潜在的抗衡力量即使没有控制政府的企图，也有这样的作用，但其并不想分裂政府。这种力量存在于各个郡里权势不大的贵族及其没有爵位的子孙——地方治安官和郡选议员中间。他们自然拥护王权，要过太平的生活。因此，数百年之后，这些人靠拢都铎王朝的各代国王。后来，他们又站在国会一边反对王权，但不管发生了什么变化，他们都依然故我。其原因在于，威廉建立了西撒克逊政区，这些人可以自行统治，非常便利。威廉不想像法国国王那样受制于诸侯，鉴于看到一个国家划分为几个大省的弊病，他把英格兰分为一些小郡，委派官员治理，从而达到治安和财政管理上所需要的力量平衡，同时也使这些郡无力单独谋反。在黑斯廷斯战役之后，原有的撒克逊贵族都消失了。但是《末日审判书》所记载的那些人，即我们后来所说的乡绅，可以发表决定性的意见。他们就是新贵族，在邻里颇有地位，有时间出席郡守的法庭，后来还到了威斯敏斯特。随着时间的推移，这些人当中便出现了皮姆派和汉普登派[1]。

征服英格兰是诺曼人的最大功绩。这次征服把英格兰的历史再次同欧洲联系起来，防止她滑入斯堪的纳维亚帝国的狭窄轨道。从此，英格兰的历史便同英吉利海峡彼岸的民族和国家一起前进。

*　　*　　*

诺曼人征服英格兰对教会也起了同样广泛的振兴作用。主教、修道院院

1　皮姆和汉普登都是 17 世纪英国政治家，带领国会抵制王权。——译者注

长以及其他高级职务全部授给诺曼人，国内的惯例也都让位于国外的最新时尚。1073 年，希尔德布兰德成为教皇格列高利七世[1]，而诺曼征服期正好也是新教皇对教会进行全面改革并扩大教皇权力的时候，英格兰随着她的新统治者成为这个运动的先锋。新的教堂在各地纷纷建立起来，虽然不如以前的教堂那样富庶而有地位，却也反映了征服者的虔诚之心。这些修道院和教区是宗教活动和传授学问的中心，直到后一个世纪才被新兴起的大学逐渐取代。然而，新的教士并不像贵族那样强调诺曼人征服英格兰在历史上的作用。诺曼人慢慢地但却是坚定不移地开始崇拜原来撒克逊人的圣徒和圣祠，宗教生活同邓斯坦时代保持着联系。先后担任坎特伯雷大主教的兰弗兰克和安塞尔姆都是当时最杰出的人物，他们使英格兰教会获益匪浅。

威廉在 1066 年的远征得到了教皇的全力支持，他的军队得到正统教派的祝福——因为撒克逊教会保守而又顽固，而他却是热情的宗教改革者。自从丹麦人入侵以后，英格兰就再也没有按期向教皇交纳献金[2]；而且，只受教会分立论者本尼狄克九世[3]祝福的斯蒂甘德，兼领温切斯特和坎特伯雷的圣俸。面对这些弊端，对教会怀有赤子之心的威廉挺身而出。对俗界的征服一俟成为定局，他就立即着手处理宗教事务。最重要的任免是坎特伯雷大主教。1070 年，兰弗兰克取代了撒克逊人斯蒂甘德。兰弗兰克是伦巴第人[4]，极有治理之才，曾经在意大利北部的著名学校和诺曼人的贝克修道院学习，后来成为该院的院长。他迅速为英格兰教会带来了新的生机。在一系列会议上，教会的机构和教规得到了改革，而自从西奥多时代以来英格兰从未召开过这类会议。旧时的主教教座由乡村迁到了城市，从克雷迪顿迁到埃克塞特，从塞

---

1 Gregory Ⅶ（1020—1085），教皇（1073—1085 年在位）。提倡教皇权力至高无上，使教皇与神圣罗马帝国皇帝间的权力之争日趋激烈。——编者注

2 历史上英格兰每户每年向罗马教皇交纳一便士献金。——译者注

3 Benedict Ⅸ（？—1055/1056），唯一一名非连续连任过三次的教皇（1032 年 8/9 月—1044 年 9 月，1045 年 3 月—1045 年 5 月，1047 年 10 月—1048 年 8 月）。——编者注

4 Lombard，也译伦巴底人，日耳曼人的一支，起源于斯堪的纳维亚，现今瑞典南部。——编者注

尔西迁到奇切斯特。此外还建立了几个新教座，到 1087 年，已有七个大教堂破土动工。与此同时，发祥于克卢尼修道院的修道活动逐渐在英格兰开展起来。英格兰教会被诺曼征服者从死气沉沉的状态中拯救出来，再次接触到欧洲大陆上基督教会的广泛生活和基督教的文化遗产。

早已灭亡的罗马帝国精神被天主教复活之后，带着三个重要的观点重返不列颠。第一，在欧洲没有民族主义和民族概念的市场，只有在统一的行为准则和法律指导下的超民族的得胜军事阶级；第二，国王是他所控制的阶级等级制的代表，也是解决频发的利益冲突的仲裁人；第三，关于连连获胜的天主教会，它奇特地把罗马帝国同基督教伦理结合起来，它深受当时的社会制度和军事制度的影响，唯恐失掉自己的利益和权威，但却保存着流传下来的全部知识和艺术。

第十一章 CHAPTER 11

在动荡中发展

在诺曼人征服英格兰的最初二三十年里，这个得胜的军队和特权阶级开始移民到他们夺取的土地上，并把英格兰强行纳入以土地所有权为基础的封建制度。当时，英格兰的附庸和领主之间的关系主要是个人依附关系。在征服者威廉的统治期间，把英格兰纳入封建制度的过程是严酷而又彻底的；在他儿子、绰号叫“鲁弗斯的威廉”执政以后，这一过程同样严酷，并且反复无常。此外，征服者威廉的次子继承英格兰王位也是颇费周折的。威廉一世把英格兰同诺曼底分开的决定惹出了新的麻烦。豪门权贵在英吉利海峡两边都有领地，因而此时要对两个君主承担封建义务，也就难免会扬此抑彼了。罗伯特公爵和威廉二世[1]对自己所得的份额都不满意，兄弟关系也未能减少他们的贪欲。在威廉·鲁弗斯统治的13年间，他的撒克逊－诺曼王国一直苦于自相残杀和贵族叛乱。撒克逊人害怕回到诺曼征服英格兰以前的混乱状态，所以支持国王镇压叛乱。民军招之即来，像他们在1075年支持他父王作战

1 William Ⅱ（约1056—1100），诺曼底王朝第二位英格兰国王（1087—1100年在位），号称“胡佛”，或“红脸威廉”。——编者注

那样支持他。因此，他最终能够把坎伯兰和威斯特摩兰并入自己的版图。曾经烦扰征服者威廉多年的祸星罗伯特，出于一时的豪情壮志，参加了第一次十字军东征[1]，将诺曼底以一万马克的押金抵押给鲁弗斯。

* * *

十字军东征的精神早已在西欧各地振奋人心，西班牙的各个基督教王国已经带头进行抗击阿拉伯人的圣战。到 11 世纪末，在基督教世界东方 1500 英里的地方，又出现了新的敌人。塞尔柱人[2]，土耳其人（Turks）的一支，在小亚细亚向拜占庭帝国[3]咄咄进逼，骚扰从欧洲经叙利亚去圣地的朝圣者。拜占庭皇帝向西方请求援助。1095 年，一直渴望为基督教王国收复耶路撒冷的教皇厄本二世号召欧洲的骑士参加圣战。他的号召引起了迅猛的反应，但这种反应起初是灾难性的。一位自称隐士彼得的云游修士开始呼吁人们拿起武器。他的说教有很大的号召力，到 1096 年便有两万积极而涣散的军队随他从科隆出发东征，其中绝大多数是缺乏军事素养的农民。他们当中没有几个人到达圣地，大多数人穿过匈牙利和巴尔干国家之后，便在小亚细亚的崇山峻岭中死于土耳其人的箭矢之下。

所谓的“人民圣战”（People’s Crusade）就这样失败了。但是此时，欧洲的巨头们也投入了圣战的事业。在布永的戈弗雷和当时最显赫的其他贵族率领下，四支人数各为一万的军队从法国、德意志、意大利和低地国家[4]聚集到君士坦丁堡。拜占庭皇帝感到十分尴尬。他本来指望从西欧得到一些归他指挥的雇佣军作为援兵，没想到却引来四支强大而野心勃勃的独立大军进驻

---

1 Crusade，西欧封建领主和骑士对地中海东岸国家发动的战争。每个出征的战士胸前和臂上都佩戴“十”字标记，故称“十字军”。——编者注

2 Seljuk，来自里海附近草原的牧民。——编者注

3 Byzantine Empire，欧洲历史上最悠久的君主制国家，共历经 12 个朝代、93 位皇帝。——编者注

4 荷兰、比利时和卢森堡的总称。——译者注

京畿。

由于严重的钩心斗角，十字军通过拜占庭帝国向土耳其占领区的进军受到阻碍，但他们也进行了激烈的战斗。他们在小亚细亚杀出一条路，然后于1098年包围并收复了被土耳其人攻占的基督教堡垒安条克。忏悔者爱德华的侄孙、撒克逊王子埃德加率领一支英格兰舰队到达叙利亚海岸，鼓舞并支援了十字军。于是，在奇怪命运的摆布下，埃德加同诺曼底的罗伯特携起手来——前者是撒克逊王族被罢黜的继承人，后者是征服者威廉被罢黜的继承人。

借助土耳其诸侯之间的分歧以及土耳其人和埃及苏丹之间的互相嫉妒，十字军向前挺进。1099年6月7日，他们到达向往已久的目的地，埃及人控制的耶路撒冷城，并安营扎寨。7月14日，他们夺取了耶路撒冷。布永的戈弗雷拒绝戴上基督圣城的王冠，但还是被拥立为统治者，获得“圣墓保护人”[1]的称号。十字军在阿什凯隆战役中打败埃及派来的援军之后，更是稳操胜券了。此后，十字军中许多重要人物纷纷回国。但是，在近百年的时间里，统称为法兰克人[2]的跨国籍骑士团统治着巴勒斯坦和叙利亚沿岸的一系列公国。长期以来一直遭受侵扰的西方基督教世界在反击以后，终于在东方世界夺取了第一个重要的桥头堡。

*　　*　　*

鲁弗斯的敲诈和残暴手段激起了国内各地贵族的强烈不满。1100年8月，他在新森林打猎时，被一支箭矢神秘地射穿了脑袋。他在人民的心中留

1 Defender of the Holy Sepulchre，十字军攻占耶路撒冷之后，众将公推戈弗雷为王，但戈弗雷却坚辞不受，理由是：“这是耶稣被钉十字架的地方，我怎能在这里戴上王冠”。最后接受了“圣墓保护者”这一称号，行国王事。——编者注

2 Franks，十字军中主要是法兰克人，所以，撒拉逊人称他们为法兰克人。——译者注

下的记忆只是横征暴敛和寡廉鲜耻，不过，他也为继承人留下了一个顺从的王国。他统治时期的主要成就在于财政方面，另外，新的封建君主制更加稳固，版图也较他即位时有所扩大。征服者威廉派到威尔士边界地区定居的诺曼领主已经彻底控制了威尔士南部，北方诸郡最终也置于诺曼人的控制之下，他们还同苏格兰人划定了军事分界线。鲁弗斯的粗暴手段虽然损伤并扭曲了封建关系，但是也加强了封建国王的权力。

征服者威廉的小儿子亨利王子，参加了新森林那次致命的狩猎。没有证据能说明他与胞兄的死亡有关，但是可以肯定，他在王兄死后似乎有准备地立即表示哀悼。他直奔温切斯特的国库，同守库人大吵一番之后控制了金库。很明显，他代表着上层阶级中一种重要的思想倾向，并且有自己的政策。作为俗界人士，他的知识使他无愧于按当时惯例所授予的学者称号。他在登基的时候，颁发了一种特许状，企图同那些教俗重要势力和解，这批人士由于上一代国王贪欲无度和手段笨拙而产生了离心倾向。后来的国王也都仿效了这种做法。亨利保证说，贵族和教会的权利将得到尊重。同时，鉴于撒克逊人在他父亲和兄长统治期间所表现出来的忠诚，他向这个被征服的民族保证，要待他们公平如水，并且实行忏悔者爱德华制定的法律。他知道，诺曼底与英格兰分开后所造成的不和根本没有消除。罗伯特公爵已经从圣战的地方踏上归途，将要赎回自己所抵押的诺曼底。英吉利海峡两边的贵族都会利用罗伯特兄弟间的冲突，为自己的利益讨价还价。亨利想把英格兰的撒克逊人作为支持自己的部分力量，因而不顾诺曼贵族的疑虑，同英格兰的撒克逊王室后裔、最后一个王位继承人的侄女马蒂尔达结了婚。贵族的不满情绪由于他发布特许状而得到缓和，因此他们不再反对这一具有决定意义的行动。从此，长期的、广泛的两族通婚便得到了最高形式的认可。

亨利此时已做好准备，不管罗伯特什么时候归来，他都能应付裕如。1100 年 9 月，罗伯特回来了。英格兰随即又发生了常见的封建叛乱。国王为保卫父王传予的王位战斗了六年。蒙哥马利大家族居英格兰反对派之首。经过一系列顽强的围攻，这个家族的据点相继陷落。亨利一世最终彻底摧毁了他们的力量，将他们的庄园归入王室领地。但是，祸根在诺曼底。亨利一世在英格兰巩固了自己的地位之后，于 1105 年渡过了英吉利海峡。1106 年 9 月，双方在邓奇勃莱进行了黑斯廷斯之战以来最重要的战役。亨利一世获得全胜，罗伯特公爵被解送到英格兰永陷囹圄。诺曼底承认亨利一世的权威，英格兰－诺曼底国家的决策权自此从鲁昂转到了伦敦。跟随亨利一世浴血奋战的撒克逊人认为，这次战役在军事上为黑斯廷斯之战雪了耻。同国王这种新的合作关系，以及国王和马蒂尔达的婚姻，让撒克逊人感到，他们至少部分免除了心中由于被征服而产生的痛楚。这种耻辱已经洗雪，残存的不良后果尚可忍受。通过上述两个意义深远的因素，不列颠岛上又恢复了广泛的统一。

* * *

继承权的问题至此已无争议。英格兰国王的权力在英吉利海峡两岸都得到了巩固。撒克逊人已经表现出对国王的忠诚，强有力的贵族业已慑服。在消除外国入侵的危险之后，亨利一世暂时得以腾出手来治理国家，在全国加强王权，并试图为英格兰－诺曼底国家的王权增加新的权力职能。在中世纪的欧洲，保留了一种比封建君主更加高贵的传统王权，国王不仅是封建金字塔的顶尖，而且也是上帝在人间的使者。罗马帝国的灭亡并没有把这种罗马式的君主概念带入坟墓，因而亨利一世此时开始把这种概念输入英格兰－诺曼底国家。他这样做，不管主观意图如何，客观上使“国王是秩序的维护者和民众的保护人”这一撒克逊观念得到复活。

中央统治机构，即国王法庭，是一个任务不明确的机构，它的成员有根据封建义务奉召出庭的大佃主，也有国王身边既可以管理宫廷事务又可以出宫理政的官员。亨利一世意识到，如果把出身于末等贵族的宫廷官员组成固定的核心，就能制止显要贵族的骚乱。这就是政府机构的雏形，它处于试验阶段，权力也有限，然则预示着进一步的发展——在自己的职权内，比当时已知的任何机构都更加有效和持久。这些官员不久就有了自己的既得利益。正如年代史编者所说，国王“从下层提拔起来为自己服务”的那些家族，如克林顿家族和巴西特家族，在王宫的一些办公室里巩固了自己的阵地，形成了实际上的官僚阶级。

任何一个政府的力量毕竟都是以它的财政状况为基础的，因此这个新机构的特点也在收集和管理岁入的过程中初次显示出来。在封建社会里，国王的私有财产和国家的公共财产没有区别。根据封建主义理论，国王只是全国最大的地主。郡守不仅为国王征税和收纳罚金，而且负责收缴王室领地的收入。他们每年一次，向国库交清自己郡里应交的款项。亨利一世的官员组织了一个专门机构，同郡守联系并负责监督郡守所处理的事务，这就是财务署。当时，财务署只被看作法院的财务厅，后来它逐渐地自成一体。财务署的名称来自方便罗马数字计算的方格板。它的职能包括保存文字资料，其中一种重要的文件因为被卷成筒状保存，而被称为“财税卷宗”（Pipe Rolls）。通过成立财务署等手段，国王进一步控制了国家的财政，最早的皇家专门行政机构也应运而生。由这一机构演变而成的部门至今仍然存在。

亨利一世努力将郡守置于自己的严密控制之下，曾多次组织委员会负责调整郡守人选。在乱世，郡守职务有落入强大的贵族手中而世袭的趋势。只要一有机会，国王就委派自己的亲信担任这些要职。岁入的最主要来源之一，是法庭勒令罪犯交纳的罚金。贵族也和国王一样早就认识到了这一点，他们从自己采邑的法庭得到大宗收入，可以用来迅速武装亲兵。他们对自己领地内的一切俗人有裁判权。但是在郡和区一级的法庭，国王实行昔日的撒克逊司法制度。这些久经考验的制度完全可以用来与贵族的封建法庭相抗衡。因此，亨利一世改革了郡级法院的工作制度，并规定它们定期开庭，让每个人知道，全国都在实行国王的司法制度。后来演变为法官的皇家军官有时也巡回开庭，这种职能使他们常常同卑贱的原告、罪犯和傲慢的高级军官发生冲突。

为了从司法系统得到丰富的进项，国王同贵族在全国展开了斗争。国王通过对郡守的控制，把他的君权同旧的撒克逊法制结合在一起。征服者威廉在进行财产调查的时候就树立了榜样，他把向发誓讲实情的人们了解情况的欧洲大陆制度同英格兰的郡区组织结合起来。亨利一世为了其他目的继续并加速了这个进程。他不断派遣宫廷官员到全国各郡巡查，命令郡级法庭开庭讯问皇家岁入的各项进益情况并听取国王关心的案情。皇家官员遍访民情的做法对亨利二世治理国家产生了深远的影响。编年史家们对亨利一世给予高度评价，他们宣称，“他是个好人，全国都敬畏他。在他统治期间，没有人敢伤害别人”。他们把他誉为“维护正义之王”（Lion of Justice），迄今无人想剥夺他的这项桂冠。

应该肯定，在亨利一世统治期间，中央政府通过熟练准确的会计工作和办事机构，以恰当的方式巩固了国家的结构和财力。在这个过程中，地方政府所依靠的封建贵族愤愤不平，因此，他们和王权的矛盾逐年加深。国王虽然对任何人都采取强硬手段，但他日益有力地保护百姓不受地方领主乖戾行为的侵害。不过，贵族中也有广施德政的人，因为诺曼人的眼光高于以前各个时代卑劣的抢劫活动和贪欲。不管怎样，在封建贵族进行压制和盘剥的国家里，人民总是不断受到地方领主的压迫，所以他们开始依附于国王和中央政府，国王因此增添了新的力量。这种力量有时亲近一些，有时疏远一些，但只要统治者坚强有力而且广施仁政，总是能够召之为己所用，在国家经历脆弱而混乱的局势之后更是如此。

*　　*　　*

英格兰－诺曼国家已经相当强大，亨利一世是英格兰、诺曼底和曼恩的君主。1109 年，他的唯一嫡出女儿莫德同神圣罗马帝国皇帝兼德意志国王亨利五世[1]订了婚约。另外，英格兰和诺曼底在邓奇勃莱战役之后的重新统一引起了法国的敌意。12 世纪初，巴黎的中央王权开始复兴。路易六世[2]继位之后，法国国王开始掌握实权。为了法国的安全，必须最终破坏英格兰 – 诺曼底国家的统一。严格说来，诺曼底公爵是法国国王的封建臣属，所以，身陷囹圄的罗伯特公爵之子的存在为法国国王的干预提供了应有尽有的借口，也使心怀不满的诺曼贵族有了长期不断的肇事机会。由于对诺曼底承担义务，亨利一世在他的统治后期不得不干预法国北部的政治事务。他在诺曼底的地位由于罗伯特之子威廉·克莱托不断提出自己的继承权而受到威胁。克莱托在 1128 年逝世以前一直得到路易的支持，也得到邻近的安茹伯国的大力支持，安茹伯国不承认亨利一世有权统治曼恩。一场消耗实力的战斗使亨利一世统治的后期暗淡无光。从军事角度来看，亨利一世能够很容易地抵挡法国所能调集的任何军队。

可是，可以称为厄运的不测事件发生了。亨利一世有一个儿子，他是无可争议的法定继承人。在这个 17 岁的年轻人身上，寄托着多种希望和信念。1120 年冬，他访问法国之后乘“白舟号”（White Ship）皇家游艇返回英格兰，游艇在诺曼底近海触礁沉没，船上只有一人幸免于难。这位王子曾经被救上一条小船，后来他返回现场去救他的妹妹。在这个危急关头，人人平等的观念猛烈地冲开禁锢，因而许多人跳入船内，压沉了小船。水面上只剩下两个人，一个是游艇上的屠夫，另一个是骑士。骑士在浪花汹涌中问道：“王子在哪里？”屠夫的回答是：“所有的人都淹死了。”“那么，”骑士把双手伸向苍天失望地说，“英格兰的一切都完了”。屠夫死里逃生，上岸后讲述了遇难的

1 Henry Ⅴ（1081—1125），法兰克尼亚王朝最后一位罗马人民国王（1105—1125 年在位），神圣罗马帝国皇帝（1105—1125 年在位）。——编者注

2 Louis Ⅵ（1081—1137），卡佩王朝第六位国王（1108—1137 年在位）。他大部分时间花在与贵族斗争上，并实行绥靖政策，与教会和教士保持良好关系。——编者注

经过。谁也不敢把这件事告诉国王。当国王终于听到这个噩耗时，“他的脸上再也没有笑容了”。他内心的痛苦不仅仅是父亲失去独子的悲伤，因为这场灾难还预示着他为之奋斗一生的制度及其美好的前景即将破灭。继位之争的幽灵又开始在英格兰徘徊。无政府主义势力在增长，每个贵族都在自己的城堡里考虑着谁会继承王位的问题。

有两个人要求继承王位，二者都有充分的权利。亨利一世有一个叫马蒂尔达的女儿，即英格兰人所称的莫德。虽然诺曼法典中没有萨利安法[1]，但是喜欢争吵而毕生过戎马生活的贵族并不赞成女人当政。和莫德同样拥有继承权的是征服者威廉之女阿德拉的儿子，来自布卢瓦的斯蒂芬[2]。他在欧洲大陆上是众所瞩目的人物，后来在英格兰又得到大片领地。在他的哥哥放弃继承权之后，他就是合法的继承人了。封建制度的生存完全依赖于封臣的宣誓效忠。在基督教世界，谁被指责违背誓约，对他几乎是致命的打击，只有取得辉煌的胜利才能改变这种不利的处境。但在进退维谷之际，每个人都可以根据自己的利益和抱负作出抉择。有一种抉择就是分裂，是全面、彻底、名正言顺的分裂。

亨利一世在他的风烛之年准备立其女莫德为王，以填补他行将留下的空位。他试图为家族的继位问题立下“国事诏书”（pragmatic sanction），以免在辽阔的国土上发生内战。莫德在八岁的时候就和神圣罗马帝国皇帝订立婚约。1125 年，即“白舟号”遇难五年之后，皇帝驾崩，22 岁的莫德成了寡妇，也成了女皇。关于这位杰出的公主有许多记载，其中有一段说：“她那女子身躯中蕴涵着男子的特性。”她勇猛、高傲、严厉而又玩世不恭，为了政治可以控制种种感情，不过也比较狂暴。她能够参加任何战斗，后来当之无愧地成为一位伟大的英格兰国王的母后。

1 法兰克人的分支萨利安人的法律，规定妇女不得享受继承权。——译者注

2 Stephen（1096—1154），诺曼底王朝最后一位英格兰国王（1135—1154 年在位）。法国布鲁瓦伯爵之子，威廉二世和亨利一世的外甥。——编者注

经过深思熟虑之后，亨利一世把一切希望都寄托在这个女儿身上。他曾经两次把牢骚满腹的贵族召集起来，命令他们郑重宣誓站在莫德一边。后来，为了加强莫德维护统一的权威，防止安茹伯国在他死后对诺曼底提出所有权的要求，他把莫德嫁给了安茹伯爵，借此把法国北部这个最强大国家的利益同他的家族和英格兰王位的正常相传连在一起。在以后的世代里，英国人从不反对女子为王，而在几位女王统治时期，他们的处境可能反而更好一些。但此时此地，在这个问题上却存在着很大的分歧和争论，每个派别和利益集团在对立的双方中择一而从。两边的政治力量严阵以待，等候国王的死期。贵族在这个关键时刻得到了举足轻重的教会势力的支持，他们所关心的只是限制王权和恢复他们在本地的统治权。他们见王权有所分散，便看出时机已到。

亨利一世在使不列颠岛享受 30 年太平盛世并使撒克逊人归顺诺曼人的统治之后，于 1135 年 12 月 1 日怀着女儿莫德必承父业的坚定信念安息了。但是，莫德其时正和丈夫住在安茹，首先赶来的是斯蒂芬。他迅速从布卢瓦赶到伦敦，要求获得王位。俗界力量四分五裂，因而教会的态度将具有决定性的作用。斯蒂芬有一个有利因素，他的兄弟亨利是温切斯特的主教，在宗教会议上颇有影响。在亨利的帮助下，斯蒂芬同教会达成协议，经过教会的支持，举行涂油礼[1]加冕为王。当时他们达成了默契，根据其中的一条，他将放松中央集权。在前两代国王统治期间，中央集权使贵族极为反感。

此外还有一个复杂的因素。亨利一世有一个私生子，即格洛斯特的罗伯特。他是一名卓越的军人和西部的实力人物，也是人们眼中少有的公正无私的贵族之一。他认为自己没有足够的力量同两个合法继承人中的任何一人竞争。冲突一开始，他就忠实地支持自己的异母姐姐莫德，成为斯蒂芬的死敌之一。

1　基督教的一种仪式。在教界，它成为教皇、主教的圣职就任礼；而在世俗领域，这一仪式在国王的登基典礼上举行。——编者注

在如此激烈的纷争中继承的王位，只有在通权达变的君主手中才能避免得而复失。我们越是考虑当代政府的欠缺，就越应该想到它所面临的困难。斯蒂芬在他统治初期就失去了自己所依靠的三大支柱。除了一些受到新国王宠幸的贵族以外，大多数贵族都肯定地认为，这就是他们要实现自己的各种要求而久待的良机。通过宗亲关系连在一起的新任政府官员也开始疏远新国王。他们学识丰富，善于写作，还懂得行政管理。许多高级教士也深为不满，因为斯蒂芬怀疑索尔兹伯里的主教罗杰将要倒戈，便把他庞大的官僚家族监禁起来，使教会特权受到了损害。这样，大部分教会势力也反对斯蒂芬了。总之，社会各阶层怨声载道。

《盎格鲁－撒克逊编年史》中写道："叛徒们发现"斯蒂芬国王"温和、软弱、善良而且赏罚不明，于是他们便作出了种种可怕的事情。他们曾经尊重他并向他发誓，但是他们言而无信"。[1]

苏格兰的大卫国王确信英格兰已经没落，便越过了边界，对诺森布利亚提出领土要求。约克的大主教在北方各郡民众的支持下挺身还击。他打起了约克的圣彼得[2]的大旗、贝弗利的圣约翰[3]旗和里彭的圣威尔弗雷德旗，在诺萨勒顿之役中击败并杀死大批的入侵者。这次战役因此得名为"圣旗之战"（Battle of the Standard）。这次局势的逆转并没有使那些心怀不满的人垂头丧气，反而成为内战的前奏。1139 年，莫德安排好法兰西的事务之后，进入英格兰要求她的继承权。她像斯蒂芬那样，从教会中得到了主要的支持。亨利一世统治下的行政官员由于斯蒂芬对贵族的软弱态度而深为不满，因而投向他的敌人阵营。1141 年爆发了反对斯蒂芬统治的大规模叛乱，斯蒂芬本人在林肯一战中被俘。他的兄弟温切斯特主教原是他的主要支持者，至此也转向莫德

---

1 引自道格拉斯所著《诺曼人的时代》（*Age of the Normans*）第 161 页。——原注

2 St. Peter，耶稣的大弟子，基督教早期领袖。68 年，他受到罗马皇帝尼禄的迫害，被倒钉上了十字架而殉道。——编者注

3 St. John，渔夫西庇太的儿子，雅各的兄弟，家资富有，曾资助耶稣及其门徒，后跟从了耶稣。——编者注

一边。莫德虽然没有戴上王冠，但实际上统治英格兰将近一年。伦敦人看到莫德对一些问题的处理之后，觉得她比斯蒂芬还讨厌。他们愤怒地起来造反把她赶出首都。她顽强地坚持战斗，但是她的制度经不起如此沉重的压力。不列颠岛又一次陷入内战的混乱之中。在以后的六年里，岛上大部分地区法治崩溃，战乱不已。

* * *

经过内战，贵族反对国王集权政策的斗争首次获胜。斯蒂芬在强大的对手面前，未能保护国王的权利。王室的岁入有所减少，国王对行政权力的控制有所放松，行政机构本身也基本上闲置起来。贵族又恢复了他们的法律裁判权，他们的城堡使人民大众不寒而栗。继位之争似乎已经把诺曼族国王建起的大厦毁得七零八落。

在这段混乱期间，这个沼泽国遇到了尤其严重的破坏，彼得伯勒的一位修士在《盎格鲁－撒克逊编年史》中以忧郁的笔调描写了那里的苦难。

> 凡是有强大势力的人都建起自己的城堡以抗拒国王……城堡里充满了邪恶的人。他们不分昼夜地出去搜捕他们认为拥有财产的男女，把这些人投入监狱，以谋取其金银财宝，还施以不可言状的苦刑……他们使数以千计的人活活饿死。我简直无法细述权贵们对岛上的可怜百姓所采取的全部恐怖行动和进行的百般磨难。这些苦难在斯蒂芬在位的 19 年里持续不断，而且日甚一日。权贵们还时时向各村摊派捐税，他们称税为“坦瑟利”（Tenserie）。当穷苦百姓实在无力向他们交税时，他们就在各个村庄焚烧抢掠。所以，商旅可能整日不见哪个村里有个人影，也不见田里有人耕种。玉米、小麦、奶酪和黄油价格昂贵，因为这些东西在国内已经没有了。许多可怜的人活活饿死，一些享受过荣华富贵的人也出

去寻求救济，其余的人则背井离乡，逃往国外……不管在哪里耕种，都长不出玉米，因为土地已经在焚烧抢掠中彻底荒芜了。百姓说，基督和圣徒都在睡觉。

温切斯特的一位修士也用同样的笔调记下了他所在的英格兰地区发生的灾难：

一些人对乡村的热爱变成了憎恶和怨恨，因此他们迁往遥远的地区。其他人为了得到保护，在教堂附近搭起低矮的篱墙草棚栖身，在痛苦与恐惧中聊度残生。由于缺粮，有人靠禁止食用的狗肉和马肉充饥，他们以前从未吃过这两种肉；也有人吞吃没有洗过也没有煮过的野草和草根以苟延残喘。在各个郡里，一部分居民在饥饿中逐渐消瘦，成群地死去，幸存者则带着妻儿老小悲凉凄楚地背井离乡。你可以看到有名的村庄空无一人，因为村里的男女老少都已弃家出走。秋天（1143 年）来临时，地里的庄稼等待着收割，但种田人已经在饥荒以及随之而起的瘟疫中死去了。

这些恐怖的景象不一定能反映全国的情况。在英格兰的大部分地区，战斗是在局部地区分散进行的。在这场战斗中首当其冲的只是中南部的几郡。但是，这次动乱在人民的心灵里留下了很深的创伤。他们意识到，强大的君主制对生命财产的安全是何等重要。没有什么能比斯蒂芬统治时期的混乱使人们更充分地认识到君主专制的必要性。人们怀念亨利一世励精图治的时代，其实，当时就有一位比他更伟大的人物。

*　　*　　*

1147 年，格洛斯特的罗伯特去世，莫德势力的领导权转移到她的儿子亨利·金雀花手中。亨利生下来就将继承一个大帝国。他祖父富尔克已将安茹、都兰和曼恩合并成法兰西境内无可匹敌的强大公国，其实力超过了诺曼底。富尔克于 1143 年戴着耶路撒冷的王冠死去，指定两个儿子继承朝不保夕的王位，他的另一个儿子杰弗里继承了他在法兰西境内的属地。杰弗里同莫德的婚姻统一了诺曼底和安吉文王朝的属地，1133 年，他们的孩子亨利刚一出生就被公认为“多国之主”（master of many peoples）。不过，那个时代的人们更愿意称其为“亨利·弗兹－安布洛西”，即“皇后之子”。亨利把他家族的金雀花徽章载入了英格兰的史册，后人用这个名字来称呼其家族的王朝，即金雀花王朝。他集中体现了这个家族的才干和能量，但却丝毫没有它十分残酷无情的一面。据说，安茹王朝[1]的残酷并非来自人间，而是同魔鬼沆瀣一气的结果。

1147 年，亨利还不满 15 岁，就踏上英格兰的土地，去夺取他的王位继承权。他的一小帮人马被斯蒂芬的军队打败，他本人逃到了诺曼底。翌年，莫德女皇放弃了取得成功的一线希望，到诺曼底公国与儿子会合。在她前面还有 19 年生命的时光，而她再也没有踏上英格兰的土地。她的大部分时间都用在宗教活动上，这在当时是司空见惯的事情。但是，在亨利获胜后的年代里，她在诺曼底和安吉文世袭领地处理政务，发挥了重要的政治作用。当年她在英格兰追求王位时，常常被扣上傲慢的罪名，而在晚年，她对亨利而言却是个有远见卓识的顾问。

1149 年，亨利又一次卷入了反对英格兰的攻势，但苏格兰国王和切斯特伯爵替他发动的这次进攻徒劳无益。在相对平静的几年里，斯蒂芬国王勉强维持着自己的统治。同时，亨利在 1150 年被其父母授予诺曼底公爵封号。次年其父去世，亨利又兼有安茹、都兰和曼恩的伯爵封号。亨利常以他在封建等级中的高级身份去巴黎拜谒法兰西国王。根据当时的法律，他领有法兰

1　即金雀花王朝。——译者注

西的大部分地区。

路易七世[1]是忏悔者爱德华在法国的化身，他信守基督的训诫，白天做礼拜，晚上做祷告或忏悔。他离开教堂时，总要等最卑贱的人走后他才走，因此常常使满朝臣子为他久等。这些虔诚的模范举动并没有使他博得王后的欢心。阿基坦的埃莉诺是一位有大片领地的公主，具有南方人那种热情豪放的性格。她早就抱怨自己“嫁给了一名修士而不是一位国王”，所以当身材魁梧、容光焕发、谈吐活泼、精力充沛的亨利作为她丈夫最卓越的封臣突然出现的时候，她便迅速作出了决定。教皇历来屈服于高级封建主的意志，因此埃莉诺于 1152 年以同宗关系不宜结婚为理由，获准同路易七世离婚。两个月之后，埃莉诺突然和亨利结婚，法兰西宫廷对此不禁惊讶不已，虔诚的国王也才如梦初醒。这样，法兰西的一半领土脱离国王的控制，落入亨利手中。感情和政治几乎从未如此融洽地结合在一起。这件婚姻是当时最漂亮的政治举动之一。后来亨利承认了他的意图，二人的大胆决定博得了全欧的敬佩。亨利当时年仅 19 岁，埃莉诺可能已经 30 岁。他们联合起自己辽阔的版图，共同抵御外来者。路易七世得到的是精神上的安慰，但这唯一的慰藉也由于政事坎坷而受到影响。

亨利和埃莉诺四面受敌。普瓦图、圣东日、佩里戈尔、利穆赞、昂古穆瓦省和加斯科涅并入了他们的诺曼底和安茹，而且他们还获得了奥文和图卢兹的宗主权，这使封建的基督教世界感到震惊。由于长期的宿怨或利益冲突而彼此疏远的那么多民族的国家，突然被权谋造成的爱情纽带联结在一起，形成高度的权力集中。欧洲各地人士对此持反对态度。四面八方的君主群起反对这个暴发户，其中有必然抱怨的法兰西国王；有英格兰的斯蒂芬国王，他虽然没有力量渡海干涉，但也对亨利的诺曼底爵位提出要求；有香槟伯爵和佩

1 Louis Ⅶ（1121—1180），法兰西卡佩王朝第八位国王（1131—1180 年在位，其中 1131—1137 年与父共治）。路易六世次子，也称“年轻的路易”。——编者注

尔什伯爵；还有亨利的兄弟杰弗里。这些人满有理由地同时向亨利扑来。

亨利婚后一个月，这些敌人合力进攻诺曼底。年轻的亨利公爵击退了他们，使之四分五裂。诺曼军队又一次显示了自己的战斗力。亨利未满 20 岁，便镇压了诺曼底的叛乱分子，平定了安茹，然后着手对付英格兰。1153 年 1 月，他勇猛地登上不列颠岛，在疲于内战的英格兰成为众目所瞩和众望所归的人物。默林[1]曾预言一位救世主即将到来。亨利的血管里不就有征服者威廉的血液吗？同时通过他外祖母、亨利一世之妻马蒂尔达，他还继承了锡德里克和早已消失的盎格鲁–撒克逊王族的血脉。备受摧残的岛民对他顿时产生了强烈的希望。当他登陆后跪在附近的第一座教堂里“以军人的姿态祈求和平时”，教士用下面的话表达了全国的愿望：“看啊！英格兰的君主和统治者来了，他主宰着这个王国的命运。”

战争开始了。在马姆思伯里战役中，上帝降下的冰雹拍打在亨利敌人的脸上；在沃林福德，由于上帝的干涉，斯蒂芬国王还没有上阵就从马上掉下来三次。而年轻力壮的武士亨利则魅力惑人，令人恐怖，战绩辉煌，他手中不仅有剑，还有统治英格兰的权利。贵族认为，相持局面对他们有利，因而他们既不希望斯蒂芬打赢也不愿意亨利取胜。国王的地位越软弱，贵族的力量就越强大。1153 年，斯蒂芬和亨利在温切斯特签署了一项协定。根据协定，斯蒂芬收亨利为养子，指定他为继承人。斯蒂芬还保证：“我在处理王国的事务时，将征求亨利公爵的意见，但在英格兰各地，不管是亨利公爵还是我控制的地区，我都将实行我的王法。”在这些条件下，亨利表示臣服，在行动上也完全归顺。次年斯蒂芬去世，亨利便在普遍的希望和欢呼声中被宣布为英格兰国王，戴上了王冠。在阿尔弗雷德大帝之后，任何英格兰君主都未曾引起如此普遍的希望，也未曾博得如此响亮的欢呼声。

---

1 Merlin，传说中亚瑟王宫中的男巫，创造了许多奇迹。——译者注

第十二章 CHAPTER 12

亨利·金雀花

亨利二世即位后，在英国历史上开始了一个最有成果而又最有决定意义的统治时期。新君主统治着一个大帝国，正像他的臣民所自夸的那样，他的权限“从北冰洋一直延伸到比利牛斯山脉”。英格兰只是他的行省之一，她可能不十分引人注目，但却是最巩固的堡垒。他对英格兰实行了外部控制，这种控制像在奥朗日的威廉统治时期那样，对国家的统一是必不可少的。英格兰人和诺曼人都承认他是两个民族和全国的统治者。黑斯廷斯耻辱的记忆由于他的缘故而模糊了。在焚烧抢掠的贵族进行内战所造成的可怕混乱之后，亨利二世的诏令得到应有的服从。就这样，一位语言和习惯都与我们不同的法国人塑造了我们国家的雏形，其轮廓至今依稀可辨。

100 年来，英格兰一直是侵略军的兵营，也是争执不休的军官及其后代的角斗场。此时，她终于在基督教以及恢复古罗马传统的拉丁文化的基础上，成为永久的统一王国。亨利·金雀花首先使英格兰、苏格兰和爱尔兰结成某种伙伴关系，然后重建了他外祖父亨利一世早期建立的皇家行政机构。他在财务署和法院系统的基础上重新奠定了中央权力的基础，这种集权最终将取代征服者威廉确立的封建制度。亨利二世恢复并珍视盎格鲁－撒克逊人在王权下实行郡、市自治的传统。他还建立了“巡回法庭”[1]，并使其固定下来，直到今日它仍然存在。多亏他的功劳，今天世界各地的英语民族才能实行英国的习惯法而不是罗马法[2]。他制定了《克拉伦敦法规》(*Constitutions of Clarendon*)，企图确定教会和国家的关系，强迫教会服从国家的生活和法律。经过一番激烈斗争之后，他不得不放弃这种努力。数百年后，亨利八世捣毁了坎特伯雷的圣托马斯圣墓，为他的前人报仇雪恨。

这个才能非凡、一度引人羡慕的人物有着非常生动的形象：胸肩宽阔，身材魁梧，脖子粗壮，臂膀有力，双手粗糙，由于经常骑马而形成罗圈腿，脑袋又大又圆，头发又红又密，脸上布满雀斑，声音嘶哑刺耳；他酷爱打猎，还有使教会为之叹息、埃莉诺因之不满的其他嗜好；他衣食简单，整天考虑政务，经常旅行，心绪反复无常。据说，他在万分危急的时刻总是温和镇静，而在压力减轻之后，却乖戾暴躁。“他对死去的将士比对活着的更加亲切，对阵亡将士的哀思远远超过对幸存者的爱抚。”他在自己的属地行踪匆匆，人们以为他在法兰西南部的时候，他却出人意料地到达英格兰。他在各省巡视时，用四轮马车随身运载一大批当时汇订文件的卷宗，朝臣和随从气喘吁吁地跟在身后。有时他下令起早动身，却一直睡到中午，使车辆和马匹负重等候；有时他比预定时间提前几个小时出发，每个人都得赶紧收拾行装。在英格兰，正像在他不倦地进行巡视的那些大的领地一样，一切都被他唤醒而得以改造。

12 世纪的这位君主喜好声色犬马，爱记仇和施展阴谋诡计，但他并不是实利主义者，而是一位神权帝王，同坎特伯雷大主教一起掌握着臣民的一片忠心。他和大主教是“拉动英格兰这部犁的两头壮牛”。他时时祈祷，担心死

1　为加强王权而派出的，到整个英格兰巡回审判的审判法庭。——编者注

2　Roman Law，罗马奴隶制国家法律的总称，包括自罗马国家产生至西罗马帝国灭亡时期的法律，以及皇帝的命令、元老院的告示、成文法和一些习惯法。——编者注

后下地狱，希望在冥界统治更大的王国。他时常受懊悔的折磨，为自己的行为忏悔。他希望在阴阳两世寻欢取乐。他给我们留下了互相矛盾的印象，时而心灵高尚，时而境界低劣。他并不是与世隔绝的君主，因为在那个时代，国王像现代的美国总统一样，任何阶层的人都可以接近他。民众可以随时到他身边提出要求，叙述自己听到的消息和传闻，也可以发表自己的观点，倾诉自己的不满；贵族和朝臣在国王身边或者在国王面前高声谈论，弄臣发挥可贵的监督作用，有全权对任何人进行公正的抨击。

没有多少凡人像亨利二世那样经历过丰富多变的生活，或者说，没有多少人像他那样尝尽了胜败悲欢的甘苦。他在后半生和埃莉诺关系破裂。据说，当埃莉诺年过五旬而他还只有 42 岁的时候，他爱上了一位上层社会的绝色少女——“美丽的罗莎蒙德”（Fair Rosamond）。过了几代人之后，人们对埃莉诺王后的浪漫悲剧还津津乐道。埃莉诺王后在伍德斯托克通过一根丝线的线索揭穿了这对情人的秘密，让她的情敌在自刎和服毒之间作出艰难的抉择。一些令人讨厌的研究者歪曲了这段动人的故事，而它当然应该载入任何名副其实的历史著作。

继承了斯蒂芬之后四分五裂的英格兰的，就是这样一个人。亨利二世在登上英格兰王位之前，已经为保卫他在大陆上继承的属地打了第一仗。自从 100 年前强大的诺曼势力在法国西北部出现以来，法兰西国王一直在同企图削弱中央政府的诸公国和伯国进行斗争。诺曼底公爵、阿基坦公爵、布列塔尼公爵、安茹伯爵、图卢兹伯爵、佛兰德伯爵和布洛涅伯爵在形式上和法律上都是法兰西国王的附庸，但实际上他们却和其他许多封建大佃主一起追求独立君主的地位。在法王地位不稳之时，他们多次似乎已经胜利在望。经过黑斯廷斯之战，法王最有实力的臣属诺曼底公爵兼任英格兰国王。而亨利二世在 1154 年登上英格兰王位对法兰西则是更大的威胁。到那时为止，挑动十分强大的封臣互相残杀一直是法王在政治上的自保之策。因此，安茹伯国和诺曼底公国在 11 世纪发生冲突时，法兰西国王看见两个强敌进行殊死搏斗，不胜欣慰。但是，亨利二世忽然成为英格兰国王和诺曼底公爵，并且统治阿基坦、布列塔尼、普瓦图、安茹、曼恩和基恩，成为从索姆河到比利牛斯山脉的法兰西大半地区的统治者。这时封建领主之间的力量平衡就被彻底打破了。

路易七世面临的已经不是十几个力量分裂而互相嫉妒的公国，而是一个强大的帝国。这个帝国的力量远远超过他自己的实力，不是他所能对付的。埃莉诺同他离婚后就同他的敌人结婚并通力合作，这使他蒙受不可弥补的损失。埃莉诺为亨利二世生了几个儿子，可是为路易生的全是女儿。不过，法兰西国王还有一些优势。他在生前抵挡住了金雀花王朝的攻势。而且，法兰西经历了近四个世纪的斗争和蹂躏之后，在欧洲取得了最后的胜利。金雀花王朝在地图上确实比实际上更加显赫，她是一些公国和伯国由于一次婚姻的机缘而拼凑起来的大杂烩，并不同心协力。

英格兰同她的大陆帝国的唯一联系，是亨利二世本人和他的一些显要朝臣在英吉利海峡两边都有领地这一事实。帝国没有中央政府的虚饰，没有统一的行政机构和习惯法，也没有共同的利益和耿耿的忠心。

虽然路易七世在同大胆积极的亨利二世斗争时处于弱者的地位，但是客观形势的发展有利于巩固法国王权。路易离位时，法国王权甚至比他即位时巩固得多。

法国人的主要策略很简单。亨利二世继承了辽阔的领地，但随之而来的是这些领地上一切封建势力的不满情绪。路易已经不能唆使安茹伯爵反对诺曼底公爵，但他却可以在安茹和诺曼底煽动地方宿仇和局部战争，以此削弱原则上归他统辖的封建主的力量。家族之间的冲突也是可以利用的有效手段。

在亨利二世统治的后期，他的几个急躁狂暴而又高傲自大的儿子为路易七世及其足智多谋的继承人腓力·奥古斯都[1]所利用，起来反对他们的

---

1 Philip Augustus，指法国国王腓力二世。——编者注

父王。

我们不禁要问，这一切是怎样影响了英格兰的日常生活和历史进程呢？对封建领主在遥远的国度所进行的一系列斗争以及外族统治阶级内部的冲突，英格兰的庶民并不理解，也不感兴趣，但这些冲突和斗争却成为他们一生中的沉重负担。在以后的几百年里，他们当中最勇敢和最优秀的人到卢瓦尔河流域的沼泽中和法国南部阳光灼热的群山中，为实现英格兰统治法国领土的迷梦而战斗，甚至不惜献出自己的生命。为了这一目标，英格兰人 200 年以后在克雷西、普瓦捷和阿让库尔取得了胜利，也在随同“黑王子”[1]奔向利摩日[2]的可怕行军中遭受了饥饿的折磨；为了这一目标，他们把法国的肥沃土地变成了荒漠，连最有用的牲畜都在饥渴中倒毙。在中世纪后期，英格兰同法国的战争连年不断，而且时时占重要的地位。其影响渗透并深入英格兰生活的各个领域，改变并塑造了英国社会和制度的面貌。

亨利二世同他的大臣和旧友、坎特伯雷大主教托马·贝克特的争吵，最能说明 12 世纪英国的政治斗争。我们必须认识到这场冲突的严重性。在精神方面，封建基督教世界的这个军事国家服从于教会，但她从未接受要向教会交出俗界权力的观点。然而，由于担心死后入地狱，顽强的贵族经常将他们的财产赠给教会，教会因此逐渐致富，成为社会中最大的地主和富豪。罗马利用宗教艺术吸引这场戏剧中一切抱着迷信观点的演员，国家权力因而不断受到挑战。教义的问题可能已经解决，但是，一个国家有两种互相冲突的势力，而每种势力又都对有限的国家财力拥有很大的支配权，这怎么能统治国家呢？这两种势力的冲突并不只限于英格兰，它是当时整个欧洲的根本问题。

过去，征服者威廉通过让步和老练的手段使英格兰避免了政教分裂，教

---

1 Black Prince，爱德华三世的长子，早已是王储，但在其父逝世前一年死亡，终生未继位。黑王子在少年时代即英武过人，喜欢穿黑色铠甲，并因此得名。——编者注

2 Limoger，也译里蒙日，里蒙，中世纪时法国西部的宗教中心。——编者注

会在兰弗兰克的领导下同国王合作，二者互为唇齿，共同对付骚乱的贵族或受压迫的黎民百姓。而此时，一位超群的人物、国王的旧友托马·贝克特站在宗教金字塔的顶尖。贝克特以前一直是国王的国务大臣，像兰克首先指出的那样，“用一个相近的说法，就是最信得过的内阁部长”。他在内政外交方面都为主人竭尽犬马之劳。他整顿了兵役免除税制度（交纳一定数量的货币便可以免除兵役的制度）[1]，从而终于摧毁了封建制度的核心。他还尽力使国王得到了布列塔尼公国[2]。国王认为，贝克特是他自己的人，不仅是仆人，而且是勠力同心的忠实朋友和伙伴。由于国王的直接影响和自己的努力，贝克特才被选为大主教。

从那时起，他的才能和欲望便朝着另一个方向发展。在 8 月份，亨利二世一夜之间由整日嬉戏的王子变成英雄的国王，贝克特也经历了同样的升迁。他的个人生活一直是既虔诚又规矩的。他当然卷入了政治事务之中，但并不是君王背后形象不佳的人物。以前他作为一个廷臣和诸侯，在讲究排场和威仪方面不亚于任何人，加入了当时的奢华行列，但此时却极度节俭，企图博得圣人的名望和殊荣。贝克特在教界使用以前在政界用过的方法，企图实现同样的野心，而且在两个领域里都显得卓越不凡。他在政教职能的各个方面支持教会反对王权，并且用天主教的普遍观点和教皇的权威来支持这一咄咄逼人的行动。当时教皇的权威远远越过不列颠岛的边界，在整个欧洲乃至神秘庄严的地方都有重大影响。贝克特到大陆上旅行，并同法国和意大利的高级宗教人士举行了一次会议。回到英格兰之后，他决心使教会统治集团独立于以国王为代表的国家权力之外，从而引起了明智的兰弗兰克一生中所极力避免的冲突。此时，这个问题在英格兰有一触即发之势。

在撒克逊人的英格兰，已经隐约地有了很久以后伊丽莎白时代的改革者

1　这对各方而言往往都是有利的。男爵可能无法按照约定追随英王征战，而英王也乐于征收该税，用于雇用骑士。——编者注

2　直到 15 世纪，布列塔尼都是完全独立的公国，处于法国和英国的影响下。——编者注

们所要重温的那种理论。根据这种理论，君主是上帝的使者，不仅要掌理国务，还要保护并领导教会。到了11世纪，在1073年成为教皇格列高利七世的希尔德布兰德及其后任恢复了教皇的权力，罗马教廷自此开始提出与“国王是国家教俗首脑”这一传统概念格格不入的要求。格列高利改革[1]的观点是，教会的领导权应该掌握在教士手中，处于教皇的监督之下。根据这种观点，国王只是一个俗界人士，他的唯一宗教职责是服从教会统治集团。教会是单独的机构，它有自己的统治者和法律。到亨利二世的统治时期，主教不仅是教职官员，也是大地主，相当于俗界的伯爵。他可以指挥军队，也可以将自己的敌人革出教门，哪怕这个敌人是国王的朋友。那么，由谁来任命主教呢？任命之后，倘若教皇说东，国王道西，主教又听谁的呢？如果国王及其大臣们制定了与教规相抵触的法律，人们该服从哪家的权威呢？于是，宫廷和教廷以授职权问题为中心展开了激烈的斗争，而亨利二世与贝克特的冲突则是这场斗争在岛上的反映。

亨利二世同贝克特的斗争由于纠缠枝节问题而显得模糊不清。至于他们的斗争之所以集中在行政方面的意外事件而不是针对存亡攸关的主要原则，这是有一定原因的。国王对教会要干预国务的要求深为不满，但在中世纪，没有哪个国王敢于公开向教会挑战，虽然他可能很想限制教会的影响，却不敢考虑同它决裂。直到16世纪，才有一位同教皇发生矛盾的英格兰国王敢于否认罗马的威权，并公然宣布，国家在宗教方面也是至高无上的。在12世纪，唯一可行的方针是采取折中的和解办法，但那时教会并不想做交易。在每个国家，世俗权力接受了教会的挑战，但很难经受住对方的冲击。在中欧国家，王权和教权斗争的结果至少是两败俱伤。

自征服者威廉及其忠实的大主教兰弗兰克时代以来，英格兰教会同贵族阶级一样，得到了很大的权力。斯蒂芬曾在窘境中向教会作出全面让步，使

1 格列高利担任教皇后进行的一系列教会改革措施。——编者注

教会的政治影响达到了顶点。亨利二世感到，这些让步损害了他的王权，便策划夺回失去的权力。1162年，他迈出了第一步，任命他信赖的仆人贝克特为坎特伯雷大主教，以为这样可以使主教们对他持默许态度。实际上，他为教会选中了一个魄力不凡而信念超人的领袖。他忽视了或者没有发现贝克特态度发生变化的不祥迹象，因而迈出了第二步，于1164年公布了《克拉伦敦法规》。亨利二世说，法规重述了英格兰王国在斯蒂芬统治的混乱时期以前的惯例，此话不无道理。他企图回溯30年，废除斯蒂芬妥协后达成的协议。但是贝克特表示反对，他认为斯蒂芬作出的让步对于教会是不可放弃的收获，决不能让这些收获得而复失。他宣布，《克拉伦敦法规》并不能说明教会和国王的关系。1164年10月，他被议政大会召去解释自己的行为时，高傲地否定了国王的权威，将自己置于教皇和上帝的保护之下。

就这样，贝克特打破了那种一向认为政教统一与英格兰王国存亡攸关的论点，实际上他是手持宗教武器同国王宣战。坚决无视王权的贝克特逃到大陆避难。在那里，德意志和意大利正在被同样的斗争所困扰。英格兰统治阶级的思想已经被这场严重的斗争所动摇。斗争持续了六年，在此期间，坎特伯雷大主教贝克特一直流亡法国。直到1170年，他才在都兰的弗雷特瓦勒同国王实现表面上的和解。双方似乎都在原则上放弃了自己提出的要求。国王不再提及他的权力和惯例，也没有要求贝克特大主教发誓，反而保证他回国后平安无事并且完全控制自己的主教管区。国王和大主教的最后一次会见是1170年夏天在法国肖蒙进行的，大主教在会见结束时说："陛下，我以为分别后您再也不愿见到我了。"国王问："您是否把我看成叛徒呢？""您根本不是，陛下。"大主教回答道。但是他回到坎特伯雷之后，却决心从教皇手中获得革除教徒的无限权力，以便整饬教职人员的纪律。他写道："诸侯越是强大凶猛，我就越需要用坚硬的棍子和牢固的锁链来加以限制，使其安分守己。"他还说："我要到英格兰去，安危难卜。但不管命运如何，都是上帝的安排。"

同时，亨利二世利用贝克特不在英格兰的时机，决定在自己的有生之年为儿子小亨利加冕，以保证他顺利继位。约克大主教在其他一些教士的协助下主持了加冕仪式。贝克特对这个行动非常不满，认为这是侵犯他宝贵的主教权利。在达成《弗雷特瓦勒协议》[1]以后，亨利二世认为，过去的事情就让它过去吧。而贝克特则持不同的态度。

贝克特在流亡多年之后返回英格兰时受到了隆重的欢迎，修士们在坎特伯雷像接待天使一样地接待了他。他在布道时说："我是来和你们同死的。"他还说："许多在场的人愿意以身殉教，上帝不久将增加殉教者的人数。"他胜利地走过伦敦的街头，边走边向悲喜交集的人们散发施舍物。接着，他就重新着手革除那些参加年轻的亨利加冕事宜的教士。那些不幸的牧师和主教一起赶到诺曼底去见国王。照他们的说法，教界不仅咄咄逼人，而且实际上发动了暴乱，企图篡权。他们说，大主教已经准备好，"要拽下年轻国王头上的王冠"。

金雀花王朝的第一个国王、性情暴躁的亨利二世，在骑士和贵族的簇拥下收到了这些消息，他情绪激动地大声喊道："我真是养了一群蠢货和懦夫，竟然没有一个人肯为我向这个捣乱的教士报仇。"另一种说法是"向这个暴发吏报仇"。随后，国王立即召集了一次会议，研究巩固王权的措施，大多数与会者同国王一样愤怒。经过重新考虑，与会者得出了审慎的意见。在那狂热而好斗的社会里，各种压力已经很大，倘若政教双方发生激烈的冲突，英格兰王国是受不了的。

与此同时，另外一些行动正在进行。有四位骑士听到了国王在大庭广众之中所说的仇言恨语。他们迅速赶到海边，渡过英吉利海峡，要了马匹奔向坎特伯雷。1170 年 12 月 29 日，他们在坎特伯雷的大教堂里找到了大主教，

1 *Fréteval Agreement*，1170 年 7 月，在教皇使团引导和法国国王的参与下，亨利二世与贝克特达成的协议。根据该协议，英国教会与国家恢复和平关系，贝克特结束逃亡并回到英格兰。——编者注

上演了历史上的名场面，同时也是著名的悲剧。大主教以十字架和主教冠面对他们，无所畏惧、态度坚决，俨然是一位戏剧艺术大师。激烈的谈判没有结果，骑士遂拔剑将他刺倒。他像恺撒那样鲜血淋淋，无数伤口似乎发出了报仇的呼喊。

这场悲剧对国王是致命的打击。杀害上帝的重要仆人就像违背封建誓言一样，引起了普遍的愤懑。英格兰人都为这件血案感到恐怖。他们宣布这位遇难的大主教为殉教者。不久，主教的遗物也成了治疗不治之症的灵丹妙药，病人只要摸一下他穿过的法衣，就可除去较轻的病痛。杀害他当然是不可弥补的滔天罪行。亨利二世听到这个惊人的消息时，痛苦而恐惧地晕了过去。他为了限制教会势力而试图制定的严密法律程序，被血腥残酷的行为无情地抛到一边。虽然他根本没有想过采取这样的行动，但他在众人面前所发泄的恶语，使自己犯了在当时至少是不可推卸的谋杀罪，甚至是亵渎神圣，罪责难逃。

在随后的几年里，亨利二世大张旗鼓地用赎罪行为来改变自己的不利处境。他多次到遇害主教的圣墓去朝圣，并且公开忏悔，在几次遇难纪念日，他光着上身谦卑地跪着，忍受得胜的修士们的鞭笞。不过，从当时的画像来看，那似乎是用桦条抽打肉体的象征性惩罚。在悔罪和服从上帝的外衣下，亨利二世仍在为恢复国家的权力而进行不懈的努力。根据 1172 年的《阿弗朗什妥协方案》(*Compromise of Avranches*)，他与教皇在比较宽容的条件下获得和解。许多对此深有研究的历史学家认为，亨利二世到寿终时虽未在形式上但似乎在实质上重新确立了《克拉伦敦法规》的基本原则；这些原则毕竟符合某些标准，这些标准是英格兰民族或任何其他刚强而有理性的民族愿意奉为法律的。毫无疑问，教皇支持亨利二世同他的几个儿子进行斗争。有人说，那四位骑士在圣战中赎了罪。但贝克特的血也没有白流，到宗教改革时为止，教会一直保持了独立于王权的宗教法庭系统以及向罗马教廷上诉的权利。这两点是贝克特轻视国王所依据的重要因素。

在这些震撼人心的严酷斗争中，政教双方竟能互为高下，旗鼓相当，这也反映了那个时代的特点。在现代一些伟大国家的政教斗争和革命中，主教和大主教被成群地赶进集中营，或者在监狱温暖宜人、灯火通明的走廊里被手枪射中颈背。我们有什么资格吹嘘自己的文化比亨利二世的时代更高级呢？我们更深地陷入蒙昧状态之中，因为这种蒙昧状态为精神上的冷漠态度所容忍，也为科学方面的外衣所掩盖。[1]

* * *

贝克特死后，亨利二世又活了 18 年。在某种程度上，这 18 年是辉煌胜利的时期。欧洲各国都羡慕亨利二世的辽阔版图，而亨利二世于 1171 年又在爱尔兰确立了自己的统治。他还把自己的几位女儿嫁给西西里国王（诺曼人）、卡斯蒂尔[2]国王以及德意志最强大的诸侯、萨克森的狮心亨利，从而同他们建立了联系。外交使者在意大利北部的伦巴第各城市散布了他的影响。神圣罗马帝国皇帝和教皇都以基督和全欧的名义，请他率军发动另一次十字军东征并出任耶路撒冷国王。在当时的基督教世界，亨利二世的地位仅次于神圣罗马帝国皇帝红胡子腓特烈一世[3]。亨利二世同时代的人猜想，他的目标是在意大利建立自己的王国，甚至登上神圣罗马帝国的宝座。

但是亨利二世知道，他的荣耀来自他个人，而且是不可靠的和暂时的。他还得处理令人忧伤的家庭纷争。在那些岁月里，他的儿子发动了四次叛乱。他已经封给三个大一些的儿子显要的爵位：亨利领有诺曼底、曼恩和安茹，理查掌管阿基坦，杰弗里得到了布列塔尼。这几个儿子是典型的安吉文

1 写于 1938 年。——原注

2 Castile，西班牙境内的一个王国。——译者注

3 Frederick Barbarossa Ⅰ（约 1122—1190），霍亨斯陶芬王朝的德意志国王（1152—1190 年在位）和神圣罗马帝国皇帝（1155—1190 年在位）。他也是德意志的士瓦本公爵（称腓特烈三世，1147 年起）和意大利国王（1154—1186 年在位）。——编者注

后代，他们不仅要头衔，还要权力，而且不尊重他们的父亲。在他们的母亲、与丈夫分居后住在普瓦捷的埃莉诺王后唆使下，他们在 1173 年到 1186 年之间联合各种势力发动多次叛乱，每次都得到等待时机的法兰西国王的大力支持。亨利二世宽待这几个不孝之子，但他也不抱任何幻想。当时威斯敏斯特的王宫大厅里挂着根据国王之命而作的一些图画。在其中一幅图画里，四只雏鹰正在捕食母鹰，最小的那只落在母鹰的脖子上，正要啄出它的眼睛。据说，亨利二世说过："这四只小鸟就是我的四个儿子，他们不停地迫害我，甚至要将我置于死地。我现在十分宠爱的小儿子，到头来将比别的儿子对我进行更严重和更危险的侮辱。"

不出所料，亨利二世曾努力为约翰争得同其他儿子相等的遗产，但约翰却参与了反对父王的最后一次阴谋。1188 年，次子理查在长子亨利死后，联合法兰西国王腓力二世对亨利二世发动了战争。当时亨利二世已经重病在身，在勒芒一战中败北，退到诺曼底。当他在谋反者的名单上发现百般宠爱的小儿子约翰的名字时，便停止了生命的挣扎。"听天由命吧，"他艰难地说，"真可耻，一个国王败在他人手下，真可耻"。说着，这位坚强、狂暴、英明而孤独的人在希农断气了。那是 1189 年 7 月 6 日的事情。虔诚的教徒听到的说教是，这一凄惨的结局是上帝对杀害托马·贝克特的凶手的进一步惩罚。这就是世俗权力带来的苦果，也是胜利的荣耀带来的惩罚。

第十三章　　CHAPTER 13

英国习惯法

金雀花王朝的国王都是粗暴的君主，而当时社会也带着狂暴的性质。不过，那种狂暴是朝气蓬勃的表现，而不是萎靡不振的象征。在英格兰的历代国王中，有比亨利二世杰出的军人，也有比他敏锐的外交家，但就法律和制度方面的贡献而言，却无人能同他相媲美。他奇异而奔放的疯狂热情并没有在政治、战争和狩猎中耗尽。他像前几代出身于诺曼族的国王以及他自己的儿子一样，善于解决行政和法律方面的难题，这是他的成就所在。他的各次战斗的名字早已湮没无闻，但他的名望将同英国宪法和英国习惯法一起永世长存。

伟大的亨利二世在位时还算幸运。威廉一世和亨利一世为英格兰带来并保持了各种行政手段，使后人在执政中得以运用，但他们自己却不得不循序渐进，小心行事，全国也必须适应新的法律和新的统治者。1154 年安茹的亨利来到英格兰时，20 年的混乱状态已经为她接受中央集权统治做好准备。作为法国人和大半个法国的统治者，他目光远大，经验丰富，并且不惜采取狡诈手段。斯蒂芬统治时期造成的灾难，使亨利二世不仅决意制止贵族的独立态度并夺回斯蒂芬失去的利益，而且决意取得更大的成就。他设计了对全国和全体民众实行统一法度的皇家法庭系统，以代替许多贵族法庭。当时，在习俗和特点不同的地区里，贵族们实行不同的法律。

亨利二世的这项政策并非不冒风险，但他比较明智，避免发生正面冲突。他心里和当年的征服者威廉一样清楚，只要对传统的权利触动一下，就会引起一场灾难。面对这种情况，亨利二世巧妙地改变一个又一个惯例，并且给这些改革披上颇受尊重的保守主义外衣。他小心翼翼地尊重已有的形式，因而计划在旧原则的形式下注入新内容。在一部未成文的宪法中，国王的传统权利规定得很含蓄，为以后施展机谋留下空子。在诺曼人征服英格兰以前的几个世纪里，教会和国王都是封建割据的敌人，但当时并不存在迅速扩大国王司法权的条件。亨利二世利用撒克逊人关于“国王和平”（King’s Peace）的灵活观念，把所有的刑事案件归于自己的法庭审理。人人都得遵守他的和平秩序，破坏秩序就是犯罪，位高而触犯法律的人罪加一等。“国王和平”是至高无上的，这种和平秩序的破坏者可能在国王的法庭受到审判。但“国王和平”是有限的，一般只涉及在国王身边、交通干线或皇家领地所犯的罪行。国王一死，他的“秩序”也随之寿终正寝，人们就可以为所欲为了。亨利二世小心谨慎、不露声色地作出规定：“国王和平”扩大到英格兰的所有地区，不管谁在哪里破坏了这一和平，都应在国王的法庭受审。接受审理不当案件的上诉并保护土地所有者，这是国王法庭久已有之的权力。亨利二世滥用这个权力，把民事案件吸引到国王法庭来审理。他对自己的企图并未大肆宣扬，他所促成的变化也是逐渐产生的，而且没有经过立法程序，所以人们起初很难察觉这些变化。要确定任何一次改革的日期是不太可能的。但是，国王死后，聪明人会回顾一下，发现亨利二世在位的 35 年里发生了多么大的变化。

假如亨利二世想在法律方面摆出一副保守主义者的样子，他就必须有始终如一的作风。强迫手段对于实现他的计划没有多少用处，他应该遵循的第一条原则，必须是把案件吸引到而不是强行拿到自己的法庭审理。要使诉讼人到国王的法庭起诉，就必须有东西吸引他们。国王断案必须比他们的领主公正。为此，亨利二世在国王法庭为诉讼人制定了一项惊人的新制度，即陪审团制度[1]。当时人们称之为“国王的恩惠”，这个名称既说明了陪审团的起源，也反映了陪审团在习惯法形成与巩固过程中的作用。但是，陪审团并不是亨利二世的发明，而只是被他赋予一种新的用途。陪审团制度是法兰克人对英国法制的一大贡献，因为在诺曼人征服英格兰之前，英国还不知道这一制度，而在加洛林王朝早就出现了它的萌芽。起初，陪审团是为了行政管理方便而建立的皇家机构：国王有权召集一些人就任何一个同国王利益有关的问题发誓作证。征服者威廉就是通过陪审团的这种早期形式在财产大清查时确定了国王的权利。富有天才的亨利二世看到这种制度可以作为新的用途，于是把这个当时为止只用于行政方面的工具在法庭上长期加以运用。

只有国王有权组织陪审团，亨利二世因此禁止私人法庭仿效。他还规定，只有对要求皇家法官伸张正义的人才组织陪审团。这是比较精明的做法。此前，民事和刑事案件都是通过起誓法、神裁法和决斗来裁决的。法庭的一般做法是，命令诉讼当事人找一些能发誓证明他正确的人。如果这些人作假证明，人们希望他们将受到上帝的惩罚。或者让他在一位教士的监督下拿起一块烧红的铁、吃一口面包或者被投入水中。如果铁没有灼伤手，或者面包卡住他的咽喉，或是水不能使他下沉，那么就可以断定，上帝显出了受审者无罪的迹象。决斗法，即以战斗裁决的方法，是诺曼人根据战神会给正直的人增添臂力的理论而确立的新方法，这一方法曾一度广泛地用于裁决土地纷争。修道院和大地主因此豢养一些职业斗士来配合上帝的保佑，以保护他们的财产和权利。于是对涉及法律的问题就没有什么讨论的余地了。在一个较有理性的时代，人们开始怀疑这种古怪的做法。而且，教会在《大宪章》得

1 起源于法国，亨利二世颁布的《克拉伦敦法规》将其确立下来。根据法规，发生刑事案件后，必须由熟悉情况的 12 名陪审员向法庭控告并证明犯罪事实。——编者注

到批准的那一年也拒绝承认神裁法的效力。于是陪审团的审判方法迅速流行起来。但旧的审判方法又延续了很长时间。如果被告愿意接受上帝的审判，谁也无权禁止，所以说，神裁法并没有彻底废除。因此，后来出现了一种可怕的做法，即通过慢慢折磨的办法强迫被告接受陪审团的审判。这种做法后来被时代的潮流所淘汰。直到 1818 年，还有一个诉讼当事人要求通过决斗来裁决，使法官感到窘迫不堪，国会因此不得不废除这一古老的裁判法。

当时的陪审团和现代的陪审团有所不同，它有各种形式，但总的来说，有一点根本区别：陪审团团员不仅是判断事实的法官，也是证人。所选择的陪审团团员都是正直诚实的人，但主要还不是因为他们公正，而是由于他们可能知道实情；现代的陪审团是很晚才产生的，它在法庭调查清楚之前对案情一无所知。我们对当时的审案程序并不很清楚。从边远地区召唤去威斯敏斯特的陪审团可能不太愿意奉召前往，因为路程遥远，旅途不安，可能只有三四个人报到。而法庭不能等候，如果休庭，就会有很大的损失。为了避免耽搁和破费，当事方有时同意依靠由旁观者组成的陪审团。了解情况的陪审员把案情介绍给旁观者，然后陪审团便作出裁决。最后，了解当地情况的陪审员不再当陪审员，而是当证人，在法庭上向完全由旁观者组成的陪审团提供证据。当时的做法可能就是如此，或者大致如此。随着作证法的发展，法律程序逐渐发生了变化。到 15 世纪，新的程序已经形成，但旧的方法依然残存，甚至到了都铎王朝统治时期，作出错误裁决的陪审员仍会因犯伪证罪而受到审判。

陪审团制度已经成为英国司法制度的核心，因为只有一个案件必须由 12 个正直的人仔细审理，诉讼双方才能得到保护，免受冤案之苦。英国法律同欧洲大陆以罗马法为基础的法律之区别，也正在于此。在中央集权化的伟大过程中，“法律来源于人民而并非由国王臆定”的原则被保留下来，传袭至今。

上述方法有效地维护了法律，陪审团制度得到了广泛的应用。专职法官脱离了地方偏见的束缚，他们的看法比那些偏私或无知的封建领主及其管家公正得多。他们还从国王那里受权召集陪审团，保证迅速定案，并有很大的权力保证裁决得到执行。亨利二世必须几乎从零开始建立起一套相应的国王法庭系统，使它能接受急剧增加的案例。他所依靠的是政务会，这个机构早就在各方面发挥了正常的政府职能，后来派生出最高法庭、财务署、国会、习惯法法庭以及都铎王朝和斯图亚特王朝所依赖的大主教法庭。在亨利二世执政初期，政务会几乎统揽各种政务。在法律方面，审理有关王室岁入案件的财务署法庭已经开始成形，但总的说来，政务会就是国王的封建法庭，国王像任何其他封建主一样，在这个法庭上主持封臣之间的公道。在亨利二世统治时期，这一切都发生了变化，国王的法律机构的分工越来越具体。到他儿子们的统治时期，政务会开始分为两大法庭，即最高法庭和高等民事法庭，它们直到一个世纪以后才彻底分开。以后，它们和财务署法庭成为习惯法系统的基础，这种情况一直延续到 19 世纪。此外，还经常有巡回法官衔命到各郡审理各种案件，郡级法庭因此纳入了国王的司法系统。

但这一切仅仅是个开始，亨利二世还必须为渴望国王法庭秉公裁断的诉讼人创造条件，使他们能够把自己的案子从领主法庭转到国王的法庭审理。他所使用的手段是国王令状。无论如何，贵族的权利在形式上必须受到尊重。但是，依靠王室的传统权利，人们可以要求把某些案件归国王法庭审理。根据这条原则，亨利二世制定了一套定案标准，或曰令状，以适应各种案例。如果有人能够自圆其说地证明自己的案子符合某条令状的措辞，他就可以使自己的案子移交国王法庭。令状措辞严谨，但仍然不断有新的令状公布于世。在 80 年的时间里，令状的数目不断增加。每颁布一个新令状，对封建领主的法庭都是一次新的打击。直到德蒙特福特在 13 世纪揭竿反对亨利三世[1]

1 Henry Ⅲ（1207—1272），金雀花王朝的第四位英格兰国王（1216—1272 在位）。他在位时间相当长，但却是英格兰历史上最无名的国王之一。——编者注时，令状的数目才停止增加，总数在200项以下。这种令状制度持续了600年。虽然时代会发生变化，但社会必须顺应这个严格的制度。英国法律不可避免地受到拟古主义和合法假设的影响。案子的整个过程取决于开头选用哪条令状，因为每条令状都有特定的程序、审问方式和最终的补偿办法。撒克逊人的形式主义就这样保存了下来。亨利二世只是以同样刻板的法律程序打破了原有法庭的原始庭审方法。这种令状制度尽管刻板，却给英国法律带来了保守主义精神，因而使英国的法律毫不间断地保持到现在。

* * *

关于英国法律有一条定论，即理查一世[1]在1189年继位之后，英国的法律史才真正开始。在学术上的这种分期是根据爱德华一世[2]编纂的成文法确定的。这样分期再合适不过了，因为在亨利二世的统治结束时，我们便踏上了英国法律史上一个新时代的门槛。国王的法庭系统普遍建立起来，在全国实行统一的法度，纷杂不一的地方法律因而迅速崩溃，在全国和所有人中间普遍实行的法律不久也就应运而生了。现代的律师如果回到亨利二世以前的英格兰社会，就会对一切都感到陌生，可是在亨利二世留给其子的制度下，他几乎对一切都感到很熟悉。这种对比反映了亨利二世国王的伟大功绩。他奠定了英国习惯法的基础，使后人得以在这个基础上添砖加瓦。它的“图案”将有所改动，但“外形”不会发生任何变化。

英语民族就是在这个具有决定意义和形成性格的时期，开始寻求解决法律争端的办法，这些办法在实质上沿用至今。一个人只有在民事或刑事方面

1 Richard Ⅰ（1157—1199），金雀花王朝的第二位英格兰国王（1189—1199年在位），因骁勇善战而被称为“狮心王”。——编者注

2 Edward Ⅰ（1239—1307），金雀花王朝的第五位英格兰国王（1272—1307年在位），又称“长腿爱德华”“苏格兰之锤”或“残忍的爱德华”。——编者注

触犯了法律中有明确规定的某项条件，才构成犯罪。法官是公断人，他根据诉讼双方提供的证据作出裁判。证人必须公开作证，而且还要发誓。他们受到审查和盘问，但进行盘问的不是法官，而是诉讼当事人自己或他们雇用的合法代表。他们所证实的事实不是由法官而是由12位正直诚实的人去衡量，只有在陪审团确立事实之后，法官才有权根据法律作出判决。如果不考虑到控制着世界大部分地区的另一种制度，这一切就可能显得理所当然和平淡无奇了。根据罗马法及其派生出的一些制度，在过去好些动荡不安的世纪里以及在当代的某些国家里，审讯常常只是盘问而已。法官独自对民事或刑事案件进行调查，而这种调查基本上是不受限制的。犯罪嫌疑人可以受到单独盘问，必须回答向他提出的一切问题，他聘请法律顾问的权利也是有限的。对方的证人可以在他没有到场的情况下秘密地作证。只有在这些程序完成之后，才能确定并公布他的罪名。因此，常常发生恐吓、刑讯、逼供和讹诈成招的情况。但是，这类弊端早在600多年前就从英国的习惯法中消失了。到亨利二世的曾孙爱德华一世崩殂之时，英格兰的刑法和民法程序已经定型并成为传统，直至今日仍然支配着各个英语民族。无论是在有关美国中西部的牧场、加利福尼亚的油田、澳大利亚的大牧羊场和金矿的问题上，还是在毛利人[1]的领土主权问题上，这些法规根据英国习惯法的程序和审判方式应用于解决各种要求和争端，至少在理论上发挥了这种作用。

但是，这些法规并不仅限于如何进行审讯的问题。用于处理如此繁多的新老问题的法律，主要是英国的习惯法。关于凶杀、盗窃、土地所有权和人身自由的法律同许多其他法律一起进入了新大陆[2]，虽然为了适应时代的条件和潮流而常有改动，但是同12世纪主宰英格兰人生命财产的法律仍有直接联系。

---

1 Maoris，新西兰的原住民和少数民族。“Maori”在毛利语中是“正常”或“正常人”之意。——编者注

2 指美洲。——译者注

当时，这个法律基本上是不成文的，目前在英国，在很大程度上仍然如此。例如，现在的英国成文法中仍然没有谋杀罪的明确定义，因为这一条也同其他许多法律一样，以当地居民公认的不成文习惯为依据，由法官去解释、发展和应用。律师们要判明是非，也只能研究关于古代案例的报道和记载。为了这一目的，他们在那么古老的时代就为自己做了准备。在亨利二世去世一个世纪以后，他们开始在伦敦组织自己的专业团体——法律协会。这类团体属于半学会半法律学校的性质，但主要是世俗的，因为它们不鼓励精通罗马法和罗马教会法规的教士参加。这些协会还出版法律年刊，当时名为《年鉴》(*Year Books*)，其权威性是法官们公认的。这种刊物连续发行了近三个世纪。可是在这么长久的时间里，只有一个人作了全面说明英国习惯法的尝试。大约在 1250 年，巡回法官亨利·布拉克顿写了一本将近 900 页的巨著，名为《论英格兰的法律和习惯》[1]。在此后的几百年里再也没有这样的著作问世。布雷拉顿的方法为英语世界树立了范例，与其说他是介绍习惯法，不如说是解释和评论习惯法，从而鼓励并帮助律师和法官在这方面继续努力。具有无限权力的国家以罗马人的方式强加给属地的法律汇编和法典，同英格兰的传统和精神是格格不入的。法律早就存在于国内的习惯之中，关键是需要通过潜心研究去发现它，把见诸史集的判例加以比较，并在法庭上把它应用于具体争端。随着时间的推移，习惯法发生了变化。亨利二世时期的律师从 10 世纪的老前辈的论述中悟出了作者本人也没有想到的道理和原则，并把它们用来适应当时的新条件和解决新问题。这并不成问题，他们有判例可循。如果一个法官确信，某个习惯在以前的同类案件中曾经得到承认和遵循，如果这个习惯在他的心目中是公平的，而且符合当时的社会潮流，那么，他在处理争端时就乐于奉为准绳。人们熟知的这种“判例

1　*A Tract on the Laws and Customs of England*，全书共 14 卷，主要内容包括直属受封地诉讼、圣职授予权、寡妇财产、嫁资、赠予、遗嘱诉讼等。其被公认为论述普通法的开山之作，也是后世法官审判案件的重要参考。——编者注

法”[1]得到缓慢而不断的发展，最终像其他国家的《人权宣言》[2]、洋洋洒洒的《美国独立宣言》[3]和保证民权的宪法等法律文件那样，保障了个人的权利和自由。但是，英国在法律方面一直是小心翼翼地前进，就连《大宪章》的草拟人也没有试图制定新的法律或公布任何普遍的准则。这是因为君主和臣民实际上都受习惯法的约束。英国人的自由并不依靠国家颁布的法律，而是依靠长期逐渐形成的习惯，因为这些习惯是有权在法庭上断案的自由人陪审团所确认的。

1 Case law，泛指可作为先例据以决案的法院判决。根据判例法制度，某一判决中的法律规则不仅适用于该案，而且往往作为先例而适用于以后该法院或下级法院所管辖的案件。——编者注

2 *Rights of Man*，即《人权和公民权宣言》。1789 年颁布，是法国大革命的纲领性文件。——编者注

3 *American Declaration of Independence*，1776 年发表，宣告北美 13 州脱离英国的殖民统治，成为独立的国家。——编者注

第十四章 CHAPTER 14

狮心王

第一次十字军东征以后在耶路撒冷建立的基督教王国，依靠“圣殿骑士团”[1]和“医护骑士团”[2]的保护，在风雨飘摇中维持了一个世纪。它之所以能够长期存在，主要是由于周围的伊斯兰国家彼此不和。后来，撒拉逊人[3]当中出现了一位伟大的民族领袖，统一了穆斯林力量。1169年，萨拉丁成为埃及的大臣，不久自封为苏丹[4]。他是库尔德人[5]，具有大马士革[6]人的文化修养。他的势力很快扩展到叙利亚，包围了地中海东岸的几个十字军国家。1174年，萨拉丁攻克大马士革，1183年又攻陷了阿勒颇。面对着日益迫近的危险，耶路撒冷的基督教王国和它的国王、吕西尼昂的盖伊忧心忡忡，把朝不保夕的王

1 Knights Templars，全名为“基督和所罗门圣殿的贫苦骑士团”，三大骑士团之一。——编者注

2 Knights Hospitallers，三大骑士团之一，旧译“医院骑士团”。1048年由意大利本笃会建立，旨在医治和护送贫困、病弱和受伤的朝圣者。——编者注

3 Saracens，原指从今天的叙利亚到沙特阿拉伯之间的沙漠牧民，广义上则指中古时代所有阿拉伯人。——编者注

4 Sultan，前身是总督，后成为国王的代名词。——编者注

5 Kurd，游牧民族，活跃在西亚库尔德斯坦地区，属于欧罗巴人种地中海类型。——编者注

6 Damascene，世界有人居住的最古老城市之一。曾是阿拉伯帝国倭马亚王朝的首都，号称“人间的花园”“地上的天堂”。——编者注

冠先是拱手让给法国的腓力二世，然后又让给亨利二世，并且向西欧各国告急求援。但西欧的君主争吵不休，未及时采取有效措施。1186 年，萨拉丁也发动了“圣战”（Holy War）。他向好战的游牧部落许下了今生在冒险事业中获得战利品以及来世可以进入极乐世界的诺言，率领他们向耶路撒冷进军。可能有一万基督教占领军奉命迎击，但他们在干燥的沙漠中处于不利的地位，经哈廷一战[1]被人数上占绝对优势的敌人彻底击败，国王、圣殿骑士团的大团长和许多有名望的贵族都被生擒。1187 年 10 月，耶路撒冷投降。此时除了提尔、安条克和的黎波里之外，巴勒斯坦和叙利亚全境都落入穆斯林的手中。

这些事件震动了欧洲各地，教皇也和西欧各基督教国家一样感到惊恐不安。他派出使节到各国宫廷游说，劝他们同基督教兄弟和睦相处，共同对付异教徒。西欧三大国的君主响应了这一召唤，英格兰、法国和德意志的骑士界也都摩拳擦掌。人们看到了撒拉逊骑兵亵渎圣墓的画卷。不仅上层阶级，在某种程度上，社会上各阶层的人都表现出强烈的感情。从当时的文学作品中可以看出，许多年轻的十字军战士离开亲人和家园奔赴遥远、陌生的危险世界时，心中不无离别的忧伤之情。强烈的牺牲精神和神秘感使那个时代和当时人们的努力充满浪漫色彩，并同战争和冒险的吸引力混为一体。在德意志，美因茨的诸侯会议庄严“宣誓远征”圣地；英法两国的国王同意合力东征，不过并未停止他们的直接冲突。除了宗教方面的呼吁，还有税收方面的奖惩。所有不参加十字军的人都得交纳“萨拉丁什一税”（Saladin tithe），另外，对所有参加十字军的人实行免税和暂缓偿还债务的政策。派向东方的最强大军队组织起来了。德意志在红胡子腓特烈的麾下集结了一支大军，载着 1.2 万挪威人的斯堪的纳维亚舰队渡过了直布罗陀海峡。全副武装的欧洲向亚洲猛扑过去。与此同时，蒙费拉的康拉德率领第一批援军从君士坦丁堡急

1 Battle of Hattin，1187 年 7 月 4 日发生于巴勒斯坦哈廷地区，是十字军征战中的重要战役。——编者注

速出发，解了提尔之围以后，开始包围阿尔切。

在这动荡不安的局势中，亨利二世在悲伤和灾难中去世了。他没有指定自己的继承人，王位自然地传给了理查一世。新国王在他曾经以武力反对过的父亲去世时，并未假装悲痛，他只是在背诵主祷文的时候在先王的灵柩前跪了一会儿，然后就处理他的政务去了。虽然他在许多方面比较严厉，但人们发现他也还宽宏大量，这使他的军事威望又增加了一层光彩。登基伊始，他就树立了光辉的榜样。在反对父亲的暴乱中，他甚至不穿铠甲冲在骑兵的队前，在勒芒紧紧追击亨利二世的溃败队伍。为败军殿后的是亨利二世的忠实勇士威廉·马歇尔。交锋之后，他把理查一世的命运掌握在自己手中。理查一世在这种不利的情况下高喊道："请饶了我的这条命吧！"马歇尔便把枪尖转向王子的战马，将它一枪刺死，轻蔑地说："不用我杀你，魔鬼会杀死你的。"受这种侮辱还不如一死。因此，威廉·马歇尔和他的朋友们焦虑不安，不知他们如今必须效忠的新君主会怎样对待他们。但理查一世不念旧恶，他谈到这次记忆犹新而且依旧刺痛他内心的不愉快事件时，态度庄重，不动感情。他保留了先王的这位忠实仆人的一切职务和荣誉，并派他到英格兰代理政务。理查还使威廉·马歇尔和彭布罗克富有的女继承人结婚，马歇尔顿时成为英格兰贵族中最有势力的人物之一。人们注意到，理查一世宠信那些忠诚地支持父王反对他的人，甚至不惜牺牲和他同室谋反的那些人的利益。

*　　　*　　　*

理查一世由于在性格上存在着颇有英雄色彩的优缺点，成为中世纪最令人瞩目的人物之一。迄今为止，他一直被描写成骑士时代的产物和化身。在那个时代，人们都喜欢在文章中用狮子做标志，不止一个国王试图把自己同狮子的名声联系起来。当时人们称理查一世为"狮心王"（Cœur de Lion），这对兽中之王是永恒的褒奖。英格兰人民在理查一世统治时期没有得到什么好处，反而为他的冒险付出了沉重的代价。在他统治的十年里，他只来英格兰两次，住了短短的几个月，但数百年来，他的形象一直激励着英国人，似乎为军队的官兵树立了榜样。就勇敢和韬略而言，理查一世是出类拔萃的人物。他个子高大，身材匀称，肌肉强健，手臂灵活。他喜欢亲自参加格斗，并且毫无恶意地认为，他的对手是使他得到荣誉的必要媒介。他喜欢战争，但是像其他人酷爱科学和诗歌那样，并不是为了沽名钓誉或达到政治目的，而是为了战斗的欢乐和胜利的荣耀。这一爱好决定了这位军事指挥官的性情，他的优点和对战争的酷爱激发了他身心所具有的一切力量。

理查一世狂暴好杀，又鲁莽急躁，因而并非诡计多端，也不是残忍成性。他既好得罪他人，也同样容易原谅别人；他慷慨大方，挥霍无度；他在战争中慎于计划，巧于执行；他在政治方面单纯无知，既不敏感，又缺乏经验。他根据自己的好恶结交政治盟友，政治计划既缺乏统一性，也没有明确的目标。他通过自己的军事天才所取得的有利条件，由于外交无能而丧失殆尽。他的军队在东进途中夺取西西里的墨西拿时，他轻信别人的劝说，同华而不实的盟友法王腓力·奥古斯都分享胜利果实。如果这些果实善加利用，则可能使法国国王的美妙计划化为泡影。他夺取富庶易守的塞浦路斯之后，又轻易把它丢掉了。他的一生恰似一场检阅，结束之后只留下一片旷野。

理查一世一心想发动新的十字军东征。这个使命似乎是专门为他而产生的，符合他本性的各种要求。把圣地从异教徒的玷污中解救出来，以国王的身份在骑士的队前冲锋陷阵，为上帝所赞同的人类光荣事业而奋斗，这一切真是使他扬扬得意、自我陶醉。英格兰人本来希望国王为他们谋求福利、维持太平、振兴国家、伸张正义，但是他们知道，十字军东征是崇高而神圣的事业，教会也开导他们说，东征会给他们带来无形的祝福。理查一世的加冕仪式极其庄严隆重，充分利用了不列颠岛上君主继位的最古老的形式和传统，甚至直到现在王室还保持着当年加冕的基本礼仪。理查一世为了拯救圣墓，实际上拍卖了英格兰王国，因为他无论如何也要筹措一笔资金，以支付远征巴勒斯坦的费用。他一再出售国内的各个官职，实行彻底的重税制度，征收兵役免除税，后来又恢复了百亩税。他确是一心一意要进行圣战。

理查一世在1190年夏天率军出征，将政务委托给两位政法官代理，一位是伊利的主教威廉·朗香，另一位是达勒姆的主教休·普赛特，由王室中最可靠的老太后、阿基坦的埃莉诺监督。理查一世已将其妹爱丽丝许配给法王腓力二世。爱丽丝除了容貌之外，别无可取之处。腓力二世说，理查一世曾企图诱奸爱丽丝，两位国王因此结怨。真相如何，姑且不论。理查一世穿过法国并乘船到达西西里，准备在那里过冬。他的母亲把纳瓦尔王国的公主贝伦加丽娅带到他那里。他对公主思慕已久，如今决定娶她。“狮心王”应该为了爱情而不是为政治而结婚，这才合乎情理。但由于爱丽丝拒绝与腓力二世结婚，英法两国国王未能结成东征所需要的联盟。腓力二世得到一万马克的赔款，但仍愤愤不平。英法之间的斗争并未轻易停止，两国人马在西西里避冬之时，由于互相嫉妒而常常发生争吵。

此时，红胡子腓特烈一世已率领德意志大军于1189年5月由雷根斯堡经匈牙利向君士坦丁堡进发。一到拜占庭帝国的边界，困难就接踵而来了。君士坦丁的后辈们仍然统治着巴尔干半岛和小亚细亚。这时，皇帝艾萨克二世已同萨拉丁结成联盟，德意志大军当然不能轻易过境。鉴于德意志人扬言要对希腊分裂主义者展开圣战，艾萨克二世才在1190年3月底放他们通过博斯普鲁斯海峡到达亚洲海岸。红胡子腓特烈一世，这位40年前第二次十字军东征时的老兵，好不容易穿过小亚细亚，到达西里西亚[1]，却在那里的卡利卡努河中溺死——可能是由于在渡口马失前蹄，也可能是饭后洗澡不慎所致。他的部分军队掉头回返，许多人在安条克死于瘟疫。在他的号称“德意志之花”的浩荡大军中，只有不到1000人在他儿子的带领下，于1190年10月

1 Cilicia，土耳其部分地区的旧称。——译者注

回到阿尔切的十字军大本营。然而，他们毕竟能够守约，可是英法军队直到1191年春才离开西西里。腓力二世乘船直接驶向阿尔切，理查一世则在塞浦路斯逗留了一个时期。他和当地的希腊人首领发生争执，说他们侮辱了他的未婚妻，因此占领了该岛，在那里和贝伦加丽娅举行了婚礼。直到1191年6月8日，他才率领大军抵达阿尔切。

第三次十字军东征由于骑士的魅力而增添了光彩。欧洲各强国的国王已经包围了必将失守的萨拉丁堡垒。他们互相比勇，互相嫉妒，神圣的事业也不能阻止他们明争暗斗。理查一世在诸王当中处于领导地位。在战斗中，哪里最危险他就出现在哪里，打死最强悍的敌人，但他却一直同萨拉丁举行谈判，而且几乎达成协议。为了挽救要塞，萨拉丁主动提出释放信奉基督教的俘虏，交付一大笔赔款，并且交出他在耶路撒冷夺取的耶稣受难十字架（不过，当时耶稣已经去世1200年，此物真假难辨）。但是，谈判最后破裂了，理查一世在盛怒之下残酷地屠杀了作为和平保证的2000名撒拉逊人质。他到达阿尔切不到五个星期，便攻进了这座被围困两年之久的城池。

阿尔切城陷落后，理查一世的尚武精神及其将帅之才在各国广受钦仰。但盟国之间的争吵使战争处于瘫痪状态。流亡的耶路撒冷国王盖伊和蒙费拉的康拉德发生了王位之争，理查一世和腓力二世各护一方。后来双方拟订了折中方案，但是法王旋即回国，去实现他在佛兰德的计划，同时去唆使约翰王子反对远离国土的胞兄理查一世。受到理查一世侮辱的奥地利公爵利奥波德也拂袖而去。在这种情况下，十字军虽然有理查一世的正确指挥，并在艾尔苏夫大捷[1]中杀死了成千上万名异教徒，却只能在山上遥望圣城[2]而兴叹。理查一世王怆然掩目，不忍远眺他无法进入的圣城。后来他决定撤回海边。

1 The victory at Arsuf，发生于第三次十字军东征，理查一世在此次战役中击败埃及和叙利亚苏丹萨拉丁，南巴勒斯坦地区重新归于基督徒的统治之下。——编者注

2 指耶路撒冷。——译者注

第二年，即1192年，他攻占了雅法[1]。十字军又可以遥望耶路撒冷了，但是他们再度撤退下来。

这时，由英格兰传来惊人的消息，使理查一世觉得非回国不可。于是，他又和萨拉丁重开谈判，甚至提出把他的妹妹乔安娜嫁给萨拉丁的兄弟，作为永久和平的保证。撒拉逊人通过顽强的战斗赢得了敌军的尊重。三年的和平或曰三年的停火终于实现了，双方划分于沿海城镇，圣墓也作为朝圣的地方对小股的十字军开放。那些十字军到达了目的地，不过只是以游客的身份去的。盖伊和康拉德争夺耶路撒冷王国的激烈斗争也自动停止，因为康拉德在他的要求终于得到理查一世承认的时候，被“深山老人”（Old Man of the Mountain）领导的穆斯林教派的刺客杀死了。盖伊对恢复自己的世袭权利失去了信心，便从英王手中买下了塞浦路斯，定居在那里，并在那里建立了自己的王朝。这个王朝在骑士团的帮助下，迎着撒拉逊人的冲击挺立了近400年之久。

1193年初，理查一世启程回国。他的船只在亚得里亚海失事之后，他企图乔装穿过德意志，但他的敌人奥地利公爵迅速跟踪追击。他被逮捕，关在一座城堡里。这样有价值的猎物是不容许留在公爵手里的，罗马帝国皇帝本人要求得到这个著名的俘虏。好几个月过去了，理查一世监禁在什么地方仍是皇宫里的秘密。但是，像一个奇妙的传说中所说的那样，理查一世的忠实吟游诗人布隆德尔弹着国王最喜爱的和弦走遍一座座城堡，终于如愿以偿，听到了理查一世回奏的琴声。

*　　　*　　　*

伊利的主教威廉·朗香兼任着教皇使节、国务大臣和首席政法官的重要

1　Jaffa，现以色列境内一城。——译者注

职务，他忠实而热情地执行理查一世于1189年授予他的统治英格兰的使命。他模仿国王的威仪，带着装腔作势的随从巡游各地，不久即引起全体贵族的嫉妒，随后则激起他们的强烈愤恨。国王的这位忠实仆人看出，主要危险在于约翰王子的力量过分强大。由于理查一世的放任不管，约翰建立了自己的独立王国。他领有德比郡、诺丁汉郡、萨默塞特郡、多塞特郡、德文郡、康沃尔郡以及在威尔士南部拥有辽阔土地的格洛斯特伯爵领地，并且在名义上领有兰开斯特、沃林福德、艾伊和佩弗雷尔。他从这些地区得到的岁入从不上报财务署。这些地方的郡守只对他个人负责，法律事务由他的仆人处理，法令状由他的最高法庭以他的名义颁发。国王的官员和法官不敢进入约翰的领地。朗香主教决心反对这种双重统治体制，但是，他的风头主义和傲慢态度早已为他设置了层层障碍。他出身微贱，又是个外国人，而且还得罪了政务会的其他成员，促使他们站到了约翰一边。约翰当然知道如何把这些因素为己所用。

1191年夏，双方的冲突公开化了，朗香率军镇压由约翰的追随者在北米德兰兹郡发动的叛乱。那是一场严重的危机，幸好远在地中海东岸的国王派鲁昂的大主教沃尔特·德库坦塞斯回国照顾国王的利益。这位大主教组织了第三势力。他忠于国王，不满朗香，但又不愿意支持约翰。不久，朗香于10月逃离英格兰，大主教便接替了朗香的位置。同年秋天，腓力二世（奥古斯都）从十字军东征的战场回国，使野心勃勃的约翰有了新的希望。这位法国国王看出，趁理查一世不在之机，可以粉碎安吉文王朝的力量，并把英格兰人赶出法兰西。约翰则愿意作他的合伙人。他们商定，腓力二世进攻诺曼底，约翰在英格兰发动叛乱。

1193年初，在那些充满灾难的日子里，英格兰又听到了一个重大的消息：国王被囚禁在“德意志某地”。英格兰大部分忠诚的臣民当然都感到震惊。约翰宣布理查一世已死，他全副武装，要求继承王位。英格兰在理查一世长期不在的情况下尚能对他忠贞不渝，反对那些强大而狡猾的力量，这是封建时代忠君观念之明证。许多在历史上默默无闻、但坚定而有主见的人们清楚地意识到理查一世的英雄气概和他的神圣使命，因而保持着对他的忠诚。教会从未动摇过，鲁昂的沃尔特·德库坦塞斯立场坚定，年逾古稀的埃莉诺太后也坚决站在她的长子一边。这批人左右政务会，而政务会则控制着国家。英格兰人在沿海一线布置了防御，防止法国入侵。约翰的势力土崩瓦解。到了 4 月，有确切的消息说，理查一世还活着，因此，紧张状态即告解除。约翰尽量掩饰自己的行为，神不知鬼不觉地溜到法国去了。

* * *

神圣罗马帝国皇帝要求 15 万马克的巨额赎金，这相当于英国王室两年的收入。必须在伦敦准备好 10 万马克，理查一世才能获释。理查一世对此表示同意，英国政务会也同意。同时，另一方的腓力二世和约翰也在积极活动。他们出价 8 万马克，要求罗马皇帝把理查一世关到 1194 年米迦勒节[1]，或者每关他一个月，就给皇帝 1500 马克，或者以 15 万马克的代价把理查一世买到他们手中。但是皇帝感到，这笔交易是和理查一世定下的，他已经和理查一世商定了赎金数目，可能有些仓促，但敲竹杠也得略讲信用。腓力二世得知皇帝不愿意毁约失信之后，便给约翰送去了臭名昭著的短信："小心点——魔鬼快放出来了。"

赎金尚待筹集。这笔赎金对英格兰王国是个沉重的打击，但是，没有什么比赎释君主的封建义务更为神圣，尤其是这君主参加了十字军东征。国务大臣、各位大主教和埃莉诺太后都为这个艰巨的任务竭尽全力。教会承担起自己的责任，为了赎取一个在圣战中失去自由的基督教友，即使牺牲大教堂里的头等圣物也是合理合法的。全国各地又开始征收兵役免除税，所有俗界

1 Michaelmas，基督教节日，即 9 月 29 日。——译者注

人士必须交出自己四分之一的动产。教会的土地也承受了同样的负担，教士交出了他们的金银餐具和财宝，有三个修道院献出了全年所产的羊毛。约翰王子当然也做出了榜样，在他管辖的郡内征收这些捐税。他的官员向所有人讲述交纳赎金的神圣职责，而人们出自赤诚之心捐献的款项都进了他自己的腰包。理查一世的赎金筹措了三次。已被捐税抽干的英格兰和诺曼底实在凑不齐所需的15万马克。神圣罗马帝国皇帝看到再也榨不出油水，也就心满意足，决定释放他的俘虏。

1193年底，规定的第一批赎金已经交付。于是，“狮心王理查”于1194年2月初获释。他小心地穿过欧洲大陆，避开他在法兰西的属地，于3月16日回到伦敦。伦敦的居民虽然一贫如洗，但见到理查一世仍然欣喜若狂，为他的盛名而感到骄傲。约翰又一次公开叛乱，在法国的援助下占领城堡，招募军队。

新任国务大臣和“政务会”早已采取措施打击叛乱的王子，理查一世有力的右臂和他的威望有助于镇压这次叛乱。约翰又逃往法国。理查一世在伦敦再度登基，加冕仪式比以前更加隆重。由于他已经同腓力二世开战，他的唯一行政职责就是筹集金钱，招募骑士。这些工作顺利开展之后，他渡过英吉利海峡，去保卫他在法国的属地。他再也没有回到英格兰，但英格兰人并不埋怨他，因为他所做的一切都是正当的和应该做的事情。

这位强悍的勇士一到法国，就恢复了边界地区，使腓力二世及其军队处于几乎可怜的防御地位。约翰向他曾经亏心对待的哥哥和君主恳求饶恕，结果并没有失望。“狮心王”很清楚，如果约翰过去一意孤行，自己就会仍然被囚禁在德意志的城堡里，蒙受废黜之辱，甚至一命归西。因此，虽然弟弟的长期背叛和无端恶行依然历历在目，理查一世还是原宥了他，以兄长之爱拥抱他，并且恢复了他的部分领地，只是出于谨慎保留了一些堡垒。

基督教社会的教俗两界不一定认为这是明智之举，但都为这一崇高行为赞叹不已。

*　　　*　　　*

在余下的五年统治期间，理查一世一直忙于保卫他在法国的属地，并为此目的向英格兰筹集军费。这时，英格兰又置于代理人的统治之下。这次掌管英格兰的是休伯特·沃尔特，此人曾作为雷纳夫·格兰维尔的左右手在亨利二世的宫中受过传统教育。他不是封建的业余行政官，而是训练有素和经验丰富的职业政治家。当时，他是坎特伯雷的大主教，也是理查一世的国务大臣。后来他成为约翰国王的国务大臣，因而身居相位达十年之久。他曾经跟随理查一世参加十字军东征，为理查一世尽了股肱之力，在筹集赎金的过程中也发挥了重要作用。他以坚决的态度、渊博的学识和巧妙的手段发展了亨利二世首创的强大中央集权制，是中世纪具有济世之才的杰出人物之一。王权在北部得到巩固。当时一些调查团奉命处理未完成的法律和财政事务，其他调查团在当地陪审团的协助下，对国王的权利和司法情况作了深入的调查。维持社会秩序的新机制，即后来的地方自治制度，此时已经出现。法医的职务也在这时首次得到确定。财务署署长、鲁昂的大主教沃尔特·德库坦塞斯企图改革税收制度和现存的军事制度。土地开始得到重新估量，度量衡得到统一，织匠和商贩的欺诈行为受到禁止，伦敦和其他重要城镇获得新的特许权，其中包括地方自治的宝贵权利。在全国各地，行政机器在顺利而无声地运转着。即使有人对税收不满，也默不作声。有一位叫作“大胡子威廉”（William of the Beard）的民众领袖，激动地表示了现代的政治家在同样条件下也会发表的意见，结果上了绞刑架。

虽然理查一世不在国内执政，他的事业和刚毅性格耗尽了臣民的财富，使他们感到失望。但是，他的王国所遭受的苦难并没有人们想象的那么多。不受个人情感影响的英格兰政府以偏激而颇有道理的原则实行有力的统治，它限制了贵族的阴谋和约翰王子的背叛活动。亨利二世建立的行政体制，即我们所说的政府机构，在实践中经受考验，巩固了自己的地位，而且不受王权的干涉，这对整个社会都是有利的。事实证明，全民所效忠的国王已经不是治安的唯一保证，英格兰民族除此之外还有其他可以依赖的保障。

在法国，同腓力二世的战争以奇特的方式在进行着。谈判一直未中断，每年都有一次停火，而每年在天气和基本条件允许的情况下都重新开战。理查一世研究了诺曼底的战略防御，发现安德利斯附近的塞纳河转弯处有一刃峭壁拔地而起，扼守着通往鲁昂的咽喉。根据停战协议，不应该在那里设防，当地的主教也禁止类似的做法，但是理查一世于 1196 年着手构筑他能够设计出来的最理想的工事，他称之为“漂亮的城堡”（Saucy Castle）和“我的美丽女儿”（my fair child）。它拥有厚重的三层石头城墙，内含外围工事、桥梁和护城河，至今仍然怒视着安德利斯的屋顶。理查一世高兴地说，它毫无疑问是世界上最坚固的堡垒。腓力二世怒不可遏地说：“即使这座城堡是铜墙铁壁，我也要攻破它。”理查一世反唇相讥地说：“即使它的墙是用黄油垒起来的，我也能守住它。”但是，命运之神将同腓力二世告别。

长期以来，谈谈打打的局面在 1197 年被一个严重的事件打破了。双方进行了一场大战，理查一世沿着吉索尔城的街道追击法国国王及其溃败的军队。不到十年前，英法两国的国王就是在吉索尔庄严宣誓进行第三次十字军东征的。

1199 年，正当无休止的战争使筹集军费的困难达到顶点的时候，理查一世听到了好消息。据说，在他的一个封臣所属的查卢茨城堡附近挖出了一个无价之宝，那是一座皇帝、皇后、王子和公主的金像，像上的人物围坐在一个金桌子的旁边。国王以最高领主的身份要求得到这一稀世珍品，查卢茨的领主拒而不交，国王便包围了这座防务薄弱的小城堡。第三天，国王大胆地骑着马沿墙而行，认为他在任何艰难的时刻运气都不错，结果被弩箭射中左肩靠近脖子的地方。箭伤本来就深，可是还得挖出箭头，这样一来伤势就更重了。伤口染上坏疽病，“狮心王”知道他气数已尽，镇静地本着历来遵循的原则迎接死神。他安排了后事，将自己的财产分给朋友，或者赠给慈善机构。他把已在附近的令人敬畏的埃莉诺太后请到身边，宣布约翰为自己的继承人，并要所有在场的人宣誓效忠约翰。射出那致命一箭的弩箭手已被监禁起来，理查一世叫人把他带到面前，赦免了他，并给了他一些钱。理查一世害怕教会迫使他同腓力二世讲和，已经七年没有忏悔了，但他这次却真挚而异常虔诚地接受了教会的帮助。1199 年 4 月 6 日，理查一世逝世，终年 42 岁。人们普遍认为，他可以和亚瑟王、罗兰以及其他声名显赫的军事奇才一同坐在上帝的圆桌[1]前。我们相信，造物主会理解这一点，不会忘记摆上这张圆桌的。

那名弩箭手被活剥了皮。

1　当年亚瑟王让他的骑士围坐在圆桌前，以免座次有尊卑先后之别。——译者注

第十五章 CHAPTER 15

大宪章

约翰王子登上了英格兰王位，兼领诺曼底、安茹、都兰和曼思，对布列塔尼提出领土要求，并且可以继承埃莉诺太后的阿基坦。关于他的品德，已是尽人皆知了。理查一世体现了人们所敬慕的狮子的特性，但是在自然界中，却没有哪种动物反映出约翰的互相矛盾的特性。他既有残忍武士的冷酷心肠，又有马基雅维利[1]主义者的狡猾手腕。虽然他时常“两眼冒火、脸色铁青”地大发雷霆，但却能以没有人性的冷静头脑策划残暴的行为。修士编年史家重笔勾画了他的残暴、贪婪、怨恨、背信弃义和色欲无度。但根据其他记载，他通常审慎明智，非常干练，有时甚至慷慨大度。他善于思考，富于独创，一生珍藏书籍。在他身上，金雀花家族永不停顿的活力达到了狂暴的程度。法国作家泰恩曾经说，约翰道德败坏是由于他有令人忧郁的疯狂病。但是，研究一下约翰的行动就会发现，他一向深谋远虑，耐心机警，意志坚定，靠着这些特点把英国的王冠戴到生命的最后一刻。至于他与之搏斗并多

1 Machiavelli，意大利政治家兼历史学家，信奉为了达到目的可以不择手段的信条。——译者注

半被他克服的那些困难，也值得冷静认真地研究一番。而且，如果把这些都考虑在内，我们就会发现，对英格兰民族和英语世界来说，约翰的罪恶比那些仁义之君的勤劳有更大的贡献，因为通过许多反约翰势力的大联合，我们最重要的自由与权利的里程碑得以树立起来。

虽然理查一世宣布约翰为继承人，但在继承权的问题上存在着两种意见。约翰的兄长杰弗里身后留有一子，就是布列塔尼王子阿瑟。当时可能已经有理由认为，亨利二世的长系子孙比约翰更有权利继承王位，这就是现在的长子继承法。威廉·马歇尔向坎特伯雷大主教提出了这个问题，但他们商定的结果却是约翰有权继位。埃莉诺太后支持儿子，她对孙子阿瑟的母亲从来没有好感。英格兰毫无异议地接受约翰为王，而在法兰西的那些省份，相反的意见占上风，尤其是布列塔尼支持阿瑟。法国国王和一切亲法势力认为，王位纷争和支持一个小孩子登基对他们非常有利。那些曾经支持理查一世反对亨利二世继而又支持约翰反对理查一世的人认为，支持阿瑟反对约翰是合乎逻辑的。再者，约翰在隆重的国事场合的无礼举止引起了教会的不满。登基伊始，他的轻浮言行就引起了不祥之兆。在鲁昂，当象征诺曼底爵位的标枪递到他手中时，他转过脸去同随行的宫臣开了个玩笑，使标枪掉在地上。

由于约翰继位，法兰西北部的行省之间以及它们同法兰西王国之间产生了团结感。同时，在英吉利海峡的西边，英国贵族更倾向于狭隘的甚至民族主义的观念。由于撒克逊–诺曼各大家族的分支在英格兰和诺曼底不断划分爵位和封地，英国和大陆的联系削弱了。更主要的是，法国的王朝和王权在12世纪末不断加强，像有力的磁铁一样，吸引欧洲大陆上的属地忠于巴黎。约翰国王为了保护在大陆上的属地，需要对付前几代国王所没有遇到的劲敌。而且，他为了这一目的在英格兰征税也遇到越来越大的阻力。据说，大主教在约翰的加冕礼上布道时说，英国的君主实际上不是世袭的，而是选出来的，正如人们普遍认为的那样，如果要尊重同忏悔者爱德华和其他盎格鲁–撒克逊国王的一致性，许多优秀前辈的原则是可以借鉴的，阿尔弗雷德大帝就是其中之一。坎特伯雷大主教宣传这一观点，毫无疑问是得到约翰完全同意的。但是，无论选择哪些国王作为典范，都不影响阿瑟在欢迎他继位的那些地区提出自己的要求。

从一开始，约翰就害怕阿瑟。他听到理查的死讯时，正在布列塔尼的阿瑟宫廷里，并急忙离开了那个危险的地方。阿瑟在勒芒受到热烈拥戴。他由于领有安茹、曼恩和都兰而对腓力二世称臣，而约翰的力量主要在阿基坦和诺曼底。像理查统治时期那样，战争和谈判总是不断地交替进行着，不同的只是英国新王的威望不如狮心王。1202 年，腓力二世发出传票，要约翰到他的法庭回答普瓦图贵族的控告，由于某些领土关系，腓力二世是约翰的领主。约翰回答说，他不接受这样的传票。腓力二世说，他是作为普瓦图的伯爵被传讯的。约翰则宣布，英格兰国王不能接受这样的审讯。腓力二世便强调，法国国王决不因为他的封臣另有高位就放弃管辖这个封臣的权利。各种法律手段都用尽了，但是，连安全返回的保证都没有得到的约翰拒绝到庭听审。于是，由于抗拒领主的传票，他被判处剥夺在法国的所有封地。根据当时法律界所承认的权利，腓力二世在 1202 年夏天入侵诺曼底，夺取许多城池，实际上未遇任何抵抗。这位法国国王授予阿瑟骑士称号，把从约翰手中剥夺的封地除诺曼底和基恩外都赏给阿瑟，并把自己的女儿玛丽许配给他。阿瑟时年 16 岁。

对于金雀花王朝的国王来说，法国行省和整个英格兰一样重要，所以，面对这样的待遇及后果，任何一个比约翰更有涵养的人也会发怒的。满腔愤恨在约翰身上激起了敌人未曾料到的力量。

阿瑟听说他祖母埃莉诺只带少数卫兵住在普瓦图的米尔波城堡里，便带兵包围了城堡，攻打它的外围工事，眼看就要抓到身处高位而心怀敌意的老太后。在这千钧一发之际，埃莉诺设法捎信给正在勒芒的约翰。她的儿子约翰带领大部队两昼夜行军 80 英里，在黎明时突袭阿瑟及其围城军队，并且像他所说的那样，“靠上帝保佑”取得了胜利。阿瑟及其支持者——休 · 吕西尼昂、一些叛乱的贵族和200多名骑士一举落入约翰的手中。约翰的母亲得以脱险。

阿瑟先是囚居法莱斯，后来又押解到鲁昂，性命危殆，朝不保夕。仍然忠于约翰的那些布列塔尼贵族要求释放阿瑟王子，遭到约翰拒绝后立即举旗造反。约翰感觉到，只要阿瑟一息尚存，他就没有安宁之日。实际情况确实如此。法国国王利用阿瑟作为卒子在约翰的法兰西各行省制造分裂，而如果事情发生在比约翰正直的人的身上，那些分裂活动可能会造成浩劫。阿瑟是在围困自己祖母的战斗中被俘的，因而是一名战俘；而极端狂暴的约翰国王在国务问题上即使受到更小的触犯，也常常杀人问罪。无人知道阿瑟后来的遭遇，鲁昂的这场悲剧一直笼罩着一层无法驱散的迷雾。镇守鲁昂要塞的军官休伯特·德伯格（关于他的详情以后再谈）透露说，根据国王的命令，他已经于1203年的复活节将阿瑟交给国王派来阉割他的特工，阿瑟在惊厥中死去了。这种说法丝毫没有减轻布列塔尼和其他地方的愤懑。于是，休伯特又说阿瑟还活着，约翰也说，幸好他的命令没有执行。不管实情如何，阿瑟再也没有露面。虽然他在临刑前是否被断去手足或弄瞎双眼仍不得而知，但他被约翰下令处死的说法在当时和后来都是没有争议的。

当时，许多贵族和平民由于个人恩怨和政策上的考虑未经审讯就被处死，这是司空见惯的事，但是，一个国王竟然处死与自己地位相同的人，这使世人加深了对约翰的坏印象。而且，这次令人憎恨的暴行不仅没有防止反而加速了诺曼底的陷落。

阿瑟倒是除掉了，但约翰没有从中得到任何益处，因为阿瑟只是腓力二世的工具，他的消失并未改变法国国王的固定目标。在反对这一目标的斗争中，理查一世激起了臣民对他的忠诚，但约翰的品质却无法博得这种忠诚。布列塔尼以及安吉文帝国中部的省份发生了叛乱。腓力二世同这几个省讲和，于1203年的复活节沿卢瓦尔河顺流而下，到达索米尔。在这以前，在约翰的大陆领土南北两部之间早已打入一根楔子。腓力二世包围了诺曼底之后，准备攻打安吉文王朝的这个堡垒。约翰也意识到了这一危险，倾注大量财力加强防务。不过，军事形势还没有达到使他绝望的程度，他在 1203 年底进行一系列残酷无益的出击之后，如果不是突然撤离诺曼底，而是再从英格兰征调一些给养，他就可能长期保持这块公爵领地。但是，他看到腓力二世在诺曼底中部攻克了一个又一个要塞，就失去了信心。当时，诺曼人有意寻找理由投降，便把英格兰人对他们漠不关心作为借口。1204 年 3 月，理查一世的“美丽女儿”、令人生畏的“漂亮的城堡”陷入敌手，因此通往鲁昂的道路打开了。三个月以后，诺曼底的都城也沦陷了，诺曼底终于落入法王之手。

英格兰人不必为这一损失伤心落泪，安吉文帝国在极盛时期也没有实现真正的统一。时间和地理条件都使法国人占了优势。诺曼底的分离不仅对法国有利，也对英国有利。这使英国摆脱了沉重的负担和危险的纠葛，把注意力和力量放在国内事务上。更主要的是，它使英格兰的外族统治阶级从此只能照顾英格兰的利益，即只照顾本岛的利益。可是，约翰时代的人并没有看到这些有利之处，他们看到的只是惨败和耻辱，因而一味指责早已不受人民信任而且与贵族不和的国王。

*　　　*　　　*

亨利二世在恢复秩序和建立有效的中央行政机构方面的成就，为后人带来了新的困难。他所建立的机构有极大的权力，后代国王需要谨慎地加以管理。他恢复了秩序，但却是以削弱特权为代价。他采取了不全面而又过激的财政措施，他在许多方面的工作侵犯了封建社会的习俗。这一切之所以能够被接受，是由于亨利二世行之得体，也是经过无政府状态后的必然反应。理查一世也把英格兰置于精明干练的行政官手中。这些人由于采取严厉的统治手段和独出心裁的财政措施激起了社会的公愤，成为众矢之的，只有国王是个例外，因为他有十字军勇士耀眼夺目的光环，而且长年不在国内。首当其冲的倒是约翰。

约翰像威廉·鲁弗斯那样，把他父亲制度的偏激之处推到顶点。理查一世统治时期在兵役免除税方面尚有未付的欠款，而约翰同法国国王腓力二世打仗正好需要更多的钱。但是，贵族之间发生了分歧，约翰统治时期的英国贵族同他的诺曼封臣不同，很少有家族在英吉利海峡两边都拥有封地。即使在理查一世统治时期，英国贵族也曾拒绝到国外打仗。在海外作战和交纳兵役免除税等问题上的分歧成为贵族阶层激动不安的根源。约翰经常滥用自己的封建特权，迫使贵族作出强烈反抗。英国社会在不断发展，阶级利益的概念也更加明确。许多贵族不是把出入宫廷看作尽职效劳的机会，而是视为施加影响的时机。教士感到教会日益一致，自治市也有同样的感觉。新的中央政府需要所有这些阶级的支持，但约翰却宁愿加强王权的残酷一面。1205年发生了一场危机。在诺曼底丢失之后，约翰在大陆上的地位所依赖的埃莉诺母后逝世了。控制国家机器达十年之久的休伯特·沃尔特也与世长辞，使约翰失去了唯一可以向他进谏并在一人之下、万人之上掌管国家权力的政治家。这也重新引起了由谁选择坎特伯雷大主教的棘手问题。

当时担任罗马教皇的是英诺森三世[1]。他是中世纪最伟大的教皇之一，以其政治才能和外交手腕而著称。他想把教会的俗权扩大到极限。约翰和坎特伯雷的教士在选举大主教问题上的分歧，为英诺森三世打算在英格兰行使教皇权力提供了机会。英诺森三世把国王和坎特伯雷教士们提出的人选撇在一边，于1206年12月在罗马庄严隆重地选中了斯蒂芬·兰顿。约翰国王满以为，他在教廷的影响足以保证他所推荐的人当选，因而轻率地事先承认了教皇的决定有效。所以，当他知道英诺森三世巧妙地推出合适的第三个人选并

1　Innocent Ⅲ（1161—1216），教皇（1198—1216年在位），在位期间教廷权势达到顶峰。他发动第四次十字军东征，批准天主教多明我会与方济各会成立。——编者注

使之当选时，他的愤怒是可以理解的。英格兰人斯蒂芬·兰顿是个很有名望的红衣主教，也是巴黎学校最著名的博士之一。约翰国王怒不可遏，也没有衡量一下敌手的力量，就对教会展开了不流血的战争。但英诺森三世和斯蒂芬·兰顿并不是可以慑服的人，况且他们在那信仰第一的时代里掌握着比俗界君主更有力的武器。约翰开始迫害教士并没收教会土地之后，教皇便以停止英格兰的宗教活动进行报复。在六年多的时间里，教堂关闭，钟声哑然，死者不能葬在圣化的墓地，而且没有举行最后的弥撒。仅仅这些就使约翰的许多臣民认为，他们和自己的亲人肯定要进地狱。

约翰对褫夺教权的禁令置之不理，而且变本加厉地没收教会财产，教皇遂于1209年采取了将其革出教门的最后措施。约翰国王的臣民因此被免除了宗教义务，他的敌人则受到教会的祝福，并且被尊崇为十字军参加者。但是约翰一意孤行，并不畏惧。剥夺教权和革出教门均未在他的灵魂中引起任何恐惧，反而使他的手段更加残暴，其残暴程度使同时代的人只能视之为精神失常的结果。国王的行政机构此时有最高的工作效率，顺利地处理财政和法律问题以及维持社会秩序。如果说剥夺教权是威胁，那么它也是约翰求之不得的机会。外逃教士的财产被国王没收。由于越来越多的主教区和大修道院无人管理，国王派去的看守人便没收它们的岁入。于是，财务署的钱袋鼓胀了起来。如果国王没有同教会争吵，没有受到俗界政治斗争的压力，那么王权可能达到后来亨利八世时代才能达到的巩固地位。

在失去诺曼底以后，约翰开始实行在大陆上结成反腓力二世联盟的宏伟计划。他同德皇奥托四世[1]、图卢兹伯爵和佛兰德伯爵成为盟友，但他同教会的分裂却促使法国国王和教皇结成更强大的联盟。1213年，他陷入了尴尬的境地，要么屈服，要么受到法国在英诺森三世所能调动的一切军事和宗教力

1 Otto Ⅳ（约1176—1218），韦尔夫王朝唯一一位德意志国王（1198—1218年在位）、神圣罗马帝国皇帝（1198—1215年在位，1209年加冕）。——编者注

量的支持下大举入侵。约翰国王由于国内形势不稳，被迫在这种威胁面前屈服。英诺森三世高兴地取得了胜利。

然而，约翰尚未落到黔驴技穷的地步。他巧施堪称政治杰作的妙计，要转败为胜。如果他不能取胜，就得俯首听命；如果俯首听命，就得后悔！如果后悔，就得抱恨终身。所以，他必须不惜任何代价打破敌人的包围圈。他知道英诺森三世经受不住俗界君权的诱惑，便以此勾引这位教皇。他表示愿意使英格兰成为教皇的领地，奉教皇为自己的封建领主。英诺森三世对自己世俗尊严的提高当然不胜欣慰。他饶恕了悔过的约翰国王，对约翰和英格兰王国给予特殊的保护。他从约翰手中接过王权，再以领主授给附庸的方式交给约翰，并为他祝福。

这一步棋使约翰的俗界敌人忽然处于逆境，使他自己成为教会的宠儿。腓力二世本来以巨大代价纠集了军队，准备为了达到自己的目的以十字军的名义入侵英格兰。他认为自己被宗教盟友的突然转变出卖了，感到愤愤不平，但他根本不想放弃唾手可得的猎物。贵族从这一转变中也没有得到什么好处，他们积怨未消，怒气未平。甚至在英格兰的教会里也出现了明显的分歧。英格兰主教团认为，他们被置于屈从罗马的地位，而这种地位远远超出了他们的虔诚和利益所需要的范围，也与他们一生所经历的传统大相径庭。服从教皇本是神圣的职责，但有人可能对这一职责妄加解释。教皇选中的斯蒂芬·兰顿既是虔诚的教士，也是正直的英格兰人。他预见到，罗马会利用给英格兰教会的保护权为所欲为，意大利候选人将占据英格兰教会的全部有俸圣职。他几乎立即成为反对教皇的力量。约翰国王在多佛战战兢兢地运筹于帷幄之内，所以，当他后来能够控制局面并使敌人陷入混乱时，很可能曾放声大笑。

约翰和英诺森三世在新的联盟中各尽其力，心怀不满的贵族也在斯蒂芬·兰顿的领导下聚集起来。同法国国王的战争还在继续进行，约翰不断要钱和征兵，使贵族非常愤怒。1214 年，约翰率领的英格兰远征军在普瓦图败北。在法国北部，他的侄子、萨克森的奥托同索尔兹伯里伯爵率领的军队在布汶被腓力二世击败。这次战役在一日之间摧毁了约翰寄予希望的大陆联合力量。这又是国内政敌反对国王的一次机会。他们制订了计划，企图限制被击败的暴君的权力，并公开扬言，如果不接受他们的条件，他们就发动叛乱。假如兰顿大主教不去管他们，他们的相互敌对情绪和自私的要求也会使他们自动瓦解。但是，兰顿大主教急于实现正当的和平，便对他们施加了一些影响；约翰作为教皇的附庸，也不敢公然无视兰顿的忠告。

尽管如此，约翰还有最后一计。他在教皇的鼓动下，宣誓进行宗教讨伐，并请求将他的对手革出教门。这一请求未被拒绝。1213 年的形势现在完全颠倒过来了。贵族原来以为他们可以讨伐被革除教籍的国王，而此时自己则被赶出了教会。教皇权威的这种巧妙运用使贵族失去了某些威慑能力。贵族看见国王在海外败北，便增强了信心，不顾教皇的训令而坚持自己的要求。教会里许多人也支持他们。约翰答应给予教会选举自由，企图以此离间教士和贵族，结果未能得逞。武装叛乱似乎是唯一的解决办法。在最后的斗争中，兰顿大主教表示不愿意走到内战的绝路，不过，也是他说服贵族把他们的要求建立在尊重古代习惯和法律的基础上，并且使他们除了本阶级的利益之外又有了其他奋斗目标。贵族在亨利二世建立的行政制度下生活了 40 年之后，如今在反对约翰的斗争中比斯蒂芬国王时代的权贵们前进了一步，他们学会了理智地、建设性地考虑问题。为了反对国王的武断专制，他们不主张举行封建割据的无政府叛乱，而是建议确立一种实行限制与平衡的制度，这种制度将赋予国王必要的权力，但又能防止暴君和笨蛋滥用职权。1215 年，贵族的领袖在朦胧的环境中摸索着一条基本原则。从此，政权必须高于某个人的独裁统治，习惯和法律的地位必须在国王之上。这种可能令人似懂非懂的思想，给贵族的反对势力带来团结和力量，也使他们所要求的宪章放射出永恒的光芒。

6 月的一个星期一早晨，贵族和教士聚集到斯坦恩斯和温莎之间的伦尼米德草地。不时有人不安地发出“嘘！嘘！”的声音。许多人未能前来赴约，大胆来到这里的几个人知道，国王决不会忘记这次耻辱，他一有机会就会搜捕他们。为了自己的事业，俗界人士至少冒着生命危险。他们为国王准备了一个帐篷和小宝座。这几个意志坚定的人似乎在羊皮纸上起草了一个简短的文件。他们的随从和几队披甲戴盔的骑兵站在隐蔽的地方，保持着一定的距离。武装叛乱反对国王岂非封建时代的滔天罪行吗？那时事情进行得很快。在温莎方向出现了一支小马队，人们逐渐看清是国王、教皇使节、坎特伯雷大主教和几位主教。国王一行不拘礼节地下了马。然后有个人，可能是大主教，简单地说明了提出的条件。国王立即表示同意，他还说，他的大法官法庭应该立即就细节作出安排。这个原始的“男爵法案”（Articles of the Barons）就是《大宪章》的基础，现在还陈列在不列颠博物馆里。这个纲领是 1215 年 6 月 15 日在一个短暂的肃穆场面批准的，这是我们历史上最著名的场面之一。这一场面结束之后，约翰国王回到温莎。大约四天以后，《大宪章》就诞生了。在后来的岁月里，它成为统治制度和原则的基石，这出乎约翰国王和贵族的意料。

*　　　*　　　*

1216 年初，约翰似乎能够摧毁贵族的反抗，以雪兰尼米德之耻，但盛夏未过，他就去世了，《大宪章》因而在教皇的谴责声中和战争的考验下保存了下来。在后来的 100 年里，它重新颁布了 38 次，起初还作了一些重大修改，但是仍然保持着原来的特点。后来它销声匿迹了。经过 200 多年之后，到了 17 世纪，努力制止斯图亚特王朝侵犯臣民自由的国会反对派重新发现了《大宪章》，用它发出了振奋人心的反压迫呼声。“英格兰人自由宪章”的光荣传说由此产生了。

如果我们撇开宪章中滥用的修辞，研究一下文件本身，便会发现它的内容相当惊人。它在形式上像法律契约，包括 61 个条款。每一条都涉及封建统治和习惯的细节问题，或者是为了实现宪章中的诺言而作出的明确规定。它对民主原则和民权未作详细论述，它不是立宪原则的宣言，而是在封建制度下纠正时弊的具体文件。其中强调的主要问题是兵役免除税、封地继承税和年幼继承人财产的监督问题。“自由民”是封建制度下的专有名词，是否包括富有的商人是值得怀疑的，构成国家多数人口的农奴或卑贱的阶层就更不包括在内了。宪章中的主要部分还规定，国王要作出励精图治的诺言，诺言附带的限制条件是要尊重贵族的传统权利和利益。贵族也被迫为他们的佃农作了类似的规定，约翰国王受到的限制大体上也适用于他们，但他们在不出乱子和不失面子的前提下尽量不遵守这些规定。佃农受到周密的保护，可是他们是作为采地上合适而又有价值的附属品，而不是作为王国的自由公民受到这种保护的。

13 世纪将是国会进行尝试和得到发展的伟大时代，可是在《大宪章》中没有提及国会，也没有反映贵族以外的其他阶级的利益，更没有提出后来的那些伟大口号。实际上，宪章只是心怀不满而坚持特权的统治阶级强迫国王补偿损失的产物，它忽略了国王和贵族必须解决的一些最重要的问题，例如军事服役的期限问题。

不过，一位现代作家说过，《大宪章》是“阶级自私性的集中体现”，这样轻率的否定态度是不对的。即使在当时，佃农以上的各个阶层也都主张，土地所有权不应受到任意侵犯。此外，大封建主除了主要的封地外，常常通过各种渠道获得小块的领地，有的领地是依附他们的骑士带来的，有的是附庸作为免除兵役税交的，有的则是通过随时可能退租的租赁方式取得的。因此，曾经参加兰尼米德会见的贵族既保护了自己的利益，实际上也为大小地主在内的整个地主阶级争得了权利——出身低微的骑士可以有 200 英亩土地，农民或小自耕农可以有 60 亩。有证据表明，全国都理解这些贵族的行动。1218 年，一位官员想利用一个令状推翻林肯郡法庭的一项判决。受害者是个大地主，但是，全郡的人都起来支持他，以维护“为之宣誓并得到批准的自由”。他们还在抗议书中指出，他们“同他一起战斗，为他而战，为我们自己而战，也为整个王国而战”。

虽然 13 世纪的权贵们不懂得而且不关心大众的自由或议会民主，但他们却信守着一条原则，这一原则对后来的英国社会和各种制度的发展将有极其重要的作用。宪章从头至尾给人一种暗示：这个文件是个法律，它居于国王之上，连国王也不得违反。《大宪章》的伟大成就，是它在普通的宪章中体现并重申了一项崇高的法律。仅仅这一点就足以说明，人们对它的尊重是有理由的。根据权威人士的说法，亨利二世统治时期是法治的开端。然而，那时的成就并不完善，因为王权仍然高于法律，约翰的行为证明，亨利二世建立的法律制度可以变成压迫的工具。

当时国王也受到了法律的约束，这是前所未有的事情。宪章中的基本原则将经历数百年的风雨，在 1215 年的封建背景消失很久以后升到显要的地位。随着时间的流逝，《大宪章》成为永久的见证，证明王权并不是至高无上的。

《大宪章》中反映的事实和产生这些事实的背景已被人遗忘或误解，但是，封建习俗中长期存在的法律至上的基本思想则通过《大宪章》升华为一种学说，指导着我们的民族国家。在后来的各个时代，当国家由于权力膨胀企图践踏人民的自由与权利的时候，人民就是根据这种学说一次又一次地发出自己的呼声，而且每次都取得了胜利。

第十六章 CHAPTER 16

酝酿过程

约翰国王在艰苦的斗争中死去了，但他也是在四面楚歌中死去的。他在位时对国家管理不善，因而反对势力似乎结成了共同对付他的强大联盟，迫使他同意《大宪章》的那些英国贵族同他发生了战争。他们邀请残酷无情的腓力二世的儿子、法国国王路易作为他们的君主进入英格兰——外国军队和剽悍的冒险家们也接踵而至。在亨伯河以北起来暴动的贵族得到了苏格兰国王亚历山大的支持，西部的叛乱得到强大的北威尔士诸侯卢埃林的支持，多数城镇都反对国王，伦敦更是充满敌意。辛克港掌握在敌人手中，温切斯特、伍斯特和卡莱尔虽然在当时的交通条件下显得相距甚远，却也联合起来反对国王。

另外，不讲信义的约翰国王用王国的独立地位换取了教皇的坚决支持。他还雇用了一支强大的外国军队作为国内唯一的正规军。一些最显要的军事贵族，如深孚众望的威廉·马歇尔和著名而浪漫的切斯特伯爵雷纳夫，在本阶层的有力支持下站到国王一边。总的说来，见到主人之间争端再起而感到迷惑的人民大众，倾向于国王，反对贵族，当然更反对外国入侵者。可是他们在双方的手里都注定难逃厄运。双方势均力敌。各种迹象表明，可能要发生持久的内战，它会把国家带回斯蒂芬和莫德时代的无政府状态中去。约翰本人一生狡猾奸诈，精于权术，在宗教政策方面善于见风使舵。及至风烛残年，他仍行好斗的精神和力量。对此，他的敌友莫不感到震惊。可是就在这时，他得了痢疾，加之劳累和饮食无度，便一命呜呼了。莎士比亚勾画了他临终的痛苦：

你们也没有一个人肯去叫冬天来，
把他冰冷的手指探进我的喉中，
我只恳求一些寒冷的安慰；
你们却这样吝啬无情，
连这一点也拒绝了我。[1]

约翰国王在激烈的斗争中去世后，这场斗争并未结束，只是斗争的形势有所改变。对立的利益集团和派别除了要更有效地控制英格兰之外，还有许多别的企图。路易正在不列颠岛上战斗。许多人尽管破坏过自己的誓言，却仍向他发誓效忠。叛乱的贵族同他们的苏格兰和威尔士盟友狼狈为奸。他们之中谁也不想实现和平。但是，随着约翰的去世，进行叛乱的唯一正当理由已经不复存在。毫无疑问，年方九岁的亨利理应继承他祖父所建立的大帝国的一切权利及其臣民的忠诚。他是英格兰的合法国王。约翰的暴政有什么理由成为他的无辜儿子的负担呢？历史上动乱不已的一页已经翻过去了，新的一页羊皮纸尚待书写。各方势力对这些需要考虑的问题都很清楚。然而，把生命财产献给国家事业的那些人，此时此刻对约翰仍怀眷恋之情。威廉·马歇尔秉性刚直，行动果断。假如他未能对国王尽责，那么亨利二世所建立

1　莎士比亚戏剧《约翰王》第五幕第七场，朱生豪译。——译者注

的、不断发展的英国文化所依赖的强大君主集权制的国家，就可能重新陷入封建诸侯割据的局面，甚至或将陷入不可设想的地步。教皇的使节知道罗马的政策确实没有变化之后，也支持威廉·马歇尔。1216 年 10 月 28 日，年幼的国王在格洛斯特加冕即位，开始了长达 56 年的统治。在加冕仪式上，教皇使节为他施涂油礼；由于约翰渡过沃什湾时丢失王冠，新国王戴上了一个简单的金圈，但这一代替品足以作为他权力的象征。

年已古稀的威廉·马歇尔不甚情愿地担当摄政王。他把切斯特伯爵和约翰的忠实仆人休伯特·德伯格拉到了自己身边，切斯特伯爵本来可以同他争夺摄政王这个职务，但没有坚持自己的要求。新政府重新公布了 1215 年被教皇轻率撤销的《大宪章》，这一举动既说明新政府比较明智，也反映了它的软弱地位。保皇派有浓厚的宗教色彩，他们佩戴白色的十字架。教会主张进行有效的宗教讨伐，革除了反对派首脑的教籍。亨利三世后来对格罗西特斯特主教说，“过去，当我们是孤儿和小孩的时候，当我们的臣民不仅同我们疏远而且组织起来反对我们的时候，是我们的母亲——罗马教会——再次把这个王国置于我们的权威之下，为我们戴上王冠，把我们扶上王位。”

在亨利三世的统治时期，社会动荡不安，令人失望，但国家仍在艰难地前进。火红的铁块在铁砧上锤打着，在锤子的敲打下，变得比以往更加坚硬。在这段时期，撒克逊老百姓长期以来享受的权利和法治已经无影无踪，他们在贵族以及主要得到教会支持的国王雇佣军的铁蹄下呻吟着。他们的统治者互相倾轧，不仅由于嫉妒、野心和好战而不能和睦相处，而且正在产生巨大的裂痕。由于强烈的民族主义，统治者明显地分成两派。那个时代乖张多变，并且允许各种大胆尝试，不受任何普遍政治理论的摆布。

* * *

历史上，贵族不时自相残杀或则犯上作乱。他们有时同教会并肩作战，但更经常的是同教会分庭抗礼。史书中有关这类战争混乱和单调情况的记载不知曾使多少读者愤然掩卷。亨利三世得以闯过那多事之秋，为英格兰带来了他幼年时所未曾经历过的歌舞升平的景象。残酷的战争和混乱状态只是表面现象，处境艰难的重要角色没有说出，甚至在很大程度上没有意识到的各种潜流在流动着——500 年以后这些潜流在欧洲各地横流。现代世界所应做的几乎所有重要决策，在中世纪的英格兰社会中并不罕见。在冲突中产生了英雄人物，其中有军人，也有政治家。悠悠岁月使我们无法体会他们的磨难，而他们的功绩和观点则光照后人，使我们读起有关记载时历历在目，如闻昨日之事。

我们必须仔细观察其中的一些英雄人物。大主教斯蒂芬·兰顿不屈不挠、坚持不懈地为英格兰确立了不受国王、贵族甚至僧侣侵犯的民权。他抵制约翰国王，也抵制教皇，因此约翰和教皇有时对他非常反感，使他险些丢了性命。他不但通过天主教会为基督教世界的统一而奋斗，而且为了英格兰的利益而勇于反对教皇。他是国王的忠实仆人，但也积极支持《大宪章》，支持它过去和现在的一切精神。这个左右局势的核心人物讲求实际，足智多谋，有时由于邪念而左右摇摆，但其远大、明智、大胆、平凡和自由主义的目标毫不动摇，也是不可动摇的。他即使不能称为英国宪法的建筑师，至少也是一位忠于职守和忠实可靠的工程建筑管理员。

动荡之秋中出现的第二位英雄是休伯特·德伯格。莎士比亚以其神力无比的笔锋，先后描绘了英国史中的大多数高峰，用朝阳照亮了它们，使我们看到层峦起伏的群山中有数峰突起。休伯特理所当然地被他送入我们的视野。莎士比亚笔下的休伯特是一位军人兼政治家，他精通军事和法律，熟悉军界和宗教界的最高人物，因而具有一个人在这种条件下可能产生的智谋。作为约翰的首席政法官，他对当朝的罪恶和蠢行负有直接责任，因此，人们长期视之为死对头。他在欧洲骑士界的明星威廉·马歇尔之下，是维护君权和抵抗叛乱的一位重要领导人。同时，他超越于互相交恶的各个派别，坚决维护英格兰的利益。不列颠岛不应该受到贪婪贵族的蹂躏，也不应遭受外国冒险家的掠夺，更不应为了教廷的神圣利益而遭到任意肢解。

贵族的叛乱在海陆战斗中被镇压下去了。国王的力量在林肯取得了辉煌的决定性胜利。据说，在林肯的街头，400名保皇派骑士同600名贵族厮杀了整整一天，狠狠地打击了他们，而骑士中只有三个人死亡。当时人们不愿意把这次喧闹的场面叫作战斗；而称之为“林肯闹市”(Fair of Lincoln)。要想全面描述当时的场面是很难的，但是可以肯定，骑士们平均每人至少带着八至十名顽强的随从，与全副铠甲、几乎无懈可击的武士在人群中互相厮杀，时而追杀未穿铠甲的敌人，时而同敌方的武士激烈搏斗，但可能也不会特别激烈。除了这次战斗之外，骑士们还施展了复杂的策略和计谋，诸如侧翼包抄、背后袭击、买通当地人秘密登陆或进行零星的冲突，总之，各种手段都用上了。最后，保皇派智胜叛乱者，打败了他们。在最正规的战斗中难免有失，叛乱的贵族首领之一佩尔什伯爵托马斯[1]不幸被人一剑刺死，这一剑透过脸盔深深刺入了他的脑子。但对其他几乎所有穿铠甲的人来说，这是一次愉快的险遇。胜利者的报复主要落在随从和平民身上，平民受到残酷的劫掠和屠杀。

“林肯闹市”使年幼的亨利三世取得了陆地上的胜利，休伯特则在多佛海峡战胜了路易派出的法国援军，切断了叛乱者同大陆的联系。在残酷的斗争中，谈判却未间断。谈判进行得非常激烈，同时，每一方都蹂躏对方的领地，遭殃的当然是那里的居民。休伯特在兰顿大主教和教皇使节的支持下，从未失去对《大宪章》的控制，虽然《大宪章》名义上是联系反对势力的纽带。正如教皇所指出的那样，虔诚的英国保皇派同基督教世界的利益有着不可避免的冲突。不过，这种冲突并没有表面化。不仅在国王和贵族之间，而且在宗教界以及在英格兰和罗马之间都实现了和解。

---

1 “佩尔什伯爵”是爵号，“托马斯”是这位伯爵的名字。——译者注

经过一年的战斗之后，法王路易被迫于1217年撤离英格兰。他的希望完全破灭了。政府为了表示说话算数，第二次公布了《大宪章》。1219年，年迈的威廉·马歇尔在胜利中去世了。休伯特接着统治英格兰达12年之久。他是个严厉的统治者。在他执政期间，曾经在动荡的年代里先后为约翰和威廉·马歇尔担任过雇佣军指挥官的福克斯·德布雷欧特，拥有越来越大的势力，并企图扰乱国内刚刚出现的和平局面，休伯特决心把他驱逐出去。1224年，经过两个月的围攻拿下福克斯的堡垒贝德福德城堡之后，休伯特在城墙前绞死了幸存的24名指挥守军的骑士。第二年，作为绥靖的手段，又重新颁布了《大宪章》。就实质而言，这是最后的文本了。从那时起，《大宪章》成为英国法律和传统中不可缺少的一部分。如果亨利三世在未成年时没有经历动荡的岁月，那么《大宪章》可能只是一个党派文件而在历史档案馆中发霉了。

任何人在长期的统治中都难免犯错误，所以每个政治家不得不时常向刚愎自用的统治者让步。但是，休伯特在任职期间却始终坚持了阻止国王收复法国境内属地的原则。为了这个原则，他不仅直言进谏，而且还采取拆台的办法，甚至在必须临敌出战的时候组织不光彩的溃逃。他拖延发动战争的准备工作，坚决反对宠臣和冒险家由外国渗入国内。此外，他还竭力反对教皇为了执行庞大的欧洲计划而不顾一切地向英国索款的企图。他维持了社会秩序；国王长大以后，他还限制国王身边的朝臣侵犯《大宪章》所规定的权利。他的立足点完全代表了英格兰的利益。

1229年，休伯特已经殚精竭虑，同时气数已尽，厄运降临了。国王这时22岁，已经加冕执政。他用尽自己的封建权力组织了一支强大的军队，率军到达朴次茅斯，要去法国保卫那些在诺曼底陷落之后仍属英王的属地。休伯特无法制止这一行动，但运送远征军东渡的任务显然在他的权限之内。国王要渡海冒险时，海边没有船等待他，或者只有寥寥无几的船只；也没有给养，没有军费。这使国王勃然大怒。亨利三世虽然平常温和可亲，有一副学者派头，而且爱好艺术，但此时却拔剑冲向首席政法官，指责他接受法国人的贿赂而背叛国王。这确实是个很不愉快而又令人难堪的局面，陆军希望到海外打仗，而海军和财政部却不能或不愿意把他们送到海外。后来，这场争执平息下来，国王也心平气和了。远征军在第二年上船东渡，休伯特也保住了他的地位。但他的官职已难久保。1232 年，他被宫廷中的一个小集团赶下了权力的宝座。由于生命受到威胁，他到布伦特福德去避难。不久，他被人从那个避难所揪了出来。一个普通而卑贱的铁匠接到给休伯特上脚镣的命令时表示，他宁愿死于任何一种酷刑，也不愿意执行这个命令。据说，他说了这样一句话："他不就是多次使英格兰免遭外国人的浩劫，而把英格兰交还英格兰的那个忠心耿耿的休伯特吗？"这句话一直被史学家视为休伯特·德伯格的真正丰碑。

* * *

在约翰统治时期，法国南部发生了世界史上最残酷的悲剧。在图卢兹伯爵雷蒙德六世统治的领地，经过几代人的时间逐渐产生了一种异端邪说。这种异端邪说在理论上阴暗而苛刻，实际上却比较温和。阿尔比派[1]，也叫"纯洁派"（the Purified），驳斥有关死者复活、炼狱和地狱的论点。他们认为，地上的一切生命都是魔鬼作祟的结果，物质阶段很快就会过去，灵魂从这可憎的负担中解脱出来之后，将在极乐的天堂归于上帝。有这种信仰的"完人"（Perfects）守身禁欲，大体上渴望一死。但有确切材料说明，大多数人在摆脱超自然的恐怖力量之后，在当地风和日丽的气候中形成了欢乐的性格和性生活随便的习惯。那里各阶层的人对今生的浮沉抱着超脱的态度，同时对来世

1 Albigense，基督教卡塔尔派在法国的分支。教徒通常生活简朴，并公开谴责天主教会的奢侈行为。——编者注

也无所忧虑，因而感到万分幸福。从这种幸福中产生了彬彬有礼的精神文明和强烈的信念。

教皇自然不欢迎他们打碎一切精神枷锁的做法。西方世界的道德规范是以原罪、上帝的拯救和只有靠教士才能免入无涯的苦海地狱这些论点为基础的，不过这一基础并不十分巩固。过了一个时期，教皇才意识到在法国南部蔓延的这种新罪恶的严重性和广泛性。这个问题的严重性一经发现，它就立刻成为比从异教徒手中抢救圣墓更为重要的问题了。1209 年，为了一种新的目的而进行的十字军讨伐开始了，罗马所能调遣的一切世俗力量在法王腓力二世的率领下扑向阿尔比派。在法国的一些局部地区，法律正式认可将信奉左道邪门者和其他不受欢迎的人火焚的做法。其手段之野蛮残暴，可谓无所不用其极。消灭新异端邪说的过程持续了二三十年。异端派在“完人”的带领下，顽强战斗，势若猛虎，把死亡看作从肉体罪恶中的最终解脱。这次讨伐进行得很彻底，阿尔比派的邪说在火刑柱上灰飞烟灭。只有那些住在当地深山密林里的贫困饥饿的人，仍对即将罚入地狱的说教保持着疑虑，而人类的纪律和责任以及教会的权力和费用在很大程度上依靠着这种说教。

在这次十字军讨伐运动的领导人当中，最突出的是“巴黎地区的一个小领主”，名叫西蒙·德蒙特福特的人。他升到了指挥这次战争的重要地位，被公认为有力的领导者。“经神圣军队中的贵族以及在场的教皇使节和教士提议”，他被封为贝奇耶和卡尔卡松的子爵。这个精明能干而残酷无情的人完成了他的血腥使命，在围攻图卢兹时毙命，身后留下一子。他的儿子沿用了他的名字，继承了他在贵族中德高望重的地位，也承袭了使他千古留名的一种思想。

*　　　*　　　*

休伯特·德伯格的行为并非无可指摘，但他的倒台是一些人有意策划的。这些人的目的不是维新，而是夺权。这次阴谋的核心人物是德伯格以前的政敌、温切斯特的主教德罗奇斯。在1232年的圣诞节会议上，政府机构中的几乎所有重要职务都由德罗奇斯的朋友所占据，而他自己则躲在幕后。他的这些朋友中的多数人和他一样，都是普瓦图人。德伯格的败绩比德罗奇斯及其同伴的胜利更有影响。德伯格是行使全权，有时甚至行使君权的最后一个伟大的首席政法官。他下台后，几乎处处仰承国王意旨和宠幸的管衣官一类的宫廷职务，要比名门贵族所担任的首席政法官之类的高级政府职务显赫得多了。由于普瓦图人、萨瓦人和普罗旺斯人越来越多地担任英格兰的宫廷职务，贵族产生了强烈的民族敌对情绪。在威廉·马歇尔的次子理查德·马歇尔的带领下，贵族开始对外国权贵发出怒吼。德罗奇斯反驳说，为了不被叛乱的本国臣民所害，国王需要外国人的保护。为了维护这一观点，他从普瓦图和布列塔尼雇佣军中找出了许多外族人。这次斗争持续的时间并不长。年轻的理查德·马歇尔同卢埃林亲王联合，把亨利三世追到威尔士边界，洗劫什鲁斯伯里，骚扰德罗奇斯的占领区。1234年春，亨利三世被迫接受了他们的条件。虽然理查德·马歇尔于4月阵亡，新任大主教埃德蒙·里奇仍要求国王履行协定。普瓦图官员统统被解职，德罗奇斯动身去意大利旅行，休伯特·德伯格再度荣获原来的封地和财产。

亨利三世在统治中期从国外招纳了很多宠臣，其中第一批是普瓦图人。这些外族人引起了贵族反对势力的仇恨，因为他们控制国王，垄断各种职务，并且在英格兰榨取非法的利益，而他们对英格兰的民族利益又完全漠不关心。亨利三世喜欢阿谀奉承之徒，酷爱奢华，而且自然地把普瓦图和普罗旺斯的伟大冒险家推荐给乖僻的贵族。普罗旺斯是中世纪行吟诗人的故乡和骑士精神的发祥地，它的文化使亨利三世为之倾倒。1236年，他同普罗旺斯的雷蒙德之女埃莉诺结了婚。埃莉诺带来了许多穷亲戚，其中有她的四个叔叔。一批新来的外国人掌握了有利可图的监护权、主持结婚仪式权、无继承人的土地和有俸圣职，而怨气冲天的贵族阶层认为这些都在他们的权限之内。亨利三世喜欢对那些可爱的亲戚大肆赠礼，他统治时期的种种弊端也应由他们负责。具有讽刺意味的是，镇压阿尔比派的西蒙·德蒙特福特的儿子名声并不坏。

英格兰不满情绪的更深根源，是教皇对虔诚而感恩戴德的国王所产生的影响。教皇格列高利九世[1]同神圣罗马帝国皇帝腓特烈二世进行着殊死的搏斗，需要更多的金钱，因此他的使节奥托对英格兰教会的改革深感兴趣。1240年，奥托要求教士交出五分之一的地租和动产，顿时引起了轩然大波。伯克郡的一些教区长发表了一个宣言，否认罗马向英格兰教会征税的权利，敦促教皇像其他主教那样“自食其力”（live of his own）。尽管如此，奥托在1241年初返回罗马时，还是带去了大量财宝，而且教皇把下一任的300个有俸牧师职位赐给了忠诚的意大利教界。1243年，英诺森四世[2]当选为教皇，再度向英格兰索取财富。那一年，教皇的使节禁止英格兰主教在教皇推荐的许多人士获得职位之前任命有俸牧师。自1235年以来一直担任林肯郡主教的罗伯特·格罗西特斯特，带领英格兰教士拒绝教皇的要求，成为他们的旗手。他是一个学者、科学家和圣人，曾任牛津神学院院长。尽管他仍然认为教皇具有至高无上的权力，却为100多年以后威克里夫[3]对罗马教廷的勒索钱财和腐败作风发动的攻击充当了先锋。

在教皇的勒索下痛苦不堪的教会以及本身利益受到宫廷侵犯的贵族，怀着对外族人的共同仇恨联合起来。1244年，贵族任命一个委员会来确定给国王拨一笔款项的条件，随后发生了一场危机。贵族坚持说，除了一些法官外，首席政法官、国务大臣和财政大臣应由议政大会选举。贵族的代表在议政大会中占大多数。政务会中有权召集议政大会的四个成员也应以同样的办法选出。国王在困境中向早已被榨取大量钱财的教会求援，但教会在格罗西

1 Gregory Ⅸ（约1145—1241），意大利籍教皇（1227—1241年在位）。他精通教会法和神学，支持十字军东征。——编者注

2 Innocent Ⅳ（1195—1254），罗马第180位教皇（1243—1254年在位）。终其任期都在与腓特烈二世及其后继者斗争。——编者注

3 Wyclif，英国宗教改革者，他翻译的《圣经》对于促进英国民族文学的发展起了重要作用。——译者注

特斯特的影响下拒绝了他的要求。

1247 年，贪婪的普瓦图人怂恿国王实行专制，他们还拉拢国王的三个异父兄弟，即约翰的王后伊莎贝拉改嫁到吕西尼昂家以后所生的三个儿子。亨利三世唱出了新调子。他在 1248 年说：“仆人不应评判主人，附庸不应评论领主或用条件束缚他。他们应该听从领主或主人的支使，服从他的意志。”他说了这番话也未能得到他急需的款项。他不得不出卖银具和珠宝，对购买者给予新的特权，或者承认他们过去已有的权利。他没有支付薪金，并强索礼物；他向森林法庭勒索钱财，对民众横征暴敛。

1252 年，国王以十字军运动为借口，要求教士交纳三年的地租和财产的什一税。教士根据格罗西特斯特的忠告，拒绝交税，因为国王不愿批准《大宪章》。格罗西特斯特翌年去世，他直到生命的最后一刻还坚决抗拒教皇和国王的税收。

与此同时，亨利三世秘密地在大陆上承担了更多的义务。神圣罗马帝国皇帝腓特烈于 1250 年去世，因此罗马要把他所管辖的西西里纳入教皇统治范围的计划又死灰复燃。1254 年，亨利三世为他的小儿子埃德蒙从教皇手中接受了西西里的王位。这是愚蠢的行为。这件赠礼所附带的条件使这一行动达到了愚不可及的地步。根据条件，英国国王必须提供一支军队，并负责偿还教皇的九万英镑巨债，这在当时是非常可观的数目。这个消息一经公之于世，便引起全国对亨利三世的怒海狂涛。议政大会和教会都拒绝给他财政援助。

亨利三世的愚蠢行为似乎还不止于此。在 1257 年的德皇选举中，他的弟弟、康沃尔伯爵理查竞选皇帝，亨利三世为保证理查当选耗费了大量金钱。最后的蠢行则是亨利三世最终没能够阻止卢埃林的胜利，后者在 1256 年将英格兰人赶出了威尔士，并策划摧毁在苏格兰的英格兰势力。亨利三世受到轻视，失去信任，充满恐惧，囊空如洗，缺乏人力，面临着愤怒而强烈的反抗。

*　　*　　*

格罗西特斯特晚年对他的朋友西蒙·德蒙特福特抱有很大希望。西蒙娶了国王的妹妹为妻，继承了莱斯特伯爵领地，并且在英格兰属地加斯科涅担任过四年总督。此人大权在握，而且甚为活跃，因此引起了国王宠臣的嫉妒和反对。由于他们的陷害，西蒙在1256年出庭受审。调查委员会判他无罪，但他以从国王手中得到一笔钱作为条件，不情愿地同意辞职。他同国王的友情破裂了，一方是出自轻蔑，另一方是由于不信任。因此，人们意想不到的一位人物便成为贵族和全国反对势力需要已久的领袖。

在英格兰有许多比西蒙更显要的贵族，况且他同国王的关系受到损害，因为有人指控说，他在结婚之前竟诱奸了他的新娘。但这位外籍领袖在意志坚定的五个儿子的支持下，将成为英国贵族的核心人物和主导力量。他逐渐得到了大多数封建领主、整个伦敦市、所有下层教士乃至全国的支持。一名宫廷官员在1258年7月写的信保存了下来。信中说，国王已向巨大的压力让步。政事管理改革委员会建立起来，双方同意，“公职概由英格兰人担任”，“罗马的使节、外籍商人和银行家应该降到适当的地位”。当时还提出了分给外籍人的土地、宫廷的地位和要塞的守卫等问题。这位官员写道：“贵族面临着难以完成的艰巨使命，他们正在为此作出不懈的努力。祝他们如愿以偿！”

第十七章 CHAPTER 17

雏形国会

亨利三世统治的末年虽是多事之秋，但对英国政体的发展却有重大的影响。这个时期大概可以称为英国国会制的萌芽时期，尽管没有哪个播种者能够预见到以后的收获如何。改革委员会郑重其事地开始了工作。它的建议在1258年列入了《牛津条例》[1]。这个条例在1259年用《威斯敏斯特条例》[2]加以补充。这次贵族运动不仅仅是对客卿的不满，因为这两个条例反映出，他们的注意力同《大宪章》中所关心的问题有明显的区别。《大宪章》主要是解决一些法律问题，而《牛津条例》涉及的则是国王听从谁的忠告以及任用什么样的官员这个重要问题。《威斯敏斯特条例》的许多条款所限制的不是国王的裁判权，而是贵族的裁判权。亨利二世取得的成果此时已显现出来：国家日益强大，全国人民更清楚地认识到了自己的地位，也更有自信心。全国显

1 *Provisions of Oxford*，英国贵族在牛津召开的第三次国会上通过的决议。该条例限制王权，确立了贵族寡头政治，引起了骑士及市民的不满。——编者注

2 *Provisions of Westminster*，主要涉及土地方面的法规，如进一步明确长子继承制，领主只有通过法律程序才能扣押租佃者的土地和财产等。——编者注

著地加强了法制，法官和官员在各地协助下更加频繁地四处巡视，促使地方的骑士加强政治责任感，并学会掌管政务。这些因素在 13 世纪就发挥了它们的效力，并决定了以后的英国政治制度。

贵族的基本要求是，国王今后应该通过一个“十五人委员会”进行统治。这个委员会将由四个人选出，两人是贵族代表，另外两人是王室代表。值得注意的是，国王用英语和法语发表声明，表示同意这项要求。这一声明是征服者威廉时代以来用这两种语言发表的第一个正式文件。西蒙·德蒙特福特领导和控制的这个委员会曾一度统治了这个国家。委员会成员互相约束，分别担任高级行政职务，把具体的管理工作分派给下级官员。当时，人们普遍认为这是可取的办法。权贵们在确保自己的阶级利益和权利（他们的权利在某种程度上代表着全民的权利）之后，不想把权柄交给他们当中的一两个人。由贵族政治家组成的内阁监督那些训练有素而无政治地位的下属官员。这个制度具有经久不衰的生命力，并且在它的发展史上多次达到高峰。

“国会”一词正是此时流行起来的。1086 年，征服者威廉在开始财产登记之前，同贤人会议的成员进行了“深刻的会谈”（deep speech），拉丁文叫作“讨论会”（colloquium）；12 世纪时，国王和手下的要人商讨问题则通称为“座谈会”（colloquy，讨论之意）。“为讨论王国内部的重大事务”而专门举行的“座谈会”可以称为“国会”。但这个词多半指的是一个由官员和法官组成的常设委员会，该委员会的职责是在威斯敏斯特接受请愿、纠正冤案和监督法律的执行情况。到了 12 世纪，“国会”一词成了两个联合起来而又迥然不同的机构的总称。

如果把它们的职能译成现在的说法，可以说，第一种大会解决政策问题，第二种大会解决立法和执法问题。现在对于一次国会会议开幕词的讨论很像过去的“座谈会”，而过去“国会”的活动则很像现在的国会委员会审议一项法案。在亨利三世统治时期，甚至在爱德华一世统治时期，都不能根据预料得出两种大会必须合并的结论。英格兰政体似乎将像法兰西政体那样发展，由国王和政务会掌握行政实权，而原来的达官显贵则降到普通贵族的地位，“国会”只是法律问题的情报交换所。但是，我们的历史并没有朝这条道路发展。首先，达官显贵在此后的一个世纪里成功地控制着政务会，使它代表他们的利益。其次，英格兰各郡有自己的生活方式，它们在威斯敏斯特的代表将不断扩大影响。若非在西蒙·德蒙特福特的有力推动下，这些力量可能就不会协力缔造持久的立法大会。

* * *

亨利三世、他的臣属以及和他们有关的庞大外籍势力集团并不愿意长期受到两个法规的束缚，他们做好一切准备，要夺回失去的利益。1259 年，亨利三世在巴黎同法国签订和约之后，满怀得到外援的希望回到国内。对所有希望王权强大的人来说，他的儿子爱德华已经成为灿烂的北斗，其支持者来自伦敦和其他城市的骚动的穷苦阶层。贵族的胜利并没有满足名副其实的革命热情，难以遏止的新思想又活跃起来。西蒙·德蒙特福特值得称道的一点是，他没有满足于贵族对国王取得的胜利，而是立即转身对付贵族——既然国王受到约束，贵族在自己的领地内也应该尊重百姓的利益。在这些问题上，为贵族达到最高地位发挥重要作用的中间阶层提出了不可忽视的要求。可以认为，青年骑士代表了乡绅的愿望。他们组成了自己强大的联盟，叫作“英格兰青年骑士团”（Community of the Bachelors of England）。西蒙·德蒙特福特成为他们的支持者。不久，他又抨击贵族滥用特权，并且想把王权改革扩大到贵族领地的范围。他向统治英格兰西南部和威尔士南部的格洛斯特伯爵理查德单刀直入地发表了自己的看法。他还使政务会颁布了一项法令，明确规定诸侯服从国王，国王的权力又在政务会之下。不过他没有强调后一点。这是一种新型的专制，是联邦专制。这些大胆的新思想没有产生预期的结果，因为这种专制不可避免地通过一个人或一个领袖来实行。这些因素使贵族彻底分裂，亨利三世国王和勇敢的爱德华王子乘机利用他们的全部力量打击分崩离析的对手。父子二人感到，大显身手的时机已经来临。

教皇解除了亨利三世关于接受《牛津条例》和《威斯敏斯特条例》的誓约之后，亨利三世便在 1261 年的复活节罢免了贵族任命的官员和大臣。其时已有两个争夺权力而互相干预的政府。贵族召集各郡代表到圣奥尔本斯[1]开会。亨利三世则召集他们到温莎去，双方都想赢得广泛的支持。贵族在各地得到多数人的支持，他们之所以没有采取过激行动，是因为格洛斯特对德蒙特福特的反对态度。1262 年 7 月格洛斯特逝世后，贵族便开始奉行德蒙特福特的偏激政策，内战随之而起。西蒙及其积极活跃的几个儿子、大约一半的贵族、当时已经存在的中间阶层和强大的威尔士盟友严阵以待国王的挑战。

西蒙·德蒙特福特既是政治家，又是军事家。他采取的政策并非必然地取决于当时的环境和他从小所受的教养。有些人不以为然地说，他对自己的行动之根本意义并无明确的认识。诚然，他建树这些业绩时，尚未完全看出其伟大意义之所在。到 1263 年 9 月，反对他的活动已经明朗化，因为他的功绩过于显赫。爱德华利用贵族的不满情绪，迎合他们对个人封建利益的关注，挑动他们嫉妒德蒙特福特，通过这些手段纠集强大的保皇势力。1263 年 9 月，德蒙特福特被迫同意请法兰西国王路易裁决。裁决的结果对他很不利。路易忠于自己的帝王阶级，所以他保护英格兰国王的特权，宣布两个法规是非法的。路易在生前就已成为圣人，因而他的这一裁决是很重要的。不过，对峙的双方已经诉诸武力了。封建主基本上支持国王，以城市居民为主的平民和宗教改革派，尤其是圣方济各会[2]教士，则支持德蒙特福特。许多城市制定了新的控制措施，以摧毁城市寡头政治集团对国王的支持。1264 年夏天，德蒙特福特再次南下，解除亨利三世和爱德华对辛克港施加的压力。

---

1 St. Albans，英格兰赫特福德郡的一个镇，弗尔河流经此镇。——编者注

2 Franciscans，也称为“小兄弟会”，天主教托钵修会之一。会士身穿灰色长袍，也被称为“灰衣修士”。1209 年由意大利人方济各创立。——编者注

亨利三世和爱德华王子以优势兵力在萨塞克斯迎击德蒙特福特。一场激战在刘易斯打响了。在某种程度上，这次战斗是埃奇希尔大战的序幕。爱德华同 400 年后的鲁珀特一样，骁勇无比，对敌人穷追不舍，但在返回战场时，却发现败局已定。富有战斗经验和指挥艺术的西蒙利用复杂的地形设下圈套，当他的中央阵地被突破时，他布在两翼的重甲骑兵便向国王的大部队进行夹攻，粉碎了一切抵抗力量。西蒙曾经摔落马下，因而此时他在军中经常乘坐一种像 18 世纪的将军马车那样富丽堂皇的肩舆。为了安全，他把两三个人质也放在肩舆里并把肩舆置于威尔士士兵的中间。肩舆上面还有许多旗帜和标志表明他的所在。爱德华王子经过一阵冲杀之后，缴获了肩舆，杀死里边两名倒霉的己方人质。这时，国王和他的宫廷人员以及重要的支持者已被德蒙特福特俘虏。等到斗志旺盛的王子返回时，同样的厄运在等待着他。

此时，西蒙 · 德蒙特福特已是整个英格兰的主宰。如果他像现代几个欧洲国家那样，残酷地集体屠杀他所控制的人，就可以长期称雄于英格兰。在那个时代，有些事情虽然很残酷，但还不算极端。对于不惜冒生命危险进行权力之争的人来说，并非只能采取残酷手段；武力固然有效，但也不是万能的。西蒙同被俘的国王和战败的一方签订了协议。根据协议，国王和王子受到严格的约束。但国王的权力在原则上仍然受到尊重。国内的各派力量基本上实现了平衡。从西蒙的行动中可以看出，他不仅感受到反对派的强大力量，而且希望最终和他们联合起来。由于国王在他手里，他可以利用国王的权力控制贵族，建立更广泛、更有效的政治制度。不管他有意与否，在他取得胜利之后，这种制度一定会自行诞生。他统治着英格兰，控制着懦弱的国王和傲慢的爱德华王子。他生平第三个也是最后一个阶段就此开始了。

* * *

不管贵族站在哪一方，他们面临的威胁要比西蒙曾经帮助他们摆脱的威胁更大。西蒙的天才和精力，加上金雀花王朝的君主所固有的权力和好斗的中间阶层的支持，对贵族阶级的特权构成了威胁，这种威胁比约翰的暴政和亨利三世滥用客卿的行为有更严重的后果。在这些具有历史意义的斗争中，英国贵族一直以保护自己的利益为宗旨。在兰尼米德，他们虽然为全国的自由作出了贡献，但他们的本意是为了保护自己的利益。他们此时确认，西蒙是他们的敌人。西蒙显然是个霸王，他手中控制着国王，背后又有社会变革力量的支持。贵族结成了牢固的联盟，他们见国王的军队不在西蒙手中，便日夜策划推翻他。

当时德蒙特福特感到满意的是，有一个九人委员会处理重大事项，他们掌握开支并有任用官员的权力。至于一时解决不了的问题，则留给他在1265年召开的国会处理。

西蒙伯爵的独裁作风有失人心，但国家处于如此混乱的状态，独裁似乎是必要的。在北方以及在威尔士边界，反抗力量仍很强大，而且相当活跃；身在法国的王后以及休·比戈德伯爵和沃伦伯爵企图支援国王；教皇是支持国王的。德蒙特福特在辛克港纠集了一支舰队，并且公开怂恿海盗行为，因而控制了英吉利海峡和多佛海峡。可是在西边，他失去了昔日政敌理查德·德克莱尔的儿子、格洛斯特伯爵吉尔伯特·德克莱尔的支持。德克莱尔没有公开加入保皇派，而是同他们暗中合作，并且重新进行其父当年同德蒙特福特的斗争。他在1265年被召到国会时，指责德蒙特福特和他的儿子侵吞王室的岁入和对立派贵族被没收的财产。这些指责有真实的成分。克莱尔之所以反对，其主要原因是他未能分到赃物。

1265年1月，德蒙特福特在伦敦召开国会，各郡和城市均有代表参加。这次国会的目标是给革命的措施披上合法的外衣，并在德蒙特福特的指导下，稳步实现。这次国会的重要性与其说在于它的内容，毋宁说在于它的代表大会性质。作为英国历史上第一届代议制国会，它对政体有很大的影响，可是却被现代社会低估了。之所以召集有力而深得人心的人参加国会，是因为德蒙特福特想通过自己的支持者左右国会。在贵族当中，只有5名伯爵和18名男爵收到参加国会的通知。德蒙特福特又一次依靠乡绅和市民的支持来对付心怀敌意或态度冷淡的贵族。这是他的诀窍和策略。

国会毕恭毕敬地同意了德蒙特福特的行动，接受了他根据两个法规提出的解决方案。但是，德克莱尔回到了西部，其后果只能是内战再起。亨利三世顺从地生活在德蒙特福特的控制之下，一直颇受尊重；爱德华王子由于保证决不逃走，才享受着行动自由。然而，当贵族怨声载道、西蒙部下派系并起、统治中的困难引起民怨沸腾的时候，王子于某日带着几个朋友出去打猎，把自己的诺言置于脑后，没有回去。他在树林中纵马奔驰，开头是要猎取牡鹿，后来则追逐更大的猎物。他立即成为英国社会中最强大阶层的积极领袖。这个阶层的首要目标，就是要打击西蒙·德蒙特福特，破坏他那些闻所未闻的改革。爱德华保证要遵守《大宪章》，平冤昭雪，并且驱逐外籍人，因此得以联合贵族势力，破坏德蒙特福特的可靠基础。德蒙特福特伯爵此时只是一个派系的首领。此外，他同卢埃林结成联盟，承认这位威尔士封建主关于领土和独立的要求，这也有损于他自己的声望。他不仅在政治上让爱德华占了上风，在军事上也陷入极为不利的处境。爱德华和威尔士边界地区的贵族占据塞文河流域之后，德蒙特福特便陷入困境，他向东边的退路已被堵塞，部队被逼到威尔士南部。8月初，他再次企图渡过塞文河，与他的儿子西蒙从东南带来的军队会师。他终于在伍斯特附近的一个渡口过了河，可是西蒙的部队却在凯尼尔沃思一带被爱德华用计谋打垮了。德蒙特福特伯爵不知道这个消息，他自己也受困于伊夫舍姆。8月4日，一场决战在这里开始了。

这场战斗是在暴风雨中进行的。威尔士人在纵横驰骋的爱德华面前四处逃命，只有德蒙特福特身边的一批人在寡不敌众的情况下血战到底。德蒙特福特英勇地战死沙场。边界贵族屠杀了许多逃兵和俘虏，肢解了他们的尸体。年迈可怜的国王一直被德蒙特福特带着辗转各地，在这次战斗中被西蒙的部下刺伤，亨利三世急忙高喊："别杀我！我是温切斯特的亨利，是你们的国王。"由于表明自己的身份，他才死里逃生。

*　　　　*　　　　*

伟大的德蒙特福特伯爵逝世了，他的行动在全国留下了广泛而深远的影响。伊夫舍姆战役之后，胜利者随意而无情地分封没收的土地，激起失去继承权的那些人的强烈反抗。德蒙特福特的追随者在孤立无援的凯尼尔沃思、阿克索尔姆和伊利坚持斗争，他们在愤怒的绝望中洗劫周围的乡村。政府非常虚弱，无力镇压他们。全国蒙受混乱不安之苦，老百姓并不掩饰他们支持德蒙特福特的态度，叛乱者和不法之徒在大路上或森林中骚扰抢劫。政府以国王的名义禁止外国商人入境，因为他们的安全得不到保障。国家似乎就要再度遭受封建割据而陷入由此必然产生的混乱状态。鉴于危机重重，教皇克莱门特四世和他的使节奥托本敦促政府采取温和的政策。爱德华经过半年的围困未能攻克凯尼尔沃思，认识到奉行温和的政策实为上策。没收土地的受益者则坚决反对，格洛斯特伯爵也由于爱德华否认要进行改革的诺言而大失所望。1267 年初，这位伯爵要求驱逐外籍人并重新颁布《牛津条例》和《威斯敏斯特条例》。为了坚持自己的要求，他进入伦敦，受到普遍的欢迎。他的行动和教皇使节的影响，促成了"不剥夺继承权而要重新赎买"的折中方案，这使本来失去继承权的人获得宽容的条件。1267 年底，最高法院向全国各地派出法官，以便公平地执行这一方案。从史料中可以看出，动乱的范围很广；在地方，暴乱是针对当地官员的，它得到下层教士和许多大小修道院院长的支持，没有被封建关系束缚在贵族一边的许多乡绅也曾经支持德蒙特福特。

由于德蒙特福特已死和爱德华参加十字军远征，虚弱的亨利三世晚年过着比较平静的生活。50 多年前，九岁的亨利在内战的硝烟中继承了父亲的王位，人们有时感到，他似乎也将在内战的烽火中死去。然而，风暴终于平息下来，他又可以欣赏比政治斗争更能引人入胜的美好东西了。不久，新的威斯敏斯特大教堂建成了。它是哥特式建筑的杰作，是亨利三世一生中最宝贵的目标。在 1272 年的最后几个星期里，他就是在这座大教堂里入葬的。

不要由于这几年的平静生活而认为德蒙特福特进行的斗争和内战没有起到什么作用。直到多年以后，老百姓还把他奉为圣人。他们的支持丝毫无助于他的伊夫舍姆之战，但是，他是人民的朋友，他们在他身上寄托着为穷人解除痛苦和压迫的希望，所以他们忘却了他的过错而永远怀念他。他是一个杰出的统治者，但作为政治家，却未免过于自信而又缺乏耐心。他践踏既得利益，违反一切惯例，不顾任何礼节，并且无谓地引起别人的怀疑和不信任，但他在英国的历史上点燃了一支永不熄灭的火炬。早在 1267 年的《马尔博罗法规》(*Statute of Marlborough*，也译《马尔伯勒法规》)中，就再度体现了《威斯敏斯特条例》的主要内容。德蒙特福特对他的外甥、新王爱德华也有同样重要的影响，爱德华虽然杀死了他，却深深地吸收了他的思想。因此可以说，德蒙特福特的政策经受住了伊夫舍姆之战及其以后局势逆转的打击，爱德华一世是他的真正的继承人。

第十八章 CHAPTER 18

爱德华一世

爱德华在统治艺术方面受到的教育超过了任何一位王子。他 33 岁时，父亲病逝，他便继承了王位，称为爱德华一世。他既是经验丰富的统治者，也是指挥有方的军事家。他曾为父亲挑起重担，常同西蒙·德蒙特福特进行激烈的较量。他虽然和德蒙特福特有许多共同的看法，却杀死了这位伯爵。他在失败的教训中学会了战争艺术。在亨利三世的统治末年，他本来可以随时夺取王冠，却孝顺而耐心地等待合法继位时机的来临。如果把他励精图治的精神同他父亲的慵懒无能和混乱统治加以比较，就更能显出他的伟大不凡之处。

爱德华一世身材匀称，比常人高出一头；头发浓密，幼年时呈黄色，成年时变成黑色，老年时则已苍苍了，这表明他一生的历程；他气宇轩昂，五官端正，美中不足的只是像他父亲那样左眼睑下垂；他口吃，却长于雄辩，因为他的手势潜藏着丰富的言辞；他有着武士的强健双臂，两条长腿能紧夹马鞍，因而有“长腿”（Longshanks）之名。这些特征的描写出于多明我会[1]的

1 Dominican，天主教的一个教派，由西班牙人多明我创立。——译者注

修士编年史家尼古拉斯·特里维特之手笔，他还写道，爱德华一世喜欢战争和比武，尤其酷爱带鹰打猎。他追逐牡鹿时不用猎狼，也不投枪，而是纵马疾驰，直到亲手砍死那不幸的动物为止。

爱德华一世的统治有独特之处，他兼有亨利二世的治世之才和狮心王理查一世的勇敢宽容。他为自己选了一条“各得其所”（To each his own）的格言，在英格兰的各代国王中，没有人比他更坚决地奉行这一原则。他忠实地按照自己的标准维护社会正义和法律，尊重社会各阶层的权利。他的不法行为和敌对行动引起了愤怒的反抗，甚至直到他生命的最后一刻仍是如此；而他的谦逊和宽宏大量也多次得到迅速的反应，为后来的友情奠定了基础。

亨利三世逝世时，爱德华正在西西里。贵族中的重要人物没有等到亨利三世入葬就拥戴爱德华为国王。所有人都支持新国王。两年以后，爱德华一世才回到英格兰举行加冕礼。他的登基有继承的因素，也有选举的味道，谁也没想过到底哪一种因素是主要的。同德蒙特福特和贵族的斗争使爱德华一世认识到，国王考虑问题必须从全国着眼。既然德蒙特福特曾经迫于形势联合中间阶层反对国王和傲慢的贵族，那么，新国王登基伊始就主动地妥善利用这支力量也未尝不可。新国王在极盛时期的主旨就是保持各种力量的均衡。他知道，傲慢而骚乱的贵族和贪婪的教会是约束王权的力量，也是老百姓的压迫者。由于比以往更充分地考虑中间阶层的利益和全民的需要，他建立起广泛而有秩序的基础，使国王可以在这个基础上积极地为全民族谋利益。于是他力图照顾到全国的利益，把自己的权限扩大到整个不列颠群岛，还想把自己的影响扩大到欧洲各国。

爱德华一世在英格兰进行行政改革时，并不专门满足互相抗争的某一派强大势力的要求，而是对各个阶层一视同仁。虽然他对《大宪章》给他祖父戴上的枷锁感到不满，并且想控制日益增长的教会财富和权力，但他并不滥用夺回的权力，而是在更广泛的基础上运用这些权力。他同现状作斗争、剥夺教会和贵族既得利益的一切行动，都是为了社会各阶层的利益。在他的所有立法活动中，不管是针对什么问题，都有一个共同的宗旨："我们必须确定，凡是我们的都应该归于我们，凡是别人的都应该归于别人。"

爱德华一世统治时期是个秩序井然的时代。它值得纪念，并不是因为它树立了伟大的里程碑，而是因为它从以前三位国王统治时期的谬误和混乱中吸取了有利的因素，使之形成一个长期巩固的整体。在长期的动荡波折之中形成的国家机构和原则此时已固定下来，经受住了黑死病[1]、英法百年战争[2]、玫瑰战争以及中世纪后期的各种考验，有一些机构和原则维持了更长的时间。在这个时期，骑士和中产阶级社会日益取代纯粹的封建主义社会。统治工具、土地所有权、军事和财政制度以及政教关系都已固定下来，几乎一直维持到都铎王朝。

*　　　*　　　*

在爱德华一世执政的头 18 年里，立法活动十分活跃，以后几个世纪都无法与之相比。当时，几乎每年都颁布一个重要的法规，这些法规没有多少新颖之处，而且多数比较保守，但它们的作用合在一起却是一场伟大的变革。爱德华一世十分倚重他的国务大臣、巴斯和韦尔斯的主教罗伯特·伯内尔。此人出身低微，从最高法院和宫廷里的职务升为主教，直到 1292 年逝世为止，始终是国王的主要谋臣。他把自己的一生献给了国王的事业，他所采取的政策都是为了削弱封建特权和封建势力以加强王权。爱德华一世在 1274 年回到英格兰以后，伯内尔出任国务大臣还不过三个星期，就开始彻底调查地方政务。专员奉命带着 40 个问题奔赴各地，去了解哪些是国王的权利和财产，这些权利和财产受到何种侵犯；哪些官员玩忽职守或贪污腐败；哪些郡

1 Black Death，黑死病，即鼠疫，始于 1347 年，1353 年才消退。它让欧洲和中东的人口在极短时间内从一亿减少到八千万。——编者注

2 The Hundred Years War，1337—1453 年间的战争，交战方为英国、法国，及后来加入的勃艮第。——编者注

守“由于怜悯心、受贿或偏袒”而包庇重罪，因而失职或贪赃枉法。类似的调查以前也有过，但却从未如此彻底而有效。爱德华一世的政策“强硬而不残酷”，旨在尊重一切合法权利，剥夺一切侵占的果实。

1275 年国会通过的《第一威斯敏斯特法》(*The First Statute of Westminster*)针对的是专员们揭露的渎职行为。1278 年的《格洛斯特法规》(*Statute of Gloucester*)，则命令最高法院的法官持调查令去了解大封建主利用自己的法庭和官员在自己领地上执行法律的权利，并且规定，这些权限必须明确。调查的主要作用是提醒大封建主：他们既有权利，也有义务。1279 年颁布的《莫特美因法规》(*Statute of Mortmain*)，禁止向教会馈赠土地，但如有国王的许可则属例外。1285 年颁布了《温切斯特法》(*Statute of Winchester*)，整饬地方秩序；同年还颁布了《第二威斯敏斯特法》(*The Second Statute of Westminster*)，巩固了祖传领地制度。《第三威斯敏斯特法》(*The Third Statute of Westminster*)则针对绝对归自己所有而不附带任何条件的土地。这类土地可以自由买卖，但法规中规定，以后买主不是从卖主手中而是从卖主的领主手中接受土地，而且必须承担土地出售以前所附带的封建义务和捐税。这一措施制止了封建关系进一步分化的趋势，对国王极为有利，增加了他以最高封建主的身份直接管辖的佃户数量。

这一系列著名的法规基本上比较合适，在一个时期内得到有效的执行。但是，经济上的压力给英格兰的物质生活带来了巨大的变化，变化的深刻程度并不亚于政治方面的变化。土地逐渐地不再是全国的社会生活和防御所依靠的道义约束力量，而成为一种商品，在原则上可以像羊毛或羊肉那样买卖，还可以在一定的限制下赠送或遗留给别人，甚至可以用馈赠的方式留给那些将成为新贵族阶级基础的尚未出世的人们。

当然，只有一小部分英格兰土地参加了这种原始而比较活跃的交易。可是，这一小部分土地足以激起巨大的浪花。当时，许多外国公侯经济拮据，而英格兰却早有涓涓不息的金钱之泉了。犹太人已经悄悄地进入那个残酷时代的社会结构之中。他们时隐时现，常常在大人物急需金钱的时候给予极大的帮助，不愿意请求国会拨款的国王获益最大。在某些情况下，有钱便有土地。英格兰的犹太人见此情景便忘乎所以。土地开始转入犹太人的手中，有些是直接出售的，也有些是抵押的。进入市场的土地较多，因而通过两种途径都是有利可图的。二三十年以后，昔日的封建主才意识到：为了集散无常的金钱，他们已经永远失去了一部分数量颇为可观的英格兰土地。

饱尝抵押之苦的小地主和挥金如土而在交易中吃亏的贵族怀着怨气联合起来了。意大利放债者开始进入英格兰，他们在需要时可以同犹太人一样对国王有用。爱德华一世感到，他可以通过简单而现成的反犹太政策安抚那些重要的势力并逃避逼人的债务。以人当祭品等骇人听闻的故事和现代文明社会中的毁谤言辞，在嘈杂声中广为流传。受到普遍仇视的犹太人遭到抢劫和虐待，最后被赶出了英国。只有一些医生例外，因为他们一走，大人物可能就得不到适当的照顾了。这个饱经忧患而颠沛流离的民族被洗劫一空，只好再次寻觅栖身之处，重建家业。已经广为应用的大篷车必须再把轮子转动起来，无精打采地开往西班牙或北非。直到 400 年以后，奥利弗·克伦威尔[1]和一个以色列富翁签订了秘密合同，英格兰海岸才对犹太商人开放。所以，一个属于加尔文宗[2]的独裁者取消了一个信奉天主教的国王对犹太人的禁令。佛罗伦萨和锡耶纳的金融家取代了犹太人的地位，但是到爱德华一世的孙子统治时期，金融家们也将尝尝基督教世界的公道是什么滋味。

*　　　*　　　*

爱德华一世在取得一系列重大的立法成就之时，还不断进行行政改革。

1　Oliver Cromwell（1599—1658），英吉利共和国首位护国公（1649—1658 年在任）。他迫使英国君主退位，并解散国会，建立英吉利共和国，出任护国公，成为英国事实上的国家元首。——编者注

2　Calvinist，基督教的一派，以创始人约翰·加尔文命名。——译者注

他不知疲倦地巡视全国各地，严格调查各种渎职行为，以有力的手段和犀利的笔锋纠正地方权贵的过火行为。合法性是他随时准备利用的武器，而合法性是常常可以加以咬文嚼字的解释的。他通过不懈的努力，整顿了各方面的内务，并且在不仅同他自己有关而且也同全民有关的领域里排除了个人利益。

爱德华一世重视行政管理和德政，这在中世纪的国王当中是极其难得的。因此，他主要依靠行家里手的帮助，而不大依靠“徒尚虚荣而不得力的大封建主”——这也是很自然的事情。到 13 世纪末，已经有三个部门各有专职。一个是财务署，设在威斯敏斯特，负责收缴岁入和统计工作；另一个是最高法院，实际上是个总秘书处，负责起草国王的许多宪章、令状和信件；第三个是内务部，有一个单独的秘书处，叫作掌玺司[1]，专门跟随四处流动的宫廷，它兼管财务和秘书工作，其职权可能大至为发动大陆战争提供军费，小至为王室的厨房买几分钱的胡椒。伯内尔是典型的早期政治官员，他死后，财务署的官员沃尔特 · 兰顿接替他的工作。这位财政大臣同伯内尔一样，不把他的利奇菲尔德主教职位看作宗教职务，而是看作为国王服务有功的奖赏。

爱德华一世是一个十分正统的天主教徒，但他也难免同教会发生冲突。他渴望为上帝服务，但就君主的权力来说，他比他的父亲有更高的要求，因而不止一次被迫提出抗议。教会领袖是方济各会修士约翰 · 皮彻姆，此人在 1279 年至 1292 年间担任坎特伯雷大主教。皮彻姆以极大的勇气和策略，保卫了教会在国王面前的独立地位和正当权利。在 1279 年召开的雷丁会议上，他发表的一些公告激怒了国王。公告之一是禁止教士兼职，这个规定打击了国王把宗教职务赠予许多政府官员的做法。另一项公告则是命令每个大教堂或者有牧师会组织的教堂公开张贴一份爱德华一世发誓遵守的《大宪章》。凡

1 Privy Seal，掌管英国的国玺，负责保管国玺和起草、颁发各种政府文件。——编者注

是凭国王令状禁止宗教法庭判案的人以及所有违反《大宪章》的人，都有被革除教籍的危险。

爱德华一世怒不可遏，皮彻姆只好暂时让步，等待时机。1281 年召开了兰贝思会议，爱德华一世怀疑有人搞鬼，便签发了令状，禁止与会者“议论与我们的国王有关的问题，或者涉及我们个人、国家或会议的状况”。但皮彻姆并不畏缩，他几乎一字不改地重新颁布了雷丁会议制定的主要法规，并且为它加上明确重申教会自由的序言。一个月以后，他给国王写了一封异乎寻常的信，为自己的行为辩解。信中写道：“任何章程甚至任何誓约都不能强迫我们忽视那些肯定以神权为基础的司法权。”一名为之折服的职员把这封信抄入大主教的文件录时，写下了这样的眉批：“极妙的信件。”

皮彻姆的行动本来会立即引起一场堪与贝克特和亨利二世的冲突相比拟的危机，但爱德华一世似乎对他的挑战漠然置之，仍然不断地发出禁令状。不过，爱德华一世的行动还是有节制的。他在 1286 年签发了一个著名的令状，明智地命令他的巡回法官在有关宗教裁判权的问题上谨慎行事，还说明哪些案件应该留给宗教法庭审理。这位大主教和爱德华一世的冲突因此推迟了，但是到他们去世时，这一冲突尚未消除。

*　　　*　　　*

在爱德华一世执政的初期，贵族于 1259 年缔结的《巴黎条约》[1] 是英法两国关系的准则。两国尽管有敌意的潜流作祟，但还是维持了 30 多年的和平。两国在实施条约问题上的分歧以及英国、加斯科涅和法国的水手在英吉利海峡的冲突导致了 1293 年的圣马赫大海战。要不是英国在法国南部的势力常

1　*Treaty of Paris*，英格兰国王亨利三世和法国国王路易九世签署的条约。亨利三世同意放弃诺曼底（除了海峡群岛）、曼恩省、安茹省和普瓦图。作为交换，路易九世不再支持反英叛乱。——编者注

常影响法国人的自尊心和民族统一，双方也不至于诉诸武力。甚至在漂亮的法兰西国王腓力四世[1]伺机挑衅时，爱德华一世还是长期忍耐，企图和平解决争端。后来，巴黎的国会竟宣布占领加斯科涅公国。腓力四世要求爱德华一世象征性地交出加斯科涅的几个重要堡垒，承认他作为最高领主的合法权力。爱德华一世一一照办。可是，腓力四世一旦得到这些要塞，便再也不肯放手。爱德华一世这时意识到，如不采取武力，就会丢掉他在法国的属地。

到 1294 年，爱德华一世比优游浪漫的青年时期已经有了很大的变化。他在动荡不安的年代辅佐父王多年之后，自己执政也有 20 多个春秋了。同时，他周围的世界也发生了变化。他失去了生长于卡斯蒂尔的爱妻埃莉诺和生长于普罗旺斯的母亲埃莉诺，长子和次子也不幸夭折。伯内尔已经不在人世。威尔士和苏格兰动乱迭起，反对势力呼声强烈，行动逼人。爱德华一世年迈孤独，疑虑重重，还要应付数不清的棘手问题。

1294 年 6 月，爱德华一世在伦敦向上文已经提到的“国会”解释了同法国人争吵的原因。他要进行战争的决定得到大会的同意。在比较正规的大会上，决定往往是可以得到同意的。

这次战争本身没有什么重要特点。英国人在加斯科涅发动了几次战役，在英吉利海峡彼岸的沿海地区频频进行袭击，还长期围困了波尔多。人们在战争初期颇有热情，这种热情后来由于不可避免的增税而逐渐消退了。英国出口的大宗产品羊毛和皮革均被没收，只有交出每袋 40 先令的关税才能赎回，而 1275 年国会规定的税额只有半个马克（6 先令 8 便士）。1294 年 9 月，教士接到交纳一半岁入的命令，感到非常愤怒。圣保罗大教堂的教长打算到令人望而生畏的国王面前提出抗议，可是一气之下便倒地而死了。

1 Philip Ⅳ（1268—1314），卡佩王朝第 13 位国王（1285—1314 年在位）。在位时打击贵族，维护法兰西的利益，压制罗马教皇。——编者注

11月，国会批准了对一切动产征收重税的决定。在征收这项税金的过程中，各阶层的人都愤愤不满。这年冬天，威尔士发生叛乱，爱德华一世前往镇压。等他平叛回来时，苏格兰已经同法国结盟。从1296年开始，同苏格兰的战火便时起时落，从未熄灭。

1297年10月至1304年间，英法在战争中多次停战。这种局面并不比交战状态省钱。这几年是内外交困的时期，苏格兰问题则显得尤为棘手。爱德华一世多次在威斯敏斯特召集国会，全面地介绍形势，但没有得到必要的支持。国会不批准再增加税收。

1296年，教皇发表了一项训令，禁止在未经教皇许可的情况下交纳任何附加税，教士因此更加感到无所适从。同年秋天，在伯里圣埃德蒙兹召开的国会上，教士们犹豫了一阵之后，在新任大主教罗伯特·温切尔西的领导下作出了决定：他们无力捐助。爱德华恼羞成怒，剥夺了他们的公民权和封地。大主教也以牙还牙，威胁说，有不服从教皇训令者，革除其教籍。大家情绪激昂地相持了一阵，最后心平气和了。教皇又发表一个新训令，撤销了他的过分要求。

爱德华一世当然更愿意同教会讲和，因为他遭到了来自另外一个方面的反抗。他在索尔兹伯里向贵族建议，他到佛兰德作战期间，贵族当中要留一些人在加斯科涅打仗。贵族不同意。赫里福德的伯爵、英格兰统帅汉弗莱·德博恩和诺福克的伯爵罗杰·比戈德副统帅说，他们必须跟随国王履行自己的世袭职责。这个借口是骗不了人的。两位伯爵对国王都有私怨，更主要的是，他们的意见代表了许多贵族的不满情绪，因为20年来，国王不断削弱贵族的力量，以加强自己的权力。几十年以前，他们曾经反对爱德华一世的父亲，此时，他们再次起来抗拒的时机已经成熟。

爱德华一世并未马上理睬贵族的挑战，他在派人去赫里福德和诺福克两地补缺之后，继续加强战备，然后于8月乘船去佛兰德。国王走后，反对派认为他们久待的良机已到。他们要求确认《大宪章》和派生出来的《狩猎场宪章》[1]的法律效力，这两个宪章是约翰被迫同意条款的最后文本。另外，贵族们还提出了六个补充条款。根据这些宪章条款，以后如果未经全国同意，不得任意征税或要求援助；不许违背主人的意愿任意扣押玉米、羊毛等产品；必须恢复教俗人士过去的自由；对拒绝留在加斯科涅作战的两位伯爵及其支持者不应加以惩罚；主教必须在各自任职的大教堂宣读《大宪章》，对于无视《大宪章》的人要革除其教籍。同年秋天，这两位伯爵带领军队进入伦敦，要求宫廷接受这些建议。宫廷无力抵抗，只好让步，确认了所有的条款。11 月份，国王在根特予以批准，不过还是保留了国王在财政上的一些权力。

国王和反对势力都很重视这些令人惊奇的重大让步。贵族怀疑国王想用合法的方式取消自己的诺言，因而几次在国会上呼吁大家予以注意。1301 年 2 月，他们在林肯召集的国会上争论不休，不断进行威胁，爱德华一世只好再次郑重地确认《大宪章》和附加条款。

通过这次危机，态度坚定的反对派确立了两条原则，这两条原则对后来产生了重大的影响。第一条是，国王无权调动任何一个地区的封建军队。这一限制敲响了封建征兵制的丧钟，使后一个世纪的军队不可避免地实行契约雇佣制。第二条原则是，国王未经同意不得以“紧急需要”为名征收赋税。17 世纪以前的英格兰国王都想增加税收，无奈爱德华一世的让步开创了另一种先例，而且在国王受国会约束的道路上向前迈出了一大步。

爱德华一世为了全国的利益进行统治，比较尊重法制，在这些方面，他胜过以前的历代国王。可是，具有讽刺意味而使国王生气的是，他所强调的原则却成为反对他的工具。贵族势力没有诉诸战争，而是利用国王努力制定的一套法律规章来反对他。这样，他们的身份也就不同了：他们不再作为封

1 *Charter of the Fores*，亨利三世于 1217 年颁布，作为《大宪章》的补充内容。它规定除金银贵重矿藏以外，林木等其他资源均属于土地占有者。——编者注

建贵族阶级的代表，而是作为全国反对派的领袖说话。于是，国王再次被迫郑重地宣布维护《大宪章》中确立的原则。鉴于最近滥用国王特权而制定的补救措施也写入宪章条款，使得这次让步更加显著。这是法制方面的一个跃进。

*　　*　　*

英国各代国王首先考虑在法兰西的属地问题，忽略了在大不列颠岛上扩大版图，为此付出了沉重的代价。他们偶尔也过问威尔士和苏格兰的事务，但保卫边界的任务主要落在当地封建主的肩上。《巴黎条约》签订以后，我们在欧洲大陆的冒险活动暂缓了二三十年，因此可以转身对付国内安全方面的迫切问题。爱德华一世是利用王室的全部力量在西部和北部进行民族扩张的第一位英格兰国王，他征服了威尔士的独立地区，巩固了西部边界，朝着不列颠岛的统一迈出了重要的第一步。

他企图征服罗马人、撒克逊人和诺曼人均未征服的地方。威尔士的深山要塞养育了一支英勇顽强、不可征服的民族，他们在亨利三世执政期间，曾经在著名的卢埃林的孙子领导下，在英格兰的政治舞台上再次留下了很深的足迹。爱德华作为父亲的助手，同威尔士人打过交道。他曾经和他们在战场上比过高低，但能否取胜还值得怀疑。同时他看到，威尔士边界地区的贵族莫蒂默家族和博亨家族以及南部拥有格洛斯特领地的克莱尔家族，利用他们的军事特权侵犯威尔士人和英格兰人的利益，他对此深感不满。威尔士人提出的有关得到独立的种种要求使爱德华感到苦恼，但是，由拦路抢劫的贵族守卫英格兰边界的制度同样使他不高兴。这些贵族曾经三番五次地向王权挑战。他决心以维护正义和推动社会前进为名，去扫荡小诸侯和山地野蛮人的庇护所。这个尚未征服的庇护所自从久远的年代以来就有野蛮的自由。另外，他还要限制边界贵族的特权。

爱德华一世利用威尔士边界贵族在长期冲突中发展起来的一切当地力量，在海上和陆地上发动了精心策划的血腥战争，不出几年，便征服了威尔士。他使用的军队主要是威尔士雇佣军，也有从加斯科涅调来的正规军，另外还有向附庸征集的一支军队。不过，他能调动附庸军队的机会已经不多了。他能粉碎历史悠久的布立吞人的顽强力量，主要不是依靠人多势众，而是靠可怕的冬季攻势。他颁布了《威尔士法令》(*Statute of Wales*)，这个独立的小王国至此结束了她的生命。卢埃林的威尔士领土统统并入爱德华一世的版图，分别划入安格尔西郡、卡那封郡、梅里奥尼思郡、卡迪根郡和卡马森郡。爱德华一世的儿子、出生在卡那封的爱德华，受封为英格兰的第一位威尔士亲王。

在爱德华一世进行的威尔士战争期间，英国的军事制度由撒克逊时代和整个封建时代的短期服役制转变为长期雇佣制。我们知道，阿尔弗雷德大帝曾多次由于民军服役期满而吃尽苦头。400 年过去了，诺曼人的封建社会仍然实行短期服役制。但是，靠这种办法怎么能够连续进行 15 个月的战争呢？又怎么能够对欧洲大陆发动战争并坚持远征呢？所以几个朝代以来，不愿意服役的贵族和喜欢收钱以雇用常备军的君主，都喜欢采用交钱免除兵役的办法。在威尔士战争中，这两种制度兼施并用，但原有的制度正在衰落。政府不再调集封建诸侯的军队，而是需要能够信赖的雇佣军，因此也就需要钱。

与此同时，在军事要素的天平中也发生了另一种变化。重甲骑兵曾经取代罗马军团的整齐队形，但自从 5 世纪以来，他们自己也退出了历史舞台，由普通人组成的新型步兵开始在战争中发挥重要作用。这种步兵不用棍棒刀枪，也不用任何投射器，而是使用弓箭。欧洲并不知道弓箭的长期发展过程，这种武器即将用于军事领域，在大陆战场上发挥出惊人的绝对优势。它是征服者从当地人手中缴获来的战利品。在威尔士南部，它得到了有效的应用，边界地区的一位贵族对此有过记载。他的一名骑士被箭射中，这支箭不仅穿过甲衣的衣襟，还穿透他的甲裤、大腿和马鞍上的木头，最后深深插入马腹。在军事史上，这是一个新阶段，可以同铜器取代石器或者铁器战胜铜器相提并论。在那应用铠甲的时代，步兵第一次得到了能够穿透盔甲的武器。它的射程和功率是前所未有的，甚至在近代步枪问世以前也是无与伦比的。在陆军部的档案中，有一名长期同拿破仑作战的将级军官在滑铁卢战役[1]之后所写的专论，其中建议以弓箭取代滑膛枪，因为弓箭命中率高，发射快，而且有效射程远。

由于以上两种变化，威尔士战争打碎了封建制度的物质基础。在精神方面，这个制度则早已被效率高的行政管理所淘汰。即使在征服一个地区以后，封建贵族也不具备统治占领区的手段。构造复杂的石头城堡在铠甲时代确实发挥过长期的重要作用，可是此时，那些有碉楼的城墙必须扩大，不仅要容纳更多的守军，而且能承受大有改进的射石机等重型攻城设备的打击，还要能防止敌人接近内墙。况且，此时不仅有身披铠甲的武士横冲直撞，到处蹂躏乡村，还有训练有素的步兵，他们具有长途作战的能力，将在职业军官的指挥下执行最高指挥部的计划。

*　　　*　　　*

爱德华一世在位期间，英格兰和苏格兰发生了激烈的冲突。以前，两个王国曾经和睦相处。1286 年的一个黑夜，苏格兰国王亚历山大三世骑马时摔下悬崖丧命，继承人是他的孙女玛格丽特[2]，史称“挪威少女”（Maid of Norway）。苏格兰的贵族首领们经过劝说承认这位年方三岁的公主为继承人。

1　Battle of Waterloo，因发生在比利时小镇滑铁卢附近而得名。交战双方为法军和反法联盟，反法联军获胜，结束了拿破仑帝国的统治。——编者注

2　Margaret（1283—1290），原是挪威公主，后登基为苏格兰女王（1286—1290 年在位）。她在前往苏格兰的途中去世，并引发王位继承争议，从而导致了苏格兰独立战争。——编者注

于是，有人想出了一个聪明的主意："挪威少女"在继承苏格兰王位的同时，还应该和爱德华国王的儿子小爱德华结婚。这样，两国的王族可以联姻，英格兰和苏格兰之间的敌对情绪可以顿然冰释。这个计划能够被接受，说明当时的人们是很明智的。实际上，英格兰和苏格兰的统治集团都同意。但这不过是一场黄粱美梦而已。1290 年，"挪威少女"登船横渡波涛汹涌的海洋，不幸中途一命归天，给苏格兰留下了继位之争。在解决这个问题时，英格兰的利益是必须考虑的一个重要因素，苏格兰贵族中的许多人同英格兰王室有联姻关系。在要求获得王位的人当中，有些人是私生子。有两个人最有资格继承王位，一个是约翰·巴利奥尔，另一个是罗伯特·布鲁斯。布鲁斯强调说，他年迈的父亲同被继承人是近亲，而关系较远的巴利奥尔则维护长子继承权。双方的支持者势均力敌。

自亨利二世以来，英格兰的国王一直声称自己对苏格兰有宗主权。其依据是，以前苏格兰的历代国王承认撒克逊人的宗主地位。以精于法制而闻名的爱德华一世曾经就类似的事情为阿拉贡和安茹作过裁决，此时他毛遂自荐，要为苏格兰的王位继承问题主持公道，得到了许多人的拥护。办法只有两个，一是国家分裂，二王并存；二是打起内战，胜者为王。苏格兰人因此被迫请爱德华一世作出公断。严于法制的爱德华一世欣然同意，但是有一个条件，苏格兰人应该首先承认他的宗主地位，并且交出苏格兰的一些城堡作为象征。后来，爱德华一世公正地行使了仲裁人的权力。他抵制了苏格兰贵族要分裂国家的阴谋，于 1292 年宣布约翰·巴利奥尔为继承人。后来有人十分错误地抨击了这个正确的决定。苏格兰内部存在着尖锐的矛盾，布鲁斯的支持者力量强大，因此约翰·巴利奥尔必然成为爱德华一世的意中人和傀儡。考虑到这种情况，爱德华一世作出了公正而又有利可图的决定。他确立了自己对苏格兰的宗主地位，任命了苏格兰的傀儡国王。但是，苏格兰的民族情绪却在法律壁垒后面日益高涨起来。苏格兰贵族被迫接受了爱德华一世的决定，另一方面却成立了由 12 名封建主组成的权力极大的委员会，以此控制约翰国王，维护苏格兰人的权利。这样，爱德华一世懊恼地发现，他虽然取得了可观的胜利，但他面前的苏格兰仍然是一个完整的王国，其政府并未屈服，而是傲然自立，整个民族不但毫不顺从，而且敌忾同仇。

同时，凛然可畏的法兰西国王腓力四世也向爱德华一世提出宗主权。爱德华一世是腓力四世的附庸，他桀骜不驯地保卫着自己的封建利益，而在法律上，法国国王则处于封建主的有利地位。况且，英格兰虽然比苏格兰强大，而法国则比英格兰更强大。这种在两条战线上的冲突，对英格兰国王的财政和军事力量造成了很大的压力，使他穷于应付。在以后的日子里，爱德华一世南北受敌，因此，只有征收重税一途。他奔走于佛兰德和爱尔兰低洼地区之间。他搜刮国内钱财，因为钱是最重要的。为了取得国会的同意，他一让再让，因此，处于萌芽时期的国会制获益匪浅。他承认约翰被迫作出的大部分改革。除了一些大封建主之外，全国对他同苏格兰和法国的斗争都抱支持的态度。全国一再满足他的要求，但并不甘愿承受这种沉重的负担。英格兰的这位英明立法家、高明的理财家和行政改革家，出于无奈向老百姓征收苛捐杂税，因而遭到反对，这使他的生活和名望都蒙上了一层阴影。

为了对抗爱德华一世，苏格兰人同法国人结成联盟。当时爱德华一世正在同法国交战，他认为苏格兰人的结盟是敌对行动，便传令巴利奥尔到贝里克与他会晤。苏格兰贵族拒绝让他们的国王赴会，战火便从此燃烧起来。爱德华一世对苏格兰进行了残酷的打击，他率军进攻贝里克。贝里克是当时北方的贸易中心，已经享受了百年的和平生活，对这突如其来的进攻毫无准备。市民们连忙立起栅栏，随手抓起一件东西应战。英格兰军队没有受到什么损失，便摧毁了临时拼凑起来的防御力量。他们在城里焚烧抢掠，大肆杀人，其残酷程度甚至超过了野蛮时代。死难者数以千计，抵抗得最顽强的是30名佛兰德商人，他们坚守着叫作红厅的货栈，英勇奋战，直到它化为灰烬。没过几个小时，贝里克就从欧洲贸易中心的宝座上跌落下来，沦为今日依然可见的小海港。

这次恐怖的行动镇压了苏格兰统治阶级的抵抗，珀斯、斯特灵和爱丁堡在爱德华一世的大军面前屈服了。在贝里克的惨祸之后，爱德华一世转而采取了仁慈宽宏的态度，欢迎并以各种手段力促苏格兰人归顺，可见他在不择手段方面比马基雅维利有过之而无不及。巴利奥尔交出自己的王位，苏格兰被置于英格兰的统治之下。但是，征服者像在威尔士那样，不仅加强外族统治，还推行他们的法制，二者都不得人心。苏格兰统治阶级败绩昭然，爱德华一世可能会自我安慰，认为大功业已告成。其实这仅仅是开始。人们常说，贞德是第一个在西方举起民族主义旗帜的人，但在她之前100多年，就有一位逃亡的骑士从苏格兰西南部的避难所站出来。他体现了苏格兰的民族精神，领导苏格兰民族走向胜利，他就是威廉·华莱士[1]。爱德华一世在法国作战有胜有败，还常常接到报告说，苏格兰的局势不断受到破坏，而在此之前人们一直认为那里是比较平静的。华莱士得到本民族的支持，他的民族同任何民族一样坚定顽强。他在这个基础上发挥了自己超群的军事才能。尽管当时国家十分贫困，统治手段落后，他却能把一群散漫而勇敢的人组成一支英勇无畏的军队，使它敢于以寡敌众，敢于胜利。这支军队的建制比较特殊，五人一组，十人一班，二十人一排，逐级而上，直至千人，各级均有一名长官。根据规定，凡违反任何一级长官之命者，均以死罪论处。这样，争取自由的斗争就从最底层有了保障。

萨里伯爵沃伦是爱德华一世的北方指挥官。当苏格兰叛军的劫掠行径达到令人忍无可忍的地步时，他率领大军奔赴斯特灵。1297年9月，他在坎布斯肯尼思大教堂附近的斯特灵桥头遇到了华莱士的军队。英格兰军队中有许多苏格兰人，其中一人提醒沃伦伯爵说，跨过河上狭长的桥梁到对岸摆开队伍是危险的。这位骑士说明了他算出的一些数据，简直不亚于现代的作战

1 William Wallace（1270—1305），苏格兰独立战争的重要领袖之一。1297年，他在斯特灵桥战役中击败英格兰军队，之后，成为苏格兰护国公。——编者注

参谋。鉴于部队需要 11 个小时才能全部过桥，他问道，如果敌人趁部队还没有全部过桥就袭击先头部队，会发生什么样的后果呢？他提到上游有个渡口，至少可以派一支侧翼部队在那里渡河，但沃伦伯爵根本不听。华莱士则密切注视着英格兰军队的过桥进度，在适当的时机以全部兵力猛扑过去，占领桥头，消灭了沃伦伯爵的五千先锋部队。沃伦随后撤离了苏格兰的大部分地区，他的要塞相继陷落，只能退守特威德河[1]一线。

爱德华一世无力对苏格兰和法国同时作战，只好设法集中力量应付迫在眉睫的危机。他同法兰西国王进行了一系列谈判，实行多次停火，最后于 1303 年缔结了《巴黎条约》。正式的和平拖延了几年才得以实现，实际上，1294 年，爱德华一世与腓力四世的妹妹、青春年少的玛格丽特公主订婚，爱德华一世的儿子和继承人、生于卡那封的爱德华一世与腓力四世的女儿伊莎贝拉订婚，这两件婚事就已促成了和局。两国王室的双重联姻使英法战争于 1297 年宣告结束。不过，由于教皇从中作梗，爱德华一世的婚姻以及和平直到 1299 年才最后正式得到确认。通过外交上的这些调解，从 1297 年底开始，爱德华一世就能够全力对付苏格兰人了。

华莱士此时已是苏格兰的统治者。战争仍然在无情地进行着。一名可恶的英格兰税务官在斯特灵桥头毙命，他的皮被割成一条一条，当作华莱士的剑缨。爱德华一世被迫停止在法国的战事，立即赶到出事现场，率领英格兰的全部附庸军队向苏格兰人进攻。他在 1298 年亲自指挥了福尔柯克战役[2]，战果同斯特灵桥头之战截然相反。华莱士的军队已经进一步壮大，他采取守势迎敌。他没有骑兵，也没有弩手，但是对长矛兵坚固的圆阵充满信心。这些长矛兵具有战死方休的顽强精神。打头阵的英格兰铁甲骑兵在长矛兵的迎击下败退下来，伤亡甚众。这时，爱德华一世将威尔士弓弩手调上阵来，安插

1 Tweed R.，苏格兰南部的河流。——译者注

2 Battle of Falkirk，英格兰国王爱德华一世镇压苏格兰民族起义的战役。英军大胜，华莱士领导的苏格兰独立战争的高潮到此结束。——编者注

在二线骑兵中间，集中射击苏格兰圆阵的某些环节。在箭雨纷飞之下，苏格兰人死伤过半，英格兰的骑兵踏着尸体打入缺口。苏格兰人的阵线一旦被冲破，长矛兵便立刻遭到无情的砍杀，一直被追杀到森林深处。华莱士和苏格兰军队再次隐藏起来，躲避追捕，忍饥挨饿，尝尽人间的困苦，可是仍然不放下武器。

苏格兰人是不可征服的。到了1305年，华莱士才被俘获，押往威斯敏斯特宫，在庄严的气氛中受审。他被吊死在泰伯恩绞刑架[1]上，并且被剖腹分尸。但是，苏格兰战争却像一位编年史家所说的那样，“冬去春来，周而复始”。罗伯特·布鲁斯即将接过华莱士手中的火炬。

* * *

爱德华一世在晚年似乎是个孤独暴躁的老人。他身边的新一代已经成长起来，而他对他们既不熟悉，又无同情心。玛格丽特王后还很年轻，简直可以做国王的女儿，她常常站在继子女一边，反对国王。几乎无人敢于反抗老国王，但他在家庭里却得不到敬爱。

曾经在1290年要求继承王位的罗伯特·布鲁斯有个孙子，也叫罗伯特·布鲁斯。小布鲁斯靠他生来就有的权利和艰苦的斗争赢得了统治地位。在他的领导下，苏格兰人又拉开了战幕。他在边镇邓弗里斯的神圣教堂里会见了代表英格兰利益的苏格兰人首领。两位首领单独密谈，过了一会儿，布鲁斯一人走了出来，对他的随从说：“不知我是否确实杀死了红科明。”他部下的头目说了“我去看看”之后，又进入了教堂。于是，这个伟大的北方民族又有了武装保卫者。爱德华一世年事已高，但意志并未衰退。他在温切斯特宫中听到布鲁斯在斯昆加冕登基的消息后，顿时怒不可遏。1306年夏天，他发动

1 位于伦敦牛津街西端，1196年开始使用，直到1783年绞刑场易地为止。——译者注

一次战役，打败了布鲁斯。布鲁斯兵败之后逃到安特里姆附近的拉斯林岛。据说，他在那里看到一个蜘蛛百折不挠地织网而受到鼓舞，那个蜘蛛也因此名垂青史。翌年春天，布鲁斯回到苏格兰。爱德华一世已经重病缠身，不能步行，也不能骑马，只是像一千年前的塞维鲁皇帝那样，乘坐肩舆征讨顽强的苏格兰人，也像他那样死于行军途中。他在垂危之际还念念不忘苏格兰和圣地，谆谆嘱咐他的儿子把他的遗骨装在车里，让他随军讨伐苏格兰，另外再派 100 名骑士带着他的心脏到巴勒斯坦去帮助收复圣地。但是，他那无能的继承人没有执行他的遗嘱。

*　　　*　　　*

爱德华一世是英国法制形成时期的最后一位伟大人物。他颁布的那些法规解决了社会秩序的问题，确定了封建领主法庭的权限，制止了法官确定的法律任意发展，制定了到 19 世纪中叶仍然有效的财产法基本原则。这些杰出的立法活动给习惯法的应用范围划出了必要的界限，在不违反习惯法主要原则的前提下，确定了它的最后形式。

在政体方面，爱德华一世同样作出了不朽的贡献。他使一些贵族和郡市代表组成的国会成为国王的伙伴，以取代旧时的大佃主法庭。到他统治的末年，这一制度已经得到巩固。起初，它缺乏实际内容，后来逐渐地充实起来。在他统治的整个时期里，这个制度受到有力的推动。他刚继位时，他父亲在位期间的尝试可能会带来任何一种后果，也可能会毫无痕迹地消失；可是到他统治的末年，这个制度已经成为英格兰的一种习惯和传统。从此，爱德华一世可能还没有听说过的“统治权”（sovereignty）不再掌握在国王一人手中，也不在国王和贵族会议手中，而是由国王和国会共同掌握。

不过，在政体方面也有潜在的严重问题，国会的权力和国王的权力界限很不明确。虽然当时很快就确认，国王只能通过国会颁布法规，废除法规也必须得到国会的批准。但国会尚处于幼年阶段，国王仍在统治中起着主导作用，因此他必然继续掌握多种界限还不明确的权力。枢密院根据国王一人的命令所颁布的法令是否也有法律效力呢？国王在某些情况下会不会以社会利益或王室利益为借口来践踏某项法令呢？国王和国会的权力发生冲突时，由谁作出公断呢？随着国会制度的发展，这些问题必然会提出来，不过要到斯图亚特王朝才能得到真正解决。

尽管如此，联合王国强大的君主地位和国会制度已经有了基础。它们的继续发展和完善有赖于爱德华一世的直接继承人作出努力。那些慵懒无能的笨蛋、不切实际的空想家和喜欢冒险的年轻人破坏了不列颠岛上开始形成的统一局面，长期的内战和混乱状态引起的专制则妨碍了岛上各种制度的发展。但是，当你来到威斯敏斯特，站在刻着“打击苏格兰人的锤子爱德华一世之墓”这些字样的大理石墓碑前的时候，你所面对的就是不列颠生活、特点和声望的建筑大师的安息之所。

第十九章 CHAPTER 19

班诺克本河畔战役

爱德华二世的统治大可视为他父亲执政时代令人忧郁的尾声和他儿子统治时期的前奏。爱德华一世在年轻时代聚集的力量和赢得的威望，掩盖了他后来所走的下坡路。我们看到他的强盛时代，但也应该看到他的衰落时期。这位勇士打倒了西蒙·德蒙特福特，迫使威尔士人俯首听命。他是“打击苏格兰人的锤子”，他奠定了国会的基础，通过自己的立法活动博得了“英格兰的查士丁尼”[1]的光荣称号。他在垂暮之年同眼光短浅、满腹怨恨、日益重视本阶级利益的贵族进行斗争，虽然失败在即，却坚韧不拔。但是，人生自古谁无死？衰老和死亡迫使他把这场斗争交给儿子。他的儿子处境困难，根本无力获胜。

一位强壮能干的国王吃力地承担过这副重担，继承他的是个行为乖僻的懦夫。后者倒也有些可爱之处，在马洛[2]所著的悲剧中，他临死时说了几句美好的言辞：

---

1 Justinian，古罗马皇帝，伟大的立法家，为罗马法律制度作出过重要贡献。——译者注

2 Marlowe，16世纪英国剧作家。——译者注

告诉伊莎贝拉王后，
我在法国为她挥戈驰骋时，
并非这副模样，
曾把克莱蒙公爵打下马来。

历史没有把这一点从不幸的国王身上抹掉，不过史料中却没有提到战争和比武，而是介绍了爱德华二世对盖茅屋、挖沟和其他实用技术的兴趣。他喜欢划船、游泳和洗澡，不拘礼节地同谋臣来往。尽管他的统治薄弱，但从长远来看却有助于加强英国的力量。伟大的统治者已经去世，权杖也已折断，但在老国王统治时期已经活跃起来的英格兰民族，此时以更加迅速有力的步伐继续向前迈进。由于国会尚未占统治地位，国王法庭似乎是行使统治权力的中心。爱德华一世死后，贵族控制了这个由强大的贵族和能干的宫廷官员组成的权力机构，成立了一个代表贵族和教士利益的委员会，叫作“立法院”（Lords ordainers）。这些新统治者仍然面临着苏格兰和法国的问题，但他们把矛头首先指向国王的宠臣皮尔斯·加韦斯顿。此人是个漂亮的加斯科涅小伙子，受到国王的完全信任，他的意见举足轻重。他对国王百般顺从，而对朋友的自命不凡却丝毫不能容忍。贵族起而攻击皮尔斯·加韦斯顿，爱德华二世和加韦斯顿则骚扰苏格兰人，企图以此转移贵族的视线，结果没有成功。1311 年，加韦斯顿被流放到佛兰德。后来，他无视“立法院”的决定，又鲁莽地回到英格兰。由于“立法院”的逼迫，他逃到北方避难。为了追捕他，“立法院”不是诉诸战争手段，而是尽力建立自己的权威，占领城堡，控制法庭，并向军队发布命令，这些命令全部得到执行——加韦斯顿被困在斯卡巴勒城堡里，不得已同敌人讲和。“立法院”的贵族同意留他一条性命，但是要把他监护起来。“立法院”的重要成员沃里克伯爵在达成《斯卡巴勒协议》时不在场，他带领其他贵族破坏了协议。他们在牛津郡的德丁顿打垮了警卫队，抢走加韦斯顿，在沃里克附近的布莱克洛山中砍掉了他的头。

尽管“立法院”取得了这些胜利，但王权还很大，爱德华二世仍然控制着政府，只是受到“立法院”的一些限制而已。同法国的纠纷和苏格兰的战争仍然在继续着。为了挽回在国内的挫败，爱德华二世决意征服苏格兰王国。英格兰的全部军队都调动起来，前去进攻苏格兰。1314 年夏天，一支强大的军队渡过特威德河，在爱德华二世有名无实而又令人无所适从的指挥下，向苏格兰军队所在地挺进。英格兰大军有 2.5 万人，其中至少有 3000 名全副铠甲的骑士和重甲骑兵。征集如此庞大的军队在当时是很不容易的，要保证他们的给养则更加困难。苏格兰新的保卫者罗伯特 · 布鲁斯面临着英格兰的报复。苏格兰军队约有一万人，还像福尔克战役时那样，主要是长矛兵。长矛兵英勇顽强，无所畏惧，一旦进入阵地，则死战到底。布鲁斯感到，尽管长矛兵十分坚强，但他们在遇到弓箭手和铁甲骑兵的轮番进攻时，还是难以招架。于是他预先采取了巧妙而有远见的三条措施，显示出自己的军事才能。首先，他在选择阵地时，选中了两侧有茂密的森林作为屏障的地形；其次，他在阵地前沿挖了许多小圆坑，上面用树枝和草皮掩盖起来，以对付骑兵的冲锋，后来，弓箭兵在克雷西战役中也采用了这种办法；最后，他把人数不多而训练有素的骑士队伍留在身边作为机动部队，准备对付企图在侧翼发动进攻的敌军弓箭兵。安排就绪之后，他便静待英格兰人的进攻。

英格兰军队非常庞大，后队向先头部队靠拢需要三天的时间，而能够布阵的空地只有 2000 码。正当这支大军在苏格兰军队阵前聚集时，另一个事件发生了。英格兰骑士亨利 · 德博恩率领一队威尔士步兵向前猛进，企图乘敌不备把困在斯特灵城堡的英格兰人解救出来。布鲁斯及时赶到，插入德博恩的人马和城堡之间。德博恩同他单独对阵，他没有骑自己的高大战马，而是跨上一匹受过良好训练的普通坐骑应战。布鲁斯用战斧拨开德博恩的长枪，在众人面前将他一斧头砍死。

6 月 24 日上午，英格兰人开始进攻了。密密麻麻的重甲骑兵冲下山坡，乱哄哄地涌过班诺克本河，向对面山上的苏格兰圆阵杀将过去。许多战马陷入阵前的圆坑，队形大乱，但还是冲到了苏格兰长矛兵面前，和他们拼命厮杀起来。“当两军开战后，骑士的战马冲入苏格兰人的枪林，长枪打落在地的铿锵声和战马中枪倒地的凄叫声响成一片。双方混战了一阵。”两边都不肯撤退，全线的战斗持续了很久。强大的弓箭兵部队无法发挥威力，他们采取征服者威廉在黑斯廷斯战役中用过的方法，把箭射向空中，可是杀伤的多半是自己人。后来，一批弓箭兵调到了苏格兰人的左侧。布鲁斯已经采取有效的措施，他的骑兵部队极其敏捷地打击弓箭兵，把他们赶回待命出击的大批人马之中。英格兰大军已经有些混乱，大军的增援部队源源不断地调上阵地，混乱随之加剧。最后，布鲁斯军中的后勤人员出现在英格兰人右侧的山头上，一边挥动旗帜，一边呐喊，造成英格兰人的全线撤退。爱德华二世和他的大批禁卫军抢先撤退，顷刻之间，撤退变成了大溃退。苏格兰圆阵中的士兵冲下山来，没等英格兰人退过班诺克本河，便把他们杀得尸横遍野。英国骑士从来没有在一天之内死过这么多人，即使在玫瑰战争的陶顿战役中，也没有遭受过如此惨重的损失。苏格兰人说，他们杀死和俘虏的英格兰人有三万之众，竟然比英格兰大军的总数还多。但不管怎样，他们主要是依靠长矛兵消灭了骑兵和弓箭兵组成的强大军队，这应该视为战争史上的奇迹。

* * *

在一个国家的漫长历史中，常有贤明的统治者遗患后世，而懦弱无能的君主有时却铺平前进的道路。这次，无休止的权力之争有了新的格局。在宫廷长期任职的官员掌握着日益扩大的势力，有时甚至颇有权威。当国王控制在他们手中或者国王的政策和个性不能压服他们的时候，这种趋势就更加明显，因此也更加有害。封建贵族已经成功地打击了王权，他们此时认为，宫廷官员是他们的绊脚石，但对于日益扩展的国家生活显然是必不可少的人物。贵族的祖先不能废除王位，而他们自己更不能撤销宫廷官员的职务。他们的行动趋势是要控制宝贵的官僚机器。在 14 世纪，他们设法获得宫廷主要官员的任命权或任命监督权。后来，汉诺威王朝的辉格党[1]贵族将这个权力夺到手中。

“立法院”控制了国王法庭，可是它不久便发现，还有许多重要权力不在它的手中。当时，国王不仅有名义上的统治权，而且还有实际统治权。国王的署名、文件上的玉玺印记或者由指定官员签发的令状，都是法庭作出裁决、军队调动和刽子手行刑的依据。爱德华二世被废黜的主要罪名之一，就是他未能行使统治国家的使命。在执政初期，他给予宫廷官员过大的权力。“立法院”认为，统治大权已经从国王法庭落入“内政部”（King’s Wardrobe）的宫廷集团之手。国王依靠由宠臣和不可缺少的官员组成的内政部处理各种问题，这些问题小至购买王宫使用的皮管，大到发动欧洲大陆战争。在这个精心挑选的小集团之外，粗暴傲慢而实力雄厚的贵族在气急败坏地四处窥探，企图伺机夺得一些权力。这个行动着实惹人恼怒，它好比登山一样，刚到山顶又看到新的高峰。我们不要以为只有在那古老的时代才有这种事情。最高统治权集中到极少数人的手里，实为古今之必然，否则便无所谓统治权了。当这种权力被惊人的弊端所歪曲，被战场上不光彩的败绩所玷污时，垂涎此权者显然有机可乘，尤其是立法院的许多成员谨慎地没有参与班诺克本河畔战役，把惨败的罪责全部推卸到国王身上。

双方势均力敌。冒犯神圣的国王是弥天大罪，因为整个教会向来依赖国王。目空一切而又自私自利的贵族应该记住，在全国的大部分地区，老百姓有许多不平之事要申诉。他们自征服者威廉时代以来，一直把国王看作反抗贵族压迫的保护人。首先，法律和习俗对贫富各个阶层有同样的束缚力，每个地区都有自己的生活方式，比如，有的地方在太阳落山后没有人家点灯。

1　Whig，英国历史上的一个政党。名称可能是“Whiggamores”（意为“好斗的苏格兰长老会教徒”）一词的缩语。——编者注贵族在威斯敏斯特或许能够猛烈抨击国王，但是，国王如果带着他的禁卫军和王徽到威斯敏斯特或什罗普郡，发表自己的意见，骑士和弓箭手就会聚集到他的麾下。

在这种均势中，国会站在哪一方是极为重要的。有关中央行政集团活动的案件，必须在代表国家的机构面前受到审理，尽管这个代表机构很不完善。因此，在爱德华二世统治的不祥时期，王室和贵族都在国会中或通过国会进行斗争，这种斗争加强了国会的权力。爱德华二世在位期间，国会至少开了25次会议。它没有动议权，也不能决定政策，而且苦于国王和贵族之间的钩心斗角——议员中的许多骑士和市民代表不过是这一派或那一派的走狗而已。尽管如此，它还是能够时常发挥决定性的作用。可以说，爱德华二世的时代非常有利于国内第三种力量的发展，这种力量将同国王的力量或贵族的力量有根本区别。

爱德华一世的侄子兰开斯特的托马斯是贵族反对势力的领袖，关于他的长处没有什么记载。他曾经长期同苏格兰人勾勾搭搭，图谋不轨。他带领贵族将加韦斯顿迫害致死。他虽未直接策划处死加韦斯顿，却从此受到爱德华二世的极端仇视。在班诺克本河畔惨败之后，爱德华二世落入托马斯和其他立法院成员的控制之下。托马斯一时成为英国的首要人物。不出几年，立法院的稳健派便对兰开斯特的无能和政府的虚弱状态非常反感。他们和保皇派联合起来，把他赶下权力的宝座。这股以彭布罗克伯爵为首的中间势力的胜利并未博得国王的欢心。彭布罗克伯爵和他的朋友努力加强现有法令的效力，并对宫廷机构作了重大改革，企图比兰开斯特干得出色。

爱德华二世开始建立保皇势力，该势力的首领是德斯潘塞父子，名字都叫休。他们是贵族，领有威尔士的边界地区。由于有幸和克莱尔家族联姻以及博得国王的宠爱，他们在贵族嫉妒的眼光之下，战战兢兢地踏入权力中心。他们私心膨胀，而且国王对小德斯潘塞百般宠信，贵族见之咬牙切齿。威尔士边界地区的贵族对他们更加恨之入骨，因为他们在威尔士南部野心勃勃，盛气凌人，搅得四邻不安。1321年，威尔士边界地区的贵族和兰开斯特集团携起手来，企图赶走德斯潘塞父子。爱德华二世立即将他们召回，首次表现出当机立断的能力。他以迅速的行动，首先打败边界地区的贵族，翌年在约克郡的博罗布里奇粉碎了以兰开斯特为首的北方贵族力量，将兰开斯特斩首示众。这一行动引起了人们的异常反应。据说在兰开斯特的墓前发生了奇迹。许多同时代的人认为，他的死刑使他成为由于反对国王压迫而献身的烈士。

德斯潘塞父子和国王爱德华二世似乎达到了权力的顶峰，但是，一场残酷的、典型的古代悲剧即将发生。边界地区的贵族罗杰·莫蒂默被国王俘虏后，设法逃到法国。1324年，法王查理四世[1]乘加斯科涅发生内部纠纷之机夺取了这个公国，只有沿海的狭长地带未能到手。爱德华二世的妻子、人称“法国母狼”（the she-wolf of France）的伊莎贝拉[2]，看到爱德华二世宠幸休·德斯潘塞，怒火中烧，便托词要到法国同她哥哥查理谈判，争取收复加斯科涅公国。她到法国以后，同流亡在法国的莫蒂默结成盟友，并成为他的情人。她把她的儿子爱德华王子从英格兰接到法国，要他代表加斯科涅向法王表示效忠。这位14岁的王子是王位继承人，把他抓在手里，就可以使反对爱德华二世的活动合法化。年轻的太子一到手，伊莎贝拉和莫蒂默便率领一大批流亡者入侵英格兰。爱德华二世的政府不得人心，摇摇欲坠，所以伊莎贝拉不久即获全胜。胜利后她和莫蒂默胆子更大了，企图废黜爱德华二世，结果引起一场大屠杀。狂怒的风暴席卷大地，英格兰政府的重要人物个个难逃厄运，德斯潘塞父子也遭到逮捕，双双上了绞刑架。爱德华二世死得更惨。他被囚居在伯克利城堡，在那里被人以骇人听闻的方法不留痕迹地杀害了。当炽热的铁条插入他的腹腔烧焦肠子的时候，惨叫声传到监狱之外，回荡空际，久久不绝。

1　Charles Ⅳ（1294—1328），卡佩王朝的法国国王（1322—1328年在位），纳瓦拉国王（称查理一世，1322年起）。他没有留下男性后代，卡佩王朝至此断绝。——编者注

2　Isabelle（约1295—1358），英格兰国王爱德华二世之妻，以美貌、外交技巧和智慧著称。爱德华三世夺取政权后，她远离英国宫廷，直到去世。——编者注

第二十章 CHAPTER 20

苏格兰与爱尔兰

爱德华二世统治时期的败绩对不列颠群岛的统一产生了长期的影响。班诺克本河畔战役使武力合并英格兰和苏格兰的可能性成为泡影。在爱尔兰海彼岸，在撒克逊 – 诺曼人的统治下建立巩固的爱尔兰的设想也不过是一枕黄粱。

残酷的苏格兰战争在不列颠南北之间造成的隔阂，几百年之后也无法消除。从 1296 年爱德华一世进攻贝里克时起，军事斗争在 27 年里连续不断。到了 1323 年，罗伯特 · 布鲁斯终于同爱德华二世讲和。即使在讲和之时，布鲁斯的苏格兰国王地位也没有得到正式承认。他在爱德华二世死后，于 1328 年签署了《北安普敦条约》[1]，国王的头衔和国家的完全独立地位才获得承认。一年以后，苏格兰的这位救世主离开了人世。

在中世纪骑士界最著名的传说中，提到了忠实地跟随布鲁斯战斗 20 年的

1 *Treaty of Northampton*，刚登基但未掌权的爱德华三世与罗伯特签订的条约，该条约正式承认苏格兰王国的独立主权。——编者注

“黑”道格拉斯[1]——詹姆斯爵士。他带上主人的心脏，要把它埋葬到圣地。[2]途经一个西班牙港口时，他响应骑士界的突然召唤，加入了同摩尔人[3]殊死斗争的基督徒行列。他向异教徒冲去，把装着布鲁斯心脏的银匣子投入两军混战的战场。“按照你的意愿前进吧，勇敢的心！只要我一息尚存，就跟随着你！”可是当胜利在望时，他却倒下去了。弗罗萨特[4]撰文记述了这件事情，艾顿[5]为此事赋诗一首，多少世代以来，苏格兰儿童每当听到“英雄的詹姆斯勋爵”的故事，无不欢欣鼓舞。

布鲁斯的崇高威望及其随从的忠诚所起到的作用，相当于把英格兰统一起来的制度和传统所产生的力量。他死后，王位传给年仅五岁的儿子大卫二世[6]，使苏格兰又在另一个年幼的君主统治之下备受灾难的折磨。苏格兰的王权常常受到平原地区贵族和高原地带首领的威胁，此外还有其他不利因素。“红”科明的亲戚从来没有忘记布鲁斯杀害科明之仇，一直企图进行报复。曾经支持巴利奥尔的贵族均被布鲁斯的追随者剥夺了领地，他们一直梦想在英格兰人的支持下收复这些领地。大卫二世在位 42 年，其中有 18 年是在国外度过的。在他的代理人同巴利奥尔派进行的长期战争期间，他在法国避难。回国后，他丝毫没有显示出他父亲的才能。他对法国的忠诚促使他入侵英格兰。1346 年，他在达勒姆郡的内维尔克罗斯战败被俘。他在狱中度过了 11 年，后来被赎出狱。为了这笔钱，苏格兰被搜刮一空。继承大卫二世的是他的侄子皇廷总监罗伯特，从他开始，以后的几代国王就没有多少名望了。

---

1 The “Black” Douglas，苏格兰王国的骑士贵族。“黑”的得名有两种说法，都源自詹姆斯·道格拉斯，一说因他皮肤黝黑，另一说，因他勇猛与残酷。——编者注

2 罗伯特·布鲁斯临终之际，深感自己一生罪孽深重，于是找来道格拉斯，希望他能携带自己的心脏前往圣地耶路撒冷参与十字军，借以赎去一身罪孽。——编者注

3 Moors，8 世纪至 13 世纪进入并统治西班牙等地的柏柏尔人。——译者注

4 Froissart（1337—1405），法国编年史家兼诗人。——译者注

5 Aytoun（1570—1638），苏格兰诗人。——译者注

6 David Ⅱ（1324—1371），5 岁继承父位成为苏格兰国王，10 岁因英格兰国王爱德华三世入侵苏格兰而流亡法国，17 岁重回故土，23 岁入侵英格兰被俘，此后遭囚禁 11 年，承诺交纳高额赎金后被放回。最后由于没有子女，王权传给了罗伯特二世。——编者注

许多世代以来，斯图亚特家族的人一直担任着皇廷总监这个世袭官职，他们的族姓就是根据“总监”二字的谐音得来的。他们的王位继承权是合法的，但他们没有博得苏格兰人专一的忠诚。斯图亚特王朝最初的两代国王是罗伯特二世[1]和罗伯特三世[2]，他们继位时都是性格软弱的老年人。国事主要掌握在把持政务会和分散在各领地的权贵手里。在14世纪的其余年代和15世纪的大部分时间里，苏格兰四分五裂，不会对英格兰构成威胁，对她的多年盟友法国也不会有多少帮助。获得统一的英格兰在英法战争之后本来可以乘虚直入苏格兰，无奈她在15世纪中叶已被玫瑰战争拖得疲惫不堪。

两国的王位合二而一显然是恰当的解决方法。可是，英格兰在几代国王的统治期间未能以武力实现统一，苏格兰的自豪感又振奋起来，成为不可逾越的阻碍。一个优秀苏格兰人的标志，就是仇视英格兰。心怀不满的贵族可能会接受英格兰的帮助和金钱，普通百姓却坚决不向任何形式的英格兰统治低头。苏格兰人由于取得班诺克本河畔战役的胜利，以后在英格兰人面前尽管屡遭失败，却并不绝望，更不考虑投降。

话到此处，最好还是将苏格兰历史深究一番。斯图亚特王朝时运不济，灾难不断。伟大的金雀花王朝在制服英格兰封建势力时所依靠的制度，是斯图亚特王朝无法建立的。罗伯特三世将他的儿子、后来的詹姆斯一世送到法国求学。1406年，詹姆斯在弗兰伯勒角[3]为英格兰人所俘，押解到伦敦，时年12岁。过了一个月，罗伯特国王去世，苏格兰的王位从此空缺了18年。后来，英格兰政府同意苏格兰赎取詹姆斯，将他放回苏格兰。铁窗生活非但没有吓倒詹姆斯，反而使他情不自禁地羡慕英格兰君主的权力和地位，因此他一回到苏格兰就努力加强自己的君主地位。他在13年的有效统治期间，无

---

1 Robert Ⅱ（1316—1390），苏格兰国王（1371—1390年在位），继其外公而称罗伯特二世。——编者注

2 Robert Ⅲ（约1337—1406），罗伯特二世的长子约翰，苏格兰国王（1390—1406年在位），为了避免认可苏格兰历史上的约翰·巴里奥王权，王号不称约翰而称罗伯特三世。——编者注

3 Flamborough，在约克郡海岸。——译者注

情地制服了苏格兰的贵族阶级，让他们尝到了他的厉害。他还镇压了他在奥尔巴尼家族里的几个表兄弟，这个家族曾经趁他不在国内的时候掌理朝政。他还粉碎了“海岛勋爵”[1]要独立的企图，这个勋爵颇有实力，控制着苏格兰北部的大部分地区和赫布里底群岛。在这些过程中，詹姆斯杀了许多人，没收了大量的土地。最后，一些愤怒的诸侯决定进行报复。1437年，他们借机杀了詹姆斯。苏格兰权力最大的国王之一还没有完成他的使命，就这样一命呜呼了。

王位再次传给一个幼童，即年仅七岁的詹姆斯二世[2]。在詹姆斯二世的幼年时期，苏格兰不可避免地陷入动荡不安的局面。他长大以后，成为颇得人心的有力统治者。他能够达到这个地步，确实需要一番才能，因为布鲁斯的忠实骑士“黑”道格拉斯的后代已经十分强大，对国王构成了严重的威胁。由于从巴利奥尔的支持者手中没收许多领地，“黑”道格拉斯家族控制着苏格兰西南部，东部的辽阔地区则由他们的亲戚“红”道格拉斯家族[3]统领。他们还巧妙地利用了同北方部族和盟邦的友好关系。更主要的是，他们为自己提出了继承王位的要求，而且得到一些人的承认。

100多年以来，道格拉斯家族是苏格兰的重要保卫者之一。它的一名成员是奥特本[4]战役中的英雄，一直为切维蔡斯[5]歌谣所传诵。他们不断在国内和与之有联系的英格兰宫廷策划阴谋，因此激怒了血气方刚的国王。1452年，年仅21岁的詹姆斯国王将“黑”道格拉斯请到斯特灵。道格拉斯得到安全返回的保证，前往赴约。詹姆斯国王一气之下亲手刺伤了他，国王的侍

1 Lord of the Isles，苏格兰的世袭封建爵位。——译者注

2 James Ⅱ（1430—1460），苏格兰斯图亚特王朝国王(1437—1460年在位)。詹姆斯一世之子。他有强力的政治手腕，注重学术发展，创立了格拉斯哥大学。——编者注

3 The “red” Douglas，始祖是道格拉斯伯爵威廉。其门第一直不如“黑”道格拉斯家族，直到对方衰败后，通过合并他们的领地，成为苏格兰史上第二个道格拉斯家系。——编者注

4 英格兰诺森伯兰的一个村子，1388年英格兰军队在道格拉斯伯爵的指挥下，在村外半英里处打败了英格兰军队。——译者注

5 上述战斗的地方。——译者注

从随后结果了他的性命。然而，杀死道格拉斯家族的首领并不能消灭这个家族，詹姆斯国王受到道格拉斯的弟弟和亲戚的进攻。直到 1455 年，詹姆斯才取得最后胜利。他烧毁道格拉斯家族的城堡，洗劫他们的领地，将这个家族的主要人物赶过英格兰边界。他们在英格兰生活多年，在英格兰国王的支持下策划了一系列阴谋，使斯图亚特王朝不得安宁。

詹姆斯二世达到了权力的顶峰，可是斯图亚特王朝好景不长。1460 年，詹姆斯乘英格兰发生内战之机，包围了被英格兰占据的罗克斯伯勒城堡。他对大炮和火器有着特殊的兴趣，在视察一门旧式攻城炮时，这门炮突然爆炸了，他被一块飞起的碎片击中毙命，时年 30 岁。年仅 9 岁的詹姆斯三世[1]继承了王位，他是百年内的第四位幼年登基的苏格兰君主。他长大以后，作风平易近人，酷爱音乐，对建筑也感兴趣。但是，他没有前两代国王那样的治世之才。他执政的时间较长，一直延续到都铎王朝。在他的统治期间，政局动荡，内战迭起。他同丹麦国王的女儿结婚时，从嫁妆中得到了奥克尼群岛和设得兰群岛，使苏格兰的版图成为圆形，这是他最显赫的政绩。

*　　　*　　　*

英格兰运用政治手腕在苏格兰造成的分裂局面，由于苏格兰君主的不幸遭遇而历久不变，然而它并不是苏格兰虚弱不堪的唯一根源。苏格兰有不同的民族、语言和文化，高原地区和平原地区并非只有地理上的差别。平原地区是封建世界的一部分，除了西南部的加洛韦之外普遍讲英语；高原地区的社会制度比封建制度还要原始。在平原地区，苏格兰国王是大封建主，而在高原地区，他只不过是松散的部落联盟的首领。由于同撒克逊－诺曼贵族和

---

1 James Ⅲ（1452—1488），斯图亚特王朝第五位国王（1460—1488 年在位），一生致力于与反叛的贵族们作战。——编者注

古代的凯尔特国王有血缘关系，他显然受益不小。毫无疑问，布鲁斯家族是阿尔弗雷德大帝的后裔，也是9世纪苏格兰的第一个国王肯尼思·麦卡尔平的后裔。

斯图亚特王室成员比较令人信服地宣称，他们是与麦克白[1]同时代班柯的后代。在爱尔兰的英雄传奇中，这些王孙的谱系一直上溯到凯尔特人的时代，古代的神圣光彩为这些王孙增添了无限的光辉。即使在那些缺乏顺从和忠君精神的时代，对于高原地区或平原地区的所有苏格兰人来说，国王是神圣不可侵犯的人物，他受到普遍的崇敬。此外，凡是和王族有血统关系的人，即使行为不轨，也可以获得宽恕。

不过，这种崇敬并不是有效的统治工具。苏格兰的领地制度没有像英格兰的国会那样为各阶级的联合提供条件。在法律上和实际生活中，苏格兰封建主的权力远远超过英格兰的封建主。国王的司法权只能管辖苏格兰一小部分地区，他的许多法官不是封建制度的有力对手。当时还没有相当于英格兰地方法官的职务，更没有金雀花王朝在艾尔的那种高级法官职务。

在全国的大部分地区，封建法律本身也在同原始的部落法进行着斗争。高原地区首领的领地和权力在形式上可能属于国王，所以他们也许会成为封建大佃主，但实际上他们拥有权威是由于部族民众的忠心拥戴。像戈登大家族那样的高原部族首领，也是附近平原地区的封建主。在西部地区，刚刚崛起的坎贝尔家族根据需要扮演着双重角色，他们将在后来发挥重大的影响。

同时，在200多年的政治动荡中，苏格兰农民和节俭的市民一直追求他们自己的目标，形成了国内真正强大的力量，尽管他们的领主或主人之间不断发生冲突。教会努力修补各方势力之间的裂痕，许多优秀的主教和牧师使中世纪苏格兰年绽放出夺目的光彩。15世纪，苏格兰建立了圣安德鲁[2]、格拉

1　Macbeth，苏格兰国王，死于1057年，莎士比亚根据他的经历编写了著名的悲剧《麦克白》。——译者注

2　1410年到1413年建立的圣安德鲁斯大学（University of St. Andrew），是苏格兰第一所大学，同时也是英语世界中仅次于牛津、剑桥的第三古老的大学。——编者注

斯哥[1]和阿伯丁[2]三所大学，而英格兰直到 19 世纪才有两所大学。

*　　　*　　　*

中世纪的爱尔兰一直使研究英语民族史的人们迷惑不解。爱尔兰位于不列颠群岛的西部，这里有欧洲最早的基督教团体。当野蛮的日耳曼人在英格兰肆意横行时，这里已经有了传教活动和修士的学术活动。可是，爱尔兰直到 12 世纪才发展起具有约束力的封建国家体制，而这种体制在其他地方已经开始逐渐得到发展。一些部族的族长控制着一个讲盖尔语的乡村公国联邦，他们自称为这些公国的“国王”。在他们之上有“最高国王”，他住在塔拉。塔拉不是首城，而是一座圣山，上面有远古时代的工事。到公元 1000 年为止，“最高国王”一般是北方强大的奥尼尔家族的成员。“最高国王”没有真正的中央权力，只是为家族争端作最后裁决，爱尔兰也没有可以作为行政权力中心的城镇。

爱尔兰在遭受英格兰长期干涉的惨痛历史之前，已经受过斯堪的纳维亚入侵的打击和折磨。虽然北欧人把她劫掠一空，破坏她的传统和习俗，但爱尔兰还是爱尔兰。北欧人首先建立了都柏林、沃特福德、利默里克和科克等城镇。自从伟大的布赖恩 · 博勒废除了奥尼尔家族的最高国王继承权以后，最高国王的地位便引起了争议。1014 年，布赖恩 · 博勒在克朗诺夫战役中打败了丹麦人，自己也不幸身亡。有些歌谣对他表达了无限的哀思。150 年以后，他的继承人伦斯特[3]的国王由于斗争失败逃到阿基坦，在亨利二世的宫中避难。他获准在亨利二世的撒克逊 – 诺曼骑士中招兵买马，这个决定影响到

1 1451 年成立的格拉斯哥大学（University of Glasgow），是英语国家中第四古老的大学。它的科研和教学在国际上享有盛誉，并在英国文化和商业中发挥重要作用。——编者注

2 阿伯丁大学（University of Aberdeen）于 1495 年在苏格兰阿伯丁创立，是著名的教育和研究中心，也是全英校龄第五长的大学。阿伯丁大学的医学享有盛誉。——编者注

3 Leinster，爱尔兰东南部地区，包括都柏林、卡洛和基尔代尔等地。——译者注

爱尔兰的命运。1169 年，第一批撒克逊 – 诺曼人入侵爱尔兰。

侵略者中有许多诺曼人，也有许多威尔士人，讲法语的人是首领，威尔士人则是小卒。他们的统帅是号称“强弓”（Strongbow）的彭布罗克伯爵理查德·德克莱尔。甚至现在，从许多普通爱尔兰人的名字中仍可看出，他们有威尔士血统。首领当中也有佛兰德人，但所有的首领都是统治西欧的高级封建社会的代表者，这个社会已经征服了从威尔士到叙利亚的广大地区。在军事技术方面，爱尔兰人无法与后来者相匹敌。“强弓”与伦斯特国王的女儿结婚之后，也许能够像征服者威廉在英格兰、罗杰在西西里和十字军在地中海东岸那样，建立起新的爱尔兰封建王国。可是，“强弓”不相信自己的力量，也不知道他的君主、警觉的亨利二世会抱什么态度，于是他把征服的地区献给亨利二世。1171 年，亨利二世到他的这块新属地稍事停留，接受新附庸的朝拜。教皇在大权逐渐恢复之后，对爱尔兰教会的长期独立地位一直感到不满。1155 年，教皇发表训令，把统治爱尔兰的权力授予英格兰国王。当时的教皇是艾德里安四世，他是英格兰人，也是担任教皇的唯一英格兰人，因此他的决定无论从宗教利益还是从实际利益的角度看，都不足为奇。怎奈领有英格兰以及法国大部分地区的君主无暇顾及爱尔兰事务，把它留给人们称为“征服者”的诺曼冒险家去处理。这是后来世人常见的手法。

在亨利二世巡视爱尔兰之后的一个世纪里，撒克逊 – 诺曼人的扩张活动达到了顶点，爱尔兰的大部分地区处于入侵骑士的直接控制之下。这些骑士中有菲茨杰拉德家族的祖先——温莎的杰拉尔德。这个家族的分支有基尔代尔伯爵的世代爵位和其他许多地区的爵位，将长期统治爱尔兰中部和南部的广大地区。骑士中还有著名的英格兰国务大臣的弟弟和北爱尔兰伯爵的祖先威廉·德伯格，也有约翰国王的男管家西奥博尔德·沃尔特，他是奥蒙德的巴特勒大家族的奠基人。这个家族的名字“巴特勒”是根据他的官职名称“男管家”的谐音而定的。不过，在爱尔兰没有统一的殖民拓居活动。在北欧人建立的东部和南部沿海城镇里，英格兰确立起自己的权威，国王的令状在都柏林周围的许多地区畅通无阻。首都周围的这些地方以“栅栏”著称，意即防护圈，外边是封建诸侯的势力范围，再远就是尚未征服的爱尔兰西部未开化的地区了。爱尔兰居住着两个民族。他们之间保持着不稳定的平衡。13世纪末，爱尔兰产生了国会，两个民族的矛盾进一步深化。国会里没有爱尔兰当地人，它只是爱尔兰的英格兰人国会而已。

*　　　*　　　*

撒克逊－诺曼人入侵后没过几代人的时间，爱尔兰的酋长们就从新的军事技术的冲击下清醒过来。他们雇用外国人帮助作战，起初主要是雇用苏格兰西方群岛的北欧－凯尔特人。这些雇佣军是可怕的“盖洛格拉斯”（galloglasses）——“盖洛格拉斯”在爱尔兰语中是“外国走卒”（Foreign henchmen）之意。在这些手持战斧的凶猛斗士支持下，酋长们为盖尔语民族夺回了爱尔兰的大片土地，如果不发生内讧，收复的失地可能会更多。

在此期间，爱尔兰的许多撒克逊－诺曼贵族在精神上发生了变化。这些大封建主常常向往盖尔族酋长的那种独立地位。他们也可以是英格兰国王的臣民，或者像他们新结交的凯尔特盟友那样，成为独霸一方的诸侯。他们常常与这些新盟友联姻。英格兰再也没有什么人移民爱尔兰，只有一些英格兰领主与爱尔兰的一些女继承人结婚，可是他们婚后也不住在爱尔兰。英格兰－爱尔兰贵族阶级渐渐地产生了。他们在很大程度上已被自己所居住的地区同化，并且同爱尔兰的盖尔族农民一样，对伦敦的统治很不耐烦。

假如英格兰国王经常巡视爱尔兰，或者定期派遣亲王驻守那里，这两个国家就会紧密而体面地结合在一起。实际上，每当英格兰国王强大的时候，英格兰的法律就得到加强，否则就会造成凯尔特人据地争雄的混乱局面。约翰国王两次心血来潮地前往爱尔兰，将争斗不休的诺曼贵族和爱尔兰酋长置于他的监护之下。爱德华一世没有到过爱尔兰，但当时英格兰在那里的权威却不断加强。以后，盖尔人又复兴起来，苏格兰人的光辉榜样对他们起了作用。班诺克本河畔战役胜利者的兄弟爱德华·布鲁斯，应爱尔兰酋长中的亲戚的邀请，率领一支久经沙场的苏格兰军队到达爱尔兰。1316 年，他加冕为爱尔兰国王。可是，胜利犹如过眼云烟，尽管他有兄弟布鲁斯的援助，却终究不免在邓多克战败身亡。

爱尔兰在一个苏格兰人王朝的统治下也无法摆脱英格兰的控制，未能获得独立。但英格兰在军事上的胜利并不等于它在法律、习俗和语言方面的胜利。盖尔人的反抗日益加剧，北爱尔兰的奥尼尔家族逐渐控制了蒂龙。北爱尔兰的德伯格伯爵封号于 1333 年在一个小姑娘手里中断，北爱尔兰和康诺特的封建制度至此被公开抛弃了。根据封建法律，她继承了前人的一切，并受国王的监护，应该嫁给他所指定的人。实际上，她嫁给了爱德华三世的次子、克拉伦斯的莱昂内尔。可是凯尔特法律规定，妇女不能继承酋长的地位。于是，德伯格家族幼支的主要男子便“成了爱尔兰人”，夺取了可以继承的一切，将族名改为伯克，或者以该族的祖宗命名，叫作麦克威廉家族。他们公然无视北爱尔兰和康诺特的政府。在西部的省份，法语和爱尔兰语并用，只是不用英语，英格兰的权威在这些边远地区荡然无存。

为了保持“栅栏”地区及其周围英格兰－诺曼人领地的英格兰特点，14 世纪中叶召开了一次国会。这次国会的目的是防止英格兰人“爱尔兰化”，强迫在英格兰控制地区居住的爱尔兰人适应英格兰人的习惯。这次国会制定的法令没有什么实际效果。在“栅栏”地区内，早先的诺曼殖民者紧紧抱着自己的特权地位不放，反对钦差大臣把“纯爱尔兰人”置于英格兰法律和制度保护之下的各种企图。此时，大多数爱尔兰地区均不在“栅栏”之内，不是处于同钦差大臣没有联系的土著酋长控制之下，就是掌握在像两支菲茨杰拉德家族那样的诺曼世袭统治者手中。这些统治者是伯爵，也是酋长，哪种身份合适就采用哪一种。由于英格兰的威权，爱尔兰既没有形成土著的统治中心，也没有形成诺曼人的统治中心，而迁居伦敦的“爱尔兰君主”（Lord of Ireland）又不能提供另一权力中心，甚至不能防止他的殖民者与当地人混杂起来。到了都铎王朝，爱尔兰的混乱局面为再度征服提供了条件。爱尔兰再次被迫接受英格兰的王权，蒙受了深重的苦难。从亨利八世的宗教改革开始，苦难之中又增添了宗教信仰方面的致命分歧。

第二十一章　CHAPTER 21

大　弓

爱德华一世的刚毅之血似乎只是在不肖之子的身上小憩片刻，他的孙子爱德华三世继位之后，日益强大的英格兰又有了无愧于国民的伟大君主。在爱德华二世统治时期百端废弛的外表下，英格兰的力量却日渐强大，国家日趋繁荣，贵族之间的宿怨和仇恨没有加深，软弱国王的浮华恶习有所收敛。此时，英格兰人掌握了一种先进的武器——大弓，国外根本想不到它的威力。训练有素的弓箭手使用这种大弓，战场上也由此增加了大陆国家所没有的新兵种。现在，英格兰军队中，铠甲骑士和大弓箭手的作用可以相提并论。

这种大弓的威力和射手的技巧得到了高度发展，最好的铠甲也无济于事。在 250 码距离万箭齐发的威力，是美国南北战争以前在同等距离内任何步兵投射武器所望尘莫及的。熟练的弓箭手是职业军人，理所当然地领取较高的军饷。他们奔赴战场时，常常骑着矮种马，但总是用较大的车辆拉着生活用品和箭矢。他们还带着粗大的铁头尖桩，这种尖桩插在地上，对冲来的战马是致命的障碍。在尖桩的后面，列成疏散队形的大弓箭手可以接连不断地迅速射出有力的箭矢，消灭冲来的骑兵。此外，弓箭手在各种巡逻中，能够在战争史上公认的安全距离之外射倒敌人。大陆国家，尤其是离我们最近的法国，对这一切一无所知。长期以来，法国的铠甲骑士和重甲骑兵一直在战争中发挥着优势，跟随他们的步兵被视为最低级的辅助兵种。军事特权阶级凭借自己的武力和技术出现在社会上，而大弓的产生必然推翻他们所依靠的武力和技术。两位爱德华国王在威尔士和苏格兰的山区进行的长期战争，使英格兰军队受到沉重的打击。欧洲大陆的武士也常常遭受这种打击，但他们既没有发现也没有透露这支新军队的秘密。接近 14 世纪中叶时，英格兰人开始以充满优越感的眼光看待欧洲大陆。

爱德华三世的统治经历了几个重要的阶段。在他弱冠之年，国务由他的母后及其情人罗杰 · 莫蒂默掌握着。靠残酷的屠杀建立起来的这个政府，只代表贵族中的一派。人们指责它在国内外均处于软弱无能的地位。在将近四年的统治期间，它对法国和苏格兰都作出了让步并放弃自己的利益。为了推行这种政策，可以从和平及审慎的角度提出许多似乎正确的理由。这一对罪恶的情侣一再放弃英格兰的利益，以支付自己的生活费用。1327 年 3 月，他们和法国签署了一项条约，其中规定英格兰交纳战争赔款，并把英格兰在法兰西的属地缩小为从圣东日的桑特、波尔多到巴约纳的一条狭长地带，加斯科涅也只剩下内地一块不设防的飞地属于英格兰。1328 年 5 月，他们又签署了一项条约，当时人们称之为“北安普敦耻辱条约”（Shameful Treaty of Northampton）。条约承认布鲁斯为苏格兰国王，以特威德河为两国边界，并含蓄地表示放弃爱德华一世在苏格兰获得的一切权利。

这些事件在全国引起了公愤。即令如此，倘若莫蒂默不同贵族发生冲突，他的政权也许会多维持一段时间。德斯潘塞父子死后，莫蒂默为慎重起见，占据了他们曾经统治的威尔士边界的有利地区，在那里他可以行使适合边界地区的特殊统治权。这一行动和他的显赫权势招致了不久以前受他领导的贵族的嫉妒。为了使自己的地位永保无虞，他在 1328 年 10 月于索尔兹伯里召开的国会上，谋求已有的威尔士终身大法官的职务以外，另得边界伯爵的头衔。他在武装扈从的保护下来到会场，可是贵族中的许多重要人物却没有到会。国王的表兄弟、被处死的托马斯之子、兰开斯特伯爵亨利不仅没有到会，更是在伦敦唱起了对台戏。于是莫蒂默带着年少的国王从索尔兹伯里出发，去蹂躏兰开斯特伯爵的领地。在混乱的局势中，他平定了叛乱。

贵族内部四分五裂，显然无力推翻可憎而又残忍的政府。然而，莫蒂默自己铸成了大错。1330 年，爱德华三世的叔叔肯特伯爵误信谣言，以为爱德华二世仍然活着，便设法解救他，可是没有成功，伯爵本人于同年 3 月被处死。经过这次事件，兰开斯特的亨利和其他重要人物认为，莫蒂默下一步可能要向他们开刀了。他们决定和爱德华三世一起先发制人。大家都把希望寄托在国王身上。

1329 年，爱德华三世 17 岁，已经和埃诺的菲莉帕结婚。次年 6 月，爱德华三世得一子，因此感到自己已经成人，应该亲理朝政。但是，莫蒂默和太后仍然掌握着实权。10 月份在诺丁汉召开了国会，莫蒂默和伊莎贝拉住在城堡里，由重兵守护。显然，爱德华三世夺回权力的计划是经过周密考虑和充分准备的。如果他获得成功，近在咫尺的国会就会立即拥戴他亲掌政事。有一条暗道直通城堡的中心，而莫蒂默和伊莎贝拉对城堡里的秘密机关一无所知。在 10 月的一个夜晚，一小批勇士进入暗道，突然出现在莫蒂默的寝室，将他抓获。他和伊莎贝拉的寝室照例是挨着的。袭击者把莫蒂默和伊莎贝拉从地下通道拖走，交给国王的军官。莫蒂默被押解到伦敦，受到贵族的审判，被控犯有伯克利城堡谋杀罪[1]和其他罪行，经贵族们判决后，于 11 月 29 日上了绞刑架。伊莎贝拉被她的儿子处以终身监禁，关在诺福克的赖辛城堡，每年有 3000 镑生活费。爱德华三世定期去看望她。在经历近 30 年的幽禁生活后，她死去了。

在这个恐怖的预备阶段过去以后，一个著名国王的长期统治开始了。

---

1 即杀害爱德华二世的罪行。——译者注

*　　　*　　　*

新国王的指导原则是恢复他祖父的政策、权力和荣耀。同苏格兰的斗争又开始了。自班诺克本河畔战役以来，罗伯特·布鲁斯在北方的统治从未遇到任何挑战。他取得胜利之后，便毫不留情地迫害并驱逐对立派的追随者。约翰·巴利奥尔的儿子爱德华是爱德华一世指定的苏格兰王位继承人，他也流落到英格兰宫廷避难。英格兰宫廷将他保护起来，正像后来路易十四保护那些拥护英王詹姆斯二世的流亡者一样。像布鲁斯和巴利奥尔之间那样深重的矛盾，必然造成严重的创伤。1329 年，布鲁斯死后，苏格兰的大人物希望扭转局面：流亡者或者照当时的说法叫作“被剥夺继承权的人”，不断在国内策划起事，并且一再对英格兰政府施加压力。1332 年，他们加紧进行重新控制苏格兰的活动。爱德华·巴利奥尔把自己的追随者集中起来，在爱德华三世的暗地支持下，从雷文斯珀乘船到法夫郡的金霍恩，从那里向珀斯进军，在杜普林沼地打败了幼主大卫的摄政王。许多苏格兰权贵纷纷归顺巴利奥尔，他在斯昆加冕为王。

此后，巴利奥尔时乖运蹇。没过两个月，他和他的支持者就被赶到英格兰。爱德华三世此时可以向身处逆境的巴利奥尔提出任何条件，巴利奥尔承认他为自己的君主，答应割让贝里克郡。1333 年，爱德华三世率兵包围贝里克，在哈利登山击溃了苏格兰人。这次战役和班诺克本河畔战役的情形大不相同，大弓发挥了威力，苏格兰人的圆阵被彻底粉碎。流亡者又在苏格兰暂时建立了他们的统治，为此他们必须付出代价。巴利奥尔不得不把苏格兰东南部的所有地区让给英格兰国王。在索取这些割让土地时，爱德华三世未免过分，弄巧成拙，让苏格兰无人不知是他拆了巴利奥尔的台。当时，布鲁斯的后代和支持者正在法国避难。苏格兰和法国的联系，以及法国王室对苏格兰人的不断援助，在敌视苏格兰的英格兰激起了深刻的仇恨。于是，英格兰把对苏格兰战争的矛头转向了法国佛兰德地区。

一些新的不满情绪为一场冲突提供了重要的基础。除加斯科涅以外，英格兰失掉了在法国的全部属地，加斯科涅边界不断发生摩擦。自从约翰王以来，英格兰人对此一直抱着容忍的态度。各代英格兰国王曾经为了他们在法国的属地向巴黎表示效忠，而这些属地大部分早就被剥夺了。查理四世在1328年逝世后，没有直系继承人，因此引起了新的问题。瓦卢瓦家族的腓力六世登上王位，要求爱德华三世表示效忠。爱德华三世抗命不服。如果母系权利确实有效的话，爱德华三世根据他母亲的血统，也会多少有些继承法国王位的权利。后来，爱德华三世在英格兰教俗贵族和平民的赞许和建议下，提出了获得继承权的要求，以配合他的军事行动。

生气勃勃的爱德华三世对国内政治的关心，远不如他对海外冒险和角逐的兴趣。他上台伊始就意识到，把永不宁静的贵族从国内的互相倾轧引向对外战争，可以促进他们的团结，这是大有裨益的。这个方针也符合臣民的要求。约翰国王和亨利三世在欧洲大陆进行的战争，引起了国王同贵族和百姓之间在人力和金钱问题上的长期斗争。当时人们认为，在大陆上的战争主要是国王的利益所在，他关心自己的海外属地和权利。而此刻，国内各阶层却热烈地渴望征服海外地区，爱德华三世无须请求国会支持他远征法国，因为权贵、商贾和平民都争先恐后地敦促他采取行动。

除了王位之争和领土纠纷，还有一个不那么容易牵动感情但却同样有力的因素，吸引了国会的许多成员。对低地国家出口的羊毛是英格兰出口的大宗商品，而且几乎是英格兰农业资源方面的唯一收入。在佛兰德的城市里，以纺织为主的经济得到了高度发展，那里的纺织技术简直到了炉火纯青的地步。这些城市的繁荣要依赖英格兰的羊毛。但佛兰德伯爵手下的贵族阶级则与法国休戚与共，不但对佛兰德市民的物质利益漠不关心，而且认为，他们是有叛逆之心的危险分子，他们的富裕和强大会影响封建主的统治地位。所以，多年来，佛兰德城市同尼德兰贵族在经济、社会和政治方面存在着根本分歧，前者亲英，后者亲法。佛兰德伯爵多次为羊毛贸易设置障碍，每一次都在英吉利海峡两边激怒与此有切身利益的人。英国国会中的商人早已被英吉利海峡中的英法海战所激怒，强烈要求采取行动。

1336年，爱德华三世在群臣谏议之下进行了坚决的反击。他下令禁运英格兰羊毛，给尼德兰造成了严重的危机。尼德兰的城镇居民起来反对封建贵族，他们在根特地方好斗的商人范·阿特维尔德带领下，经过残酷斗争，控制了尼德兰的大部分地区。获胜的城镇居民担心贵族和法国人进行报复，便向英格兰求援。英格兰对此十分关注，作出了热烈的反应。军事力量的潮水上涨以后，各种利益和野心的溪流就涌入了共同的渠道，加之爱德华三世在1337年拒绝继续对腓力六世表示勉强的顺从，引起了英法百年战争。这场战争遥遥无期地进行着。双方一直没有签订和约。1802年，双方签署了《亚眠和约》[1]，法兰西成为共和国，法国王储沦为英伦三岛上的难民，这时英格兰君主才正式宣布放弃他对瓦卢瓦家族和波旁家族王位的继承权。

*　　　*　　　*

爱德华三世慢慢地聚集英格兰远征军。这支军队不是向封臣调集的义务兵，而是经过挑选的雇佣军。它的主体是有契约束缚的武士，至于招兵的地区和方式，军官可以自行决定。结果，招兵的人数远远少于需要从各郡征集民军的法定名额，因为民军的战斗力是靠不住的。军中的骑士和大弓箭手是我们民族的精英，在辛克港集中起来的全部人马是历史上最可怖、最有战斗力的入侵大军。法国人对这些备战情况了如指掌，法兰西国王调动一切力量准备迎敌。

法兰西国王腓力六世首先想借助海军力量。多年以来，两国在海上一直

1 *Peace of Amiens*，该条约规定，英国从马耳他、直布罗陀、埃及等地撤军，法国从那不勒斯、罗马教宗领地等地撤军。条约订立以后，并未得到双方全面的遵守。——编者注

进行着掠夺性的战争。英吉利海峡两边沿海地区的人民之间有着深仇大恨。法国调动造船业的全部力量来建造战船，在她的港口甚至停泊着租用的热那亚军舰。在诺曼底，有人提出了入侵英格兰的计划，企图重建像征服者威廉那样的赫赫战功。爱德华三世也同样没有忽略海上力量。他一直重视海军，执政初期就在国会博得了“海洋之王”（King of the Sea）的称号。他组织了一支舰只数量与法国相等的舰队，而且舰上人员的战斗力超过法国舰队。对英格兰而言，必须在海上进行大规模的较量之后，才有可能把英格兰军队及其给养运到法国。1340 年夏天，两支敌对的海军在斯鲁伊斯附近的海面上交锋，激战持续了九个小时。弗罗萨特写道：“这场战斗实为殊死之战，因为海战比陆战更激烈、更危险，双方后退无路，逃命无门，唯一的办法就是坚持战斗，听天由命。”法国海军将领接到要誓死阻止入侵的命令，与敌方拼死战斗。最后，法国舰队被彻底打垮，英吉利海峡的制海权落到入侵大军的手中。海上通路打开以后，英格兰陆军来到了法国，在卡德桑登陆遭到了抵抗。大批的热那亚弓弩手和铁甲骑兵正严阵以待。但是，苏格兰人的大弓从船上远距离发射，驱走岸上的守军，掩护了入侵大军的登陆。

叛乱的佛兰德人加入英国队伍，爱德华三世军队的人数因此大增，可能超过了两万。英格兰和佛兰德的这支混合军队进攻的第一座城市是图尔奈，城里的守军顽强抵抗。当守军受到饥饿的进一步威胁时，可怕的惨状出现了，“吃闲饭的人”（useless mouths）被赶到荒无人烟的地方，可怜无告地慢慢死去。但爱德华三世的军费和给养不足以攻克这个要塞，大弓的威力对石头城墙也无可奈何。一场欧洲大战的第一次战役未定胜负，双方便进入了长期的休战阶段。

这次休战是因为战斗者缺乏金钱，出于无奈，双方未和解。相反，他们仍在进行小规模的战争。法国人向尼德兰的城镇居民进行报复，打垮了他们，范·阿特维尔德也在根特的民众骚动中丧命。英格兰人想方设法进行报复，他们提供大量的援助，在布列塔尼挑起了继位之争。加斯科涅边界上的长期冲突仍在继续，双方都期待着新的较量。训练有素、斗志旺盛的战士为数众多，可是要他们作战则需要一笔钱，这笔钱对于今天的我们来说似乎少得可怜，但在当时，没有这笔钱就万事难办。怎样才能筹到款项呢？犹太人已在1290年被搜刮一空，流落异乡。佛罗伦萨金融家曾经为第一次入侵提供贷款，由于国王拖欠不还，他们已经破产。宫廷和国会的主要目标是筹集到数量不多而必不可少的现款，否则骑士不能上马，弓箭手也不能开弓。其实，丰富的财源近在咫尺。羊毛贸易是英格兰组织良好的商业活动，殷实的羊毛商跃跃欲试，想发一笔战争横财。羊毛商形成了垄断集团，但他们只能通过特定城镇出口羊毛，而这些城镇是国王根据自己的需要和判断确定的。这些城镇在当时被称为“贸易中心”。它使国王便于灵活地控制出口。国王对经过贸易中心港口输出的羊毛征收出口税，借此得到一笔不受国会控制的重要收入。此外，垄断羊毛贸易的商人组成了一个公司，它关心这场战争，依赖国王，为他提供贷款，以博青睐。国会日益明显地代表较小的羊毛商人，因此不欢迎垄断商和国王的合作。议员们对贸易中心的垄断商所得的实惠表示不满，并且指出，不受国会控制的王室收入是对国会权力的威胁。

1346年春，国会终于重视再次侵法所需要的税金。军队经过整顿提高了战斗力，精心挑选的新兵代替了老兵。1346年7月12日，2400名骑兵、1.2万名弓箭手和其他步兵在诺曼底的圣瓦斯特兵不血刃地登陆了。他们的目标是一举攻陷巴黎。这个目标严加保密，连英格兰军队自己也以为，他们要奔向加斯科涅。法国人一时不能调集足够的军队阻挡英军。卡昂陷落，爱德华三世一路烧杀，直抵巴黎城下。可是这时，法国国王已经调动全部力量迎击爱德华。包括法兰西所有骑士在内的浩荡大军在圣丹尼斯集中起来，人数可能比英军多两倍。面对这样强大的敌人和守备森严的城墙，爱德华三世的这点力量是无法取胜的。腓力六世冷酷地请他决定，在塞纳河的哪一边对阵决战。

这次突击失利，英军被迫撤退。前来挑战的爱德华三世只得离开竞技场，四天行程60英里。法军平行地向南挺进，在塞纳河谷切断英军的退路。英军只好向索姆河前进，企图在亚眠和海岸之间渡河。我们这一代人很熟悉索姆河的这一段河面，它流经广阔的沼泽地带，当时这一带沼泽的水没有排掉，只有靠长堤和桥梁才能通过。这些堤道和桥梁有的被卡尔迪的军队拆毁，有的由他们守卫着。英军派出四路人马寻找渡河点，结果均告失败，而法军主力部队的先锋已经到达亚眠。曾经大胆甚至鲁莽地扑来的英格兰大军，此刻似乎陷入索姆河、大海和法国大军之间的三角地带，无法将舰队及其运输船调到任何一个合适的港口。在索姆河靠近入海口的地方渡河是孤注一掷的冒险行为，这个渡口很宽，潮汐汹涌多变，每天只有几个小时可以渡河，而且险象丛生。

更有甚者，这个渡口有重兵把守，守军超过1.2万人。弗罗萨特写道："那一夜，英格兰国王睡得很少，半夜就起床，下令吹号集合。一切迅速准备就绪。他们收拾好行装，在黎明时上马出发，日出时到达渡口。可是那时正值满潮，他们无法渡河。"下午退潮时，敌人的力量已经明显增加。但是，停顿就意味着灭亡，爱德华三世命令高级将领们跳入水中，打过河去。法国人奋起抵抗。皮卡尔迪的骑士们催马出阵，在流沙多变、潮水上涨的河中同英格兰人展开了战斗。"他们在水中如同在陆地上那样喜欢冲杀。"英格兰人拼死搏斗，在战斗条件对穿铠甲的人极端不利的情况下，杀出了一条生路。在对岸，热那亚的石弩手使他们遭到伤亡。直到大弓占了优势之后，他们才布好阵势。这样，爱德华三世的军队才得以逃脱。

腓力六世率领三四万大军紧追不舍，希望迫使无礼的英格兰人背水一战，或者在他们渡河时予以打击。他听到英格兰人过河的消息后，召开了军事会议。将军们建议说，河水已经涨潮，唯一的办法是到上游的阿布维尔去，从法国人控制的一座桥上过河。于是他们向阿布维尔前进，在那里休息过夜。

爱德华三世和他的军队深深感到，他们还没有完全逃出虎口。那一夜他们很高兴。周围的乡村粮食充足。爱德华三世请将领们共进晚餐，然后一起祈祷。然而，他们不经过战斗就到不了海边，唯一的出路是以寡敌众，决一死战。爱德华三世和后来以“黑王子”闻名于世的威尔士亲王举行了各种宗教仪式。爱德华三世祷告说，愿他在即将来临的战斗中至少能保全面子。天亮时，他集合了1.1万人马，将他们分为三部。他骑着一匹小马，提着白色的王杖，铠甲外面披着绯红镶金的外衣，在队前巡视，“鼓励和恳求全军保护他的荣誉和权力”。“他情绪饱满，娓娓而谈，所有灰心丧气的人为之振奋……他们尽情畅饮……席地而坐，头盔和大弓放在脚前，以便在敌人到达时更有精力地予以痛击。”他们占据的空旷丘陵地势不利，但两侧有克雷西森林保护，可作最后的屏障。

1346年8月26日的那个星期六早晨，腓力六世在日出时到阿布维尔修道院做礼拜。然后，当时可谓壮观的法国大军向前涌去，继续进行他们的长途追击。四名骑士领命前去侦察，接近中午时分，腓力六世率领大军到达索姆河边时，接到他们的报告：英格兰人已经列好阵势，意在决战。国王明智地下令停止前进，待后队来到后组成战斗队形，次日进攻。他的著名将领们把这些命令传到军中各部。可恶的敌人在强大的军队面前逃脱了多次，此时被迫对阵作战，而法国军队却不能立即收拾他们，因而感到度日如年。谁能保证第二天早晨敌人不从战场上溜之大吉呢？军队像潮水般地向前涌去，势不可挡，从阿布维尔到克雷西的大小道路上，黑压压地布满前进的纵队，刀枪甲胄在阳光下闪闪发光。一些部队听从了腓力六世的命令，大多数部队则没有服从。许多支庞大的部队奉命停止前进，可是更大的人流仍然向前涌去。他们从原地不动或正在后撤的队伍中挤过去，下午五点左右来到英格兰军队阵前，才停下来。英格兰军队排列在克雷西宽阔的丘陵上，望之一目了然。

腓力六世赶到队前，也被周围战士的激昂情绪所感染。这时已经日薄西山，但每个人都决意速战。军中有6000名热那亚石弩兵，他们接到命令说，要从骑兵的队伍中钻到阵前，用弩箭打乱敌军的阵势，为骑兵冲锋做好准备。这些热那亚人已经带着沉重的武器和许多弩箭以临战姿态强行军 18 英里，因此疲惫不堪，他们说当天无力打仗。在行军途中一直骑着马的阿朗松伯爵对这些抱怨深感不满，他气愤地说："雇用这些无赖就是这么个下场，一旦用到他们，他们就变节退缩。"受到刺激的热那亚人向前冲了出去！他们在许多人的轻蔑眼光中奔向阵前时，乌云遮住了太阳，一阵骤雨倾泻下来，把全军淋得湿透，一大群乌鸦呱呱地从法军头上不祥地飞过。瓢泼大雨淋湿了热那亚人的弓弦之后，突然停止了，夕阳又从英格兰人背后放出光辉，刺得热那亚人睁不开眼。这一点也像乌鸦那样不祥，都对作战行动更加不利。热那亚人摆开阵势，高喊一声，前进几步，又喊一声，再前进几步，这样前进三次之后，"怪叫一声"，射出了弩箭。英格兰军中一直保持沉默，但是以"城堡闸门"的队形一直肃然列在两侧的六七千大弓箭手此刻向前迈出一步，将弓弦拉到耳边，同时发射。弗罗萨特记述道："他们射击时迅速有力，箭如雨下。"

热那亚人受到致命的打击，他们的武器打不到敌人那里，而自己在转眼之间却死了上千人。满地皆是插着羽箭的尸体。这一阵箭雨突如其来，在战争史上闻所未闻。热那亚队伍中的幸存者被打得晕头转向，溃退到亟待出击的法国骑士和重甲骑兵的队前。这些骑士和骑兵刚好在英格兰大弓的射程之外。腓力六世愤怒地喊道："给我杀死那些无赖，他们无故挡住了我们的道路。"听到此令，前排的法国骑兵立刻冲入溃退下来的热那亚人当中，挥剑乱砍。他们砍来砍去，便进入了大弓的射程之内。暴风雨般的羽箭向他们袭来，穿透铠甲，杀伤了大量的武士和马匹。后边又有马队勇猛地冲入乱哄哄的阵营，箭雨同样向他们袭来，打得战马乱跳，服装华丽的武士尸横遍野，战场上乱不可言。这时，威尔士和康沃尔郡的轻装步兵从大弓箭手的方格阵中穿出来，手握长刀"扑向伯爵、男爵、骑士和乡绅，杀死多人。后来，英格兰国王对此十分气愤"。在那只顾痛快一时的瞬间内，许多可以换取大量赎金的人被杀死了。

在那一阵屠杀中毙命的，还有腓力六世的盟友、双目失明的波希米亚国王。他叫骑士将马头同他的马头连在一起，这样，他可以亲手打击敌人。这样拴好以后，他在蜂拥的人群中向前冲去，结果连人带马倒了下去。第二天人们发现，他和战马的尸体仍然连在一起。他的儿子、卢森堡的查理王子是神圣罗马帝国的当选皇帝，已经以“罗马人的国王”（King of the Romans）自居。查理王子比他父亲谨慎，看到当时的情形，便带着自己的人马顺着不引人注目的路线撤走了。法国人的正式进攻开始了。阿朗松伯爵和佛兰德伯爵率领重甲骑兵冲击英格兰阵线，他们尽量避开弓箭兵，朝英格兰骑兵杀去。法国、德意志和萨瓦的骑兵一直打到威尔士亲王的阵前。法军人数众多，威尔士亲王身边的亲信派人到爱德华三世指挥战斗的风车那里求援。爱德华三世不想投出预备队，他说：“让这小伙子自己立功吧。”威尔士亲王确实也是这样做的。

战场上还发生了一件了不起的事情。约翰·埃诺爵士的一名骑士，骑着腓力六世当天赠予的一匹黑马，躲过箭矢，从英格兰军队的阵线中穿了过去。英格兰人的纪律非常严明，竟然没有一个人上前伤害他。他绕过英格兰人的后阵，最后回到法国军中，一批又一批的法军骑兵不断冲击英军，直到天色漆黑。整个夜晚，不断有勇敢的生力军摸索着冲向英军阵地，他们要是不打几下，是决不肯离开战场的。结果，这些人都被杀死了，因为英格兰人的态度是“决不饶命”，当然，爱德华三世并不希望如此。

夜幕降临的时候，腓力六世身边只有60名骑士了。他受了轻微的箭伤，战马已经中箭而死。约翰·埃诺爵士将他扶上另一匹战马，抓着他的马缰，用至理名言劝他退出战场。据弗罗萨特说，约翰恳切地阐述了“留得青山在，不怕没柴烧”的道理。第二天早晨腓力六世到达亚眠时，身边只有五名男爵了。

“这个星期六的夜晚，当英格兰人再也听不到怪叫声或呐喊声，再也听不到对某个勋爵或战旗的嘲弄声时，他们便把战场视为己方的乐土，认为敌人已经战败了。他们燃起熊熊的篝火，由于夜晚能见度极差，还点起了火把。

整天不戴头盔的爱德华三世从指挥台上走下来，带着他的大队人马去见威尔士亲王。他拥抱并吻了亲王之后说道：‘好儿子，上帝给了你坚强的意志。你不愧是我的儿子，因为你今天表现得非常忠诚。你确实堪为国王。’亲王深深地鞠了一躬，自谦一番，把一切荣誉归于他的父王。”

星期日早晨，战场上雾霭沉沉，爱德华三世派出由500名长矛兵和2000名弓箭手组成的精悍部队，命令他们去察看对面的军情。这支部队一遇见法军的后继部队，便猛扑过去。由鲁昂出发的法军后继部队不知道他们的大军已经战败，继续向博韦前进。这场遭遇战以后，地上又留下了1542个骑士和绅士[1]的尸体。后来，这支英格兰特遣队又碰上了鲁昂大主教和法国大修道院院长的队伍，他们同样不知道法军已败，结果也被击垮，死伤甚众。英格兰特遣队还碰见许多散兵游勇，也都“尽数杀掉”。弗罗萨特写道：“我可以肯定，星期天早晨，从大小城市和各个伯国派来的步兵死亡之众，相当于星期六战斗中阵亡人数的四倍。”这次惊人的克雷西大捷可以同布莱尼姆大战[2]、滑铁卢战役和第一次世界大战中最后一个夏天的进攻齐名，成为英军的四大捷之一。[3]

*　　*　　*

爱德华三世通过蒙特勒伊和布朗吉到达布洛涅，然后穿过阿德洛森林，包围了加来。在英格兰人的眼中，加来是不断骚扰英吉利海峡的海盗之窝。英格兰感到，离她最近的这个大陆城市一直是她身上溃烂的脓疮。加来的地位同300年以后的敦刻尔克一样。对加来的围困持续了将近一年。英格兰人

1　地位仅次于骑士的人，是骑士的助手。——译者注

2　1704年8月13日，英军与奥地利在巴伐利亚的布莱尼姆村联合打败了法国和巴伐利亚的军队，法方损失3万人，英方损失1.2万人。——译者注

3　写于1939年。——原注

在陆地上使用了一切新的军事技术，射石炮向城墙轰击，发出可怕的响声；在海上，法国人想乘轻筏子沿海岸行驶，避过海上封锁线，可是也被设置巧妙的尖桩挡住。一切海陆援救活动均告无效。但是，继续围困所带来的负担给英格兰国王造成了难以想象的压力。到了冬天，他的士兵要求回国，舰队几乎哗变，国内怨声载道，国会深为不满，并且不愿拨付给养。国王和军队住在临时营房里，在这期间他一直没有回到英格兰。马基雅维利深刻地指出，每个要塞都应该储备一年的食物。这个措施适用于历史上的每一次围困。

加来还没有被包围的时候，苏格兰国王大卫为了对法国尽到盟国的义务，率军越过英格兰边界。英格兰人早已预见到这种危险，因而在达勒姆城西不远的内维尔克罗斯经过一番苦战打败了敌人。苏格兰国王被俘，关在伦敦塔[1]。他在那里囚居了十年，直到苏格兰根据《贝里克条约》（*Treaty of Berwick*）交纳一笔巨额赎金，他才获释。英格兰的这次胜利消除了苏格兰在二三十年内的威胁。在弗洛顿战役[2]前后，法国和苏格兰的联盟不止一次给弱小而大胆的苏格兰带来灾难。

加来坚守了 11 个月，可是事情并没有到此为止。饥饿终于逼得城里人走投无路，他们请求讲和。爱德华三世满怀仇恨，当六名地位最高的市民依照他的旨意穿着衬衫、光着脚，形容憔悴地前来投降时，他还要把他们杀死。他的谋臣们警告说，这样残忍的行为会丑化他的历史形象，可是他仍然不听。这时，身怀六甲随他出征的菲莉帕王后跪到他的脚下，构成了宽容之神恳求正义之神的动人画面——这可能是预先安排好的。结果，为保护全市人民而勇于献身的六名加来市民才幸免一死，甚至还受到了良好的待遇。加来是英格兰竭尽全力同法国打仗所获得的一颗味香汁满的果实，是迄今为止在领土方面得到的唯一硕果。至于克雷西，还有一番长期的波折。

---

1 英国历史上关押要犯的地方，实际上是一座古堡。——译者注

2 Battle of Flodden，1513 年英军和苏格兰军队在诺森伯兰的弗洛顿山进行的战斗。——译者注

第二十二章 CHAPTER 22

黑死病

当英格兰人一心追求武功和冒险时，一个更可怕的敌人正在欧洲大陆挺进。在基督教世界，最大的灾难莫过于黑死病。我们曾隐隐约约地听到过发生在中国的可怕事情，也听说过尸骨遍野的大灾难。这场瘟疫从克里米亚蔓延到欧洲，在 20 年里，至少消灭了欧洲总人口的三分之一。人们由于贵族战争和王室战争的蹂躏而一贫如洗，因此很容易被疾病所征服。英格兰的有关记载很少，但比其他国家资料中的惊人数字更能说明问题。我们从一些资料中看到，在法庭上，有的案子还没有开审，诉讼双方就已死去；有些修道院里的人死了一半；在一些教区里，活着的牧师几乎没有足够的时间为他们的会众和教友举行葬礼；有的金器作坊一年换了四个师傅。这些详情都说明问题，但更能说明问题的是，国内各地的地方志普遍出现了一段空白。这段可怕的空白，整整砍去了二三十年的时间。

这种瘟疫真是令人心惊胆战。它有可怕的症状，发病迅速，患者身上有小脓疱，腋下或腹股沟有硬结。这些硬结敷上任何泥罨剂都不起作用，甚至开刀也无济于事。患者快死时会长痈，神志不清，并且说胡话。它在人类社会中留下许多空缺、影响并一度摧毁了人类的生活和信仰。中世纪的生活本来就很严酷，加上这场瘟疫，人们在精神上便更加难以支撑了。教会同其他阶层一样，不仅在机构上受到损害，精神力量也大大地削弱了。如果说仁慈的上帝主宰着世界，那么他是怎么主宰的呢？这就是幸存者对上帝的仁慈提出的质疑。怪异的教派应运而生。在瘟疫横行的城市里，进行鞭笞以赎罪的信教者举行了令人毛发悚然的游行，他们每个人随着凄厉的乐曲抽打自己的先行者。在年代史上出现的这段空白里，还有许多其他恐怖的做法。这场瘟疫似乎是我们民族死亡的先兆。

但是，瘟疫的势头终于减弱了。热罨制服了硬结，许多人病情好转，生命的抵抗力有所复活，对生活的向往已占上风。灾难过去了，欧洲的人口所剩无几，但他们继承了许多人创造的财富，他们的痛苦也由于人们普遍受难而自然减轻，因此又对现世和未来充满了希望。

哲学家们可能会说，为了使人间产生必要的变化，根本不需要使用像瘟疫这样的毁灭性工具。一种更科学的试剂已经产生，它就是火药。据说，爱德华三世进攻克雷西和加来时用过一种小石炮，炮里边用的就是火药。不久以后，火药将成为一种实用的物质，在战争以及和战争有关的人类事务中发挥重要作用。如果火炮没有问世，英格兰人的大弓可能会使他们在欧洲大陆保持更长时间的统治地位。没有理由认为，作为自由民的大弓箭手不会达到与铠甲骑士阶层相当的阶级地位，相反，他们有更广泛的基础。

15世纪初，铠甲武士的重要地位趋于结束，胸甲和背甲作为护身之物可能还会长久使用，但再也不是权力的工具和象征了。大弓箭手的地位有所下降，并不是由于他们不能制服铠甲骑士，而是因为有一种更方便的东西问世，并且迅速成为各民族的共同财产。震天的爆炸声和滚滚的硝烟常常使朋友感到惊讶，使敌人大惊失色，因而引起了各种人的重视。在这爆炸声与硝烟弥漫之中，一个曾统治并指导基督教世界近500年，为推动人类社会及其管理方法作出过巨大贡献的制度变成了一堆瓦砾。人们忍痛把瓦砾清理出去，腾出地方建筑新的大厦。

*　　　*　　　*

这场灾难减少了当时的人口，影响了他们的生活，可是没有缓和他们之间的冲突。英法战争仍在断断续续地进行着，驰名欧洲的“黑王子”成为一个海盗似的冒险家。在1338年侵略法国时，爱德华三世利用重大的王位问题作为借口，而“黑王子”在阿基坦进行的袭击却是师出无名。尽管如此，这些袭击在战争史上都是重要的插曲。

1355年，爱德华三世从国会得到重新开战的大量拨款，并制订了一项野心勃勃的战略计划。“黑王子”将从英属加斯科涅和阿基坦向北边的卢瓦尔河挺进，他的弟弟兰开斯特公爵，即生于根特的约翰，从布列塔尼出击，两支军队将在一次重要的战役中会合。但是，计划执行得很不顺利。“黑王子”的军队只剩下4000人左右，其中将近半数是令人生畏的大弓箭手。在两万法国军队进逼之下，他不得不下令退却。他的处境非常困难，因此建议和解，条件是让他和部下撤回英格兰。法国人看到自己的仇敌陷入罗网，拒绝了这些条件，“黑王子”被迫在普瓦捷作困兽之斗。在他取胜的那天早晨，他的先头部队已经开始向南撤退。法国国王约翰决心要为克雷西之战雪耻，力图一举结束这场战斗。到处放火抢劫的英格兰强盗此时陷入可怜的境地，被迫同数量上占绝对优势的敌人对阵决战。他们的阵地选得好，两侧有森林为屏障，大弓箭手沿着一排灌木排列成行，扼守着唯一的通路。

克雷西战役已经是十年前的往事了，但法国的骑士和统治集团对那次惨败仍然难以忘怀。他们被迫承认，战马抵挡不了大弓的箭雨，爱德华三世取胜所依靠的军队都没有骑马。他们也意识到，大弓使冲锋的战马倒的倒，惊的惊，陷入一片混乱——这对传统的战略战术是致命的打击。约翰国王认为，全军必须徒步进攻，他相信凭着数量优势是可以取胜的。“黑王子”的可贵之处是，他没有因袭过去的经验，或是重复以前某次战斗的制胜方法。他知道，身着铠甲徒步冲上来的众多敌人不像骑兵那样容易被打退。光靠大弓，不管它的命中率有多高，他也无法得救，必须运用策略并主动出击。于是他根据当时的情况采取了违反军事常规的行动。

法军中的贵族把战马留在后方，而“黑王子”则命令他的骑士跨上战马。大弓箭手已经在全线杀伤了大量敌人。法国骑兵为铠甲所累，在葡萄园和灌木丛中艰难地向前移动，许多人中箭而倒。在这个危急关头，箭矢是不够用的。长矛手和刀斧手乘势冲出，以传统方式袭击法国人，而法国人由于行动吃力和地势不平已经乱了队形。同时，一批精悍的英格兰骑兵队伍进行了巧妙的配合，他们骑马绕到法军的左侧，对处境困难而且阵势已乱的敌人展开进攻。结果，他们杀死的敌人和取得的胜利都不亚于克雷西战役，收获甚至更大。法军彻底瓦解，约翰国王成为俘虏，贵族的精华有的被俘，有的战死。战场上的战利品无法收拾，因为胜利者已经抢劫过四个省份，早已负担累累。以战争中的残酷手段著称的“黑王子”，这次显示出了当代豪杰的风度，尽管经过殊死战斗之后疲乏不堪，精神紧张，对于被俘的法兰西国王却能以君主之礼相待，请他坐在营帐中的御座上，还亲自为他进菜。他那种天才、勇敢和豪爽的骑士气概，为他在历史上树立了令人敬仰的风姿。

约翰国王被押解到英格兰，像苏格兰国王大卫那样，关在伦敦塔。1360年5月，英法双方签订了有关约翰自由的《布雷蒂尼条约》[1]。根据这个条约，英格兰除了原有的加斯科涅属地之外，得到了亨利二世控制过的全部阿基坦地区，享有它的全权，还得到了爱德华一世所继承的蓬蒂厄和著名的港市加来，后来控制加来约达200年之久。条约还规定，如果法国要赎回约翰国王，必须交纳300万金克朗的赎金。这笔钱相当于50万英镑，是英国王室

1 *Treaty of Brétigny*，“黑王子”主导谈判的条约。英王放弃法王称号，法王让出大片土地并缴纳巨额赎金。此外，约翰二世还把两个儿子及另几位王子送给英国王室做人质。——编者注

和平时期岁入的八倍。

在克雷西战役中，法国人是在马背上被打败的，在普瓦捷，他们不骑马也战败了。这两次败于英国人手下的可怕经历，深深地刺痛了法国人的心，宫廷和军队处于绝望之中。怎样才能打败或顶住英国人呢？一个世纪以前，在蒙古入侵者令人胆寒的打击下，全欧各国曾陷入同样的绝望之中。但是，俗话说得好，树木再高也不会参天。在后来很长时间里，法国人尽量避免战争，他们同爱德华三世统治时期的英格兰作战，就像他们在马尔博罗[1]时代同安妮女王统治下的英格兰战斗一样谨慎。而且，他们当中产生了英雄贝特朗·杜·盖克兰，他像谨慎者非比阿斯[2]对付汉尼拔[3]那样，避免正面作战，而是发挥本土作战在时间方面的有利因素，进行围困或突击。英格兰胜利的时候，已是筋疲力尽。事实证明，法国军队无力打败英国军队，而英国也无力征服法国。爱德华三世虽然在军事上取得了许多胜利，他的主要目标却未能实现。

*　　　*　　　*

同法国交战的岁月在国会发展史上起了重要作用。由于需要款项，国王和官员经常召开国会。这使国会迅速得到重大发展。各郡、市代表的主要职责之一，是请求解除全国或地方的苦情，并引起国王和政务会对紧迫问题的重视。战争的压力迫使政府重视英格兰平民代表的呼声。在爱德华三世统治时期，爱德华二世执政时开始形成的集体请愿制度得到了发展。平民代表作为一个整体正式提出意见，并且像 1327 年那样，要求把这些意见以国会法

1 Marlborough，指约翰·丘吉尔（1650—1722），第一代马尔博罗公爵。——译者注

2 Fabius，古罗马将军，在第二次布匿战争初期同汉尼拔作战时采用迁延战术，坚壁清野，为罗马赢得了喘息的时间。当时罗马有不同的意见，讽刺他为“谨慎者”。——译者注

3 Hannibal，迦太基将军。——译者注

令的形式加以确认，这使国会中明显地形成了“下议院”（Lower House）。在爱德华一世的时代，平民代表并不是国会中的主要成分；到了爱德华三世时期，他们取得了重要的固定地位。他们的文书为他们起草意见，就国王的复信草拟谏议书。至此，国会中的上下两院界限分明了。上议院的成员认为，他们不仅是国王理所当然的顾问，而且在国会范围内有权向国王单独进谏。1343年，教俗两界的显要人物在威斯敏斯特宫的白厅召开会议，骑士和市民代表则移到彩宫共商国是。此时国会中首次出现了议长的职务。那时，在这种场合担任议长职务的人还不是国会成员。在后来的一段时期内，下议院一般是通过指定的代表发表意见。爱德华三世的统治结束时，议长的地位得到了承认，所以国王也竭力保证他提名的人担任这个重要而显赫的职务。

爱德华三世向下议院作出的让步标志着一个转折点。他同意一切拨款须经国会批准，也赞成将下议院集体提出的正式要求作为以后制定法令的基础。到他逝世时，人们普遍认为，下议院在批准税收和议案方面发挥了重要作用。诚然，下议院畏惧国王，它拥有权力的历史并不长。爱德华一世加强王权的手段仍然历历在目，而且没有迹象表明，下议院或者整个国会有权控制或干涉行政事务。他们开会是为了对于通过武力获得政治解决的某些问题予以认可，为拨款事宜进行表决，同时也为了陈述苦情和提出要求。要使国会成为统治机构的部分，要使下议院成为这个机构的重要基础，还需要在整个14世纪里作出长期不懈的努力。

教皇的代表引起人们的强烈不满。约翰时代罗马教廷对英格兰的干涉，亨利三世对教会的屈从，教廷收税官的横征暴敛，教士在宫廷和政务会的影响，这一切使英格兰教会招致日益强烈的反感。在亨利三世统治时期，这种情绪达到了顶点。国内对日益衰落的国外教会所产生的影响愤恨不已，英法战争加深了这种愤恨情绪。更主要的是，这个衰落的教会不可避免地抛弃了长期以来设在罗马的神圣教廷，在法国的影响下转向法国的阿维尼翁教廷。在这些年里，国会制定了一些法令，禁止将国王法庭可以审理的案件提交教皇法庭审理，限制教廷确定英格兰教职人选的权力。诚然，这些法令只是根据外交上的需要断断续续地得到推行。由于英法战争耗资巨大，教廷收入有限，在爱德华三世统治的大部分时间里，教廷的收税官在英格兰尽力征税，结果所得甚微。

1369年，英法两国在阿基坦又进行了激烈的战斗。英格兰筋疲力尽，幻想也破灭了。教士要求免税，并非每次都如愿以偿。其实，在那极端贫困和经济失调的时代，他们足以显示出自己的财富。教士逐渐取代了贵族的公职，因此国会中反对教士的情绪也逐渐加深了。爱德华三世年迈体弱，贵族力图恢复他们的权力。为了反对教会，冈特的约翰[1]通过一次精心策划的政治攻势使贵族取得优势。他手里有了意想不到的武器。在全国的神学研究和学术中心牛津大学，对教皇利益和权力的批评日益强烈。牛津大学的著名学者威克里夫关于宗教改革的论述引起了人们的注意。他对教会的腐败非常愤慨，认为傲慢的教士集团及其绝对权力不符合真正的基督教原则。他说，凡人并没有掌握人类灵魂的能力。国王作为受上帝派遣掌管俗界事务的牧师，有权限制教士的奢华，正如教士有权指导国王的精神生活一样。虽然教皇和国王在各自的领域里处于最高地位，每个基督教徒得到的一切并非“直接”来自他们，而是来自上帝。最高的权力在天庭，而不是在罗马。

威克里夫的主张不会只是一个善良学者的玄想，它应用到教会和国家的现实之中以后，引起了严重的分歧。它要削弱世俗教会的权力，以净化它的精神生活。冈特的约翰感兴趣的是前者，威克里夫侧重的是后者，而教会对二者都表示反对。起初，冈特的约翰和威克里夫均想利用对方来达到自己的特殊目的，因此在1377年结成联盟。冈特的约翰忙于组织新国会，威克里夫则“访问各个教堂，宣扬反对教会弊端的观点”，为冈特的约翰提供了道义

---

1 John of Gaunt（1340—1399），兰开斯特公爵、英格兰爱德华三世三子，在其侄儿理查二世继位后摄政。其后代就是著名的博福特家族。——编者注

上的支持。但是，对立势力也开始活动。威克里夫要进行宗教改革的希望掺杂了一些阶级和党派的偏见，冈特的约翰由于和这位立志改革的神学家结成联盟，客观上巩固了教士的既得利益，对自己不利。因此二人由于结成联盟都付出了一定的代价。主教们看出威克里夫是冈特的约翰最危险的支持者，便以散布异端的罪名在圣保罗大教堂对他进行审讯。冈特的约翰赶去援助他，遭到伦敦民众的敌视。这个不合适的伙伴关系终于土崩瓦解，威克里夫在高级政治事务中再也不起作用了。

也就是在这时，威克里夫开始产生长期的影响。他决意去号召人民。教会的弊端和他的改革主张为他吸引了许多年轻的门徒。他将门徒组成一帮一帮寒酸的传道士，这些传道士像后来卫斯理[1]的门徒那样，在全国乡村传播教士应该清贫高洁的主张。他用英文写了一些宗教小册子，其中最有名的是《罪人》(*The Wicket*)，这是人人吟读的范本。最后，他迈出了重要的一步，和他的门徒一起将《圣经》译成英文。

> 基督教的男女老少应该仔细阅读《新约》[2]，因为它具有权威，对拯救灵魂极为重要的论点通俗易懂……《圣经》中的字字句句，不管是深奥还是明了，都提倡顺从和博爱，因此，只有做到这两点的人才能完全懂得《圣经》……傲慢与贪欲会使教士是非不分，因而也就无法透彻地理解《圣经》。

基督教早期的精神在英格兰的乡村复活了，它像闷热的天气过后出现的阵阵微风，清爽凉快，沁人心脾。这种不分贫富地展现在人们面前的新境界，严重地动摇了它所依附的正在衰败的社会。教会和国家不久将意识到它

1 Wesley，英国著名传教士，有门徒 10 万人。——译者注

2 *The Newe Testament*，包括福音书、历史书、使徒书信和启示录等几部分，记载了耶稣基督和其门徒的言行与早期基督教的事件。——编者注

们的权力所受到的威胁。

*　　　*　　　*

爱德华三世的长期统治已经日薄西山了，克雷西和普瓦捷的两次赫赫战绩也已黯然失色。当年，这位极力追求权力和威望的好战国王为了得到海外冒险事业所需要的金钱，宁愿以祖先奋斗得来的许多特权做交易，而如今到了风烛残年，他却成为时间和命运的债务人，这两位债权人对他提出了强烈的控告。他和儿子在法国征服的大片土地，像复活节的残雪一样涣然消失，只有几个沿海城镇还展示着不列颠民族长期珍视的那种胜利的荣誉。他的爱妻菲莉帕王后在 1369 年因患黑死病去世。在她死前，年老的国王就已坠入爱丽丝·佩勒斯的情网之中。爱丽丝是个生性冷漠的女人，但是机智过人，能力出众，无所顾忌，放荡不羁。当时的民众暴躁易怒，看到年逾花甲的著名国王沉溺情海，格外反感。他的眷眷私情远没有 1348 年建立嘉德勋章[1]时所象征的宫廷爱情那么浪漫。嘉德勋章中“心怀不良者可耻”（Honi soit qui mal y pense）这一名句对贵族和民众是不适用的，他们不愿意让国王晚年的情妇从她和国王的风流韵事中得到好处。爱丽丝从国王的恩宠中获利致富，她至少戴上了菲莉帕王后的一部分首饰，而且还以极大的热情参与了上层的政治斗争。在审理同她有关的案子时，她甚至与法官同坐一席。鉴于上述情况，贵族和下议院联合起来反对她。

爱德华三世终于被战争、国务和放荡的生活弄得筋疲力尽，老态龙钟。他在位已有 50 年了，如今寿数将尽。最后的 10 年大大损害了他的名望。除了私恋爱丽丝之外，他将残存的希望寄托在“黑王子”的身上。可是，“黑王

1　The Order of the Garter，英国最高的勋章。据说在一次宫廷庆贺活动中，索尔兹伯里伯爵夫人的蓝色袜带掉在地上，爱德华三世看见后拾了起来。他见旁观者均露出笑容，便把袜带系在自己的膝上。后来，为纪念这件事情设立了嘉德勋章。——译者注

子”这位驰名欧洲的杰出军人也被戎马生涯的劳顿所征服，健康迅速恶化。1376年，“黑王子”去世，留下一个未满十岁的儿子作为王位继承人。爱德华三世的丰富生活在他的晚年变得刻板单调。他在受到致命的打击之后，退居希恩洛奇。在那里，爱丽丝仿照时髦的做法，鼓励他多想想比武大会和游猎活动，想想他复原以后的宏伟计划。但是据仇视她的编年史家们记载，当国王陷入死前的昏迷状态时，她摘下国王手上的戒指，带着宅内的动产销声匿迹了一个时期。我们听不到她的辩解。不过，她在新国王执政时又出现于一些比较欢乐的场合。据此看来，她似乎也有自己的理由。唉！各种记载都证明，爱德华三世死时被众人所抛弃，只有当地一名善良的教士给了他帮助，使他在到达天国的旅途中得到教会的保护和关照。

“黑王子”的儿子在祖父去世的当天被拥戴为王，没有人提出另选国王的问题。于是，英格兰的王冠传给了一个年幼的继承人。

PART 3
封建时代的结束

THE END OF THE FEUDAL AGE

第二十三章 CHAPTER 23

理查二世与社会动乱

“黑王子”的弟弟、年幼国王的叔父、兰开斯特公爵冈特的约翰是摄政团的首脑，统治着英格兰。黑死病的影响和阴影仍然笼罩着大地。英格兰社会中有了新的变化。瘟疫造成的致命创伤还在发出阵阵剧痛，但人们在痛楚中隐约感到，大地上有了更多的生计。许多空缺的位置得到填补。各阶层的人感到，他们的地位意外地有所升迁，周围的环境有所扩展。社会秩序已经彻底打乱，社会的力量也已削弱，但个人地位多半得到改善。

英格兰人认为他们不可战胜，天下无敌，他们的军队无坚不摧，这种信念已经根深蒂固。在法国的克雷西和普瓦捷战役中得到的实际利益虽已丧失，英格兰人仍为那两次胜利而感到欢欣鼓舞。他们确信自己能够在任何时候与法国人或苏格兰人刀兵相见，因而也就不关心战争的结果如何。很少有人看到战场取胜和长期征服的区别。处于发展时期的国会极力主战，可是它不做任何长远准备，也不愿意为此花钱。在战争期间，人们指望国王取得辉煌的战果，同时又指责他征税过重，或者说他使王国受到了损害。和平不可避免地到来，却又不符合英格兰人乐于全胜的要求。这种尴尬的局面是理查二世[1]所继承的一部分重要遗产。

经济和社会领域都发生了巨大变化。黑死病沉重地打击了正在变化的社会。自从国王开创以雇佣军代替封建义务兵的制度以后，以土地为基础的关系便瓦解了。贵族或骑士为什么不可以步他们的封建主之后尘呢？小地主们普遍订立了契约，为某个强大的邻居服务，“只是不得为他反对国王”。契约中的规定并不常常得到遵守。互相尽忠的关系开始消失，代之而起的是私人军队，他们是财产的雇佣保卫者，无疑也是混乱局面的先兆体现者。

在中世纪的英格兰，采邑的领主一般是靠农奴致富的，这些农奴的地位和义务已经由长期的惯例固定下来，并由领主法庭强制推行。在每个领地的周围，形成了关系密切、自给自足的小社会。虽然 13 世纪和 14 世纪初的劳动力流动和物资交流超过人们以前所想象的程度，但社会发展仍然比较缓慢，村庄也是逐渐解体的。社会和劳动状况再也不能保持原有的格局了，黑死病造成的震荡急剧地加速了这个深刻的分裂过程。由于三分之一的人口突然死去，大片的土地荒芜了。活下来的人移到最肥沃的土地上耕种，到最好的草场放牧。许多地主弃农经牧，侵占了别人的土地，围起了最肥美的牧场。发家致富似乎成了轻而易举的事情，价格上涨，利润增加，而劳动力却减少了将近一半。小块的地产闲置了起来，许多采邑失去了自古以来为其劳动的农民。农民和苦力非常缺乏，成为竞争的目标。他们也想乘机改善自己的境况，或者至少使自己的生活水平同不断上涨的物价保持一致。诗人朗格兰[2]在他的诗歌《庄稼汉皮尔斯》[3]中，描绘了一幅平淡无奇而饶有趣味的图画：

---

1 Richard Ⅱ（1367—1400），金雀花王朝最后一位正式的英格兰国王（1377—1399 年在位），“黑王子”爱德华的幼子。其父兄均早于其祖父逝世，所以最终由他继承了王位。他逝世后英格兰由该朝的支系——兰开斯特王朝和约克王朝先后统治。——编者注

2 Langland（1330—1400），英国诗人。——译者注

3 *Piers Plowman*，一首英国 14 世纪的长篇宗教议论诗，采用梦幻形式和讽喻笔调表现了严肃的政治和宗教主题。——编者注

没有土地的苦力，
只能自食其力，
每天食不果腹，
仅能勉强度日。
买不起一分钱的啤酒，
也不能问津一片腊肉，
要是弄到一点新鲜鱼肉，
不是油煎，就是火烤，
热上加热，以暖饥肠。
他要优厚的报酬，
否则就会咆哮发怒。

农夫的主人则用不同的眼光看待问题。他们坚决拒绝了增加报酬的要求，还要恢复强迫农民劳动的权力。村民的家系受到详细的调查，以前只对地位较高的人才这样做。佃农一旦被宣布为农奴，至少无权提出新的要求。如果他们提出久已丧失的权利，不管多么合法，村民们都会强烈反对。村民为保护自己的利益成立了行会。有些农奴则从采邑上逃走，就像 18 世纪 50 年代美国南部的奴隶从庄园里逃走一样。在这种情况下，一些领主便缩短了农奴的徭役期限，或者把土地租给小土地占有者以换取他们的顺从。在一些领地里，农奴集体获得了公民权，自由农阶级便从此诞生了。不过，这种情况并不多见。教会拥有的土地最多。总的说来，宗教力量成功地保持了农民的顺从。有的领主像赫顿领地上的巴特尔修道院院长那样，被迫出租闲置的土地，租期本来就很短，可是他们后来一有机会就把租期进一步缩短，减为一年。18 世纪，法国也同样恢复了昔日的封建特权，结果引起了革命的狂澜。

英格兰各地经历的巨大变化影响了人们的日常生活，影响的深度在 19 世纪工业革命前的社会发展史上是独一无二的。在这方面，从有产阶级中选出的国会可以作出决定。英格兰同法国一样，国王曾经不止一次干预地方的报酬法，但 1351 年制定的《劳工法》(*Statute of Labourers*) 是为全国确定工资标准和价格的第一次重要尝试。在瘟疫过后的困难局面中，国会企图不折不扣地推行这些法令。它还从乡村的中产阶级当中任命了“劳工法官”(Justices of labour)，给予固定的薪水，让他们审讯违反这些法令的人。从 1351 年至 1377 年，民事法庭审理了 9000 起违反契约的案件。在许多地方，这方面的官员积极抓权而又偏私，受到当地居民的谴责。全国上下动荡不安。

毫无疑问，黑死病这场浩劫的幸存者比较富有。在饥馑所蹂躏的国家是不会发生暴乱的。弗罗萨特说：“气象升平、物产丰富的年景是英格兰发生农民暴乱的主要根源。”人民并不是无法抗议世道不公，也并非无法表示他们的不满。在下层教士中，许多薪俸微薄的人死于瘟疫，仅在东英吉利亚就死了 800 名教士。活着的人发现，他们的薪水在物价飞涨的世界上没有一点变化，而高级教士对此则漠然置之。为此，高级教士不久将付出代价。教会的领地是民众造反所攻击的主要目标。在一个集日里，煽动者，尤其是教士中的煽动者，吸引了许多人。朗格兰在他的诗中反映了人们对基督教信仰者的愤慨情绪：

> 他们宣扬柏拉图[1]的观点，
> 援引塞涅卡[2]作为佐证：
> 世间万物应归众人所有。
> 他对无知者确是如此撒谎说教。

1 Plato（前 427—前 347），古希腊哲学家，同苏格拉底、亚里士多德并称为“希腊三贤”。——编者注

2 Seneca（约前 4—公元 65），古罗马帝国时期的哲学家、政治家、剧作家，曾担任尼禄的顾问，主张人们用内心的宁静克服生活中的痛苦。他被誉为拉丁文学白银时代的幽默大师。——编者注

许多言辞激烈的煽动者散布了颠覆性的说教，他们当中最有名的是约翰·鲍尔。国内到处是穷愁潦倒的士兵，他们刚从战场上遣散回来，深知大弓杀伤贵族的威力，尽管贵族武装精良，得意扬扬。改革的主张广为传播，下面这首流行的民谣说明了民众的反应：

当年亚当种田，
夏娃织布，
哪个是士绅？

这在14世纪是个新鲜的问题，在任何时代也是难以应付的问题。在中世纪的英格兰，长期形成的刻板的社会结构从根基上发生了动摇。

这种情况绝不仅限于不列颠岛。在英吉利海峡彼岸，一场激进的民主运动已经开始，它的口号和我们现在的口号极其相似。这场运动在英格兰蓬勃发展，导致了1381年的大规模起义。这是一次广泛的社会动乱，它自发地兴起于全国许多地区，有着共同的根源，也带有共同的情绪。在黑死病造成的死亡率最高、社会现状变化最大的英格兰中东部和肯特，暴乱最为严重。因此可以说，这次起义的直接根源是黑死病。由于命运的转变而不再逆来顺受的一代人，借由起义发出痛苦而愤怒的呼喊——这种转变使人们产生新的希望，同时也带来新的不平。

*　　　*　　　*

1381年夏天，各地始终孕育着一场有组织的风暴。有些人遍游英格兰中部的村庄，与“大社会”（Great Society）这一组织联系，据说这个组织将在伦敦开会。5月份，埃塞克斯爆发了起义，原因是再次征收前一年已经收过的人头税，而且更加苛刻。伦敦爱闹事的人也激动起来，有些人在一个名叫托马斯·法林登的人带领下前去参加了起义的队伍。市长沃尔沃思遭到一大批市民的反对，他们同情起义，并同起义者有联系。在肯特，农民袭击莱斯内斯修道院之后，穿过罗彻斯特和梅德斯通，一路上烧毁了采邑的账目和征税账，并从梅德斯通的宗教监狱里救出了鼓动家约翰·鲍尔。具有领导才能和经验的军事冒险家沃特·泰勒也在梅德斯通参加了他们的队伍。

政务会茫然不知所措。6月初，暴动的主力队伍从埃塞克斯和肯特向伦敦进发。他们在伦敦得到了支持，鱼商约翰·霍恩邀请他们进城。负责守卫伦敦桥的市政官没有采取任何防御措施，奥尔德盖德[1]被人出卖给埃塞克斯的一批暴乱者。伦敦陷入为时三天的混乱之中，外国人遭到屠杀；政务会的两名成员被人从伦敦塔拉出来，在塔山[2]被砍了头，一个是坎特伯雷大主教兼国务大臣西蒙·萨德伯里，另一个是财政大臣罗伯特·黑尔斯爵士；冈特的约翰的萨瓦宫化为灰烬；兰贝思和萨瑟克均遭洗劫。这是清算旧账的时候。

法林登列出了放逐者的名单，敲诈勒索的金融家理查德·莱昂斯死于非命。这一切听起来带有现代社会的味道。忠诚的市民则聚集到市长周围；年轻的国王在史密斯菲尔德接见了暴乱领袖。叛乱者似乎普遍忠于国王，他们的要求颇有道理，但却难以满足。他们要求废除严酷的法令，取消农奴制，分掉教会的财产。他们着重提出，不应该有农奴，也不应该有人给领主服徭役，只要为每一英亩土地向领主缴纳四便士年金就完事大吉；为任何人服役不得违反本人的意愿，必须得到双方的同意。在谈判时，泰勒先被沃尔沃斯市长刺伤，接着又被国王的绅士杀死。当这位暴乱领袖跌下马来，死在众人面前时，年轻的国王在危机中单枪匹马冲向前去，大声喊道："我将是你们的领袖，你们只要跟随我出征国外，就会有求必应。"但是，泰勒之死引起了强烈的反响，群龙无首的乱民返回家乡，在各自的郡内引起极度的混乱。重

1 Aldgate，伦敦城的东门。——译者注
2 Tower Hill，伦敦塔西北的一座小山。——译者注

建起来的权力当局对他们进行追捕，复仇开始了。

起义席卷英格兰的西南部地区，布里奇沃特、温切斯特和索尔兹伯里都发生了骚乱。在赫特福德郡，农民起来攻击权势显赫、令人憎恨的圣奥尔本斯大教堂，然后在杰克·斯特劳率领下向伦敦进军。剑桥郡也发生了大规模的暴动，档案被烧毁，教会领地受到攻击。在亨廷登郡，虽然市民闭门抵御暴乱者，拉姆齐修道院却在劫难逃。在农民比较富裕、自给能力较强的诺福克和萨福克，反对农奴制的情绪更加强烈。伯里圣埃德蒙兹修道院是暴乱者痛恨的主要对象，林恩的佛兰德羊毛纺织匠也被杀死。暴动的浪潮在北边波及约克郡和柴郡，西边席卷威尔特郡和萨默塞特郡。

泰勒死后，统治阶级开始有组织地进行抵抗。最高法院向王室官员发出信件，命令他们恢复秩序，首席大法官特里西利安领导高级法官们对叛乱者迅速作出了判决。国王陪同特里西利安进行惩罚性的巡回判决，敦促法官在处罚叛乱者时依法行事。好斗的诺里奇主教勒德斯潘塞在东部各郡保护教会财产时，使用了武力，在北沃尔沙姆进行了一场激烈的战斗。不过和现在比较起来，统治阶级做出的反应还是很有节制的。据案卷记载，处死刑者不过150 人，而且也没有我们在现代欧洲许多国家所见到的暴行。法治得到了恢复，有关人员依法执法。即使在这种阶级感情激烈爆发的时刻，也没有不经过陪审团审判就绞死任何人。1382 年 1 月，经国会提议实行了大赦。但是，统治阶级在财产方面赢得了胜利，他们矢口否认已经作出的一切让步，并大胆地企图原样恢复 14 世纪初的采邑制度。在后来的很长时期里，上层阶级仍然担心发生大规模暴乱，劳动者继续走向联合。奴隶劳动已经不再是当时的社会基础，法律对奴隶地位已经失去约束作用。总而言之，1349 年以后，以租金代替徭役的发展趋势加剧了。凡此种种，都是黑死病的不朽遗产。对于历史学家来说，这次暴动不过是突然闪现的一丝亮光，它展现了中世纪贫困阶级的状况，可是对于当时的人来说，它是不可思议的可怕事情。它在农民心中留下了怨恨，也唤起了当局的警惕性，使他们采取积极的对抗措施。从那时起，人们产生了坚决分掉教会财产的愿望。暴动过去之后，威克里夫运动不断发展。胜利的统治阶级被暴动吓坏了，因而对它非常仇视。威克里夫的“贫穷传教士”（poor preachers）的名誉由于煽动暴乱而受到了玷污，他们受到的迫害是一个根基已经动摇的制度对他们的报复。

14 世纪 80 年代的英格兰大有山雨欲来风满楼之势，因此，威克里夫的说教博得许多人的信从。那时英国面临着社会革命，对宗教改革并不感兴趣。所有颠覆性的说教都受到谴责，威克里夫虽然没有戴上妖言惑众的罪名，他的事业却受到了灾难性的打击，有产阶级默许教会对这些传教士严加镇压。这次镇压进行得既迅速又彻底。萨得伯里死后，威克里夫的宿敌库尔特尼继任坎特伯雷大主教。他发现威克里夫的人控制着牛津，便立即采取行动。威克里夫的改革主张受到公开谴责。各位主教接到逮捕非法传教者的命令，大主教本人迅速整顿了教会的纪律，实行自己的控制。由于这一措施以及国家的积极支持，教会最终从俗人的打击下恢复过来。1382 年，库尔特尼降驾牛津，在如今基督大教堂所在的地方召开宗教会议。威克里夫的主要追随者被召集到会，严令认错。国务大臣提出抗议，要求尊重大学特权，可是没有受到理睬。威克里夫的追随者遭到严厉谴责以后，便退缩、屈服了。结果威克里夫孑然一身，孤立无援。他说教会的特权与教义不符，因而也失去了冈特的约翰的支持。他那些颇受民众欢迎的传教士和初期吟读《圣经》的活动，未能建立起反对社会统治势力的坚强力量。

威克里夫向世人的良心发出了呼唤。他的呼唤在英格兰受到抑制，反应不大，然而在一个遥远且不大为人所知的国度却引起了强烈的反响，然后从那里激荡了欧洲各地。布拉格的学生来到牛津，将他的说教和手稿带到波希米亚，从而引起了一场运动。在这场运动中，约翰·胡斯的名望高于他的英国老师，唤起了捷克人民长期保持的民族觉悟。

威克里夫正面攻击教会对世人的绝对权威，暗示个人的是非观念决定一切，并向正统教义挑战。由于这些原因，他受到严厉的压制。但他的抗议导致了第一次牛津运动。威克里夫的事业在他生前遭到失败，然而却推动了改革的潮流。他的运动被迫转入地下。教会由于和国家联合而加强了它在俗界的地位，彻底击退了改革派的第一次进攻，但教会的精神权威在这场冲突中受到削弱，留下了创伤。

17世纪的作家富勒[1]在写到威克里夫的传教士时说："这些人是反对敌军的尖兵，后来上帝派路德接替了他们。"在宗教改革[2]以前，威克里夫的精神影响着牛津学者对《圣经》的研究。在科利特于1497—1498年间发表的演说中，他的精神又得到恢复。尽管威克里夫没有进行过政治煽动，乡村的威克里夫运动却和政治煽动混为一体。与他们对立的教士很想给他们扣上这个罪名。多半不是教士的威克里夫信徒说了许多无知的气话，为对方提供了大量的证据。残酷的日子还在后面。威克里夫的政治性说教将在亨利五世时代约翰·奥尔德卡斯尔爵士的叛乱引起的痛苦中化为乌有。不过，敢于同进取心很强而且得胜的教会进行斗争的可贵精神，在英国人民中间保存了下来。他们心中树立起一条原则，这条原则决定了不列颠民族的命运。威克里夫生前一败涂地，他像星星一样发出的光芒也在宗教改革的晨曦中消失了。弥尔顿[3]写道："威克里夫是这样一个人，为了使学问达到完美的境界，他只希望自己生活在幸福的时代，舍此别无所求。"

争取真正自由的坚强信念在英格兰没有消失。英格兰人民的地位和勇气同法国农民无精打采的顺从态度形成了鲜明的对比，后者在战争、饥荒和扎克雷起义受到的残酷镇压中，被迫采取逆来顺受的态度。

亨利六世时代的法官约翰·福蒂斯丘爵士写道："法国人没有举行暴动是因为缺乏勇气，而不是由于贫穷。他们没有英国人这样的勇气。在英格兰常有三四个强盗迫于贫困袭击七八个良民，把他们统统抢光，可是在法国，

1　Thomas Fuller（1608—1661），英国教士兼学者。——译者注
2　16世纪以马丁·路德为首的基督教改革运动。——译者注
3　John Milton（1608—1674），17世纪英国诗人。——译者注

七八个盗贼也不敢抢劫三四个良民。可以说，几乎没有任何法国人由于抢劫行为而判处绞刑，他们没有勇气干那种可怕的事情。在英格兰，一年绞死的抢劫犯和杀人犯比法国在七年里绞死的同类罪犯还要多。”

*　　　*　　　*

理查二世此时已经长大成人。他具有强烈的本能和在他那个年龄少有的才干，他的阅历和行动使这些本能和才干更加超凡出众。在农民暴动的危机中，他肩负重任，在一次重要的场合用自己的行动挽救了局势。当贵族阶级惊慌失措的时候，国王的宫廷和法官恢复了秩序。但他却甘受长期的监护。阿基坦总督冈特的约翰离开英格兰，到国外谋求利益，例如，他要得到卡斯蒂尔王国的主权。他将自己的儿子、能干而有魄力的亨利留在英格兰，照顾他的领地和利益。

到了20岁，理查二世才决意完全驾驭政务会，尤其是要摆脱几位叔叔的控制。以前从来没有哪位国王受到这样的待遇。他的祖父18岁时就掌握了大权，他本人16岁时也起过重要作用。他的内官及其周围的朝臣都盼望他早日亲掌政事。这些人是政府官员或国王的文官，其中主要人物有国务大臣迈克尔·德拉波尔、首席大法官特里西利安和约克的大主教亚历山大·内维尔。理查二世的教师和密友西蒙·伯利可能是这些人的后台。一批比较年轻的贵族投靠宫廷，为首的是牛津伯爵罗伯特·德维尔。此人扮演的角色如同爱德华二世手下的加韦斯顿，也颇像后来的斯特拉福德。理查二世对他的拥护者普施恩惠，德维尔不久就被封为爱尔兰公爵。这对政务会的要人显然是一次政治挑战。爱尔兰是人力和物力的宝库，它不受国会和贵族的控制，因而可以被用来控制英格兰。

国王及其宠幸的女人身边的一些人占据了宫内和政府的职务。这种情况冒犯了贵族，在某种程度上也触怒了全国人民。反对派照例把外交事务作为进攻的武器。宫廷经济拮据，又不敢要钱，更主要的是没有军事将领，因而采取温和的政策。贵族和国会联合反对斯文的国务大臣波尔以及宫廷的极端享乐主义。他们嘲笑地说："他们不是贝洛娜[1]的骑士，而是维纳斯[2]的骑士。"当时必须对法国发动战争。1386年，在这个问题上形成了反对国王的统一阵线。国会指定五名大臣和九名勋爵组成一个委员会，由原来的摄政团成员主持委员会的工作。宫廷在弹劾波尔的风暴面前作了让步，国王的文职官员也受到清洗。对方认为，这些官员是国王过错的根源，也是他的力量基础。他的侍从杰弗里·乔叟（当然，他是由于别的原因出名的）失掉了他在海关的两个职务。

当这个委员会的成员逼迫国王解除他好友的职务时，国王十分失望地离开了伦敦。他在北威尔士同新的爱尔兰公爵顺利地进行了商谈，在约克同内维尔大主教达成协议，在诺丁汉同首席大法官特里西利安取得一致意见。于是，他企图将自己的力量在后来查理一世打起国王军旗的同一个地方聚集起来，准备发动内战。爱尔兰义务兵、威尔士长矛兵以及理查掌领的柴郡伯爵领地的弓箭兵，源源不断地集中起来，组成了一支军队。有了这支军队撑腰，特里西利安和国王的另外四名法官宣布，后人所称的"弹劾派勋爵"[3]和国会对他们施加的压力违反英格兰的宪法和法律。这个结论无疑是正确的，可是却遭到血腥的报复。皇叔格洛斯特和贵族寡头政治集团中其他头面人物，指责首席大法官以及和他一起行动的人是王国的叛徒，这些人中包括德维尔和国王的其他谋臣。年仅20岁的国王过分依赖自己的权威。政务会的首脑仍然能够得到国会的支持。他们诉诸武力，格洛斯特带领一支军队进逼伦敦，理查二世抢先赶到，受到伦敦市民的欢迎。他们打着他的红白旗帜，表

---

1 Bellona，罗马神话中的女战神。——译者注

2 Venus，罗马神话中的爱神。——译者注

3 Lords Appellant，指格洛斯特公爵和德比伯爵等人，他们于1387年指控特里西利安等谋臣犯有叛国罪。——译者注

现出对他的忠诚，但是没有准备同步步进逼的贵族军队作战。在威斯敏斯特宫，以格洛斯特、阿伦德尔和沃里克为首的“弹劾派勋爵”在宫外300名骑士的保护下，迫使国王作出让步。国王所能做到的只是让他的追随者们获得一条生路，逃奔他乡。

德维尔退居切斯特，在那里集结了一支军队，以保护国王的利益。1387年12月，他率领这支军队抵达伦敦。此时“弹劾派勋爵”和冈特的约翰的儿子亨利已经严阵以待。在牛津郡的拉德科特桥，亨利和这些勋爵打败了德维尔，这位国王的宠臣逃往国外。此时，国王的命运落入了这个已经篡夺君权的狂妄党派的手中。他们内部争执了很长时间，决定不下是否要把理查二世废黜或是杀掉。年长的人主张采取极端措施，年轻的一派则表示反对。理查二世面临着重蹈曾祖父覆辙的威胁。当时的争论非常激烈，以致只有两名“弹劾派勋爵”愿意留下陪国王吃晚饭。主张采取温和手段的是军事上取得胜利的年轻人亨利。他可能是考虑到，如果采取过激手段，格洛斯特可能取代理查二世，这样就会剥夺他父亲对王位的继承权。

由于内部分歧，“弹劾派勋爵”未能废黜或杀害国王，可是他们并没有后退。他们强迫国王作出全面让步，对国王身边的新贵和合法的追随者进行残酷的报复。王国的各个领地被迫表示支持新政权。在预定的日子里，五名“弹劾派勋爵”穿着金黄色的衣服，手挽手地进入威斯敏斯特宫。“无情国会”（Merciless Parliament）举行了会议。最强硬的反对派是以特里西利安为首的那些皇家法官。他在诺丁汉公布了一条原则，即国王在他的法庭和法官的协助下，有至高无上的权力，可以控制那些掌握国会的贵族。对这个问题的郑重答复同以往的多次答复一样，虽然肯定了封建权力这个现实，但也宣布了国会治国的原则。这个现实在那些动荡不安的年代中消失了，而这条原则即发出阵阵回响，一直传到17世纪。

首席大法官特里西利安以及在诺丁汉宣布王权至上的另外四名法官，已经上了泰伯恩绞刑架，并被剖腹分肢。国王的老师伯利也未能幸免。只有国王本人虎口逃生。老派贵族取得了彻底胜利。理查二世不仅被迫听任他的朋友惨遭杀戮，还得对这些暴行表示同意，尽量忍受悲痛，过着隐居生活。

这些遭遇一定对他的心灵产生了强烈的影响，世上很少有人经受过这样的考验。他思索着自己的冤屈和过错，看出那些胜利的贵族不仅是欺凌国王的奸雄，也是蹂躏人民的暴君。他用比过去巧妙得多的手腕制定了报仇雪耻、夺回权力的计划。在危机四伏的形势下，一年过去了。

* * *

1389 年 5 月 3 日，理查二世出人意料地采取了行动。他在政务会落座以后，和蔼地问众人他有多大年纪了。当众人说他 23 岁时，他宣布自己毫无疑问已经成年，决不允许继续对他的权力实行违反民意的限制。他将亲理国政，自选谋臣，做一个名副其实的国王。显然，这一举动是经过精心策划的，它体现了理查二世的多次计谋中所显示出的不可思议的超群机智。理查二世锋芒初露，首战告捷。阿伦德尔伯爵的兄弟、后来担任坎特伯雷大主教的托马斯主教应理查二世的要求交出了国玺，吉尔伯特主教交出了财政部大权，支持国王的威廉·威克姆和托马斯·布兰廷厄姆分别恢复了国务大臣和财政大臣的职务。“弹劾派勋爵”控制的最高法院增补了国王提出的人选。国王驰书各郡郡守，宣布他已亲掌政务。这个消息在全国受到了意想不到的热烈欢迎。

理查二世取胜后比较谨慎和宽容。1389 年 10 月，冈特的约翰从西班牙返国，他的儿子、已经成为首要人物的亨利也同国王和解。1388 年形成的可怕的联合势力至此解体。国王的统治机器战胜了宗派势力，重新运转起来。此后，理查二世以拥护宪法的贤明君主的面目统治英格兰达八年之久。

在那个时代，黎民百姓没有任何权力。包括新生的中产阶级在内的统治阶级，尽管彼此进行着你死我活的斗争，但在压制百姓这一点上却总是一致的。推翻理查二世的那些强大的社会力量对他下了断语，并且公布了他的罪状，但我们只能有保留地接受他们对他的品质所下的结论。他企图废除互相对立的宗派、教会和贵族尽力赢得的立宪权，这是不可否认的事实。但是，他这样做究竟是为了满足个人的报复愿望，还是为了实现在农民暴动的危机中许下的“我将是你们的领袖”这一诺言，不是可以轻率作答的问题。诚然，他在1381年对暴乱者的一名代表粗暴地说过：“你们现在是农奴，将来永远是农奴。”他还说，被迫许下的诺言是没有什么价值的。可是，他发布的释奴状确实解除了许多农民依附于领主的封建关系。他也郑重地允诺废除农奴制，并向国会提出这项建议，结果却受制于人。这些创伤使他久久难以忘怀，可能也影响他履行自己的职责。

理查二世为了复仇而表现出的耐心和采取的手腕实在令人惊叹折服。他容忍阿伦德尔和格洛斯特在官场混迹八年，他们二人不像以前那样担任郡守，但是仍然身居高位。不过，理查二世也有感情迸发的时刻。1394年，阿伦德尔参加王后安妮的葬礼时姗姗来迟，耽误了整个仪式的进行，理查二世夺过一个侍从的礼杖，朝他的脸上打去，打得鲜血直流。在场的教士惊呼道，威斯敏斯特的教堂被玷污了。人们又想起了旧时的预言：由于贝克特遇害，上帝将惩罚全国，一直到血染圣殿为止。可是过了几个星期，国王似乎又同阿伦德尔和解了，再度把一切矛盾巧妙地掩盖起来。

当贵族互相倾轧的时候，理查二世企图利用爱尔兰的力量来加强自己的实力。1394年，他以国王出巡时的全部威仪驾临爱尔兰，在那里组织了一支依附于他个人的军队。这支军队后来成为他在英格兰威慑反对派的工具。回到英格兰以后，他制定的迫使教俗贵族俯首听命的计划取得了很大进展。战争的负担会使他直接依赖国会的恩赐，为了摆脱这些负担，他同法国实现了和解。他在第一个妻子安妮死后，于1396年同法王查理六世[1]的女儿伊莎贝

---

1 Charles Ⅵ（1368—1422），法兰西瓦卢瓦王朝第四位国王（1381—1422年在位）。由于他的精神病，法国再次陷入混乱。——编者注

拉结婚。在这个基础上，英法两国达成停战协议，缔结了一个30年的友好互不侵犯条约，并且秘密约定，如果理查二世以后受到国内臣民的威胁，法兰西国王将前来援助。虽然停战条件引起国内的不满，理查二世却由于解除战争负担而获益匪浅，因为他如果挑着这种重担，就必然成为国会面前的乞丐和奴仆。教俗贵族和平民对国王逼得很紧，总是赶着他向前走，嫌他走得太慢，这使我们看到了这一奇观：金雀花王朝的国王躺在地上，拒绝在崎岖不平的路上继续拉国政之车。国王如此行事，并非由于懦弱或缺乏远见，而是执行他长远计划的需要。毋庸置疑，他希望获得对贵族和国会的绝对控制权。至于他是否想利用自己的专断权力为臣民中的下层阶级谋利益，我们不得而知，不过在这方面也有同他有关的传说。他的性格，情绪的涨落，感情的爆发，几乎超人的精确推算——都是导致他垮台的重要因素。然而，普通百姓则认为，理查二世是他们的朋友。他们以为，只要他权力在握，就会把他们从领主的残酷压迫下拯救出来。因此，他们久久地怀念着他。

* * *

远征爱尔兰是理查二世建立专制的第一阶段，同法国结盟是第二阶段，接着他便努力培植严密有效的宫廷势力。冈特的约翰、他的儿子和以前的“弹劾派勋爵”之一诺福克伯爵莫布雷站到理查二世一边，一方面是由于对他的忠诚，另一方面是由于他们对阿伦德尔和格洛斯特的仇恨。宫廷里任用了新官员。约翰·布希爵士和亨利·格林爵士代表地方郡区的利益，是国王的忠实仆人。他们来自为国王和贵族排解宿怨的国会，由于他们的帮助，国王有了对付教俗贵族和平民的力量。1397年，这三个阶层的代表应召来到威斯敏斯特，在巧妙而坚定的疏导下表现出应有的顺从。在具备这些条件之后，理查二世终于决定开始打击敌人了。

阿伦德尔和格洛斯特尽管此时有些失宠，却相信时间这个和事佬及友好的交往会保护他们，使他们不致由于1388年的所作所为而遭到恶报。从那时起已经发生了许多变化，首席大法官特里西利安、国王的老师伯利以及在那次屠杀中和他们一起遇难的其他人，似乎已经被人们遗忘了。所以，阿伦德尔和格洛斯特见国王以人间少有的冷若冰霜的憎恶态度逼向他们时，双双惊愕不已。阿伦德尔和他的一些朋友被宣布为叛逆，受到的唯一优待就是砍头。沃里克被放逐到马恩岛，格洛斯特被捕后押到加来，在那里被理查二世派去的人杀害。这些违反宪法的行为又引起了新的报应。从此，理查二世的名誉染上了污点，这一污点可与约翰国王杀害阿瑟的后果相比。不过，他此时的权力至高无上，是以前各代英格兰国王所不能比拟的，可是他至今怒气未消。

国会召开了，其目的只是使这些事例合法化。它的组成情况和受到的精心关照决定了它愿意为国王尽力效劳的态度，这样的国会是前所未有的。它几乎疯狂地放弃了上个世纪赢得的每一项权利和特权，这种疯狂简直到了作茧自缚的程度。它把君权抬到了至高无上的地位，甚至连海盗的军事领袖征服者威廉也望尘莫及。英格兰民族在约翰的罪恶和爱德华二世的衰败中赢得的一切，两位伟大的爱德华国王所建立的一切，都已付诸东流。国会所做的一切十分彻底，简直达到灾难性的地步。它完成任务之后，便结束了自己的使命，将余下的工作交给一个十八人委员会。国会一解散，理查便在有关的规定中加入几句话，大大扩展了十八人委员会的权限。他的目标即使不是解散国会，至少是要把它削弱到爱德华一世执政初期的地位，那时它在名义上和实际上都是“国王的国会”（King’s Parliament）。

理查国王同和他年纪相仿的堂兄弟、冈特的儿子亨利的关系经历了由喜剧变成悲剧的过程。亨利认为，他在1388年的危机中使国王免遭格洛斯特、阿伦德尔和沃里克的废黜和杀害。这很可能是事实。从那时起，他和理查过从甚密，情谊较深。他代表着一部分人，这些人与那些攻击国王的老派贵族不同。这两个年轻人和睦相处，一个是国王，另一个是冈特的约翰的儿子，他离国王很近，离王位则比别人更近。

亨利和现在已是诺福克公爵的托马斯·莫布雷发生了争执。莫布雷从布伦特福德骑马回到伦敦，说出了他的忧虑。他说，国王从未忘记拉德科特桥事件，也没有饶恕以前的“弹劾派勋爵”，而他和亨利均曾属于“弹劾派勋爵”之列，他们即将大难临头了。亨利指责他散布逆君言论。关于这些言论，国会接到不同的报告。二者受到诘问时，都互相推诿。看来决斗是唯一的解决办法。这个著名的事件发生在 1398 年 9 月。竞技场已经划定，各界人士纷纷聚拢来，曾经夺过锦标的人也都到场。各阶层的观众满怀希望地等着观看这场决斗，可是使他们愤慨的是，国王下了禁令，将莫布雷判处终身流放，放逐亨利十年。莫布雷和亨利服从了国王的命令。莫布雷不久便死去，亨利则认为理查二世恩将仇报，处事不公，他住在法国，盘算着复仇之计。

*　　　*　　　*

在这个事件发生后的第二年，理查二世公然实行了专制主义。他在彻底复仇之前一直颇有耐性，此时却焦躁不安，疑惑不定，荒淫无度，反复无常。他在忠实的柴郡弓箭手护卫下，在全国各地游荡，以盛大的筵席和比赛来消磨时光。他把国务交给威斯敏斯特的大臣和下层官员处理，然而他们感到既不受信任，意见也得不到尊重。国王的奢侈生活造成了财源枯竭，于是他便强索货款，增加赋税，引起商人和乡绅的强烈不满。

1398 年，国内许多人看到，顺从的国会在几个星期里使全国人民丧失了基本权利和自由。他们已经很久没有同国王发生冲突。这时他们看到，国王露出了暴君的面目。对独裁统治心怀不满的不仅有上次危机中失败的贵族，还有全体绅士和商人。他们的愤懑不仅出于对立宪制度的热爱，也出于一种恐惧心理。可能由于许多我们不了解的原因，他们担心已经主宰一切的国王将对他们为所欲为，骑在人民头上作威作福。他们也感到社会革命的恐怖，这种恐怖他们在不久以前的农民暴动中已经领教过了。共同的利益、思想和行动使上层阶级紧密地联合起来。他们说，拥有绝对权力的国王将煽动暴民攻击他们。

1399年2月，“久经风雨的兰开斯特家族成员”冈特的约翰去世。流亡中的亨利继承了冈特的约翰的遗产，其领地不仅分布在兰开夏和北方，而且遍及全国。迫于经济拮据，理查二世不顾自己的诺言，剥夺了兰开斯特家族的领地，宣布他堂兄亨利的继承权无效。这个行动威胁了每一个有产者的地位。理查二世对自己的力量和国内形势作了致命的错误估计，在5月份开始进行谋划已久的远征，以保护英格兰国王在爱尔兰的权威。他离国后，政府由于没有军队的支持，陷入混乱不堪的境地，全国上下对他愤愤不满。亨利得到国王出国的消息，认为复仇的时机到了。当时海岸上没有军队守备。亨利毫不犹豫地采取了行动。7月份，他在约克郡登陆，声称他来英格兰只是为了恢复他作为德高望重的父亲的继承人之合法权利。他立即受到许多人的拥护，兰开斯特家族领地上的人们和以诺森伯兰伯爵为首的北方勋爵更加热烈的拥戴他。亨利叛军的前进路线同72年前伊莎拉和莫蒂默反叛爱德华二世时的路线完全一样。他从约克出发，在万民的欢呼声中进入布里斯托尔。正如当年伊莎贝拉在那里的城垛上绞死休·德斯潘塞一样，亨利也在那里剥夺了理查二世的大臣和代表（威尔特郡伯爵威廉·斯克罗普、布希和格林）的一切。

过了一段时间以后，亨利突然登陆以及随后迅速发生一切事件的消息才传到身在爱尔兰内地的理查二世那里。理查不顾风急浪险，赶忙回国。他于7月27日在英国登陆，兼程三个星期穿过北威尔士，企图聚集一支军队。途中的见闻使他确信，一切都完了。他经过惨淡经营建立起来的权力，像变魔术那样消失了。威尔士人愿意为他效忠，可是他们无法抵抗全英格兰力量的进逼。理查二世在弗林特城堡向亨利投降，交出了全部权力。他作为囚犯乘车驶过伦敦的街头，关进伦敦塔，被迫退位，看来难免一死。在拥有不可争议的继承权的英格兰国王中，最后一位国王在庞蒂弗拉克特城堡的吊闸之下永远消失了。亨利在教俗贵族和平民的支持下登上王位，称为亨利四世。他开拓了对中世纪的贵族构成致命威胁的历史时期。虽然亨利四世的家系使他有充分的权利登上王位，他的能力，尤其是他儿子的才能，加强了这些权利，但是，约克家族同莫蒂默家族有血缘关系，因而有更充分的继位权利。很久以后，就是这一权利问题引起了英格兰的玫瑰战争。

*　　　*　　　*

理查二世的性格和他在历史上的地位迄今仍是不解之谜。很明显，他在谋略和行动上都有超人的能力。他几乎从童年开始就经历过并多次战胜无尽艰难困苦和压迫，这是公认的事实。要理解他，大概应该以他的叔叔格洛斯特和上层贵族对他的伤害和残酷的行为作为主要线索。一些史学家认为，他不仅准备利用国会和法律上的伎俩来对付统治阶级，甚至也会利用当时和许多世代以来处于最底层的社会力量。长期以来，人民对他的这些意图一直津津乐道。数以百万计的不幸民众对理查二世满怀希望，而这些希望在几百年内是注定不能实现的。在亨利四世统治的整个时期，他们对理查二世的印象理想化了。不管正确与否，人们认为理查二世是为穷人和弱者的事业而献身的烈士。当局因此颁布了一些法令，甚至连传言理查二世仍然活着的人也将按严重叛国罪论处。

我们这些现代人无权剥夺理查在动荡不安的一生中的一线亮光。他时而做出惊人的错事，时而又迅速地恢复理智，这是毫无疑问的。他能够发挥超人的机智和耐心，也能干出傻子都懂得避免的蠢事。他同封建贵族进行了四次生死较量：1386 年，他初次败阵；1389 年，他取得胜利；1397 年至 1398 年，他达到权力的顶峰；1399 年，他彻底垮台了。

第二十四章　　CHAPTER 24

亨利·博林布罗克篡位

一切权力都落到亨利·博林布罗克[1]的手中，所有曾经冒险将他拥上王位的人协力保卫他的权力，也是保护自己的生命。拥护理查二世的人以罕见的顽强精神继续抵抗着。法国宫廷认为亨利四世是篡位者。只要理查二世活着，亨利四世根据血统关系拥有的继承权就是无效的。人们查了他的家系以后发现，即使理查二世死后，他也无权继承王位。不过他有其他权利。他本来想依靠自己的征服者权利，后来在贤士的忠告下放弃了这种想法。他在以理查二世的名义召集的教俗贵族和平民三级会议上受到拥戴，加上在血缘方面有一定的权利，他就有了执政的基础。这个基础虽然受到挑战，但却颇为雄厚，何况他有许多值得称道之处。史学家无不认为，他勇敢果断，精明能干，而且生性慈善。即位之初，他对失败的一方采取宽容的态度，以致政局受到影响。他在命运的剧变之中受益最深，推翻了理查二世，但对理查二世的追随者很少进行报复。在理查二世执政时期，他几乎是受各种压力逼迫的

1　即亨利四世，此为他即位前的称呼。——译者注

中心人物。他受到侮辱和恶意的对待，可是他不愿进行残酷的报复。在即位的时刻，他仍然是人们以前所熟知的那位勇敢的骑士，在胜利面前也极为谦逊，反对流血报复，坚持立宪思想，经常憧憬着将来能够作为一个十字军骑士结束自己的一生。然而，随着动乱局势的发展，他渐渐地不那么宽厚待人了，最终改变了仁慈的本性。

起初，亨利四世依靠国会的影响来弥补他在继承权方面的欠缺。他反对国王拥有绝对权威，主张国王应由选举产生，王权应受到限制。他成为一个主张法治的君主，既是出于本意，也是迫于形势。在他的加冕礼上，主持者说了一些激动人心的话。阿伦德尔大主教说："可敬的英格兰王国是世界富饶的地方，可是由于妇孺参政而凋敝不堪。现在，上帝派英明谨慎的人来掌理国政，他将在上帝的督促下，听从贤士和年高德劭者的指导。"

阿伦德尔大主教还说："王国的事务落在我们的肩上。"亨利四世将不是根据自己的意志"或主观愿望和个人意见行事，而是将遵从多数人的忠告和主张，并取得他们的同意"。这是一个显著的进步。国会本身并不是智慧和力量的源泉，它没有可靠的基础，有可能被解散，也可能被个人所左右。这个时期许多届国会都被加上表示某种特征或性质的称号，如"正当国会"（the Good Parliament）、"疯狂国会"（the Mad Parliament）和"无情国会"（the Merciless Parliament）。显要的贵族在权力之争中所下的赌注远远超过平民和一般贵族所能担当的风险。谁能保证贵族的某些胜利不会破坏人们所依靠的整个秩序呢？每次权力易手之后，胜者必然对败者进行残酷的报复。平民总是希望，贵族要是想自相残杀，那就听便吧。所以，平民在积极的活动中只肯提出意见，不愿作出决断。这样，政务上的重任就完全落在最上层统治阶级的肩上。

国会为了得到更广泛的保护，请求国王不要根据它的辩论情况或个别议员的意见判断任何问题，而应该等待国会作出集体的决定。它强烈主张"先提意见后拨款"的原则，亨利四世拒不接受，可是他经济紧张，实际上对此作了重大让步。在这个时期，国会的财政权力大大加强了。国会不仅用批准征税的方式提供金钱，而且开始监督支出，要求得到国家高级官员关于支出的报告。以前的任何一代国王都不会容忍这种情况，他们指责这是专横地侵犯王权。英国政治上的这些进步是兰开斯特家族统治的特点，当时这一家族必须利用社会舆论和宪法的权力来支持自己的继承权，因此政治上的进步是很自然的。在那个遥远的时代，国会似乎取得了权力，这种权力得而复失，直到 17 世纪才得到恢复。

国会里教俗两界的议员似乎不仅有权选择国王，甚至可以指定继承人。那些年代的历史也开创了许多先例，供斯图亚特王朝的律师仔细研究。但我们对当时国会的权力不可估计过高。亨利四世篡位、爱德华四世建立对立王朝、爱德华五世被他叔叔推翻，这些都是封建时代的暴力行动和反叛行为，它们还以法律装点门面。国会在这些变故中不是策划人，也不是有权力的中间人，它只是忧心忡忡的记录员，记下军事冲突和贵族之争的后果。选举也不自由，在 15 世纪，一个人或一个家族控制一个选区的现象同 18 世纪一样普遍。国会只是国内任何取胜一方的工具或橡皮图章。不过国会曾经宣布，王位应传给国王的长子，然后传给他的男性后代。这是亨利四世提议的，但也反映了国会的一些权力。这个决定打破了英格兰的常规，把长系女子的后代排除在继承人之外——它虽然没有正式废除女子后裔的继承权，可是长期以来的实际情况就是如此。

在一个半社会性、半宗教性的问题上，国王和国会取得了由衷的一致。罗拉德派[1]关于教会放弃一切世俗财产才能纯洁的说教没有博得全体教士的赞同，他们仍然愤怒而积极地坚持这一说教。罗拉德派的主张不仅在贫困的市民中深入人心，在低级的绅士中也是如此。它实际上是对教会和富有阶级的挑战。罗拉德派企图将俗界贵族争取到自己一边，向他们指出，教会的巨大财富可以为大陆战争提供现成的军费。但是贵族不听信这一主张，他们知道自己的财产并

1 Lollards，威克里夫激进改革派的下层教士。——译者注

不比教会财产更合法，便与教士合力保护自己的财产。许多法令严厉地打击罗拉德派。国王同国会取得完全一致的意见，他宣布自己将尽力打击异端邪说。1401 年公布了可怕的《镇压异端邪说者令》(*De Heretico Comburendo*)，它严令将故态复萌的异端派分子活活烧死，并令教会独定此刑，要求郡守坚决执行，不许任何人向国王上诉。于是正统教派和财产便紧密地联系在一起了。

*　　　*　　　*

国会成员认为，只有消灭已经失意的对立派，才无后顾之忧。他们对理查二世及其追随者恨之入骨。要不是发生了一些不测事件，亨利四世本来可以制止软弱的报复行为。他和宫廷中的大多数人由于吃了某种食物而突染重病，因而怀疑有人投毒。早已心怀不满的威尔士人在欧文·格伦道尔的带领下，立即起来拥护理查二世。当时的通信极为缓慢，以致一方的大军席卷而来时，另一方还不知道发生了什么事情。现在，轮到理查二世的人采取行动了。以前六名"弹劾派勋爵"中的五个人已经失势，他们和理查二世的支持者策划在温莎逮捕篡夺王位的亨利四世。亨利四世在神秘的疾病中复原之后，单骑冲过危险的道路，脱离了险境。全国已有几个地方发生武装暴动，镇压这些暴动的残酷程度在各届政府中实属罕见。一些地方的平民支持政府军，赛伦塞斯特的市民将拉姆利勋爵、肯特伯爵和罗拉德派分子索尔兹伯里伯爵斩首示众。这次阴谋没有得到真正的支持。亨利四世的仁慈并未缓和同他一起遇险的那些人的起诉活动。他们认为他对待叛乱和谋杀的企图软弱无力。因此不到一年，他几乎威望扫地。但我们应该知道，同他手下那些残忍的人相比，他要勇敢得多，也有力得多。

这次失败的暴动，或者说在理查二世下台后为他而进行的内战，对这位前国王有致命的影响。他本人是神圣不可侵犯的，他的继承人登基的一切仪式和立宪程序也不能剥夺他的这种权力。他关在庞蒂弗拉克特城堡的时候，受到许多追随者和被压迫民众的同情。当政者因此寝食不安。1400 年 2 月，理查二世的死讯公之于世。至于他是饿死，或者像当局所说的那样是因绝食而死，还是被人用直截了当的办法杀害的，这个问题至今还是个谜。庞蒂弗拉克特城堡的高墙掩盖了这些秘密。英格兰各地传说他越狱逃脱，躲藏起来，伺机把黎民带入幸福的怀抱。

这一切对亨利·博林布罗克很不利，他一再受到暗杀阴谋的威胁。威尔士人的骚乱发展成全民族的暴动。受过良好教育的欧文·格伦道尔是个才华出众的人，他进行的战争在1409年以前对英国政局产生了重要的影响。亨利四世还被迫不断同苏格兰人作战。据说，这些麻烦的事情困扰他六年之后，他的仁慈天性消失殆尽。他向支持者和国会的报复情绪作了让步，这是很自然的。

亨利四世同珀西家族的冲突是最严重的一次冲突。诺森伯兰伯爵和他易怒的儿子霍茨珀为了保卫英格兰已经同苏格兰人战斗了将近三年，他们在此期间没有得到援助，几乎全靠自己的财产支付战争费用——并且同时还为国王固守着北威尔士的重要地区。他们再也支持不住这些沉重的负担了，要求和国王清算一下账目。诺森伯兰伯爵提出了六万英镑的账单，可是国王在经济上捉襟见肘，只能偿还四万英镑。这个问题有复杂的背景。珀西家族为亨利四世登上王位发挥了重要作用。但是，霍茨珀的姻亲埃德蒙·莫蒂默参加了格伦道尔的叛乱，使整个珀西家族受到怀疑。他们有一支独立的强大军队。看来，一场冲突势所难免。霍茨珀举起了反叛的旗帜。1403年7月21日，亨利四世在什鲁斯伯里的一场小规模激战中打败了他，将他杀死。老伯爵赶来援救，也被迫投降，得到无条件赦免。国会勉强地免除了他的逆君罪和叛乱罪，只宣布他有冒犯之罪。毫无疑问，这种宽容是出于保卫边界的需要。为了抵御苏格兰人的进攻，英格兰舍此别无良策。于是诺森伯兰伯爵担负起这个使命，并因此巩固了他在军内的统帅地位。

诺森伯兰伯爵对儿子之死耿耿于怀，两年以后，他又发动了叛乱。这次叛乱的影响更加深远。约克的大主教斯克罗普和诺丁汉伯爵托马斯·莫布雷是他的主要同谋者。叛乱的纲领是进行改革，避开了一切个人问题。亨利四世再次北进，又取得了胜利。诺森伯兰被赶到苏格兰，不过对英格兰仍构成多年的威胁。斯克罗普和莫布雷落入国王官员的手中，尽管坎特伯雷大主教请求赦免他们，亨利四世还是在简单的审判之后决定将他们砍头。处决斯克罗普在全国各地引起了震惊，许多人把这次处决与杀害托马斯·贝克特相提并论。同时，国王的身体垮了下来。据说他得了麻风病，这是上帝发怒的结果。这个诊断至少是不准确的，他所患的疾病是有损外貌的皮肤感染。还有心脏病，主要症状是一阵阵昏厥。他在体力方面已是无用之人。从此，他的统治成为一场生死存亡的斗争。

亨利四世在这种境况中竟然打胜了威尔士战争，把欧文·格伦道尔赶回山里。但国会利用国王的困难进行要挟，亨利四世只有投降才是安全之策。他把自己的权力交给国会，只剩下现代君主在宪法上的虚位。国会紧紧地逼迫他，使用的各种办法深深地刺痛了他的心。外籍人必须统统驱逐出境，连王后的两个已婚女儿也不能例外；国王必须重新任命政务会成员，其中应包括国会领袖；政府的支出账目必须经国会检查；国王的内廷人员也经过粗暴的清洗和改组；新的政务会要求掌握更大的权力；国王保证根据政务会的意见实行统治。作出这些让步之后，亨利四世成了一个最弱的国王，不过他因此也把自己无法担负的使命转嫁他人。这些人必须拼命苦干，招来的却是怨恨，而且越来越不受信任。

*　　　　*　　　　*

政治舞台上出现了一位新的人物。亨利四世的长子威尔士亲王[1]早已表现出非凡的力量和本领。他在什鲁斯伯里身先士卒地冲向霍茨珀，在威尔士

1　Prince of Wales，英国王储的同义词。1301年英格兰吞并威尔士后，英王将这个头衔赐予自己的长子。从此以后，给国王的男性继承人冠以“威尔士亲王”的头衔逐渐相沿成习。——编者注

也取得了胜利。直到打败格伦道尔之后，威尔士亲王才能放手地参与较大的政治阴谋。由于父王御体不佳，他全面地过问国政。他接受了父王的一切职责，并想进一步扩大权力。他的三位表叔博福特兄弟是他的主要追随者，他们怂恿他从软弱无力的病人手中夺过统治大权，于是他带着一批人要求国王让位。亨利·博林布罗克尽管已是日薄西山，却怒气冲天地拒绝了这个要求。1411 年，亨利父子在威斯敏斯特进行了激烈的斗争。国王的党羽在数量上占着优势，态度也更坚决，威尔士亲王碰了一鼻子灰。他被国王从主持政务会的地位赶下台，退居幕后，同党也都丢官罢职。他的政敌甚至指控他贪污加来驻军的军饷，这个罪名他倒是洗清了。可以肯定，垂死的国王在痉挛中继续紧握政权，统治无方和老朽衰弱的状况持续了一段时间。1412 年，国王已经步履维艰，甚至不能骑马，可是政务会经过百般努力才说服他放弃率军亲征阿基坦的念头。他挨过了那个冬天，常说要进行一次十字军东征，并在翌年 2 月召开了国会，但已经无力插手会议了。3 月份，他在威斯敏斯特大教堂祈祷时陷入长时间的昏厥状态，醒来不久，便在耶路撒冷厅[1]结束了生命的旅程，那是 1413 年 3 月 20 日的事情。

亨利四世的生活和统治使我们再次看到，野心带来的常常是一场黄粱美梦。假如它能够实现，还将带来沉重的负担。他要报仇，要维护一个事业，起初并不敢奢望戴上王冠，最后却为此孤注一掷。戴上王冠以后，他觉得它并不美妙，在肉体上和精神上都不胜负担。胜利给他带来了忧虑和痛苦。我们并不能因此而得出结论说，他的行动是没有原因、没有理由的，也不能说他没有得到全国的支持。他死后，被伟大的历史舞台所塑造的、一个对权力渴望已久的新人物，毫无争议地登上了英格兰的王位，不久几乎统治了整个西欧基督教世界。

1 Jerusalem Chamber，威斯敏斯特大教堂内的教长住所，据说由于厅内挂着展现耶路撒冷历史的壁毯而得名。——译者注

第二十五章 CHAPTER 25

亨利五世的帝国

一道闪光划破了多事的中世纪英格兰的夜空。亨利五世 26 岁时成为英格兰国王。他和亨利四世不同，对自己的王冠觉得称心如意。他在军营和政务会中度过了弱冠之年，并且在父亲患病期间断断续续地掌理英格兰国政达五六年之久。有人说，他在少年时期比较放纵，担负起君主的重任之后，突然检点言行，变得庄重起来。这种浪漫的说法不可深信。“他年轻时沉湎于声色犬马之中，迷恋于丝竹管弦之乐，被维纳斯的情火烧得神魂颠倒。”这很可能是事实。不过，即使他确实这样恣意作乐，那也只是一时的消遣，因为他从少年时代开始就一直参与重大的事务。

在动荡不安的英格兰王国，国王久病不愈，各派互相倾轧，社会上和精神上的不安定因素异常强烈，亨利五世因此一度成为众目所瞩的救星。人们历来认为，根据当时的标准，他是一位十全十美的国王。据说，他有椭圆形的脸庞，鼻子又直又长，皮肤红润，头发乌亮，双目有神，平时温柔得像鸽子，愤怒时暴躁如雄狮；他身材颀长匀称，强壮而灵活；为人正派耿直，大有骑士之风。当英格兰厌倦于家族倾轧和内部纷争而向往统一和荣耀之时，他登上了王位，带领全国从内部倾轧转向对外征服。他憧憬着带领整个西欧获得十字军的崇高荣耀，这种前景大概也有实现的可能。政务会和国会突然热衷于对法国宣战，它们照当时英格兰常见的做法，用反话把这个动机掩盖起来。它们说，政务会成员和国会议员们深深懂得“国王企求的一切都是为了上帝的荣光，他尽力不使基督徒流血牺牲。如果国王发动战争，是为了恢复他的权利，而不是由于他一意孤行”。1414年国会一召开，博福特主教就做了“为真理奋斗终生”的布道。他告诫众人说：“让我们在有生之年为所有的人谋福利吧。”据当时的理解，这句话的意思是加速侵略法国。

下议院答应拨款，准备对法作战。国王方面则宣布，任何法令须经下议院同意才能通过。举国上下实现了和解，国王宣布大赦，企图减轻过去的创伤。他还同苏格兰人谈判，使霍茨珀的儿子获得自由，并恢复他的诺森伯兰伯爵地位。他把理查二世的尸骨，或者据说是理查的尸骨，运到伦敦，在威斯敏斯特大教堂重新下葬，葬礼极其庄严隆重。在他出征的前夜发生了一场叛乱，结果被镇压下去了。从种种迹象来看，这次平定叛乱可谓轻而易举，而且得到全国的拥护，只有极少数人被处以死刑。他赦免了他的表弟、年轻的威尔士边界伯爵埃德蒙·莫蒂默，后者曾被拥立为王，与亨利五世对峙。后来通过莫蒂默的家族，发生了许多残酷的事件。

1414年，亨利五世专心一意地在海上和陆地上进行了整整一年的备战工作。他重新组织了舰队，没有沿袭那种主要依靠夺取海盗的船只加以改装的传统做法，而是像阿尔弗雷德那样，为皇家海军建造了许多舰只。他至少拥有六艘“大船”（great ships）和大约1500艘僚艇。这次的远征军经过了精心挑选和严格训练。军中有6000名弓箭兵，他们虽然由于使用长弓而被迫主要依靠徒步作战，但仍有一半人骑马。此外还有2500名身穿铠甲的贵族、骑士或强壮的武士，每人有两三个随从。这些弓箭兵和铠甲武士是军中的主力。

1407年，愚蠢的法王查理六世宫中举足轻重的人物奥尔良公爵路易，被勃艮第公爵派人杀害，法国两派对立势力的斗争因此变得更加激烈，简直达到你死我活的程度。由于这种斗争，英格兰前国王在世时面临的外国威胁相对减轻，使他在统治末年稍得安宁。亨利五世继位时，奥尔良人在法国取得优势，打起国王的军旗讨伐勃艮第公爵。亨利五世自然站在力量较弱的勃艮第人一边，勃艮第人在困境中表示愿意承认他为法兰西国王。当他率领英格兰军队渡过英吉利海峡，以便对威廉公爵远征英格兰一事进行报复时，他渴望得到相当一部分法国人的支持。1415 年 8 月 11 日，大约一万英格兰军队乘坐一艘艘小船驶向法国，在塞纳河口未遇任何抵抗就登陆了。阿夫勒尔被英军围困，于 9 月中旬陷落。亨利五世英勇无敌：

> 好朋友们，再接再厉，向缺口冲去吧！冲不进，就拿咱们英国人的尸体去堵住这座城墙！[1]

他以这样的情绪邀请法国皇太子同他单独决斗以结束战争，但遭到了拒绝。消耗重大的攻城战和疾病使英军不断减员，这在军中已经引起恐惧。法国的主力军开始参战后，英军的“军事会议”（Council of War）于 10 月 5 日建议由海路撤军回国。

然而，亨利五世留下一支军队驻守阿夫勒尔，将几千名伤病员遣送回国。他决心率领约 1000 名骑士和重甲骑兵，以及 4000 名弓箭手穿过法国海岸，经过 100 英里行军到达他的加来要塞。英格兰舰队应在那里等待他。这一决定的具体安排说明，亨利五世的目的是要引诱法国人进行决战。这个希望没有落空。他率军经过费康和迪耶普，企图在布朗什塔格渡口渡过索姆河，他的曾祖父在克雷西战役之前曾经在此渡河。他接到错误的情报说，在布朗什塔格过河会受到阻击，于是便赶到阿布维尔。可是那里的桥已被毁掉，他只

1　莎士比亚剧本《亨利五世》第三幕第一场。——译者注

好沿索姆河而上，通过博沃和科尔比到达亚眠以东的地方，在贝当库尔的渡口过河。在我们这个时代，人们对这些地名是比较熟悉的。10月20日，他在佩罗讷扎下营盘。此时他已深入法国境内，该轮到法国皇太子主动提出像骑士那样进行残酷的战斗了。为了双方的便利起见，法国传令官来到英军营帐，询问英王陛下将选择哪条路线前进。亨利五世回答说："我们的目标是直奔加来。"这个回答对法国人没有多大用处，因为英王亨利五世别无选择。早已开始插入英军和加来之间的法国军队向右一转，从英军面前穿过，赶在英军前卫之前守住了康什河。亨利五世正在沿阿尔贝、弗雷旺和布朗吉一线前进，听说敌人已经赶到他的前面，兵力显然也比他多。他必须杀出一条血路，否则就要灭亡或者投降。他的军官沃尔特·亨格福德爵士对"他们不能添上一万个今天在英格兰闲着的人"这一事实哀叹不已。亨利五世用一番话反驳这名军官，使他恢复了信心。莎士比亚把这番话写了下来，使之成为千古名句：

> 要是我们注定该战死在疆场上，那我们替祖国招来的损失也够大了；要是我们能够生还，那么人越少，光荣就越大。[1]

他实际上说的是："我们这一点人难道就不能挫败傲慢的法国人吗？"那天夜晚，他和"这一点人"在海松赛村过夜，他们绝对保持肃静并严守纪律。法国人的司令部设在阿让库尔，据说他们整夜狂欢，掷骰子推测他们将会抓住多少俘虏。

英国人的克雷西大捷靠的是以少胜多，以守待攻；普瓦捷大捷是靠反攻赢得的；阿让库尔战役是英格兰在陆地上进行的最英勇壮烈的一场战斗，它是英国人一次猛烈的进攻战。据估计，法军约有两万人，列成三条阵线，其

1 引自朱生豪译莎士比亚所著的《亨利五世》第四幕第三场。——译者注

中一部分人骑马。他们有理由充满信心，等待敌人进攻。他们敌人的数量还不及他们的三分之一，远离祖国，远离海滨，不打胜仗就是死路一条。亨利五世国王骑着一匹小灰马，头盔上戴着珠光闪耀的王冠，铠甲上穿着有豹子和百合花图案的外衣。他也命令自己的军队摆开阵势，弓箭兵组成了六个楔形阵，每个阵都有重甲骑兵掩护。在战斗前的最后一刻，亨利五世企图避免这样一场殊死搏斗，传令官穿梭般地往返了一阵子。他提出归还阿夫勒尔城和所有俘虏，以换取通往加来的通道。法国皇太子回答说，他必须放弃对法国王位的要求。亨利五世得到这个回答后，决心冒险一战。英格兰全军，甚至包括国王本人，都跳下马来，将马匹送到队后。在圣克里斯平节[1]，即10月25日，上午11点钟刚过，亨利五世下达了命令："以上帝和圣乔治的名义，神圣的战旗你冲吧，圣乔治在这良辰佳节将帮助你。"弓箭手们吻了吻土地，表示顺从上帝，然后呐喊道："杀呀！杀呀！圣乔治和可爱的英格兰！"他们前进到离密密麻麻的敌人不到300码的地方，埋下尖桩，射出羽箭。

法军密集的队伍拥挤不堪，他们列成三条阵线，石弩和大炮都不能有效地射击。他们在箭雨中冲下山坡，在刚刚翻过而已经踏得泥泞不堪的田地里艰难地前进。他们以30列横队向前冲击，以为必定能突破英军的阵线。但是，英军的长弓又一次摧毁了面前的一切，敌方的人马纷纷倒下，死伤的铠甲武士横七竖八地堆叠着。法军的后继部队勇敢地企图在这人堆上面冲过去，结果也是枉然。在这个重要的时刻，弓箭兵扔下大弓，抽出刀剑，向混乱的敌军骑兵和步兵猛扑过去。这时，阿朗松公爵率领法军的第二梯队冲上来，短兵相接的激战开始了。这位法国王子亲手砍倒了格洛斯特公爵汉弗莱，亨利五世上前援救他的弟弟，也受到沉重的一击，被打倒在地。尽管法军人数众多，阿朗松还是被杀死了。法军的第二梯队被英国骑士和他们的随

1　St. Crispin's Day，基督教一个有宗教意义的日子，源于基督教圣徒圣克利斯品、圣克利斯毕这对兄弟被杀害。——编者注

从在肉搏战中打败，像第一梯队那样溃退下去，许多未受伤的人和更多的伤员落入英军手中。

就在此时，一段可怕的插曲发生了。完整无损的法军第三梯队从全线进攻上来，而英军已经乱了队形。一直在英军阵后徘徊的法国随军人员和农民乘机冲入军营大肆抢劫，抢走了英王的王冠、全部服装和国玺。英王见背后受到攻击，而前面精良的敌军尚未打败，便发出了杀害俘虏的可怕命令。于是法国贵族的精华被消灭了，他们当中的许多人本来以为，只要交一笔赎金便可安然获释，结果只有一些最显赫的人物保全了性命。这种疯狂的行为在这残酷的时刻起到了防御作用，不过也并非必要之举。背后的危机旋即解除，可是法国的贵族俘虏已被杀得所剩无几了。法军的第三梯队溃退下去，已经无心再战。亨利五世在黎明时曾经宣布，“英格兰永远不会由于今天的战斗为我交纳赎金”[1]，此时他看到，通往加来的道路已经打通了。他的战果并不止这些，他在正面战斗中以不到 1∶3 的劣势，彻底打败了法国的骑士武装。不到三个小时，他就把法军阵亡者的尸体和法兰西国王的意志力踩在脚下。

亨利五世在查问附近的城堡叫什么名字时，下令根据它的名字将这次战斗命名为“阿让库尔战役”，然后向加来进发。他缺少军粮，可是对法国人重新组织起来的、仍然比他强大的军队毫不在意。他离开英格兰不到五个月，在所有欧洲国家的注视下，以辉煌的战绩打败了法国军队，胜利返回伦敦。这次胜利不管怎样衡量，均可谓举世无双。他骑马昂然走过伦敦的街头，带着战利品和俘虏让欢欣鼓舞的人们观看。他本人身着朴素的衣服，并不让满怀敬意的人群看到他被打坏的头盔和砍弯的宝剑，“免得他们忘记，这次胜利只是上帝的功绩”。阿让库尔战役的胜利使他成为欧洲首屈一指的英雄。

1416 年，神圣罗马帝国皇帝西格斯蒙德[2]访问伦敦。为了实现和平，他

1 引自 C.L. 金斯福德所编《伦敦编年史》（*Chronicles of London*）第 119 页。——原注

2 Sigismund（1368—1437），也译西吉斯蒙德，卢森堡王朝的神圣罗马帝国皇帝（1433—1437 年在位），同时还是匈牙利和克罗地亚国王（1387—1437 年在位）及波希米亚国王（1420—1437 年在位）。——编者注

承认亨利五世为法兰西国王。但是，随后又发生了一些旷日持久、代价巨大的战役和攻城略地的活动，使英格兰感到财力不支，因此她的军事狂热才渐渐冷却下来。1417 年，一支更大的远征军跨过英吉利海峡。经过长期的猛烈攻打，他们拿下了卡昂。在以后的几年里，法国人在诺曼底的所有堡垒相继陷落。勃艮第人在巴黎进行骇人听闻的大屠杀之后，皇太子那些鲁莽的支持者于 1419 年在蒙特罗杀害了勃艮第公爵。这次暗杀活动导致了勃艮第和英国的彻底联合。奥尔良人主宰的法国在整个战争中已遭惨败。1420 年 5 月，查理六世根据《特鲁瓦条约》[1] 承认亨利五世为他的摄政王，并答应在他死后由亨利五世继承法兰西王位。英王亨利五世则同意在一个由法国人组成的委员会帮助下实行统治，并将遵守一切古老的传统。他将拥有诺曼底的全部主权，当他继承法国王位时，诺曼底和法国将统一起来。他得到“英格兰国王兼法国王储”（King of England and Heir of France）的称号。为了实现并巩固上述权利，他同查理六世的女儿、标致的凯瑟琳公主结了婚。凯瑟琳为他生了一个儿子，这个儿子后来在统治英国时给英国人带来了痛苦。

兰克写道：“亨利五世此时的地位非常重要。英法两个伟大的王国已在不同的时间里对世界产生了重要的影响，在他和后来者的统治下永远保持联合（不过并没有合并）。……由于血缘关系和对敌人的共同仇恨，勃艮第同他保持紧密的联系。”[2] 亨利五世说服那不勒斯女王约翰娜收他最大的弟弟为养子和继承人。卡斯蒂尔国王和葡萄牙的王位继承人是他两个姑母的后代。他死后不久，他的小弟弟格洛斯特公爵汉弗莱同主宰荷兰、埃诺和其他地区的杰奎琳结了婚。“根据家谱，南欧和西欧各国君主都出自兰开斯特家族，因此这个家族的族长似乎就是上述各国的共同君主。”看来只要对不断进逼的奥斯曼帝国发动一场圣战（这是一个崇高神圣的共同事业），就可以建立一种关

1　*Treaty of Troyes*，根据该条约，亨利五世成为法国国王查理六世的继承人。但他于 1422 年去世，法国王位继承权留给了儿子亨利六世。——编者注

2　引自《英国史》（*History of England*）第 1 卷第 84 页。——原注

系，使整个欧洲在一个英国人的统治下统一起来，这种统一至少可以维持一个时期。后来英法争端再起，使本来可以用于保护基督教世界不受土耳其人威胁的强大军事力量无谓地消耗掉了。

亨利五世在欧洲大陆的活动是不列颠岛从未作过的大胆尝试。他绝不是抱着某个阶级的利益越过社会和领土界线的老式封建君主，而是完全从全民族的角度去看待问题的。他是在前线用英语给国内写信的第一位英国国王，他的胜利是靠英格兰民族的军队取得的，他的政策得到了代表英格兰人民的国会的支持。说它代表英格兰人民，是因为乡绅和城市的新兴中产阶级在普通律师的帮助下，在那么早的年代使英国国会具有法国和卡斯蒂尔的国会所没有的特点和命运。亨利五世和他的国家一起屹立于世界民族之林的顶峰，他本人受到了人类所能享受的最高荣誉。斯塔布斯[1]写道：

> 没有哪位君主在当代作家的笔下受到如此一致的赞扬，他虔诚、寡欲、温和、慷慨、谨慎、伟大、仁慈、诚实、正直；“他言语谨慎，深谋远虑，料事精明，朴实无华，豁达大度”；他是一名杰出的军人和优秀的外交家，能够组织和巩固自己手下的全部军队；他重建了英国海军，为我们创立了军事法、国际法和海洋法。他是一位真正的英国人，具有他的金雀花王族祖先的一切伟大特点，而没有他们那些突出的弱点。

他有时候也残酷无情，但编年史家们却喜欢渲染他的宽宏大量，说他一生奉行体贴待人的原则。他在国家事务中鄙弃躲躲闪闪、含糊其词的态度，他作出的决定总是“不行”或者“可以”。迄今为止，他是最受各阶级爱戴的一位英格兰国王。在他的统治下，英国军队取得了以后几百年内所未有的优势。

1 William Stubbs（1825—1901），英国历史学家。——译者注

*　　　*　　　*

荣誉历来要付出重大的代价。亨利五世的堂堂大帝国是华而不实的。当年亨利二世破灭的希望，他的继承人也同样无法实现。亨利五世重新提出英国人对法国王位的要求，这就开始了英国中世纪史上最惨的一幕悲剧。阿让库尔战役是一次辉煌的胜利，但这次战役之后所进行的耗费巨大而没有价值的战役完全抵消了它在军事上和精神上的意义，后来一个灾难性的世纪使亨利五世的赫赫战功黯然失色了。

在英格兰取得这些辉煌胜利的年代里，也有不幸的阴暗面。如果说亨利五世带领全国同心协力地对付法国，那么他也是这样对待"罗拉德派"的。可以看出，"罗拉德派"不仅被视为异端派，也被看作我们现在所说的基督教共产主义者。他们将著名的武士约翰·奥尔德卡斯尔当作自己的领袖，扬言要进行信仰和财产方面的革命。在那个虔诚而又轻信的时代，国内公众的仇恨都发泄到他们身上。非常可怕的是，他们竟然说，作弥撒时的圣饼变了味，"还不如癞蛤蟆或蜘蛛"。他们主张剥夺教会的财产，因而受到更强烈的仇视。其中的殉道者的忠贞不渝也没有缓和公众的怒气。早在1410年，出现了一个奇怪而可怕的场面。当时身为威尔士亲王的亨利，在处决伍斯特郡的裁缝约翰·巴德比时亲临刑场。亨利对巴德比说，如果他宣布放弃自己的主张，就可以获得赦免。巴德比拒绝了这个建议。于是，干柴便立刻被点燃了。巴德比可怜的呻吟声使亲王产生了一线希望，以为他还有可能幡然悔悟。亲王下令扑灭柴火，再次给受刑者以生存、自由的希望，并用津贴诱惑他，条件是他放弃自己的主张。这个裁缝的态度坚定不移，他叫他们随便动刑，结果被烧成灰烬。在场的人对亲王的仁慈和裁缝的坚定宗教信仰莫不惊叹不已。奥尔德卡斯尔在1414年发动了一次无力的暴动，然后逃到赫里福德郡的山区，结果被抓获，也遭受极刑。这些可怕的问题缠住那个时代的所有人，身为世界之王的亨利五世也不过是那个时代的一名奴隶。这种退步发生在他的身边和他所处的时代，他个人的高尚和勇敢精神虽然不可磨灭，却因此失去了一些光彩。

命运女神把可以梦想的一切都给了亨利五世国王，但她不愿冒险让他长寿。1422 年 8 月底，处于权力和荣誉顶峰的亨利五世在战场上染病而死，可能是患痢疾，当时对此病尚无特效药。他临终时接受圣礼并聆听忏悔诗。当他听到“为你建起耶路撒冷城墙”时，他说：“仁慈的主啊，你知道，我的目标一直是重筑耶路撒冷的城墙，现在仍然想实现这个理想，如果我还能活着的话。”这是他临死前的想法。他还没有完成自己的事业就去世了。他生前又一次把英国拖入了争夺法国王位的残酷战争。他是宗教界和社会上迫害“罗拉德派”的工具。假如他的寿命像一般人那样长，他的权力可能会服从他的美德，给世间带来人类经常求之不得的和睦和宽容的精神。但是，死神挥起他的大镰刀，将这种美好的前景一刀断送了。杰出的国王不幸早逝，在万众举哀中下葬了，王位传给他刚刚九个月的儿子。

第二十六章 CHAPTER 26

圣女贞德

一个婴儿当上了英国国王，过了两个月查理六世去世，他又毫无异议地成为法国国王。他的叔叔贝德福德和格洛斯特成为护国公，他们和各个最强大家族的族长组成的政务会共同设法继续亨利五世的事业。这位英雄的儿子享受着特殊神圣的尊严，他的摇篮闪烁着阿让库尔大捷的荣光。为了使小国王受到良好的教育并得到健康的发展，经过精心挑选的保姆、教师和不久以后的贵族监护人受权在必要时对他进行“合理的惩罚”。不过这种手段是多余的，因为小国王生性温和、善良、正直而又仁慈。他虔诚得无法形容，并且喜欢狩猎和文学，这些爱好后来使他在耻辱而可怕的漫长一生中有所慰藉和寄托。他从父亲身上继承了兰开斯特家族的虚弱体质，从母亲身上继承了查理六世的薄弱意志，因此他身心脆弱。他判断问题不甚明了，摇摆不定，对朋友过度慷慨，对敌人缺乏谋略。他过分心慈手软，据说他甚至主张不杀普通盗窃犯和杀人犯，可是他对处决许多政治犯的残忍行为被迫采取容忍的态度。他像羽毛球一样，在对立的派系之间飞来飞去，像木偶一样掌理国政，对英国社会和力量的不断衰落束手无策。他在激战场所的外围茫然徘徊，曾经三次被俘。他时而以国王的威仪出现在国会、军队或民众的面前，时而在嘲笑声中走过街头，时而身陷囹圄，时而弃家逃难、四处躲藏、被人追捕、饥寒交迫，还常常由于陷入半傻或完全白痴的状态而备受苦楚。他在人世的极度痛苦中整整忍受了五十来年，直到杀人凶手将他送到另一个世界。他相信，那个世界会好得多，不可能比人世更坏。尽管他昏庸无能，并因此给英国带来了灾难，但英国人民看到了他那颗善良的心，公正地把他视为圣人。他们对他的爱戴之情始终不渝，在全国许多地区，只要兰开斯特家族得到坚决的支持，他就被奉为圣人和殉道者。

* * *

伟大的亨利五世去世的时候，英国已经在法国取得军事优势。他的弟弟、贝德福德公爵约翰去法国担任摄政王和总司令，此人是一个有军事才能的继承人。英国同勃艮第的联盟仍然存在，这使它赢得了巴黎的忠诚和支持。1422 年 10 月，曾经签署《特鲁瓦条约》的法国国王逝世了，英国的幼主登上了法国王位，但是他的继位权利受到了严重的挑战。在卢瓦尔河以南（加斯科涅当然除外），法国皇太子实行着统治，而且即将加冕为王。英法战争仍在激烈进行，没有什么能够抵挡住英国弓箭手的攻击。多次的围困战和抢劫使乡村无限萧条冷落。1423 年，苏格兰人和法国人在巴肯伯爵的率领下，在博热打败了英国人，但英国人也取得了三次重大的胜利。1423 年 8 月，法国人在克拉旺得到一支强大的苏格兰军队的支援。这些苏格兰人斗志旺盛，他们对英国人的仇恨超出了一般的宿怨。英格兰弓箭兵在勃艮第盟军的援助下，将他们大部分射倒在地。一年以后，这幕悲剧又在韦纳伊重演了。巴肯在博热战役之后被任命为法军统帅，他劝说他岳丈道格拉斯伯爵再带一支苏格兰生力军前来法国，并且请他亲自担任统帅。法国人取得一些胜利之后，想退守卢瓦尔河。可是苏格兰统帅道格拉斯带领的 5000 名苏格兰人怒不可遏，他们非要打仗不可，结果在箭雨面前几乎全军覆没。道格拉斯、巴肯和其他苏格兰酋长在战场上倒了下去，他们的士兵伤亡如此惨重，以致在这些战争中再也无法组织单独的苏格兰军队了。

在国内未能拨来军费而被蹂躏的地区又无粮可筹的情况下，英国人企图以贵族武士率领的几千名弓箭兵征服法国的辽阔领土。在韦纳伊战役胜利之后，他们的这种愿望就变得更加强烈了。

法国人似乎无法对付这些粗犷、贪婪和狂暴的英国人。他们使用弓箭，战术灵活，胆大无耻。他们生来就能取得大大小小的胜利，不管环境如何，也不管敌人多到什么程度。甚至五年以后在1429年2月的“鲱鱼战役”[1]中，法国人以6∶1的人数优势作战，结果还是被约翰·法尔斯塔夫爵士打败了。有400辆车向前线运送英国军队在四旬斋期间必不可少的鲱鱼，途中受到突然袭击。押运的部队将车辆布成车阵，弓箭手站在两车之间或车上，从马尔博罗、腓特烈大帝和拿破仑的滑膛枪射程以外的地方粉碎了敌人的进攻。但是，不久将成为法王查理七世的法国皇太子代表着法国。

在法国各地，甚至在被征服的省份，崇高的民族精神不仅激励着上层阶级，而且也鼓舞着下层阶级以上的所有人，而皇太子则是这种民族精神的体现者。

贝德福德在法国期间，格洛斯特公爵独自成为英国年幼国王的护国公，他的奢望和贪欲在英国和勃艮第之间打下了一根楔子。埃诺、荷兰和泽兰的继承人杰奎琳公主是个气概不凡的女人。为了勃艮第的政治需要，她在青春妙龄时被嫁给了15岁的丑八怪、身体羸弱的布拉班特公爵。她起来反抗这个不幸的命运，到英国避难，请求格洛斯特给予保护。格洛斯特给予她绝对保护，决心娶她为妻，以便得到她终身为伴的温暖和她的继承权。并非按照

1 Battle of the Herrings，法军试图阻止并掠夺一队输往英军的补给，补给包括约300车的十字弓、加农炮、炮弹，以及数桶鲱鱼。此战役因为这些鱼而得名。——编者注

教规选定的教皇本尼狄克十三世[1]批准杰奎琳离婚。1423 年初，杰奎琳便和格洛斯特结婚。这件引起非议的风流韵事深深地得罪了勃艮第公爵，因为他在低地国家的重要利益受到了损害。勃艮第的腓力公爵怀着仇恨的心情看待世界。他对杀害他父亲的可恶敌人满怀怒气，与法国皇太子成为不共戴天的仇敌。格洛斯特的上述行动消除了他对法国皇太子的敌意。格洛斯特在公文中指责他不诚实，并和杰奎琳带着数量可观的军队进入埃诺和荷兰，腓力公爵和英国人在利益上的一致性因此受到严重的破坏。尽管身在法国的贝德福德和国内的政务会都坚决谴责格洛斯特的行动，并且作出很大努力来弥补这个行动所造成的损害；尽管教皇经腓力公爵劝说，迟迟不采取必要的步骤来解除杰奎琳同布拉班特公爵的夫妻关系，然而英国和勃艮第的关系还是由于这个事件而破裂了。在这几年里，布列塔尼公爵也疏远英格兰，重视法王的呼吁和建议。根据 1425 年 10 月的《索米尔条约》(*Treaty of Saumur*)，他获得对英作战的最高指挥权。他指挥法军的时候双方不分胜负，但英国的反法联盟却削弱了，疲于战祸的法国有了短暂的一线希望。可是法国皇太子的弱点、法国君主力量的枯竭以及法兰西王国的混乱和苦难达到了极限，因此胜负尚难决定。

*　　*　　*

这时，惨遭蹂躏的土地上出现了拯救众人的天使、法国最高尚的爱国者、最杰出的英雄、最敬爱的圣人和最激动人心的人物，她就是永放光辉的农家女贞德[2]。她曾在孚日森林边缘栋雷米村的小客店里劳动，经常骑着客人

1 Benedict XIII（约 1328—1423），一位敌对教皇（1394—1423 年在位）。在教会大分裂时期，驻阿维尼翁，与罗马教皇对立。——编者注

2 Joan of Arc，即圣女贞德，法国军事家，天主教圣人，法国人民心中的自由女神，也是历史上唯一能在 17 岁时就指挥国家大军的少女。她被勃艮第公国所俘，被英格兰人以重金购去，被控为异端和女巫，并被判处火刑，牺牲时年仅 19 岁。——编者注

的无鞍马匹去河边。星期日她常常在森林里漫步，那里有许多圣骨，那里的人们还传说，有朝一日，从那些橡树林里将走出法国的救世主。她在地里放羊时，产生了幻觉，上帝的圣徒出现在她的面前，他们为法国的命运感到悲伤。圣迈克尔指示她以神圣的权力去指挥救国大军。起初，贞德在这个艰巨的使命面前退缩了，后来当圣迈克尔在本村教会的守护神圣玛格丽特和圣凯瑟琳的陪同下再次出现时，她服从了这一命令。这个少女满怀忧国之情，这种感情是崇高的，可能比较神奇，但无疑是不可战胜的。

同穆罕默德一样，她受到家庭的最大阻挠。她的父亲听说她竟然想女扮男装驰骋于粗鲁的士兵之间，不禁勃然大怒。她怎能弄到战马和盔甲呢？又怎能见到国王呢？圣人们一定感到必须帮助她解决这些问题。她说服了附近小镇的镇长博德里古，使他相信她受了神的启示。镇长介绍她去拜谒已经陷入绝望的宫廷。她经过艰难的旅行，在希农被带到国王驻跸的、用石头砌成的大厦里。在大厅里，国王有意同朝臣混在一起，但贞德借着火炬的亮光一下子就认出了他。她说："最高贵的皇太子殿下，我是村女贞德，上帝派我来援助您和法兰西王国；根据上帝的命令，我宣布，您将在兰斯加冕登基。"有人诽谤皇太子查理，说他是私生子，查理常常为此而苦恼，所以当贞德把他从朝臣中认出来时，他非常感动。贞德同皇太子单独谈论国家的机密大事，这些事情不是圣人告诉她的，就是其他高级权威人士透露的。她要求得到一把古剑，虽然她从来没有见过这把剑，却能说出它的特征，国王身边的人为此感到惊讶不已。当他们把穿着戎装的贞德放上马背时，发现她竟能骑马。她端起长矛时，在场的人无不感到高兴。

假如策略在此以前未起作用，那么它现在开始发挥作用了。贞德的神奇使命传到了国外。为了确定她是上帝派遣的人，由神学家组成的一个委员会、普瓦捷议会和整个政务会对她进行了盘查。他们盘查后宣布，她是善良的贞女，是受上帝启示的人。她在接受盘查时对答如流，语意深刻。迄今人们一直认为，她为了这个使命专门受过一个时期的培训，这至少是对那些公认事实的合理解释。

1429 年，奥尔良陷入了兵临城下的困境。几千名英国人被勃艮第人抛弃之后，不太严密地封锁了奥尔良，慢慢地扼杀着这个城市。他们的自信心和威望促使他们深入敌国去攻击一座设防严密的城池，而城里的守军人数相当于他们的四倍。他们修建了一系列棱堡，觉得在里边万无一失。贞德要求率领一支军队前去援救。她穿着简单而没有装饰的盔甲，骑马走在全军之首。她鼓起了士兵的勇气，打破了英国人的优势，不仅俘获了粗鲁的英国士兵，而且俘虏了久经沙场的英国军官。她的计划很简单，就是不顾两边坚固炮台的威胁直入奥尔良。但已故奥尔良公爵的私生子、老练的军官杜努瓦并不主张走这条危险的路线。由于贞德不会看地图，他把给养都装上船，通过其他路线把贞德几乎只身带到被困的奥尔良。贞德受到热烈的欢迎。但船队被逆风吹了回去，最后不得不沿着她所提出的路线前进。这支船队在英国人的棱堡之间通行了整整一天，而那些棱堡里的英国人张口惊视船只行驶，没有采取任何行动。

上帝派遣使者下凡拯救法国的消息，燃起了法国人心中的希望，却使英国人感到迷惑不解，不寒而栗，惶恐不安地失去了自信心。杜努瓦回到巴黎，贞德仍然留在奥尔良。在她的感召下，法国人转而对胜利充满信心。他们展开了攻势，这一攻势后来一直持续到把英国侵略者赶出法兰西为止。贞德下令立即对英国人发动进攻，她自己身先士卒。她被一支箭射中，将箭拔出来后又继续冲锋。她爬上云梯，被敌人打进沟里，摔得几乎晕了过去。她趴在地上，又作出新的努力，大声喊道："同胞们，冲啊！上帝已经把他们交到我们手中。"英国人的堡垒一个又一个地陷落了，里面的军人被杀死。萨福克伯爵被俘，围困被粉碎了，奥尔良得救了。英军有秩序地撤退，贞德谨慎地制止市民到野外追击。

贞德此时已经确实成为法军的统帅，谁要对她的决定提出异议是很危险的。来自奥尔良的军队只服从她的命令。她又参加了一些新的战斗，指挥部队进攻扎戈，于是打开了奥尔良附近的卢瓦尔河通道。1429 年 6 月，她率领曾经在巴德伊取得胜利的军队继续前进。她对查理太子说，他必须向兰斯进军，在他祖先的御座上加冕登基。这简直是异想天开，因为兰斯处在敌占区的后方。但在她那不可抗拒的魅力面前，查理太子顺从了。他们所到之处，各个城镇都开城迎接，民众纷纷前来援助查理太子。在凯歌声中，查理七世在兰斯以古代最神圣的仪式加冕为王。查理七世的身边站着神采焕发的贞德姑娘，她的大旗上写着“上帝的意志”（Will of God）。这一切真是奇迹。

此时贞德意识到自己的使命已经完成，她沉默了，要求回家照顾自己的小羊和客栈里的马匹。但是所有的人都恳求她留下来。具体指挥作战的法国军官虽然不愿接受她的干涉，却已深刻地意识到她对整个事业的价值。宫廷胆小畏战，同勃艮第公爵举行了和谈，对巴黎组织的一次进攻也是三心二意的。贞德赶到前线参战，企图促成胜利，结果受了重伤，军官们便下令撤退。贞德伤愈之后，仍然企图收复巴黎。宫廷给予她伯爵的爵位和年金。

但是，宫廷和教会对贞德的态度发生了变化。在这以前，她一直支持奥尔良人的事业。在取得“二十次胜利之后”，她使命的性质显现了出来。她参加战斗是为了上帝而不是为了教会，是为了法国而不是为了奥尔良派。的确，法国的民族观念是从她身上产生并传播开的。因此，强大的宗派集团不再支持她了。不过她仍然计划为法兰西收复巴黎。1430 年 5 月，贡比涅违抗国王的命令，起来反抗英国人。贞德只带 600 人去援救贡比涅。她确信这是不顾一切的冒险行动。她率领骑兵企图冲过河上的吊桥。敌人起初大吃一惊，然后重整旗鼓，使法军惊慌不安。贞德毫不畏惧，她的朋友们强迫她离开战场，而她仍然和后卫一起冲杀。两军混战一团，要塞本身受到威胁，它的大炮面对混乱的人群也无法轰击。要塞司令官弗拉维的职责是挽救这座城池，他被迫在她面前拉起吊桥，把她留给了勃艮第人。

勃艮第人将她以较低的价格卖给兴高采烈的英国人。对于贝德福德和他的军队来说，她是个女巫、婊子和长于妖术的小魔鬼，他们无论如何也要把她消灭掉。可是要提出罪名并不容易，因为她是战俘，交战的贵族当中有许多常规保护着她。敌人于是乞灵于宗教力量，博韦的主教和巴黎的学者控告她散布异端邪说。她受到了长期的讯问，主要罪状是，她拒绝否定自己的“言论”，因此这是无视教会的裁决和权威。在整整一年的时间里，她的命运吉凶未卜，漫不经心而又没有良心的查理七世没有伸出一个手指来营救她。现在没有任何要赎取她的记载。在无穷无尽的压力下，她宣布放弃自己的信仰，得到的宽恕是终身监禁，靠面包和清水过活。在牢房里，圣徒们的影子又不可抗拒地出现在她的面前。教士设下圈套，将她的铠甲和男子服装放在她面前。她又兴奋起来，把衣服和甲胄通通穿上。就在这时，她被宣布为故态复萌的异端派，判处火刑。她在滚滚的人流中被拉到鲁昂市场上的火刑柱前。在高高堆起的干柴上，火焰向她伸出长长的舌头，翻滚的浓烟预告着她的末日的来临。她举起用干柴做的十字架，最后喊了一声“耶稣”。史卷记下了在场一名英国士兵的评论，他说：“我们糊涂了，烧死了一位圣徒。”事实证明，这个士兵的话是正确的。

贞德远远超越于普通人之上，在一千年里无人能同她相媲美。关于她的审讯记录给我们提供的细节，经过千百年光阴的销蚀仍然跃然纸上。我们每一代人都可以根据她的言语对她作出公断。她完美地体现了人类本性的善良和勇敢。不可征服的勇气，无限丰富的感情，单纯者的美德，正直人的智慧，这一切都在她身上放出了光彩。她解放了养育自己的土地，因此赢得了光荣。每个军人都应该读一读她的故事，思索一下这个真正的军事家的言论和行动。她虽然没有学过战争艺术，却在短短的一年时间里在各种形势下揭示了制胜的诀窍。

贞德死于 1431 年 5 月 29 日。从那时起，战争的形势对英国人极端不利。同年 12 月，幼小的亨利在巴黎加冕。巴黎人对此很冷淡，法兰西全国都抱反对态度。1435 年，勃艮第同英国完全对立起来。贝德福德已经去世，接替他的是一些低能的军官。法军的总司令杜努瓦没有用骑兵对英国弓箭兵进行正面攻击，而是施用巧计或突然袭击，赢得了一系列胜利。他有时趁英军的弓箭兵分布在河一边的时候去攻击对岸的骑兵；有时用大炮进行轰击，迫使英军在步调紊乱的情况下发动进攻。法军此时拥有世界上最先进的大炮，700 名工兵在比霍兄弟的指挥下，用 22 英寸口径的攻城炮向仍在英军手里的许多城堡射出巨大的石弹。在亨利五世时代要经过长期的围困才能拿下的城市，此时在重炮轰击下要不了几天就会陷落。法国北部除加来以外的全部地区均已光复，就连作为阿基坦的埃莉诺的嫁妆、忠诚地归顺英格兰国王已达 300 年的基恩省也已转手。奇怪的是，这个省份几乎立即起来反抗法国的统治，要求英国人再打回来，重新征服这个地区。英国政务会由于内部贵族派系的钩心斗角无力给予有效的支持。在 1453 年轻率进行的卡斯蒂永战役中，勇敢的什鲁斯伯里伯爵塔尔博特和他的大部分英国士兵都被杀死。其余的人同法国讲和，从拉罗谢尔渡海回国。到 1453 年底，通过武力或谈判，英国人已被赶出了欧洲大陆。在他们猎取的所有土地中，只剩下加来这个桥头堡。守备这个桥头堡的费用几乎占国会每年拨给王室款项的三分之一。

第二十七章 CHAPTER 27

约克和兰开斯特

亨利六世长大以后，他的优良品德和愚蠢无知都显露了出来。然而，他并不是那么容易管教的。1431 年他 10 岁时，他的教师沃里克报告说，他的“年龄、身体、自负心理以及对皇家地位的意识都在增长，这使他对所受的惩罚愤愤不满”。他说过“许多事情是不对的”。在他童年时期，政务会就对他进行过大肆渲染，带他参加仪式，在伦敦和巴黎为他举行了隆重的加冕礼。随着时间的推移，他们渐渐倾向于对他实行严格一些的控制。由于贵族之间的竞争和全国对他寄予的无限希望，他仍然处于重要的地位。一些骑士和绅士已经奉命和他生活了一个时期，并且为他服务。在法国连续受挫的年代开始以后，有些人不断地极力劝说他行使自己的权力。到 15 岁时，他已经参加政务会的例行会议，并获准在一定程度上行使赦免和奖赏的特权。政务会争执不下时，则由他作出决定。他常常采取折中方案，扮演着调停人的角色。不满 18 岁，他就一心致力于创办他的伊顿公学[1]和剑桥

1 Eton College，1440 年创办，以“精英摇篮”“绅士文化”闻名世界，也以军事化的严格管理著称，被公认是英国最好的中学。——编者注

公学[1]。显要贵族们认为，他对社会事务有着过早的和不健康的兴趣，这是他的智力和经验所不及的。他意志薄弱，性情温顺，不适于尚武时代的激烈争夺。在他身上，不同的人有不同的看法，也寄予不同的希望。有些人吹捧他有超人的才智，另外一些人则抱着完全相反的偏见，说他是个几乎不辨是非的傻瓜。现代史学家赞成后一种看法。当时，如果有一位强有力的国王，就可以恢复国家和贵族之间的平衡关系。人们一致要求限制国内的派系斗争，到国外去发动可以获得胜利而代价又不高的战争。可是王位被一个虔诚的傻子占据着，他的优缺点都使他适合做一个傀儡。

那些年是英国的不幸时代。王室囊空如洗，贵族却家财万贯。百姓家徒四壁，但更主要的是横遭不幸，不得安宁。上个世纪（指 14 世纪）的宗教问题此时被拉入更实际的政治斗争。在大陆上迅速建立起来的帝国正在被统治不力而只顾肥私的寡头政治集团所抛弃；可以运送无敌的大军去打败法国人的金钱，也被教会所侵吞。

兰开斯特家族的亲王们内讧不休。1435 年贝德福德死后，格洛斯特和博福特家族的紧张关系加剧了。作为温切斯特主教、红衣主教[2]、冈特的约翰第三次结婚所生的合法儿子之一，博福特是英国的首富。在教会出于深谋远虑向国家捐献的款项中，他的份额最大。他不断给宫廷和政务会提供现款，但必须有抵押品，而且，这些抵押品只能用黄金赎回。博福特一家和他们的朋友萨福克伯爵威廉·德拉波尔总是靠近国王，对于注定要倒霉的事情不大过问，通过和平的手腕和完全超脱的态度取得了颇有影响的地位。掌握兵权的人物也常常不得不听从他们的意见。1441 年，这部分势力同格洛斯特公爵对立起来。格洛斯特公爵那时已经和妻子杰奎琳离婚，同姘居已久的美丽的埃

1　Cambridge College，于 1441 年专门为伊顿公学的毕业生而建立。现为剑桥大学内最有名的学院之一，国王学院。——编者注

2　Cardinal，即枢机主教，由于枢机主教一般都身穿红衣、戴红帽，所以有时也被称为“红衣主教”。——编者注

莉诺·科巴姆结婚。埃莉诺是格洛斯特阵营中最薄弱的一环，因而成为专门打击的目标，被人挖空心思地戴上了施展妖术的罪名。控告她的人说，她用蜡做成国王的塑像，常常拿着塑像在火上烤，让它慢慢熔化，目的在于一点一点地毁掉国王的性命。她被判定有罪，被迫穿着赎罪的衣服赤脚在伦敦游街三天，然后被判处终身监禁，得到尚可度日的生活费。她的所谓同谋被判处死刑。这显然是两派势力的较量，对格洛斯特确是很大的刺激和打击。

英国在法国的属地逐年丢失，这引起国内的强烈不满。这种情绪不仅感染了贵族，而且也感染了弓箭手阶级及其在乡村的崇拜者。人民深感民族尊严受到损害。克雷西战役和普瓦捷战役的光荣如今安在？阿让库尔战役的赫赫战果又在何方？这一切都被那些从推翻和杀害贤明国王理查的罪行中得到好处的人糟蹋了，或者说，确实被他们出卖了。教俗两界的许多煽动者和说教者煽动全国性的社会动乱，他们对人们说，王位的继承系统已经被人用武力改变了。这一切只是时势的一股暗流，但也是激流。这一时势有着朦胧而重要的背景。当时各种力量怎样运动，我们无从知道；然而，当时不仅在贵族和绅士中间，而且在整个英国的土地上，各种力量不断壮大，不久便形成了强大的党派。

亨利六世国王已经 23 岁，该结婚了。兰开斯特家族的各派都想提供一位王后。博福特红衣主教和他的兄弟以及他们的盟友萨福克，对出于弊政和失势而削弱力量的格洛斯特公爵占了上风。萨福克的祖先、赫尔的德拉波尔一家曾经靠贸易发家致富。萨福克被派到法国去进行停战谈判，同时就英格兰国王和法兰西国王的侄女、安茹的玛格丽特之间的婚事进行商谈。这个杰出的女人除了绝代丰姿和迷人的魅力外，还有统治才能和顽强的精神。她虽然没有像贞德那样受上帝的启示或要维护一种事业，但和贞德一样懂得如何促使人们去战斗。尽管她的家庭离群索居，她的才能还是为人们所熟知。她不正是意志薄弱的英格兰国王的配偶吗？她不是可以给予国王所缺乏的力量吗？使她同国王结合的人不是也可以为自己获得光明而有保证的前途吗？

萨福克深知这次使命的微妙和危险性，因此事先请国王和政务会保证，如果他尽了最大努力，就不应该为此事的不良后果而受到惩罚，他如果有处理不当之处，应该事先得到饶恕。他得到这些保证之后，就热情地开始执行这一使命，后来事实证明，这种热情给他带来了致命的打击。玛格丽特的父亲、安茹伯爵雷尼不仅是法兰西国王的表弟和宠信的谋臣，也是耶路撒冷国王和西西里国王。这些显赫的王位并没有实际权力为基础，因为耶路撒冷控制在土耳其的穆斯林手中，西西里也没有一寸土地掌握在他的手里，此外，安茹和曼恩还有一半地区多年来一直被英军所占领。萨福克被玛格丽特迷住了，他促成了这件婚事。由于心情迫切，他未曾受权便在协议中达成一个秘密条款，将曼恩送给法国。格洛斯特的势力如此强大，对法国的仇恨如此深刻，关于英国在战争中被出卖的怨声如此强烈，以致协议中的秘密条款处于绝密状态。国王称玛格丽特在 1445 年成婚时举行了当时最隆重的婚礼。萨福克受封侯爵，他的几个亲戚也成为贵族。国王神采飞扬，王后感激不尽。国会两院也感谢萨福克对社会作出的贡献。但这个秘密像勉强包在纸里的火炭，由于越来越多的人感到他们被法国人打败了，这个火炭终究要露出来，它预示着极大的危险。

从 1441 年开始，在妻子埃莉诺受到处罚后的六年里，格洛斯特过着隐居生活，单靠收集书籍聊以自慰。他的敌人在这关键的时刻决心除掉他。萨福克和红衣主教博福特的侄子埃德蒙·博福特得到萨默塞特公爵和白金汉公爵[1]的支持，拥护王后而挟持国王，在伯里圣埃德蒙兹的国会会场埋伏了一支王家军队，逮捕了前去开会的格洛斯特。17 天以后，格洛斯特的尸体陈列出来，为的是让众人看到尸体上没有伤口。可是，当年爱德华二世的死因昭然若揭，所以没有伤口并不能使公众相信他不是被人害死的。此时人们普遍认

1　Duke of Buckingham，爵位名，名称来自英格兰的白金汉郡。1444 年，第六代斯塔福德伯爵首次被授予白金汉公爵爵位。——编者注

为，格洛斯特是萨福克和埃德蒙·博福特明确下令杀害的，其实这种看法有失公正。现行的说法是，格洛斯特之死系前途破灭引起的愤怒和震惊所致。

不久，复仇的力量便大显身手。1448年，法国人占领曼恩，割让曼恩的秘密条款因此公之于世，英国社会各界大为愤慨，人们说，英国为了一个没有妆奁的公主付出了一个省的代价；卖国贼在战场上丢掉了许多地区，其余的地区也被他们秘密地出卖了。全国公众由于帝国的瓦解感到痛苦和愤怒，这是不列颠岛上即将发生的可怕内战的根源。其他方面的不满都和这方面的怨恨结合起来，兰开斯特家族篡夺了王位，搞乱了财政，出卖了海外属地，现在手上又沾满了被害者的鲜血。所有的人都认为，心地善良而头脑愚笨的国王与这些罪责无关。从此，约克家族成为英国日益强大的竞争势力。

埃德蒙·博福特已是萨默塞特公爵，担任驻法英军司令的职务。萨福克仍留在国内，面对着日益强烈的报复情绪。海军也积怨甚多。掌玺大臣莫林斯主教奉命到朴次茅斯给舰队发放尽力筹集到的军饷时，被水手们辱骂为卖国贼。在那里，将去法国增援萨默塞特的军队举行暴动，杀死了莫林斯。即将移交给法国的那些要塞的指挥官拒绝撤出要塞，法军便以武力夺取了他们不愿交出的一切。萨福克受到弹劾，国王和玛格丽特竭力援救他。1450年，亨利六世利用自己的特权将这场诉讼大事化小，让萨福克到国外流亡五年。当时英国处于漫无约束的可怕状态。当这个被流放的公爵带着随从和财宝乘两只小船横渡英吉利海峡时，皇家海军的最大战舰“伦敦塔尼古拉斯号”（Nicholas of the Tower）向他的船只冲去，将他抓到舰上。舰长对他说了不祥的话：“欢迎你，卖国贼。”两天以后，他们把他押上一只小船，用一把生锈的钝剑砍了六下，砍断了他的头。皇家军舰竟敢把一位在国王的特殊保护下外出旅行的皇家大臣逮捕杀害，由此可见那个时代状况之一斑。

六七月间，肯特爆发了起义，兰开斯特派指责约克派曾在幕后支持起义。杰克·凯德是善于打仗而性格不好的职业军人。他通过各地的治安官以某种形式纠集了几千人马，向伦敦进军。他被接纳入城，但他后来私设公堂，在奇普塞德街处决了财政大臣塞伊勋爵，政法官和市民开始反对他。他的追随者得到赦免的保证后便四散回乡了。他自己被追捕到案并判处死刑。镇压起义的成功暂时恢复了政府的权威，亨利六世又有了一段短暂的空隙时间，可以专心创办伊顿公学和剑桥公学，也可以热恋玛格丽特，她已经博得亨利六世的爱情和体贴。

法国人继续驱逐英国人，英国人的要塞相继陷落，许多城镇和地区失守，大部分驻军已撤回国内。这场灾难来势凶猛，使英国人感到震惊，它不仅影响每个大臣的地位，也震撼了兰开斯特王朝[1]的基础。1449 年 3 月，英国人在富热尔极其愚蠢而又背信弃义地破坏了停火协议。到 1450 年 8 月，诺曼底全境陷落了。到 1451 年 8 月，英国统治 300 年的加斯科涅也全部丢失。亨利五世时代经过 11 年浴血奋战赢得的土地，如今只剩下加来了。国王的指挥官和朋友、兰开斯特家族的亲戚埃德蒙·博福特因屡次失败而受到指责，国王本人也由于这些败绩而处于不利的地位。英格兰到处都是我们所说的“退伍军人”（ex-Service men），他们不知道为什么战败了，但是确信他们受到了错误的指挥，白打了一场仗。在日趋严重的混乱局面中，贵族乐于收买这些受过锻炼的军人，以加强地方防御。大家族有成批的武装随从，有的武装随从发展成私人军队。他们给这些随从金钱或土地，或者两者都给，还给带家族标志的号衣。沃里克伯爵大概是英国最大的地主。他想在政治上获得举足轻重的地位，豢养了上千名吃着“他的面包”的随从，其中很大一部分是组织严密、骄傲地戴着“熊和粗柱子”徽章的军队。其他显要贵族也根据自己的财力仿效这种做法。金钱和野心主宰着一切，英国迅速陷入无政府状态。国王是个束手无策的可怜虫，他受到尊敬，甚至得到爱戴，但对任何人都无力给予支持。国会两院不过是贵族斗争的情报交换所而已。

---

1 House of Lancaster，金雀花王室的幼支。在 15 世纪中出现三位英格兰国王——亨利四世、亨利五世和亨利六世。——编者注

1429 年颁布的一项法令规定，拥有 40 先令财产的人才有选举权。令人费解的是，这个武断确定的选举权制度在英格兰实行了 400 年。在 1832 年颁布《改革法案》(*Reform Bill*)之前，一切战争和冲突、决定重要问题和国内外重大事件都是在这个基础上进行的。这个法令的前言中写道，过多“没有财产”的人参加选举，导致了杀人、骚乱、攻击和世仇等问题。因此国会选举中长期实行了一种落后的法令。可是，几百年以来国会的特权从未这样大，也从未如此明显地被人加以利用。

法律的力量被用到阴谋活动中。贵族采取暴力时，借助或无视法律，且益发容易逃脱法律制裁。宪法被用来压迫人民。谁要是没有地方权贵的保护，他的生命和土地就不安全，连最起码的权利也得不到保证。从著名的帕斯顿信件[1]可以看出，英格兰在理解力、标点符号和整个文化方面非常进步，但它却从和平宁静的生活退到野蛮的混乱状态。道路很不安全，国王的令状遭到违抗或被人滥用，国王的法官被轻视或接受贿赂。按照规定，国王有极大的权力，而亨利六世却是个软弱无能和受人摆布的傻瓜。派系势力控制着国会，滥用权力。可是，对于这个不可战胜的、在痛苦中挣扎的社会来说，斯蒂芬同莫德进行钩心斗角的年代、亨利二世同托马斯·贝克特的斗争岁月和约翰王同贵族的纷争局面已经成为遥远的过去了。此时有了高度复杂的社会结构，它尽管在许多方面存在着弊病，却不断发展。政府的贫困、通信的困难以及正当的立法和军事力量都使它维持一定的平衡。社会上有公众舆论，有普遍的道德观念，有可贵的传统，更主要的是有一种民族精神。

*　　　*　　　*

玫瑰战争的灾难即将降临在这个社会上。我们不应轻视导致这场战争的

---

1 Paston Letters，这个家族 1422—1509 年的书信，是了解 15 世纪英国社会状况的重要依据之一。——译者注

重大问题，也不应低估为了避免这场战争而长期进行的不懈努力。所有的人需要和迫切希望有一个强有力的政府。有些人认为，要达到这一目的，只有支持现存的合法政府。另一些人长期以来秘密议论说，篡位者强行统治他们，现在已经不能胜任了。

兰开斯特家族的反对派把权力和希望寄托在约克公爵理查身上。根据惯例，他更有权利继承王位。他是剑桥伯爵理查的儿子，是冈特的约翰之弟约克公爵埃德蒙的孙子。在爱德华三世的曾孙中，除了亨利六世以外他是唯一的本族后代。从母亲的血统来看，他的权利也优于别人，他的母亲是冈特的约翰的哥哥克拉伦斯公爵莱昂内尔的后代。《1407 年法令》(*Act of 1407*）废除了冈特的约翰的私生子博福特兄弟在取得合法地位以后所获得的继承权。如果亨利六世能够取消这一法令，埃德蒙·博福特（萨默塞特）就比约克更有父系继承权。约克怕的正是这一点。约克已经取代格洛斯特，成为王族的第一位父系亲王。格洛斯特死后，合法的兰开斯特家族除了亨利六世之外再没有其他男性继承人了。在约克的周围和手下，聚集了一大批心怀不满的人。在这些人的促使下，他犹豫不决地要求参加政府，并且企图利用玛格丽特王后日益强烈的敌意最终获得王位。

约克派势力在全国各地发展起来，它们在英格兰西部和南部、肯特、伦敦和威尔士尤其强大。肯特暴动的首领杰克·凯德曾经自称为莫蒂默，这是意味深长的事情。当时全国普遍认为，那些自己标榜为约克派的人在朴次茅斯杀害了莫林斯主教，又在海上杀害了萨福克。兰开斯特家族和约克家族之间已经结下了血海深仇。

在这种情况下，约克公爵理查的性格值得我们仔细研究一番。他是一位秉性耿直、奉公守法、行动缓慢而颇有才干的亲王。兰开斯特政权交给他的每一项职责，他都忠实圆满地完成了。他的贡献较大。他本来会乐于管辖加来和英国在法国的其他属地，由于萨默塞特的缘故被剥夺了这些权力，后来他接受了管辖爱尔兰的任务。他不仅征服了爱尔兰的部分地区，同时还博得了当地人民的好感。因此我们可以看到，一方面，一些人控制着权力不大的软弱国王，他们由于国家遭到的灾难而失去了信任，而且欠下了血债；另一方面，一位正直英明的、具有治世之才的人得到了全国性党派的支持，而且对王位拥有更大的权利。

对于使英国分裂的这场争论有所研究的人，都可以看出诚实的人们多么容易相信某一方的理由。当亨利六世国王意识到他的继承权受到怀疑时，他有些惊讶。他说："从我在摇篮里开始，我已经当了40年国王。我父亲是国王，我祖父也是国王。你们多次向我表示效忠，你们的父辈也向我父亲立过这样的誓言。"另一方则宣布，不符合事实的誓言是无效的，错了的事情必须纠正过来，篡夺王位绝不能因为岁月的推移而合法化，君主地位只能建立在法律和正义的基础上，承认篡位者的王朝就等于允许乘机造反，也就是等于允许破坏英国社会的基础。他们还说，如果提倡权宜之计，那么谁能把一位断送一切的昏庸国王同一位作为杰出的军人和政治家的亲王相提并论呢？

英国各地的观点主要是这两类。约克派在富庶的南方占统治地位，兰开斯特派占据着好斗的北方，但双方势力范围内各有对方的影响。市民和人民大众总的说来没有参加贵族及其武装随从的这场战争，而且有些人认为"贵族越少越好"，不过他们内部也有深刻的分歧。他们尊崇国王的善良和虔诚态度，也敬佩约克公爵的德行和温和性格。在各个地区和各个阶段，民众的态度和感情对斗争的双方都有深刻的影响。欧洲目睹了近30年惊人的残酷战争，可是在这场战争中，几乎没有一座城镇遭到劫掠，普通百姓没有受到多少影响，地方政府保持了自己的大部分职能。

* * *

1450年，沸腾的民怨和激烈的冲突促使约克公爵采取第一步公开行动。他离开在爱尔兰的统治岗位，私自在威尔士登陆。在翌年召开的国会上，一个姓扬的下议院议员大胆建议，应该宣布约克公爵为王位继承人。这个要求较难对付，不仅因为它得到有力的支持，而且因为它合乎情理。此时国王已经结婚六年了，还没有孩子，从他的名声看，他似乎也不可能有儿女了。人们此时问道，难道他不应该指定继承人吗？假如继承人不是约克，会是谁呢？只能是萨默塞特或博福特家的另一个代表。人们可以看到这一步棋有多么微妙。国王以罕见的坚决态度拒绝了这个要求，他显然是受了玛格丽特的鼓动。他拒绝放弃生儿育女的希望，国会一散会，他就把那位放肆的议员关进了伦敦塔。同时，他还同约克公爵闹翻了。约克公爵回到了他在威尔士边界的拉德洛城堡。

政府未能在国内恢复法律和秩序，也未能防止在法国遭到失败，约克对此感到非常不满。他越来越深信，必须把控制着意志薄弱国王的博福特一伙赶下台。祈祷和抗议都无济于事，剩下的办法就是诉诸武力了。于是，在1452年2月3日，约克发表了致什鲁斯伯里市民的公开信，指责萨默塞特使英国人在法兰西蒙受耻辱，还指责他"一直在国王陛下身旁搬弄是非，企图加害于我，贬低我的出身，剥夺我和我的继承人以及我身边一些人的权利……这个公爵长期控制和摆布国王，而且屡进谗言，可能会断送我们的大好河山，因此我决定在我亲戚朋友的帮助下立即向他进攻"。发表这个宣言之后，约克带着几千人的军队和大炮从什鲁斯伯里向伦敦进军。他挺进到肯特，指望曾经跟随杰克·凯德暴动的人聚集到他的麾下，可是实际反应使他大失所望。伦敦拒绝接见他的使者，国王被玛格丽特、萨默塞特和兰开斯特利益集团以一支强大的军队带到布莱克希思。内战似乎就要开始了。

约克感到自己的势力不如对方强大，而且他从内心深处反对暴力。诺福克和贵族中的其他重要人物支持他，24岁的沃里克伯爵则支持国王。为了防止流血斗争约克作出了各种努力，谈判一直在进行。后来，约克解散了他的军队，他赤手空拳，光着头去见亨利六世，保证对他忠诚，另一方面则要求修订政纲。他的生命危如一发千钧，国王身边的人本来会毫无顾忌地杀害他，但是他们知道，后果是不堪设想的。约克代表着一种事业，他得到下议院的支持，全国有一半人口站在他的一边，而且他年轻有为的儿子边界伯爵已经率领第二支军队在威尔士边界浩荡出征。约克宣布自己是“国王的臣子和仆人”（King’s liegeman and servant）。他受到下议院的支持，而且显然掌握很大的势力，因此国王保证成立“可悲而庞大的政务会”，吸收他为成员。宫廷还要在萨默塞特和约克之间作出选择。王后常同萨默塞特合作，因此作出了有利于他的决定。萨默塞特被任命为加来总督，那里的驻军是王室的唯一正规军。实际上，在一年多的时间里，萨默塞特同时掌握着法国境内属地和英格兰国内的大权。

不久，一连串不幸的事件接踵而至，英国人在法国的灾难达到了极点。塔尔博特要收复加斯科涅的企图受到挫折。1453 年 7 月，他在卡斯蒂永败北，波尔多也在 10 月失守。总司令萨默塞特经受着失败的压力。在这种形势下，亨利六世病了。他到威尔特郡度过 7、8 两月，然后突然失去了记忆力，谁也不认得，甚至连王后也认不出。他能吃能喝，只是语无伦次，也不能走路。他有一年零三个月神志不清，复原以后他说，他什么也不记得了。虔诚的亨利六世摆脱人世的烦恼，进入了忘记一切的乐园。他呆呆地盯着气氛紧张的英格兰王国，喋喋不休地说着胡话。

这些情况传出以后，玛格丽特王后企图当摄政王，但对立势力过于强大，兰开斯特派不敢采取这样的行动，而且玛格丽特有其他要事缠身。10 月 13 日，她生了一个儿子。很难说人们是否预料到了这一点，这件事像很久以后的詹姆斯时代那样，不可避免地决定了人们的看法，它似乎永远剥夺了约克派的继承权。到此时为止，双方都不想采取激烈措施。如果兰开斯特派只在亨利六世生前掌理国政，约克派将在他死后继承王位，双方都会同意这个正常的合法安排。可是现在，兰开斯特派似乎要永远独占鳌头了。

国王的神志不清导致了萨默塞特的垮台，使他再也无力经受约克的打击。约克的追随者诺福克向政务会控告萨默塞特，1453 年 12 月，萨默塞特被关进伦敦塔。约克实力雄厚，当上了摄政王。他通过国会采取各种行动，奉行比较温和的政策，可是一些人还是不能容忍他。他完全控制了政府机构，并且得到国会两院的支持。他可以发挥才能的时间并不长，但人们承认，政局在他统治下迅即好转。他冷酷而积极地镇压私人军队，取消私人防务，恢复商旅安全和全国的治安。他毫不犹豫地将自己的重要支持者中进行仇杀的几个人监禁起来，其中有德文郡伯爵。如果说他没有把狱中的萨默塞特提出受审，那只是宽容的缘故，他的支持者对他的宽容感到吃惊。政府掌握在他手中，他的前途由于国王得子而受到影响。他的权力或生命随时都会由于国王的康复而完结，但他坚持正义，恪守信用。这是他的清白之处，也是他的丰碑所在。在历史的镜子面前，他是一位爱国者，随时准备为维护修明政治而献身，不愿为了个人利益而反对国家。

惊人的事件不断发生。人们普遍认为亨利六世断了香火，而他却得一子；他似乎永远陷入了昏愦状态，却又突然复原。1454 年圣诞节时，他完全恢复了智力。他问身边的人自己刚才是否在睡觉，睡觉期间发生了什么事情。玛格丽特将儿子抱给他看，并告诉他，她已经把儿子命名为爱德华。在那以前，亨利六世以呆滞的目光看着这个婴儿，人们唤醒他的一切努力均告无效。现在，他完全恢复了常态。他向苍天伸出双手感谢上帝。据帕斯顿家族的书信记载，他说，他“在那以前不知道别人对他说了什么，也不知道他患病时身在何处，现在才明白了一切”。他派施赈吏向坎特伯雷送去谢恩的捐献，宣布自己“对全世界广施博爱”，还说他“希望贵族也能步其后尘”。

第二十八章 CHAPTER 28

玫瑰战争

1455年春天，兰开斯特的红玫瑰再度怒放。国王恢复神志的消息一经传出，约克在法律上就失去了摄政权力，他并没有努力保持这个权力。玛格丽特王后掌握了权柄。萨默塞特不仅获释，而且重居要位。约克掌握七年的加来管辖权又回到了他的政敌手里。他不再接到参加政务会的邀请，所以当政务会的莱斯特会议请他出席时，他认为是要审判他，便退居约克郡的桑德尔城堡。约克同沃里克伯爵、索尔兹伯里伯爵和一批有很多随从的贵族一起，谴责萨默塞特是丢失诺曼底和基恩的罪人，说他即将断送整个王国。约克周围的贵族决定诉诸武力，带领3000人南下。同时，诺福克公爵聚集了几千人马，什鲁斯伯里和托马斯·斯坦利爵士也率领一支军队，比诺福克公爵的队伍还多几千人。这些军队向伦敦进发，约定以圣奥尔本斯作为会合点。国王、王后、萨默塞特以及宫廷和兰开斯特集团，带着不到3000人的军队去沃特福德迎敌。

圣奥尔本斯是一个不设防的城镇，那里的古老而强大的修道院不许市民“建筑高大的围墙”，免得他们据险自恃。所以该城是理想的集合地。王军首先赶到那里，在圣彼得街和霍洛韦尔街插上了王旗。约克、索尔兹伯里和沃里克没有等待即将到来的大批援军，他们认为，他们的力量占优势，而且时间就是胜利。这一次，双方进行了一场战斗。这与其说是战斗，不如说是小冲突，但它具有决定性的意义。克利福德勋爵为国王固守街垒，抵抗约克用弓箭和大炮发动的进攻。沃里克绕到后面进行袭击，杀死了克利福德，打跑了国王的军队。萨默塞特阵亡，他“与其说为国王战斗，毋宁说为自己的目的而战”。白金汉公爵和他的儿子受了箭伤；萨默塞特的儿子多塞特伯爵身受重伤，被俘后放在一辆车里拉了回去。国王本人也被一支箭擦伤，他没有逃跑，而是在大街的一家商号里躲避起来。约克公爵立刻赶到他的身边，跪下表示自己的忠诚。在圣奥尔本斯的这场冲突中，阵亡人数不过300人，其中有国王一方的许多贵族。普通士兵彼此刀下留情，两军的首领则拼力死战。萨默塞特和克利福德的尸体长久地暴露街头，无人敢收尸掩埋。约克派获得了全胜，把国王掌握在手里，萨默塞特已经毙命，玛格丽特带着她的孩子逃进修道院避难。胜利者宣布忠于国王，并为清君侧而欢欣鼓舞。他们立即以国王的名义召集了国会。

史学家一般都不愿多写玫瑰战争，大部分人只是罗列战争中的一系列事件，给我们留下一幅单调而不连贯的图画。不过，从那些真实的记载中，我们毕竟了解到这场异常激烈而不可调和的冲突。冲突中的每个演员都是在长期的特权环境和战争中成长起来的，封建制度为这种特权和战争增添了荣誉感。教廷则由于斗争的需要而对这种特权和战争给予宗教上的认可。在这场冲突中，个人仇恨达到了顶点，好在全国大多数人并未受到重大影响。在人类历史中，一定还有许多类似的骚动。然而，在一切有记载的事件中，这一次骚动是典型的名利之争，它付出了十分昂贵的代价。

无谓的混乱是可以避免的。城镇不应卷入王位之争。约克和兰开斯特的殊死斗争，并不意味着英国这两个著名之郡的互相敌视。实际上，约克郡是兰开斯特派的堡垒，而英格兰中部和南部则是约克派的力量所在。命运的浮沉如此剧烈多变，家族宿怨如此复杂，全国民众的情绪在危机中的影响如此难以估量，以致人们一致对那个时代抱有不好的看法。只有莎士比亚以霍尔[1]的《编年史》为主要依据描写了它的野蛮而豪放的特征。他并未试图作出任何结论，而仅从戏剧的角度再现了当时的事件和战斗。下面让我们浏览一下当时发生的事情吧。

* * *

圣奥尔本斯战役是这场战争中的第一次流血事件。约克派控制了国王。但不久我们就会看到兰开斯特派的潜力，他们得到大多数贵族和国王陛下的支持。几个月以后，他们又像以前那样强大了。双方继续较量，国内发生了几次起义。国会开了几次无情斗争的会议。法治、宪政和王威受到血腥暴行的打击，不过并没有被摧毁。1456 年到 1459 年是四年和平时期，但也笼罩着剑拔弩张的紧张气氛。双方似乎都意识到自身及其秩序所面临的灾难，可是命运是无法改变的。他们为和解作出了很大努力。伦敦人看到国王在一大批人的陪同下前往威斯敏斯特。在这个行列中，约克公爵和玛格丽特王后并肩而行，后面跟着约克派和兰开斯特派的贵族，仇恨最深的冤家对头都并肩前进。双方郑重保证要互相友好，他们的领袖共同领了圣餐，在动荡的局势中寻求和平，甚至在伦敦达成某种和解的时候，北方的暴力行动又打破了和局。1459 年，战火再起。约克派的一支武装部队在伍斯特被王军击溃，他们的首领四散而去。约克回到爱尔兰，沃里克返回加来继续担任他从萨默塞特手中接过的驻军指挥官的职务。

1460 年 7 月，激烈的战斗开始了。约克仍在爱尔兰，以沃里克为首的

1 Hall（1497—1547），英国历史学家。生于伦敦，先后在伊顿公学和剑桥大学国王学院就读。1533 年任伦敦助理法官，1535 年任伦敦副司法长官。——编者注

约克派贵族凭借威尔士和加来的墓地，依靠他们的亲戚和党徒，在教皇使节和一些主教以及下议院的支持下，在北安普敦同兰开斯特派和国王展开了战斗。亨利六世掘壕据守，还有崭新的大炮防护阵地。当约克派进攻时，指挥部队防守侧翼的格雷·鲁思文勋爵背叛了国王，帮助约克派越过城墙。王军惊慌逃窜，亨利六世仍然留在营帐里，独自坐在那里。胜利者在他面前下拜，像圣奥尔本斯战役之后那样，再次把他带到伦敦，对他实行严格的控制，以他的名义进行统治。当时人们试图实现国会一致同意的所谓和解。格列高利的《编年史》中说："约克公爵将亨利国王软禁在威斯敏斯特，直到国王由于怕死而答应他继承王位为止。蠢人是动辄怕死的。"亨利六世将终身为王，约克掌握实权，国王死后由约克继位。希望国家太平的人都欢呼这个决定。但他们作出这一决定时忽视了一个事实：玛格丽特王后和她的儿子还在威尔士的哈莱克城堡自由地活动。身遭软禁的亨利六世使亲生儿子失去了继承权，王后却为此继续战斗。

玛格丽特王后带领北英格兰和北威尔士的军队大举进攻，要夺回她儿子的继承权。约克公爵不屑于躲在桑德尔城堡里等待自己的力量全部集中起来，而是决定立即迎击王后。1460 年 12 月 30 日，第一次大规模的战斗在韦克菲尔德打响了。兰开斯特派趁约克派中有许多人出去搜集粮秣之机，以多数的优势发动突然袭击，击溃了约克派，杀死很多人。普通士兵也得不到赦免，上千的人倒在刀剑之下，他们的首领就更难逃命了。约克公爵被杀死。他的 18 岁儿子拉特兰伯爵拼命逃跑，新的一代克利福德勋爵仍然记着圣奥尔本斯战役的血仇，兴奋地杀死了他，还大声说道："老天爷作证，你父亲杀死了我的父亲，所以我要杀死你，杀死你的全家。"从此，这种做法就成了这场战争中的规矩。索尔兹伯里伯爵在晚上被俘，白金汉公爵的私生子埃克塞特勋爵立即将他斩首。可以看出，这种残酷的行为得到了玛格丽特的支持或授意。这三个约克派贵族的首级悬挂在约克的城门和城墙上，约克公爵的首级上戴着用纸做成的王冠，怒视着大地，呼唤复仇者奋起行动。

在此之前，斗争是在成熟干练而养尊处优的要人之间进行的。他们深深卷入国家事务之中，但总是尽力留有余地。而此时，新的一代取代了他们，其中新的克利福德勋爵和新的萨默塞特公爵，还有新的约克公爵。他们都是二十几岁的年轻人，手握刀剑，要为自己的父亲报仇，英格兰则是他们所争夺的锦标。约克公爵的儿子边界伯爵知道父亲的担子落到自己的肩上时，并没有退缩。他开始向威尔特郡伯爵和威尔士的兰开斯特派发动进攻，于1461年2月2日在赫里福德附近的莫蒂默克罗斯战役中打败了他们。他立刻对韦克菲尔德战役中的暴行进行报复。“决不饶恕”（No quarter）成了他的口号。在战后处决的人当中，有善良的知名人士欧文·都铎。他面对着斧头和砧板时还不相信他会被砍头，直到他的红色马甲领子被人撕开时才恍然大悟。他的儿子贾斯珀活了下来，将继续同约克派斗争。

这支获胜的约克派队伍在年轻的约克公爵率领下，前去援助从加来回国后在伦敦陷入困境的沃里克伯爵。但玛格丽特王后抢先一步，在2月17日的第二次圣奥尔本斯战役中大败沃里克。已经成为约克派真正领袖的沃里克在国外组织了大批军队，又有最新式的火器和自己的封建队伍，他带着失去自由的国王，宣称以国王的名义行动。然而，玛格丽特的突然袭击打得他措手不及。“他们的斥候没有回来报告王后离他们有多近，只有一个人回来说，王后距他们有九英里远。”沃里克和诺福克虎口逃生，他们的军队被消灭了一半。亨利六世被人用车拉到战场上，在一棵大树下目睹了战斗的盛况，他不久便露出了满意的表情，这是可以理解的。在英法战争中誉满全国的两位骑士奉命看守他，其中一位是令人敬畏的托马斯·基利尔爵士。他们的首要任务是保证国王不受伤害，因此他们和国王一起待在大树下，被胜利的军队团团围住。在玛格丽特翌晨残酷处死的高级军官中，这两个人的遭遇值得笔者专门交代一下。亨利六世说，是他让两位骑士和他待在一起，他们这样做完全是为了他的安全。玛格丽特将她的七岁儿子、被国王不得已剥夺继承权的爱德华带上来，让这个狂暴得与年龄不相称的孩子作出决定。“公正的儿子，该怎样处死这两个骑士呢？”“把他们的头砍掉。”小孩子不假思索地回答道。当基利尔被拉到一边处决时，他喊道：“但愿教唆小孩说出这种话的人受到上帝的惩罚。”人们已无怜悯之心，只要求杀人雪耻。

*　　　　*　　　　*

玛格丽特已将丈夫安然夺回自己手中，国王的全部权力自然也复归故主了。通往伦敦的道路已经畅通，但她并没有向伦敦进军。她从北方带来的那些凶猛的人沿途大肆劫掠，败坏了他们自己的声誉，激起了乡下人的愤怒。国王的朋友们说：“他们认为，北方人如果到了伦敦，就会肆无忌惮地进行抢掠。”总的说来，伦敦是约克派的坚强堡垒，不过也有人说，“国王和王后如果率军来到伦敦，就会得到他们想要得到的一切。”我们对这些情况无法作出充分的判断。约克公爵爱德华率领在莫蒂默克罗斯战役中获得全胜的军队星夜奔赴伦敦，沃里克带着圣奥尔本斯战役的残兵败将在牛津郡与他会合。也许亨利六世请求不要把伦敦变为战场，不管怎样，玛格丽特及其谋士没敢那样做。兰开斯特派在胜利中兴高采烈，与国王重逢后，满载着战利品，经过邓斯特布尔退回北方。由于他们的撤退，人们也就没有注意到，他们的苏格兰雇佣军已经带着能够带走的一切踏上了归途。据霍林谢德[1]记载，“玛格丽特王后的支持者在埃塞克斯为数不多，在肯特更少，在伦敦则寥寥无几。……她从圣奥尔本斯退到北方，那里才是她的力量所在和庇护之所。”

这场斗争很快又出现了转折。第二次圣奥尔本斯战役刚刚过去九天，约克公爵爱德华就进入了伦敦。本来可能屈服于玛格丽特和国王的伦敦市民，此时热烈欢迎约克派的到来。他们感谢上帝，并且说：“边界伯爵，让我们手

1 Holinshed（1520—1580），英国编年史家。——译者注

拿美丽的白玫瑰[1]在新的葡萄园里漫步，让我们用白玫瑰在阳春三月建起一座乐园。”[2]不过，这是荆棘丛生的葡萄园。这时已经不能用国王的名义行事了，因为约克派成了赤裸裸的乱臣贼子。然而，在莫蒂默克罗斯屠杀仇敌而取得胜利的那位年轻武士对这个罪名并不在乎。他认为，正是对亨利六世的尊崇导致了他父亲的失败和丧生。他和他的朋友再也不用这种忠君思想装潢门面了。他立即要求获得王位，伦敦人的情绪和他驻在伦敦的强大军队使他确信，他的行动能够得到社会的拥护。他自称为王，后来于1461年3月4日在威斯敏斯特被空前隆重地宣布为国王。从此他宣布，另一方有叛逆罪，他将给予他们最严厉的惩罚。

这些话必须说到做到。爱德华四世率军北上，要同亨利六世算清总账。在约克附近，玛格丽特王后率领兰开斯特派的全部军队，在离塔德卡斯特不远的萨克斯顿村和陶顿村附近同他进行战斗。有些记载说，参战的有十万人，其中约克派四万人，兰开斯特派六万人，而后来有些人则大大缩小了这些数字。

3月28日，约克派的先锋在费里桥上被小克利福德勋爵击退，沃里克本人也受了伤。在强大的援兵赶到以后，约克派终于占领了这座桥，克利福德阵亡，约克派军队过了桥。第二天，在英国土地上开始了最残酷的一次战斗。兰开斯特派占据了居高临下的有利地势，他们的右侧有水流湍急的科克河作为屏障，这条河可以涉渡的地方很少。爱德华四世的军队还没有到齐，诺福克公爵率领的侧翼部队尚在行军中，但爱德华四世决定立刻进攻。战斗是在暴风雪中开始的，兰开斯特派的军队被扑面的风雪打得睁不开眼睛。约克派的长矛兵在风雪的掩护下成群地冲上山坡。风力增加了进攻者的弓箭射程，缩短了兰开斯特派的羽箭射程，使他们受到严重的损失。兰开斯特派为

1 约克家族的标志和象征。——译者注
2 引自格列高利所著《编年史》（*Chronicle*）。——原注

形势所迫，决定向山下敌人发动反攻。双方激烈地搏斗了六个小时，各有胜负。据说，在战斗的高潮中，沃里克跳下战马，将它杀死，这是为了向他的士兵表明，他已经下了破釜沉舟的决心。战局胜负未定，直到傍晚诺福克公爵率领部队赶到战场，攻击兰开斯特派没有屏障的一侧，兰开斯特派的大军才被迫撤退，这次撤退迅速变成了溃退。

原来兰开斯特军队的朋友科克河，此时变成了他们的敌人。通往塔德卡斯特的桥梁被逃兵挤得水泄不通，成千上万身穿铠甲的官兵跳入水深流急的河中。淹死者不计其数，尸体堆成一座座令人恶心的栈桥，有些人就从这些“桥”上过河逃命。约克派一直追杀到深夜。玛格丽特和她的儿子逃到约克城，亨利国王正在那里举行复活节前的星期日（棕榈全日）仪式。专横的王后将他带上，同她的儿子和一些长矛兵向北方边界奔去。战场上倒着几千具尸体，爱德华四世向他母亲写信时隐瞒了自己的损失，说兰开斯特派留下了两万八千具尸体。可以肯定，兰开斯特派的贵族和骑士之花在这个战场上凋落了。俘虏一概被处死，逃得活命的只有德文郡伯爵和“埃克斯特的私生子”，不过他们只多活了一天。爱德华四世到达约克城时，他做的第一件事是收起他父亲和其他被玛格丽特杀死的人的首级，换上他俘获的最显要贵族的脑袋。三个月以后，他于 6 月 28 日在威斯敏斯特加冕，至此约克派似乎已获全胜。接着他们便放逐许多人，没收大量财产。国会在 1461 年 11 月通过了空前苛刻的《剥夺公权法》（*Act of Attainder*），这个法案打击了 133 个知名人士。不仅英国王位换主，英国三分之一的领地也统统易手。这就是以牙还牙。

*　　　*　　　*

陶顿战役之后，兰开斯特派的事业靠玛格丽特王后的顽强意志支撑着。她那坚韧不拔的精神在女性中可谓独一无二，她所经历的人世沧桑也是一般妇女所没有经历过的。除了北方那些愤怒的兰开斯特军队的支持之外，她还得到苏格兰和法国这两个友邦的支持。它们都感受过前几代英格兰国王的压力，也都为英格兰目前的分裂和虚弱状态而庆幸。苏格兰人对英格兰人的刻骨仇恨仍然使外国人感到惊异。在陶顿之战那一年，即 1461 年，路易十一继承了其父查理七世的王位。他发现自己的国家几乎成了一片荒漠，满目凄凉。土地无人耕种，所谓村庄只是一片茅舍的废墟。这座废墟上和昔日的良田所长出的野草荆棘中，农民过着像狼那样的生活，也变得像狼那样凶狠。这一切都是英国入侵的结果。所以，挑动英格兰国内互相斗争并支持较弱的一方是苏格兰和法国的主要政策，两国还常常采取联合行动。

玛格丽特作为英国王后和法国公主，在西欧是个不平凡的人物。她的勇气和好战精神，她的令人慑服和信服的个性，她对那些把她和丈夫赶下宝座的人所抱的深仇大恨，使她的意志产生了顽强的力量，因此她在大局已定之后还进行了多次殊死的斗争，几年之后终于一度东山再起。她毫不关心英国的民族利益，把贝里克卖给苏格兰，以支付自己的费用。为了和路易十一做交易，又以一万金利佛尔[1]的代价把加来抵押给他。

玛格丽特多次亲自向法国、勃艮第和苏格兰的宫廷请求援助，然后又在 1462 年率军在英格兰登陆。不知由于心怀叛意还是胆小畏战，北方的班堡、阿尼克和邓斯顿伯格三座大城堡向她打开了城门。路易十一派遣优秀的军官皮埃尔 · 德布莱赛帮助她，这个军官被她的魅力所惑，为她的事业花掉了自己的巨大家产。1462 年冬，爱德华四世聚集自己的军队，把新的大炮从海路运到纽卡斯尔，开始攻击三座沦陷的城堡。他本人因患麻疹留在达勒姆，由沃里克勋爵指挥战斗。个个都有爱称的大炮使这些城堡的城墙受到了严重的破坏。他们的进攻非常激烈，连圣诞节的假日也取消了。玛格丽特从贝里克赶来解救阿尼克，未能如愿。三座要塞在一个月内相继陷落。

1　Gold Livres，法国古代货币单位。——译者注此时爱德华四世的行为是对他性格的有力辩护。这位骄奢淫逸的年轻国王感到自己的地位已经稳固，便表现出玫瑰战争中尚未有过的宽容。他不仅饶恕了在城堡中被俘的兰开斯特派贵族，还和他们郑重地达成了各种协议，充分信任他们。萨默塞特公爵和拉尔夫·珀西爵士宣誓效忠之后，不仅获得自由，而且重获自己的领地，珀西甚至受权守卫两座城堡。萨默塞特，即在第一次圣奥尔本斯战役中毙命的著名大臣萨默塞特的儿子，更是备受宠幸。他在国王的军队中担任要职，并且参加军事会议。他在上任之初就军事问题提出了有益的意见，国王赐给他特殊的俸禄。

爱德华四世的宽宏大量没有得到善报。玛格丽特在1463年带着法国和苏格兰的生力军卷土重来时，珀西向苏格兰人打开了班堡的城门，阿尼克城堡也被心怀不满的约克派军官拉尔夫·格雷爵士出卖。同时，玛格丽特王后自己带着亨利六世包围了贝里克附近特威德河畔的诺哈姆城堡。爱德华四世和约克派再次挺身迎战，把可怕的新火炮也带到北方。当时，各强国对火炮的重视，如同今日人们对原子武器的重视一样。这些火炮把被围的城堡轰击得残缺不全。玛格丽特逃到法国，亨利六世则隐居在坎伯兰的溪谷和宗教机构中。国王和王后彼此再也没有见面。玛格丽特带着她的王子踏上了不平凡的旅途。她和埃克塞特公爵、六名骑士以及忠实的皮埃尔·德布莱赛在斯鲁伊斯登陆，恳求勃艮第家族发扬闻名于世的骑士精神。她到那里时，“没有王后的任何威仪”，她和她的七名侍女连换洗的衣服都没有，德布莱赛为她们付了饭钱。虽然勃艮第宫廷怀有敌意，她还是受到了王后的待遇。勃艮第公爵腓力已经年迈，他的儿子查理别号“大胆人”。英格兰的特使在积极活动，除了当时的好客风气使一个“落魄的贵妇人”得到应得的礼物和招待之外，玛格丽特在勃艮第一无所获。可是从这些接触中。我们了解到她所经历的艰险。

勃艮第编年史家夏特兰[1]记下了玛格丽特的故事，因此我们才知道，她

1　Chastellain，乔治·夏特兰，著有《勃艮第公爵诸史》。——编者注

同亨利六世和王子五天没有吃上面包，每天只分食一条鲜鱼。有一次做礼拜时，玛格丽特连一分钱也捐不出来，只好向身边的一名苏格兰弓箭手借一点钱。这个弓箭手“有些勉强而又遗憾地”从钱包里掏出一个四便士的银币。玛格丽特详细地叙述道，在不久前的诺哈姆战役中，她被大肆劫掠的约克派士兵俘获，他们把她搜抢一空后交给一名军官，准备把她砍头。由于抓获她的人分赃时发生争执，才拖延了对她的处决。当时旁边站着一位约克派绅士，她请求绅士给予帮助，“话音哀婉动人”。绅士说：“夫人，请上马，坐在我后边，请王子阁下坐在前边，我自己是凶多吉少，但一定舍命相救。”他们三人骑着一匹马冲入森林。玛格丽特担心儿子的性命，因为儿子是她事业的支柱。约克派绅士骑马离去了。这个森林是盗匪出没之处，母子二人在森林深处躲藏起来。不久，一个外表可怕的人出现了，显然打算杀人抢劫。这一次，玛格丽特的个人魅力又占了优势。她说了自己的身份，把她的儿子、王位的继承人交给强盗保护。这个强盗倒也忠于职守，使王后和王子双双到达国王的避难所。

* * *

爱德华四世的宽容受到珀西的恶报，可是他对萨默塞特仍然保持信任。爱德华四世认为，他在受形势所迫时会采取残酷的手段，但他又很想表现出豁达大度，也很愿意毫无保留地信任他人。他对萨默塞特的信任一定给他带来了致命的不幸。1463 年初，萨默塞特公爵极受爱德华四世的重用。“国王对他非常信任，甚至和他同床睡过多次。他有时跟随国王出猎，国王身边至多不超过六骑，其中竟然有三人是萨默塞特公爵的本郡人。”

1463 年秋，国王巡视北方，萨默塞特带着自己的 200 人护驾前往。北安普敦的市民对过去在本地发生的一场战斗记忆犹新，所以当他们看到可恶的萨默塞特同国王在一起时，先是大吃一惊，继则怒火中烧。多亏爱德华四世本人的努力，这个新招纳的追随者才没有被撕成碎片。这次事件以后，爱德华感到必须为萨默塞特及其随从安排别的差事，于是萨默塞特被派到登比郡的霍尔特城堡。北安普敦的这场风波一定使萨默塞特深信，国王也不能保护他免遭约克派的伤害。1463 年圣诞节时，他又背弃爱德华，回到兰开斯特派一边。像他这样的贵族在自己的领地内具有磁铁般的吸引力。反复无常的萨默塞特企图占领纽卡斯尔，他的许多部下一听说他在附近，纷纷出来投奔他。可是他又被人赶跑，这些部下被抓住砍了头。

然而，兰开斯特的大旗再次高高举起。萨默塞特到了亨利六世那里，阿尼克和班堡两座城堡仍在抵御约克派，诺哈姆和斯基普顿也被兰开斯特派攻陷。这时，沃里克的兄弟蒙塔古率领大军进行战斗。1464 年 4 月 25 日，他在阿尼克附近的赫奇利摩尔粉碎了兰开斯特派的叛乱。兰开斯特派的领袖不是战死沙场，就是上了断头台。拉尔夫·珀西爵士一直奋战到死，并且说："我挽救了心中的鸟。"这句话从得到爱德华四世的赦免并获得职务的人口中说出，尤为难得。"鸟"指的是什么呢？是兰开斯特派的事业。这个事业在危难中可能被出卖，但一有机会，它仍然是追随者为之奋斗的目标。许多人心中珍藏着这只"鸟"，但他们永远说不出这样壮丽的词句，也不能像珀西那样忍辱负重。

爱德华四世在这场斗争中的宽容尝试就此终结，他又采取了以前那样的严酷手段。1464 年 5 月 15 日，萨默塞特带领的一小队人马在赫克瑟姆战败，第二天早晨他就被砍了头。5 月，在约克派的每一个军营里，兰开斯特派贵族和骑士都 6 人一批或 12 人一批地受到处决。这样做的唯一目的，是要平息不安定的情绪。伍斯特伯爵、英格兰的统帅约翰·蒂普托夫特精于内战，以意大利人的经验主持战地军事法庭。他除了严厉的判决之外，还无故采取凶恶残酷的手段，这使敌对方面后来有充分的理由进行报复。

同时，英格兰国王通过外交途径同苏格兰国王达成了 15 年的停战协定，同法国和勃艮第宫廷也频繁接触。玛格丽特在巴勒迪克束手无策，时运不济的亨利六世在兰开夏的克利瑟罗附近被抓获，押解到伦敦。这一次入城没有任何仪式，他的双脚被皮条绑在马镫上，头上戴着草帽，手上戴着颈手枷，被人牵着[1]转了三圈，然后在伦敦塔锒铛入狱，不过此次并不永陷囹圄。

阿尼克陷落之后，全国只剩下一个要塞仍在抵御约克派，西部沿海地区的哈莱克城堡上孤零零地飘扬着红玫瑰的旗帜。这个城堡在敌人的围困中坚持了七年，1468 年投降，那时守军实际上只有 50 人。除了两个人之外，他们统统得到饶恕。他们当中有一个在长期围困中活下来的 12 岁孩子，他是贾斯珀的侄子，欧文·都铎的孙子。他后来创立了都铎王朝及其统治制度。

他的名字叫里奇蒙，后来成为英王亨利七世[2]。

1 Pillory，将罪犯的头和两手夹在板间示众的古刑具。——译者注

2 Henry Ⅶ（1457—1509），英格兰都铎王朝的首位国王（1485—1509 年在位），有“贤王”之称。——编者注

第二十九章 CHAPTER 29

爱德华四世的冒险生涯

英王爱德华四世在战场上维护了自己的王位继承权。他是一个军事家和行动果敢的人，在千钧一发之际表现出非凡的本领。在战争中，他无所畏惧，不知疲倦。长途征伐，制定险策，集结军队，指挥战斗，这些似乎是他的天性。环境越艰险，就越能显示出他那非凡的才能，反之亦然。在险恶的环境中他是一名勇士，甚至超过勇士。可是战斗一停止，他的执政热情就骤然大减。江山多娇，青春的热血在他身上奔腾，一切血债均已讨还，于是他善意而安然地插剑入鞘。他靠这把剑夺得了王冠，现在该享受生活的乐趣了。

爱德华四世在这些艰苦岁月的卓越成就是依靠内维尔家族取得的。沃里克、诺森伯兰伯爵蒙塔古和约克的大主教乔治·内维尔一起，统揽着全国的大权。国王只参与了他们的一部分行动，他甚至应该为不恰当的宽容行为承担责任，因为正是这种宽容再次燃起了内战的烽火。后来，他的宽容行为受到谋臣和将军们的严厉约束。在他统治的前半期，英国被沃里克和诺森伯兰兄弟俩统治着。他们确信已将爱德华四世扶上王位，希望他继续为王，而由自己执政。爱德华四世对此毫不计较，在他称王的整个期间，如果不是被人逼得太甚，他从不和别人发生冲突，这是他的不凡之处。史卷曾责备这位22岁的王子，说他登基之后没有立即掌握管理国事的本领，也没有对政务表现出应有的热情。爱德华四世的性格中有互相矛盾的方面，他热爱和平，却又在战争中锋芒毕露。他热爱和平是为了它所带来的乐趣，而不是为了他的尊严。他迷恋女色，随心所欲。他还喜欢打猎和狂欢畅饮。这难道不是胜利的正当奖赏吗？让沃里克、诺森伯兰和其他垂涎权柄的贵族挑起执掌国政的重担，让国王享乐一番吧。在一个短时期里，这对各方均有好处。胜利者坐地分赃，国王可以纵情享乐，贵族则得到权力，并奉行自己的政策。

国王有时也亲自过问政务，但基本上沉湎于声色犬马之乐，几年的时光就这样消磨过去了。休谟[1]以严谨的措辞描述了国王对男人和女人的态度：

"在这段和平时期，他同臣民尤其同伦敦人联系甚多。他仪表堂堂，服饰华丽，即使没有君主地位，也足以博得女子们青睐。这种乐群的生活使社会各阶层对他的良好印象与日俱增，寻欢作乐的青年男女对他都有着出奇的好感。英国人并不善妒，他们对这些过于随便的举止并无反感。他的纵情享乐满足了自己的爱好，同时也在无意之中起到了维护和巩固自己统治地位的作用。"这位历史学家在比较温和地指责爱德华四世之后，便对他的软弱和不慎表示无限的感慨，因为爱德华四世的软弱和不慎使他从尽情享乐的生活陷入浪漫的婚姻中，犹如从阳光明媚的林间空地滑到悬崖峭壁的边缘。

有一天，爱德华四世追赶猎物到很远的地方，并在一个城堡里过夜。城堡里住着一位贵妇人，她是城堡主人的侄女，名字叫伊丽莎白·伍德维尔或怀德维尔，是"在圣奥尔本斯跟随玛格丽特阵亡"的兰开斯特骑士约翰·格雷爵士的遗孀。她的母亲、卢森堡的雅克塔曾是著名的贝德福德公爵约翰的妙龄妻子，丈夫死后嫁给了他的管家理查德·伍德维尔爵士，伍德维尔爵士

---

1 David Hume（1711—1776），苏格兰哲学家、经济学家和历史学家。——译者注

后来被封为里弗斯伯爵。雅克塔的屈尊下嫁激怒了贵族，结果被罚款 1000 镑，以示警诫。尽管如此，她此后的生活却是幸福的，为丈夫生了 13 个孩子，伊丽莎白便是其中之一。伊丽莎白身上既有普通人的血统，又有高贵人的血统，她是一个严肃的女人，诚实正直，无所畏惧，贞洁而多子女。当时有一项剥夺兰开斯特派财产的命令，她和两个儿子的财产都要被没收。获得国王宽宥的机会不可失去，这位寡妇在年轻的征服者面前深深鞠躬，谦卑地请求他发发慈悲，结果像法莱斯的皮匠女儿那样，使君主对她一见钟情。莎士比亚对此所作的描写虽然有些尖刻，却是真实的。伊丽莎白竭力克制自己，爱德华四世的感情却因此更加强烈。他一心爱恋伊丽莎白，见她态度不易动摇，便请她同享王位之尊。他摒弃了审慎和理智。如果不能满足内心的愿望，率军凯旋有何意义？身为国王又有何意思？不过，他也知道自己所走的道路有很大的危险。1464 年，他和伊丽莎白·伍德维尔结了婚，并且对婚事严加保密。身居政府要职的政治家们对这件轻浮的艳事持赞许态度，却未想到，这是一场可怕的结合，它必将猛烈地震撼大地。

*　　*　　*

沃里克对国王的婚事另有一番打算。西班牙王族的伊莎贝拉是合适的新娘，因为她可以大大促进英格兰的利益，法国的一位公主则是更合适的新娘。在那个时代，国王的婚姻可以是邻国之间和平的纽带，也可以是赢得战争的保证。沃里克提出严肃的主张，要求爱德华四世作出抉择。爱德华四世似乎十分犹豫，他反复强调自己反对的理由，使他的这位大臣感到不耐烦。最后，事情的真相暴露出来：他和伊丽莎白·伍德维尔结婚已有五个月了。这次事件使他和勇敢的沃里克发生了分歧。沃里克有立废国王的力量，比爱德华四世大 14 岁，不过仍处于壮年。他在英格兰有雄厚的基础，对自己的许多大领地上各阶级的人物都盛情款待，因而深孚众望。伦敦人对他寄予殷望。他掌握着国家大权。但他比任何人都更清楚地知道，爱德华四世实际上是一个杰出的军人，英勇善战，残酷无情，一旦受到刺激就会无所顾忌。

爱德华四世也开始关心别人的婚事。伊丽莎白王后有五个兄弟和七个姐妹，还有两个儿子。爱德华四世颁发诏书把他们提到较高的地位，或者让他们同名门望族的人结婚，甚至让他年仅20岁的内弟同80岁高龄的诺福克女公爵结下姻缘。王后的家里新增了八位勋爵，她的父亲、五位姐夫或妹夫、她的一个儿子以及她的兄弟安东尼。人们普遍认为，这种做法未免太过分了。不可忽略的是，当时只有60名勋爵，其中有机会参加一次国会的人不过50名而已。这些要人在数量上有严格的限制，他们的圈子也很小。一批没有显赫战功的新贵族聚集在慵懒的国王身边，这对沃里克及其傲慢的贵族伙伴不仅是一种刺激，而且在政治上对他们也是危险的。

他们和国王的冲突在对外政策上爆发出来了。英格兰在不久以前还是称雄的霸主，而此时却已成为邻国的笑柄。英格兰贵族纷纷前往西欧各国的宫廷避难。一天早晨，勃艮第公爵听说在他的一次旅行中，埃克塞特公爵和其他几位英格兰上层贵族跟在他的队伍后面一路乞讨，这一消息使他不禁大吃一惊。他为本阶级成员的凄苦境遇感到难过，便给他们提供了简单的住处和起码的生活费。路易十一对阿让库尔战役胜利者的不幸子孙也给予同样的施舍。一贫如洗的玛格丽特及其随从在勃艮第和法国受到欢迎。由于英国的衰落，这两个国家显得令人生畏，二者之一随时可能积极支持流亡的派别，以雪50年前的英国入侵之耻。沃里克及其同伴主张同强大得多的法国结好，以保证英国的安全。为此，他们希望通过国王的妹妹同法国联姻。爱德华四世却采取了相反的方针，他本能地企图使英格兰同西欧的第二大国勃艮第结盟，这种本能在以后的几个世纪里对我们的岛国产生了重要的影响。他完全可以论证，同法国结盟等于受法国的控制，而同勃艮第修好即使不能控制法国的行动，也有能力影响它的行动。他在以往的斗争和狩猎中养成了好胜的心理。英格兰永远不应该成为附属国，她不应该被邻国所分裂，而应该分裂她的邻国，以保持力量的平衡。这在当时是比较新奇的政策。这种政策在英国政府里感情强烈的小圈子中受到挑战，现在是可以理解的。

1468 年，爱德华四世把他的妹妹玛格丽特嫁给了一年前承袭勃艮第公爵的“勇士查理”（Charles the Bold），这使沃里克大吃一惊，懊恼不已。那些不惜生命财产把爱德华四世拥上王位的显要贵族，不仅由于新贵族的出现而受到怠慢和物质上的损失，而且还得容忍他们认为必定会给英国、约克派乃至他们本人带来致命打击的外交政策。如果法国站在兰开斯特派一边，入侵英国，勃艮第将能提供什么援助呢？这种灾难将给他们本人、他们的大片领地以及所有依附他们的人带来什么后果呢？由于这些原因，爱德华四世同内维尔家族的首领沃里克的争执并非小吵小闹，也不像人们通常所说的那样只是个人之间的争执。

被激怒的贵族聚在一起密谋。爱德华四世则继续同王后消遣作乐，并且时常另觅新欢。在政治上，他主要密切注意兰开斯特派的阴谋和活动，但在他背后正在酝酿一场更严重的危险。内维尔家族终于准备好同他一决雌雄。沃里克的计划非常巧妙而周密。他对国王的兄弟克拉伦斯说，要是没有伍德维尔家这个暴发户，克拉伦斯就有可能继承爱德华四世的王位。通过这个办法，沃里克把克拉伦斯拉到自己的一边。他们还秘密商定，克拉伦斯将和沃里克的女儿伊莎贝拉结婚，以固定双方的关系。

一切准备就绪之后，沃里克开始行动了。北方发生了暴动，约克郡有几千人在一些年轻贵族的带领下武装抗税。“思雷佛”（Thrave）是在阿瑟尔斯坦时代就开始征收的一种税，此时却突然引起冲天的怨恨。其他不满情绪也被煽动起来，尤其令人不满的是，国王被“宠臣”（favourites）所左右。与此同时，下议院在伦敦反对政府工作中的松懈和挥霍现象。爱德华四世被迫北上，除了一支小卫队之外，没有别的军队跟随。他要求忠于他的贵族率领自己的队伍与他会合。他在 7 月份赶到诺丁汉，在那里等待彭布罗克伯爵和德文伯爵。二者都是他新封的勋爵，他们已经集中了威尔士和英格兰西部的军队。爱德华四世刚刚北上，在加来伺机而动的沃里克和克拉伦斯便带着加来驻军来到英格兰。沃里克发表宣言支持北方的叛乱者，称他们为“国王的忠实臣民”，号召他们“哀求国王陛下实行政治改革”。肯特郡有成千上万的人加入沃里克的队伍，他在伦敦也受到人们的敬重。他和克拉伦斯还没有率军进攻国王的后队，胜负就已成定局。北方叛乱队伍在“罗宾·雷德斯代尔”率领下，在班伯里附近的埃奇科特截击并打败了彭布罗克伯爵和德文伯爵的军队，把他们杀得血流成河。168 名骑士和绅士战死沙场或在战后被处决，彭布罗克伯爵和德文伯爵也相继被斩首示众。

爱德华四世企图在白金汉郡的奥尔尼把分散的队伍集中起来，不料却落入贵族的控制之下。同他站在一起的似乎只有他的兄弟格洛斯特公爵理查。据说理查畸形，人们称他为“驼子”（Crookback）。起初，爱德华四世企图唤起沃里克和克拉伦斯的忠君之心，但他在同他们的谈话中意识到，自己已经成了他们的俘虏。沃里克等人举行了仪式，恭敬地说，他以后实行统治时必须听从他们的意见。他被软禁在沃里克的米德尔赫姆城堡，由约克大主教监管。这时，沃里克实际上关押着两位对立的国王，即亨利六世和爱德华四世，前者关在伦敦塔，后者囚居米德尔赫姆。对于任何臣民来说，能做到这一点是很了不起的。为了更狠地教训对方，沃里克等人逮捕了国丈里弗斯勋爵和国舅约翰·伍德维尔，在凯尼尔沃思把他们处死，甚至没有审判的虚饰。老派的贵族就是这样对待新贵族的。

然而，这样简单的方式并不能解决沃里克同国王的关系问题。沃里克的打击突如其来，起初谁也不知道发生了什么事情。事情的真相传出以后，约克派贵族听说他们英勇无敌、战无不胜的国王遭到拘捕，又惊又怒；兰开斯特派则在各地抬起头来，指望从约克派的内讧中得到好处。国王觉得在这个时候掩饰自己的感情比较有利，便宣称自己确信沃里克和克拉伦斯是正确的。他保证改变过去的行为，并签署了大赦令，赦免所有参加叛乱反对他的人，然后他获得释放。沃里克和爱德华四世就这样实现了和解。爱德华四世不久又重新掌握了军队，打垮兰开斯特派叛乱者，处死他们的首领，沃里克及其拥有实力的亲戚都回到各自的管区，表示效忠国王，并且似乎受到国王的恩宠。不过，这一切只是表面现象。

*　　　*　　　*

1470 年 3 月，爱德华四世召集自己的军队去镇压林肯郡的叛乱。他在洛斯科特菲尔德打垮了叛乱队伍，叛乱者立即四散奔逃。每次战斗之后都要处决许多人，这已成为惯例，这次也不例外。在一系列处决过程中，罗伯特·韦尔斯爵士向爱德华四世坦白，揭发沃里克和克拉伦斯有叛君之罪。沃里克等人罪证确凿，因为当时他们正在策划反对爱德华四世，不久又抗拒他要他们前去会合的明确命令。爱德华四世率领得胜之师突然向他们扑去，他们没想到爱德华四世以其人之道还治其人之身，因而大吃一惊，狼狈逃窜。他们到沃里克的加来基地去躲避，但是沃里克在那里的代理人文洛克勋爵给他们吃了闭门羹。在他们炮击滨海区之后，文洛克才赏给他们一点面子，给克拉伦斯的新娘送去几瓶葡萄酒，她在船上刚刚生下一个儿子。在命运的突变之中，沃里克可以依靠的一切力量都不复存在了。这回轮到他向法国宫廷乞求恩典了。

这是路易十一从未遇到的大好时机，他一定高兴得手舞足蹈，像他去看前大臣让·巴卢红衣主教时那样扬扬得意。让·巴卢曾经勾结“勇士查理”，被路易关在希农的一座铁笼里。两年以前，勃艮第的盟友爱德华四世扬言要对路易发动战争，而此时，长期互相角逐的英国两派领袖在法国聚齐了。玛格丽特住在她父亲的安茹伯国，法国的朋友沃里克在本国失败后，逃到了翁弗勒尔。严厉冷酷、玩世不恭而又处境艰难的路易十一，开始兴致勃勃地尽力使这两支敌对力量实现和解并联合起来。他使玛格丽特和她的 17 岁爱子在昂热同沃里克和克拉伦斯见面，蛮横地建议他们联合起来，并在他的帮助下协力推翻爱德华四世。起先双方都不响应这一建议。这一点毫不奇怪，因为在他们之间已经血流成河。他们在那些年里为之浴血奋斗的一切，都将被他们的联合所断送。沃里克和玛格丽特曾经蓄意残杀对方的密友和亲戚。玛格丽特杀害了沃里克的父亲索尔兹伯里、他的叔叔约克和表弟拉特兰。沃里克则处死了萨默塞特父子、威尔特郡伯爵和玛格丽特的许多忠实追随者。至于为双方的斗争而丧生的平民，则多得不可胜数。1459年，玛格丽特宣布沃里克为不法之徒，剥夺了他的公民权。1460年，沃里克说玛格丽特的儿子是私生子或是出生后被人偷换过的孩子。他们彼此进行过最严重的伤害，但是他们有一个共同点，即都痛恨爱德华四世，并且都想取胜。他们代表着不甘心失败的一代，而事实证明，他们的联合是迅速取胜的手段。

沃里克手中有一支舰队，由他的侄子、福肯伯格的私生子指挥。在南部沿海的各个海港都有沃里克的水手。他知道，只要他到英国去，或者派人到英国大部分地区去发出号召，人民便会拿起武器聚集到他的麾下。玛格丽特则代表着已被打败、失去一切权利，并丧失合法地位的兰开斯特家族，她同以前一样坚定。他们同意不记旧怨，合力行动，并且在昂热对着幸存的耶稣十字架残片庄严起誓。他们还为玛格丽特的儿子威尔士亲王和沃里克的小女儿安妮订了婚，最后完成了双方的联盟。玛格丽特在事业惨败之时，勉强地捐弃前嫌，接受沃里克的重大帮助，这是无可指摘的，因为她的立场没有变。但在沃里克一方，这笔交易却异乎寻常，他未免显得玩世不恭而又冷酷无情。

更主要的是，他忽略了自己为女儿安妮新定的婚事对克拉伦斯产生的影响。安妮婚后如果生出一个儿子，这个儿子就有希望统一分裂而混乱的英国。期待有继承人来完成这事业，这是可以理解的。克拉伦斯背叛他的哥哥，为的是要得到王冠，虽然他此时在继位次序上仅次于玛格丽特的儿子，但希望渺茫。爱德华四世对他弟弟的行为感到震惊，不过他并没有感情用事。克拉伦斯的新伯爵大人身边有一位妇人谨慎而又成功地担任了国王的使节，她在克拉伦斯逃离英国之后不久告诉他说，只要他重新回到他哥哥的身边，一切都可以获得原谅。沃里克和玛格丽特的联合促使他决定接受哥哥的建议，不过他不想立即行动。他一定是个手段不凡的伪君子，因为过去他的哥哥预料不到他的行动，现在沃里克也同样看不出他的意图所在。

爱德华四世此时警觉起来，可是他仍然预料不到会有多少人背叛他。沃里克重复了他一年前用过的方法。他的表弟菲茨休在约克郡发动了叛乱，爱德华四世集中一些军队，满不在乎地前去镇压。勃艮第公爵查理警告他说，沃里克可能会登陆，他却说但愿如此。他似乎有绝对把握，但又迅速地醒悟过来。1470 年 9 月，沃里克和克拉伦斯在达特茅斯登陆，肯特和南方的其他几郡闻声而起。沃里克挺进到伦敦，把不幸的亨利六世从伦敦塔释放出来，为他戴上王冠，让他在首都游行一周，然后登上王位。

爱德华四世在诺丁汉接到了惊人的消息，全国大部分地区似乎都起来反对他。突然，他又接到消息说，在北方叛乱者南下切断他同威尔士援军的联系以及沃里克率领大军北上的同时，沃里克的兄弟、一向忠实的诺森伯兰率部倒向亨利六世。他听到诺森伯兰倒戈并迅速向他扑来的消息后，感到唯一的出路是逃往国外。唯一可以避难的地方是勃艮第宫廷，于是他带着少数随从投奔他的妹夫勃艮第公爵。“勇士查理”也比较小心，他不能不考虑到英法立即联合进攻的危险。他在看清这种必然性之前，对爱德华四世一直虚与委蛇。可是他在确信沃里克必定要和路易十一联合对他宣战之后，便采取了用心明显的计策来保护自己。他拨给爱德华四世大约 1200 名可靠的佛兰德士兵和德意志士兵，还有进攻英格兰必需的船只和金钱。这些军队是在沃尔克伦岛上秘密召集起来的。

*　　　*　　　*

这时，沃里克统治着英格兰，而且可能长期统治下去。他手中掌握着傀傀儡国王亨利六世。不幸的亨利六世只是一个会喘气的废物，他头戴王冠，手拿王杖，像个麻袋一样坐在王位上，以从前听任命运女神嘲弄时的同样温情和耐心接受她一时心血来潮的宠爱。一些法令以他的名义公布于世，这些法令废除了约克派国会通过的剥夺权利令和没收财产令。英格兰有三分之一的土地归还原主，被驱逐的贵族以及被杀害的贵族继承人结束了颠沛流离的生活，回到世代相传的领地。同时，英法联合进攻勃艮第的准备工作已经就绪，战争迫在眉睫了。

尽管剧中的演员能够理解这些剧烈的变化，使这场戏进行得很顺利，但是双方立场坚定的大多数人对如此迅速的和解及事态的发展都感到头晕目眩。全国的人各持原来的态度。领袖人物可能进行了新的力量组合，而普通人则不相信红白玫瑰之间的敌意已经消失。要造成截然不同的局面，还需要一次推动。值得注意的是，虽然沃里克一再催促玛格丽特到伦敦同他和亨利六世会合，而且玛格丽特掌握着有效的军队，但她仍然留在法国，还把儿子也留在自己身边。

1471 年 3 月，爱德华四世带着人数不多的远征军在约克郡的雷文斯珀港登陆。当时这个港口由于亨利·博林布罗克在 1399 年登陆而仍然闻名于世，如今已被北海的浪潮冲刷得不复存在了。爱德华四世正在为自己的生命而战斗，因而像往常一样精神饱满。约克城将他拒于城门之外，但是，像博林布罗克一样，他宣布只是为了自己的领地而来的，他还让他的军队宣称拥护亨利六世国王。在这个条件下，他被接纳入城，得到给养，然后向伦敦进发。诺森伯兰带着 4∶1 的优势兵力上前截击，但爱德华四世通过巧妙的行军赶到敌人的前面去了。在他所经之处，约克派贵族和追随者纷纷加入他的军队。到达沃里克城的时候，他已有足够的力量再度称王。沃里克并没有因形势的变化而心慌意乱，他一面以命令式的口吻多次写信要求玛格丽特速返英格兰，一面在爱德华四世必经的考文垂屯兵以待。同时，他的弟弟诺森伯兰尾随爱德华四世南下，相距只有两天的行程。在这个危险的局面中，爱德华四世还有出乎沃里克意料的一张牌，那就是他知道克拉伦斯站在他的一边。克拉伦斯正带着一支数量可观的军队从格洛斯特郡赶来，表面上是要和沃里克会师。爱德华四世像甩掉诺森伯兰那样，从沃里克的侧翼巧妙地溜了过去，在沃里克和伦敦之间驻扎下来，那里正是克拉伦斯可以同他会师的地方。

双方都投入了全部力量，因而英格兰又出现了浩浩荡荡的大军。爱德华四世进入伦敦，手足无措的市民对他表示衷心的欢迎。亨利六世曾经遵命带着 600 名骑兵沿街游行，此时免去了这类苦差事，又被送回伦敦塔。决定性的战斗即将在北路打响。1471 年 4 月 14 日，爱德华四世和约克派为一方，沃里克、内维尔家族以及埃德蒙·博福特的次子萨默塞特公爵和重要的兰开斯特派盟友为另一方，在巴尼特[1]相遇了。

在英国各地，谁也看不清发生了什么事情，解开人们疑团的巴尼特战役本身就是在一团浓雾中进行的。双方的阵地犬牙交错，沃里克的右翼绕过了爱德华四世的左侧，爱德华四世的右翼也绕过了沃里克的左侧。沃里克可能是由于有人说他不勇敢而受了刺激，扔开战马徒步作战。兰开斯特派的重要人物牛津勋爵（他的父亲在爱德华四世执政初期遭到杀害）指挥着兰开斯特派的左翼，他发动的冲锋获得成功，但他在雾中迷了阵。他不知道可以轻而易举地从爱德华四世背后发动全线进攻，而打算回到自己人的阵中，结果走到萨默塞特中阵的背后。他的旗上有星星和光条的纹章，被沃里克的军队错看成爱德华四世的太阳和光条王旗。于是沃里克的弓箭手向他射出了羽箭。这个错误被发现了，但在那背叛行为屡见不鲜的时代，这个错误导致了另一个大错。人们以为他临阵逃脱，沃里克的军中传遍了指责他背叛的声音。牛津勋爵惊魂未定，纵马向迷蒙的远方逃去。萨默塞特指挥的另一侧翼部队早已被击溃，沃里克同右翼一起受到爱德华四世和约克派主力的进攻。在这场战役中求饶是没有用处的。沃里克见敌众我寡，阵线已被粉碎，便向他的战

1　Barnet，现在是伦敦市内的一部分。——译者注

马奔去。他平常在战斗之前总是走过阵列，然后骑上马，这次如果这样做，即使受到嘲笑也是明智的，因为假如他这次得以逃生，这段漫长曲折的历史可能就会有相反的结局。遗憾的是，在战斗最激烈的巴尼特城北面，正当沃里克就要赶到战马身边时，约克派的人追上来将他打死了。他曾经是为约克派的事业冲锋陷阵的旗手，为爱德华四世出过大力。他把这个青年推上王位，并且给予支持，可是却受到不公平的对待。他为自己所支持的事业断送了许多人的生命，可是却又卑鄙地背叛了这一事业，由此看来，他的死是罪有应得。然而，就他那超人的英勇气概而言，他理应光荣地死去。

在巴尼特战役的那一天，玛格丽特终于来到了英格兰。第四代萨默塞特公爵要为父兄报仇，经过巴尼特战役的打击仍然斗志旺盛，他遇见了玛格丽特，开始担任她的军事指挥官。听到沃里克阵亡和他的军队战败溃散的消息时，一向顽强坚定的玛格丽特王后产生了绝望的心情。她在韦茅斯附近的瑟恩修道院里暂且栖身，打算返回法国。但是，她的儿子、年将十八的威尔士亲王身上沸腾着亨利五世的血液，他主张为王冠血战到底。玛格丽特鼓起勇气，在坎坷多难的生活中又一次挺起了胸膛。她的唯一希望是到达威尔士边界，在那里，兰开斯特派的传统势力已经武装起来。沃里克的倒戈势力已经从兰开斯特派的力量中铲除，斗争从此又是兰开斯特派和约克派的斗争了。爱德华四世从伦敦附近抄近路出发，企图阻止玛格丽特进入威尔士。双方的军队马不停蹄地前进，在最后一天的行军中，双方都赶了40英里的路程。兰开斯特派首先赶到目的地，但他们的军队已经疲惫不堪。紧跟在后面的爱德华四世继续挺进，于5月3日在蒂克斯伯里同他们开战。

这次战斗进行得很简单。两军的阵列仍然是常见的左、中、右三部分。萨默塞特指挥玛格丽特的左翼部队，文洛克勋爵和威尔士亲王指挥中军，德文指挥右翼。爱德华四世则行使更广泛的指挥权。兰开斯特派的阵地易守难攻，“在他们的阵地前面有难行的窄路和深水沟，还有许多篱笆、大树和灌木，因而要攻破他们的阵地极其困难”[1]。看来，兰开斯特派的计划是静候急不可耐的约克派发动进攻。可是，萨默塞特发现了一条杀入约克派中军的“难行的窄路”，他可能没有同其他将军商量，也可能商量了没有得到赞同，便挥军向前杀去，取得了暂时的胜利。但爱德华四世预见到了这一薄弱环节，他顽强地抵挡着冲入中军的敌人。为了保护他的侧翼而投出的 200 支标枪，在关键时刻从致命的角度落在萨默塞特的军中，迫使他们溃不成军地退却。约克派开始了全线进攻，扑向失去保护的敌军侧翼，兰开斯特家族的最后一支军队就这样土崩瓦解了。萨默塞特显然感到，他在关键时刻没有得到支持。在逃离战场之前，他用狼牙棒敲碎了文洛克的脑袋。这种抗议并没有影响战斗的结局，只是为这次战斗增添一点有趣的情节而已。

兰开斯特派的军队被打散，或者说被消灭了。萨默塞特和其他许多显要人物以为躲起来就安然无事了，结果还是被拉出来砍了头。玛格丽特被活捉，威尔士亲王顽强地战死沙场。据一位编年史家记载，他临死时还徒然地呼喊他的连襟、奸诈无信的克拉伦斯前来援助。爱德华四世饶了玛格丽特的性命，一方面是为了炫耀自己的胜利，另一方面也是因为在那个凶狠的年代不杀妇女，尤其是不杀王后。

在这次战斗以后，格洛斯特公爵理查急忙赶往伦敦，到伦敦塔去完成一项任务。只要威尔士亲王活着，亨利六世的生命安全就有保证；但是在他带着兰开斯特派的最后一线希望死去以后，亨利六世的死期也就到了。5 月 21 日夜晚，格洛斯特公爵带着爱德华四世授予的全权到达伦敦塔，很可能在那里监督杀害了这位 50 年来一直处于残酷斗争中心意气消沉的见证人。

爱德华四世率领得胜的大军进入一直支持他的伦敦城，约克派取得了最后的胜利。

---

1 引自《爱德华四世的到来》（*The Arrival of Edward IV*）。——原注

我们重新坐上英格兰皇家宝座，这是在使敌人流血以后才夺回来的。正当强大的敌人十分猖狂的时候，我们就像秋天收割庄稼一样把他们铲除了！前后三个萨默塞特公爵，他们都是声威久著、坚强无比的英雄；克利福德家父子俩，诺森伯兰家父子俩，他们这两对，在号角声的激励之下，策马临阵，也都勇不可当；还有沃里克和蒙塔古两兄弟，赛过两只勇猛的大熊，他们曾用链索锁住兽中的狮王，以他们的吼声震动整个森林世界——这一伙全都被我们扫平了。我们的卧榻之旁再没有别人鼾睡，我们可以高枕无忧。贝丝[1]，请你把小宝贝抱过来，让我吻吻他。小内德[2]，为了你，你爸爸和你的两位叔叔冬天穿着冰冷的甲胄，彻夜不眠；夏天在灼热的阳光中东奔西走，都为的是夺得天下，让你稳坐江山。我们含辛茹苦，让你坐享其成。[3]

* * *

关于爱德华四世在此后的统治情况可作扼要的叙述。他的敌人和支持者都已死去，他达到了权力的顶峰，成为老成持重的政治家。他在尽情享乐的同时，有足够的力量保持对王国的绝对控制。他从登基伊始，一直很少召集国会，因为议员们总是找麻烦。可是到缺钱的时候，他不得不召集国会。当时使各代国王保持清醒头脑的呼声是，“国王应该自力更生”。但是提出这条原则的人们没有考虑到政务日益纷繁的因素。国王的经济来源有祖传领地上的收入和一些捐税，还有无人继承的财产或意外横财。光靠这些微薄的收入，他怎能维持同日益发展的社会相适应的统治呢？在这种条件下，要想实现对法国发动大规模战争的愿望更是不可能的，甚至连保卫苏格兰边界也极

1 Bess，伊丽莎白王后的爱称。——译者注
2 Young Ned，爱德华四世的儿子。——译者注
3 莎士比亚剧本《亨利六世下篇》第五幕第七场中爱德华四世语。——译者注

其困难。无论谁当国王，都得利用好战的北方贵族，他们的世袭职业就是守卫苏格兰边界地区。但是，这一切都需要现钱。中世纪国王没有钱就无所作为，即使现在金钱仍有不可忽略的作用。

爱德华四世决意尽量避免同国会发生关系，20 岁的时候，他就顶住战争的压力而努力争取“自食其力”。现在他已经取得胜利，毫无对手，便开始在个人花销之外的各个方面厉行节约，并且避免在海外进行冒险活动，以免陷入向国会乞讨的境地。他从没收的兰开斯特派领地上获得新的收入来源，王室从玫瑰战争中得到了好处。他得到许许多多的新领地，每年都从中有所收益。这样，只要和平的环境保持下去，他就可以自付一切费用。但是，贵族和人民的目标却不止于此，他们想再次征服法国。他们为法国境内属地的丢失感到痛惜，尽管自己遭受了苦难，却仍然怀念阿让库尔、普瓦捷和克雷西战役的胜利。爱德华四世是能征善战的武士，他们希望他在军事上作出贡献。爱德华四世则尽量避免战争，他从来不喜欢战争，也尝够了戎马生涯的艰辛。尽管如此，他还是从国会得到了同勃艮第联合进攻法国所需的大量款项。

1475 年，他入侵法国，但是打到亚眠附近的皮基尼便休战了。路易十一也像他那样认为，在和平环境中，国王力量强大，地位巩固，而在战争中，他们则会受制于自己的臣民，成为他们的工具。这两位国王谋求和平，结果如愿以偿，路易十一向爱德华四世提议一次缴纳 7.5 万克朗，然后每年纳贡 5 万克朗。这笔贡金几乎足以使王室预算实现平衡，使爱德华四世完全不依靠国会。爱德华四世同意这笔交易，签署了《皮基尼条约》[1]。但是，他的盟友勃艮第公爵“勇士查理”对此很不满意，在佩罗讷的大庭广众之中，当着所有英国军官的面说自己被盟友无耻地出卖了。人们由此产生了十分不愉快的印象，但爱德华四世忍受了这些指责。他撤退回国，连续七年坐享法国的大

1 *Treaty of Picquigny*。根据此条约，法国国王路易十一承诺向英国国王爱德华四世支付一笔补偿金，以换取爱德华承诺不谋求法国王位。——编者注

笔贡金。同时，国会多次拨款供他侵法之用，他把这些款项的绝大部分都储存起来。

今天，我们对这笔交易的兴趣主要集中在爱德华四世的性格上。我们可以看出，他虽然通过残酷的行动和屠杀等手段来争夺王位，但在内心深处却喜欢和平安谧的生活。我们绝不能说他的政策对英国是有害的。英国需要长久的和平时期，才能从可怕的内战创伤中恢复过来。法国政府从他身上看到了亨利五世的令人生畏的本领，他们为了避免他发挥这些本领付出了大量的金钱。这正中爱德华四世的下怀。他在统治过程中节省开支，到归天之时，成为亨利二世以来第一位没有债务而使国库殷实的国王。他尽量限制人们的民族自尊心，同时却使英格兰民族的力量复兴起来。他由人们心目中首屈一指的枪尖变成了缓冲器，这个缓冲器在当时颇有用处。正如某个学者所写的那样，“他的消极和玩乐可能只是掩盖特殊政治才能的面纱”[1]。

他最后不得不召集国会，不过不是为了要钱。他依靠没收的财产、法国的贡金和自己的贸易利润，仍能进行正常的统治。同他发生纠纷的是他的弟弟克拉伦斯。虽然兄弟俩在巴尼特战役和蒂克斯伯里战役之前达成的密约得到了严格遵守，但是爱德华四世再也不信任克拉伦斯了。克拉伦斯在一个关键时刻出卖了他的事业和家族，而在另一个重要关头又被收买回来，这个印象无论如何也无法从爱德华四世的脑海中抹去。克拉伦斯也知道，这个伤口虽然已经愈合，却没有长好。他是一个威风凛凛的亲王，在全国飞扬跋扈。他怠慢国王，蔑视王家法庭，把一些由于私人问题而得罪他的人处以死刑，并且认为无人敢动他一根毫毛。据说爱德华四世同埃莉诺·巴特勒订立过婚约，后来格洛斯特公爵理查利用这个借口篡夺王位。这个婚约的秘密可能就是克拉伦斯发现的。如果证明爱德华四世同伊丽莎白·伍德维尔的婚姻是非法的，克拉伦斯就是下一个合法继承人，从而对爱德华四世构成威胁。1478

1 引自 J.R. 格林的著作。——原注年1月，爱德华四世的忍耐到了极限，他专门召开国会谴责克拉伦斯。他列举了克拉伦斯冒犯国王的累累罪行，这些罪行构成了逆君之罪。不出所料，国会接受了爱德华四世的意旨。它发布了判决书，判处克拉伦斯死刑，由国王执行。然后，议员们便散会回家了，他们为没有派下新的税款而暗自庆幸。

克拉伦斯早已被关进伦敦塔。至于他是怎么死的，现在的各种说法大相径庭。有些人说，爱德华四世让他自己选择如何死去。爱德华四世当然不希望造成可怕的公开场面。根据莎士比亚的作品，克拉伦斯公爵是在一大桶白葡萄酒里淹死的，这肯定是16世纪流行的说法。这种说法难道不可能是真的吗？不管怎样，迄今无人试图证实任何其他说法。“虚伪奸诈和背信弃义的克拉伦斯”退出了人生的舞台，他临死时对爱德华四世一直不忘旧恶感到惊讶。

格洛斯特公爵理查受到命运的宠幸。亨利六世死后不久，他便和沃里克的女儿、沃里克大领地的一个继承人安妮结了婚。他们的结合并未引起人们的兴趣，因为安妮虽然没有同在蒂克斯伯里阵亡的威尔士亲王爱德华结婚，但已经和他订了婚。尽管如此，重要的利益得到了结合。

在这些年里，伊丽莎白王后不仅生了五个女儿，还生了两个漂亮的儿子，他们正在迅速成长。1483年，一个儿子12岁，另一个9岁。王位的继承问题似乎很明确，也很保险。爱德华四世本人只有40岁，再过十年，约克派的胜利就可以永久地保持下去。可是，命运女神进行了干预，严肃地提醒纵情享乐的爱德华四世注意他的一生即将结束。因此爱德华四世把主要精力放在保证年幼的爱德华五世继承王位的问题上，但是在1483年4月，死神突然降临，使他没有时间采取必要的措施。他虽然始终爱恋伊丽莎白王后，却一生荒淫无度。仅仅病了十天，这位强健的国王便在壮年去世了。当时王后还在英格兰中部。史学家们肯定地说，爱德华四世的早亡是酒色过度带来的惩罚。死因很可能是阑尾炎，不过现在已经无法确定。除了教会之外，人们对他的逝世毫无准备。由于他的暴卒，他忠实的弟弟理查突然看到了光辉灿烂的前程。

第三十章　CHAPTER 30

理查三世

爱德华四世死得如此突然，全国上下无不为之愕然。国内立即产生了严重的危机。在巴尼特战役和蒂克斯伯里战役之后，老派贵族眼看伍德维尔家族的人重新掌权得宠，只好忍气吞声。但在英国各地，王后的这些亲戚引起普遍不满或受到蔑视，而那时爱德华四世却背着王后同窈窕迷人的情妇简·肖尔尽情欢乐。现在，死神推倒了这种不稳定的复杂关系所依赖的唯一支柱——国王的权威。爱德华四世的长子爱德华在他的舅舅、第二代里弗斯勋爵的照顾下，住在威尔士边界的拉德洛。必须设置一位摄政官，人选已经无可争议。国王的忠实兄弟格洛斯特公爵理查战功赫赫，举止庄重，精通政务，由于剥夺了沃里克的财产和其他许多大片领地而拥有雄厚财力，并且担任着所有的军事要职，因此是别人望尘莫及的合适人选，何况爱德华四世生前曾指定他担任这个职务。大多数老派贵族都支持他。现将即位的国王的外祖父从前虽然是个骑士，却不过是一位贵族的管家，老派贵族一想到这里就感到恶心。继承人是个孩子，老派贵族此后就要受到这个尚未显示任何才能而又毫无经验的年幼国王的统治，他们为此深感遗憾。不过，为了他们立下的誓言，为了保持他们用干戈创立的约克家族王统，他们不能另有所图。

但是，他们至少有一点是不能容忍的，即不许伊丽莎白王后及其出身微贱的亲戚再占支配地位。另外，拥有许多追随者和本族支持者的里弗斯勋爵，在拉德洛控制着新国王。双方互相观望了三个星期，均未采取任何行动。他们在四月达成了协议，新国王应尽早到伦敦加冕，随行的军队不能超过 2000 名骑兵。根据这个协议，里弗斯勋爵和他的侄子格雷率领 2000 名骑兵，经由什鲁斯伯里和北安普敦向南而行。他们到达斯托尼斯特拉特福时，听说由约克郡前往伦敦的格洛斯特公爵和他的盟友白金汉公爵在他们的后边，距离他们只有十英里。于是，他们掉头回到北安普敦去迎接这两位公爵，毫无戒心。摄政官格洛斯特公爵理查笑容可掬地欢迎了他们，他们一起尽情畅饮了一番。可是到第二天早晨，情况发生了突如其来的变化。

里弗斯勋爵醒来时，发现客栈里的许多门都已落锁。他询问为何如此戒备，格洛斯特公爵和白金汉公爵恶狠狠地向他瞪眼，指责他“企图分裂”国王和他们的关系，并且立即逮捕了他和格雷。然后，摄政官理查率领他的军队骑马奔向斯托尼斯特拉特福，逮捕了那 2000 名骑兵的指挥官，并且冲到年轻的国王身边，说他发现里弗斯等人企图夺取政权和压迫旧贵族。听到摄政官理查这番话，爱德华五世采取了他统治期间有记载的唯一的断然行动——他哭了，这是完全可以理解的。

第二天早晨，摄政官理查又去见爱德华五世，以叔叔的身份拥抱他，以臣下的身份向他鞠躬，并宣布自己为摄政官。他将爱德华五世带来的 2000 名骑兵遣散回乡，因为这些骑兵已经没有存在的必要了。那么，现在向伦敦前进吧！到那里去加冕！于是这个无精打采的队伍开始向伦敦进发。

伊丽莎白王后早已回到伦敦，她对未来不抱什么幻想。她一到伦敦，便立即和她的另外几个孩子隐居威斯敏斯特教堂，在教堂和王宫之间的墙上掏了一个洞，以便传递她能够得到的个人应用物品。

国王失去自由的消息在首都引起了一阵混乱。“他将被送去处死，至于地点，谁也不知道。”[1]但黑斯廷斯勋爵向政务会保证说，一切都很正常，如果发生混乱，只能推迟同英格兰王国的太平有重大关系的加冕仪式。担任国务大臣的约克大主教企图打消伊丽莎白王后的疑虑，他说：“请夫人放心，如果他们不为在他们手里的王储加冕，我们明天就为你身边的另一个儿子加冕。”他甚至把国玺交给王后作为保证。他并不是搞什么阴谋，只不过是个老傻瓜，想不惜一切代价谋取社稷的安全与太平。可是他很快又为自己的所作所为感到后怕，设法把国玺取了回来。

国王于 5 月 4 日才抵达伦敦，而加冕仪式正是定在这一天举行，因此只得推迟。他被安排住在伦敦主教的宅邸，教俗两界的所有贵族纷纷前往拜谒，表示忠顺。摄政官理查和他的朋友们感到，国王成为教士的客人不大合适。当王后的朋友们建议国王住在圣约翰骑士团的克拉肯韦尔驿馆时，摄政官理查说，让他住在自己的土地上，住在自己的城堡里，倒是更合乎国王的尊严。住在伦敦塔不仅宽敞，还可以避免民众的骚乱。政务会的贵族一致同意这个决定。年幼的爱德华五世难以抗争，而且抗争对自己的安全也没有好处。在隆重的仪式和效忠的表示之后，这个 12 岁的孩子被带进了伦敦塔，大门随后紧紧地关上了。

伦敦笼罩在骚动不安的情绪之中，一些显要人物面面相觑，疑虑重重，胆战心惊。这场悲剧的下一幕轮到黑斯廷斯勋爵了。他在爱德华四世的晚年担任了重要角色。爱德华四世死后，他坚决反对伍德维尔家族，但他也是第一个不赞成摄政官理查那些做法的人。一切大权迅速地集中到摄政官理查手里，黑斯廷斯勋爵和其他一些显要的贵族对此甚为不满。黑斯廷斯因此开始向仍然住在威斯敏斯特大教堂的王后等人表示友好。至于后事如何，我们确切知道的只是他于 6 月 13 日在伦敦塔召开的政务会上突然被捕，当天未经审判便成为刀下之鬼。托马斯·莫尔爵士后来在下一代国王统治期间写了一

1 引自莫尔爵士的史著。——原注

部著名的历史著作，其中的材料当然是巩固的新政权授意提供的。他的目的似乎并不像道德主义戏剧那样着意作实事求是的叙述。在他的书中，理查三世是罪恶的化身，拯救王国于水火之中的亨利·都铎则如阳光一样和蔼可亲。谁要是持相反的看法，就是犯逆君之罪。莫尔不仅把一切可能和某些不可能的罪行归咎于理查，而且还把他描写成弯腰驼背、胳膊萎缩的怪物。在理查三世生前似乎从来没有人提到这些缺陷，可是由于莎士比亚在剧本中的描写，这些缺陷如今已经尽人皆知了。不用说，都铎王朝一灭亡，称赞理查三世的人便马上开始纠正他的形象，他们直到现在都很活跃，而且日甚一日。

不过，莫尔的书中也有独到之处，我们从中了解到在伦敦塔召开政务会的著名场面。那是6月13日，星期五。摄政官理查在9点左右来到政务会的会议厅，情绪似乎很好。他对莫顿主教说："主教大人，你在霍尔本的园子里的草莓长得真好，让我们吃一顿吧。"政务会的会议开始了。摄政官理查出去了一会儿，他在10点至11点之间回来时，脸色完全变了。他皱着眉头盯着屋里的人，同时，门口聚着一群武士。这位摄政官问道："有些人谋害像我这样一个与国王有近亲关系并且治理着国家的人，他们应该受到什么惩罚呢？"在场的人个个惊愕不已，黑斯廷斯打破沉默说，他们应该受到和逆君者一样的惩罚。摄政官理查高声叫道："我哥哥的巫妻和她的帮凶——你们看他们是怎样用巫术损害我身体的。"据说，他边说边卷起袖子，让众人看他的胳膊，那只胳膊像传说中的那样，已经萎缩。接着，他恶狠狠地提到了在爱德华四世死后同黑斯廷斯有暧昧关系的简·肖尔。黑斯廷斯吃了一惊，回答说："当然，如果他们做了这样卑鄙的事情，应该严惩不贷。"驼子理查喊道："什么？你还跟我用'如果'这样的词吗？我告诉你，他们确实犯下了上述罪行，而且我要对你以牙还牙，叛徒！"说着，他用拳头一敲政务会的桌子，武士们随着这个信号一拥而入，口里喊着"叛徒"，逮捕了黑斯廷斯、莫顿主教、约克大主教和其他一些人。理查告诉黑斯廷斯准备即刻迎接死神，他说："我要拿到他的脑袋之后才去吃饭。"时间很紧迫，几乎连找神父都来不及。伦敦塔的院子里碰巧有一根圆木，黑斯廷斯的头就在这根圆木上被砍了下来。恐怖气氛顿时笼罩了四周。

摄政官理查已经下令他的北方军队在可靠的军官理查德·拉特克利夫爵士率领下奔向伦敦。在南下的路上，拉特克利夫从一座城堡里提出了在押的里弗斯勋爵、沃恩勋爵、格雷勋爵和2000名骑兵的指挥官。在黑斯廷斯遇难的几天之后，他在庞弗里特将他们统统斩首。这些人的被杀是毋庸置疑的事实。

在此期间，伊丽莎白王后和她的另一个儿子仍然住在威斯敏斯特教堂这个避难所里。摄政官理查感到，应该把国王兄弟俩都置于他的监管之下，于是便要求受过清洗的政务会请王后交出这个孩子。如果王后拒绝，政务会便准备使用武力。王后无奈，只好照办，在威斯敏斯特宫把九岁的小王子交给摄政官理查。摄政官理查亲切地拥抱了小王子，然后把他送进伦敦塔。兄弟俩再也没有从那里出来过。此时摄政官理查的北方军队正在浩浩荡荡地接近伦敦，据说人数成千上万。他感到自己有足够的力量采取下一步行动了。爱德华五世的加冕礼已经推迟了好几次。伦敦市长的兄弟、摄政官理查的一名党羽、一个名叫肖的传道士在圣保罗十字架[1]前作了一次布道。他从几个方面谴责了爱德华四世同伊丽莎白·伍德维尔的婚姻，其中提到了使用巫术和违背同埃莉诺·巴特勒订下的所谓婚约，还说婚礼是在不圣洁的地方举行的。他根据这几点得出结论说，爱德华四世的孩子没有继承权，王冠应该属于摄政官理查。他还提到过去一些人的看法说，就连爱德华四世本人也并非其父所生。摄政官理查这时在白金汉公爵的陪同下出现在众人面前，显然希望人们当众拥他为王。但是，据莫尔的记载，“人们根本不想欢呼‘理查国王’，他们呆若木鸡，不明白为什么会作这样可耻的布道。”两天以后，白金汉公爵也发表了演说。据一位见证人说，他极善辞令，而且做了充分的练习，所

1 圣保罗大教堂院内的十字架，是专门布道、惩罚异教徒或宣读教皇旨谕的地方。——译者注

以他甚至没有停下来咽口水。可是人们这一次仍然默不作声，只有公爵自己的一些随从扔起帽子高呼："理查王！"

6 月 25 日，国会召开了会议。它收到的一份卷宗说，已故国王爱德华四世同伊丽莎白的婚姻纯属非法，因此爱德华四世的孩子都是私生子。于是它请求摄政官理查登基。白金汉公爵率领一个代表团去晋谒摄政官理查，当时摄政官理查住在他母亲的宫里，而他曾经诽谤母亲的德行。摄政官理查对代表团的请求抱着恰如其分的谦逊态度，执意不允所请。可是白金汉公爵也表示了他们的坚决态度，对摄政官理查说，决不允许爱德华四世的孩子统治英国，假如他不愿为国家效劳，他们只得另选一位贵族。这样，摄政官理查便打消顾虑，挑起治国的重担。第二天，他在隆重的仪式中登上了王位。同时，拉特克利夫从北方派来的军队在芬斯伯里菲尔德接受检阅。他们实际上有 5000 人左右，"衣衫不整……生锈的铠甲既不能抵挡刀剑，也无法擦出亮光"。伦敦人发现有关他们的力量和人数的消息十分夸张，这才放下心来。

理查三世的加冕礼定在 7 月 6 日举行，它的隆重仪式和游行缓和了人民的不安情绪。为了表示自己的仁慈，理查三世释放了约克大主教，并把伊利主教莫顿移交给白金汉公爵，监禁得松一些。加冕典礼之堂皇隆重，在当时可谓无以复加了。宗教界受到特殊的重视，鲍切大主教为国王和王后戴上了王冠。国王和王后接受了涂油礼，当着众人领了圣餐，最后到威斯敏斯特宫举行盛宴。理查三世的王位已经得到国会的承认和拥护，而且根据爱德华四世的孩子属于私生子的结论，理查三世是合法的直系继承人。此时，整个计划似乎全部实现了。可是就从这时开始，各个阶级对理查三世产生了强烈的不信任感和敌意，他的一切手段和能力都无法缓和这种情绪。编年史家费边在 1516 年出版了一部著作，书中写道："理查三世咎由自取地受到国内大部分贵族的强烈怨恨，连以前爱戴和颂扬他的人也都怨气冲天……除了害怕他和得到他大量赠礼的人，几乎无人支持他。"

理查三世的辩护士现在常说，那是因为都铎王朝对这些历史事件的观点占了上风。但实际上，从这些历史事件中生活过来的英格兰人，在都铎王朝掌权或者说真正成为重要势力的两年以前，就已经形成了他们的看法。理查三世掌握着统治大权的时候，利用一切条件宣扬自己的观点，可是人们却普遍不相信。毋庸置疑的是，全国大多数人确信，理查三世利用自己的摄政官权力篡夺了王位，爱德华四世的两位王子已经在伦敦塔内消失了。要想把这个问题体面地说成历史上的意见分歧，需要许多立论巧妙的著作。

为理查三世登基立下汗马功劳的是白金汉公爵，接受理查三世赠礼和宠爱最多的人也是他。但在理查三世登基的三个月内，白金汉公爵却由他的一个主要支持者变成一个死敌。我们对他的动机并不清楚，可能他预见到了这次篡位的后果，想逃避帮凶的罪名，也可能是为自己的安全担心。他自己不也是王族的后裔吗？无论从博福特家族的关系看，还是从托马斯·伍德斯托克的关系看，他都是爱德华三世的后裔。当时人们认为，理查二世曾经颁发特许证书承认博福特家族的合法地位，后来亨利四世又予以肯定，特许证书中有一条特殊规定，宣布这个家族不能继承王位。可是，文件原本上并没有这条规定，它是后来在亨利四世统治时期加上去的。白金汉公爵从母亲身上继承了博福特家族的血统，他保存着得到国会批准并盖有国玺的特许证书原件，上面并没有提到这样的禁令。虽然他严守这个秘密，但他此时一定把自己看作潜在的王位继承人，他也一定感到，如果理查三世有同样的看法，那么对他是很危险的。白金汉公爵深感不安的是，理查三世即位时的一切仪式和盛况并没有消除他在人们心中的篡位者形象。这位公爵忧心忡忡地在自己的布雷克诺克城堡中开始同在押的莫顿主教交谈。莫顿主教是个卓越的政治家，有三寸不烂之舌，他确实对公爵产生了重要的影响。

* * *

在此期间，理查三世开始了从牛津穿过英格兰中部的旅行。在每一座城市里，他都纠正冤案，排难解纷，普施恩惠，笼络人心，企图留下良好的印象。可是他仍然感到，在他周围一片感激和忠诚的表象之下，存在着对他王位的默默挑战。在南方，这种挑战几乎公开化，伦敦、肯特、埃塞克斯和伦敦附近各郡的反对情绪已经非常强烈，人人要求释放两位年幼王子。可是，理查三世并没有怀疑到白金汉公爵有什么强烈不满，其实，公爵在格洛斯特就已经同他分道扬镳了。他担心自己的王冠被人夺走。只要他的两个侄儿活着，反对他的各种力量就有了汇合点，他的王冠怎么保得住呢？由于这个原因，便发生了与理查三世的名字不可分割的严重罪行。他的本性残忍无度，他的利益所在也是昭然若揭的。可以肯定，1483 年 7 月以后，再也没有人见过伦敦塔里那两个孤立无援的孩子。然而有些人认为，他们在狱中有气无力地又生活了两年，后来被亨利·都铎处死。实际上，在这两年里没有人看见过他们，也没有关于他们的任何记载。

根据托马斯·莫尔的说法，理查三世在 7 月决意消除两位王子对他的王位和太平生活的威胁。他派遣名叫约翰·格林的特使去找伦敦塔的卫戍长官布拉肯伯里，令他处死两位王子，结果遭到拒绝。格林碰了钉子，去见理查三世时，理查三世愤怒地喊道："我认为最愿意替我效力的人都不肯执行我的命令，我还能信任谁呢？"一个侍从听到了这番话，提醒他说，昔日和他一起战斗的詹姆斯·蒂雷尔爵士能够做任何事情。于是，蒂雷尔带着敕命前往伦敦，命令布拉肯伯里将伦敦塔的所有钥匙交他掌管一夜。蒂雷尔拿到钥匙后，立即开始执行杀人的使命。看管王子的四名狱卒中，有一个叫福雷斯特的人愿意干这个残忍的勾当，他和蒂雷尔的仆人戴顿一起下了毒手。当两位王子熟睡的时候，这两个凶手用枕头紧紧捂住他们的脸，直到他们窒息而死，然后把他们埋在伦敦塔内一个僻静的角落里。有证据表明，三个凶手都从理查国王那里得到了相应的奖赏。到了亨利七世统治时期，蒂雷尔由于其他罪行被判处死刑，押在伦敦塔，据说他作了坦白。根据他的交代和其他许多旁证材料，我们才知道上述事情的始末。

在查理二世统治时期，通往白塔小教堂的楼梯在1674年改建时，发现一些碎石下面埋有两具男孩尸骨，看上去和两位王子遇害时的年龄相同。皇家医师对尸骨进行了检查，一些考古学者报告说，它们肯定是爱德华五世和约克公爵的尸骸。查理二世接受了这种看法，将这两具尸骸移到威斯敏斯特的亨利七世小教堂重新下葬，并且用拉丁文刻了碑文，把一切罪责归于他们的背信弃义的叔叔——“王国的篡位者”。尽管如此，许多作者在书中仍然努力为理查三世开脱罪责，或者企图以推断为证据把罪责加在亨利七世的头上，其中比较突出的是霍勒斯·沃波尔。然而，近来的一次发掘工作证实了查理二世时代那些公证人士的看法。

白金汉公爵已经成为英格兰西部和南部密谋反对理查三世的中心人物，他决心实现自己的王位继承权。他似乎根据自己对理查的了解估计到，关在伦敦塔的两位王子已经死去，或者死难临头。他这时碰到了博福特家族的幸存者、里奇蒙伯爵夫人玛格丽特，并且意识到，即使约克家族都被抛在一边，还是有人比他更有王位继承权，那就是玛格丽特和她的儿子、里奇蒙伯爵亨利·都铎。玛格丽特以为白金汉公爵仍然是理查三世的左右手，请他劝说理查三世允许她的儿子里奇蒙伯爵亨利同伊丽莎白结婚。伊丽莎白是爱德华四世的女儿，仍然跟母亲躲在威斯敏斯特教堂里。这个打算同理查三世的利益有根本的冲突，他是决不会支持的。白金汉公爵则认为，这件婚事如果成功，就可以把约克家族和兰开斯特家族的继承权结合起来，弥合长期分裂英格兰的裂痕，促使反对篡位者的强大统一战线立即形成。

全国普遍要求释放被囚禁的两位王子，得到的回答却是他们已经去世。至于他们是什么时候死的，怎么死的，被谁杀死的，这一切都不得而知。噩耗像野火一样传开以后，许多人顿时义愤填膺。那时，英格兰人虽然已经习惯于长期内战中的暴行，但还保持着害怕的本能，这种本能一旦受到可怕事情的刺激，他们对这些事情便久久难忘。现代的独裁者掌握着科学手段，可以很容易地继续欺骗公众，扰乱人们思想和目标的连贯性，因此，每日大量的新闻分散人心，它们对事实的肆意歪曲使人们无法作出正确的判断。但是在15世纪，两位年幼的王子被他们的保护人杀害这件事，被视为残暴的罪行，人们永远不会忘记这一罪行，也永远不会饶恕。同年9月理查三世巡行到约克时，封他儿子为威尔士亲王，在他的敌人看来，这证实了那些可怕的传闻。

白金汉公爵准备在10月18日发动大规模暴动。他将在布雷克诺克集合自己的威尔士军队，西部和南部各郡都将参加暴动，里奇蒙伯爵亨利将在布列塔尼公爵的援助下，率领一支5000人的军队在威尔士登陆。遗憾的是，民众听到两位王子遇害的传说之后怒不可遏，打乱了这个周密的计划。在预定暴动日期的前十天，肯特郡、萨尔特郡、萨塞克斯和德文郡纷纷发生暴乱。10月12日，里奇蒙伯爵亨利被迫在天气很坏的情况下从布列塔尼出航，结果舰队被风暴打散；白金汉公爵在布雷克诺克举起战旗的时候，天气也异常恶劣，一场大暴雨淹没了塞文河谷，使他困在威尔士边界的一个地区，既不能补充给养，也无法按计划同德文郡的暴乱队伍会合。

理查三世以最大的力量采取了行动，率领军队前去镇压暴乱。南方分散的暴乱队伍被镇压下去；白金汉公爵的队伍也土崩瓦解，他本人躲藏起来，以免遭到报复。里奇蒙伯爵终于到达英格兰海岸，可是只剩下两艘船了。他将船往西驶向普利茅斯，等待永远不会发出的信号。他在普利茅斯不明情况，为谨慎起见便又打听了一下，得到的消息使他不得不返回布列塔尼。白金汉公爵的头颅赏格很高，他因此被人出卖给理查三世，后者立即杀害了他。这次又像以往那样，处死了许多人。全国各地恢复了秩序，理查又巩固了自己的王位。

在新的一年里，理查三世开始在各个领域进行一系列有见识的改革。他为爱德华四世统治下形同虚设的国会恢复了权力，宣布国王以“恩税”（benevolences）方式筹集岁入的做法为非法。国会在长期沉默之后，又开始进行一系列的立法活动。贸易活动受到许多法案的保护，这些法案虽然欠妥，但用意是好的；国会还颁布了土地法，以限制土地的托管问题。为了取悦教士阶层，理查三世确定了他们的特权，捐献了新的资金，努力发展学术活动。富丽堂皇的场面受到限制，败在理查三世手下的政敌得到宽恕，贫困的请愿者受到照顾。但这一切均告无效。理查三世的罪行在全国燃起的仇恨怒火仍在熊熊燃烧，不可扑灭。无论是广施恩惠，还是采取明智的措施，或是取得行政方面的成就，对这位有罪的国王都毫无帮助。

有一位曾经当过伍斯特郡郡守、名叫科林伯恩的绅士无法压制对理查国王的愤怒，在一时冲动之下将他写的一首打油诗贴在圣保罗大教堂的门上：

老猫跳，
耗子窜，
跟着大公猪，
随着洛弗犬，
为非又作歹
糟蹋英格兰。

理查三世的纹章上面是一头公猪，他和凯茨比、拉特克利夫以及洛弗尔子爵都受到了侮辱[1]。科林伯恩在某一年的年底痛苦地去世，不只是因为他侮辱了这几个人，还因为他是毋庸置疑的叛乱者，积极参加过上述叛乱的策划活动。

理查三世自己也忐忑不安，他感到恐惧，常做噩梦，觉得每个角落都有惩罚在等待着他。托马斯·莫尔爵士写道："我得到可靠的秘密消息说，在那次可怕的暴行以后，他的心里再也没有平静过，再也没有产生过安全感。他

1 "凯茨比（Catesby）"前半部的写法和读音同"猫（Cat）"一样，"拉特克利夫 (Ratcliffe)"的前半部则和"耗子 (Rat)"相同，"洛弗犬 (Lovell dog)"指的是洛弗尔 (Lovell) 子爵。——译者注

每次出宫，总是目光游移不定，身体暗地作了防护，一只手从不离开佩剑，那副表情和举止就像随时准备搏斗一样。他在晚上辗转反侧，久不能寐；由于终日保持戒心而困顿不堪，与其说在睡觉，不如说在朦胧中熬时间，他常做噩梦，有时突然坐起来，跳下床在屋子里乱跑。他那颗不安的心就是这样被自己干下的可怕勾当所困扰，受着长期的剧烈折磨。”

* * *

1484 年 4 月，理查三世遭到了可怕的打击：他的独生子威尔士亲王在米德尔赫姆不幸夭折，而他的妻子、沃里克的女儿安妮身体已垮，再也不能生育了。里奇蒙伯爵亨利·都铎显然成为有竞争性的王位继承人。“兰开斯特家族中最有继承权的”里奇蒙伯爵是威尔士人，他的祖父、1461 年被约克派处死的欧文·都铎如果确实结了婚，他的祖母便是亨利五世的遗孀、法国的凯瑟琳，他的母亲是玛格丽特·博福特。因此，他在母亲这方面有爱德华三世的血统，在父亲那方面多少有些卡德瓦拉德以及包括亚瑟王在内的古代不列颠国王的血统，甚至还有法国王族血统。他的青少年时代是在动荡的生活中度过的。他在童年时代有七年被困在哈莱克城堡里；他 14 岁的时候，兰开斯特派在蒂克斯伯里战败，他被迫逃往布列塔尼，此后，他一直过着贫困的流亡生活。这些磨难在他的性格中留下了烙印，使他变得狡猾多疑。可是，这一点并未影响他的高傲气质，也无损于他那远大的目光和济世之才，更没有改变他的表情。据说，他“面带微笑，和蔼可亲，同别人谈话时尤其笑容可掬”。

英格兰人此时都把希望寄托在里奇蒙伯爵身上。显然，如果他像母亲打算的那样同爱德华四世的长女伊丽莎白结婚，全国所极度厌倦的残酷的王位之争就可能彻底结束。白金汉公爵叛乱失败后，里奇蒙伯爵和他的远征军退回布列塔尼。对他一直友好的布列塔尼公爵，又为他及其手下的约 500 名英国贵族提供了食宿。理查三世积极进行外交攻势，建议以巨款引渡他的敌手里奇蒙。布列塔尼公爵患病期间，他的大臣朗杜瓦企图出卖这个值钱的人质。里奇蒙估计到了这种危险，在大难临头的关键时刻扬鞭策马逃到法国。根据竭力分裂英国的一贯政策，法国摄政王安娜热情地接待了他。布列塔尼公爵病情好转以后，斥责了他的大臣，继续庇护这些英国流亡者。里奇蒙在法国遇到了兰开斯特派残余力量的首要人物牛津伯爵，后者逃脱了十年的监禁，继续进行过去的斗争。过了一个时期，约克派和兰开斯特派都有许多重要人物摆脱了邪恶的理查三世，聚集到里奇蒙的身边。从此，里奇蒙统领着一支联合力量，这支力量大有统一英格兰之势。

里奇蒙把自己的重大希望寄托在他同伊丽莎白公主的婚事上。但是在这方面，理查三世也并未漠然置之。在白金汉公爵发动叛乱之前，他就已经采取措施防止伊丽莎白溜出庇护所和英格兰。1484 年 3 月，他建议同他称为“伊丽莎白·格雷夫人”（Dame Elizabeth Grey）的前王后和解，不幸的王后没有拒绝。理查郑重立约，“以国王的名誉”保证，为这位前王后提供生活费用，还要把她的几个女儿体面地嫁出去。在签署这个重要文件时，在场的不仅有上议院议员，还有伦敦市长和各郡郡守。虽然往事犹历历在目，但伊丽莎白王后仍然不得不依赖这些诺言。她离开庇护所，放弃了把女儿嫁给里奇蒙的打算，同较大的几个公主在理查的宫里受到接见，被待为上宾。1484 年圣诞节时，威斯敏斯特宫中举行了盛大的节庆。人们注意到，“伊丽莎白·格雷夫人”和她的女儿们换上了新装，华贵的服装款式非凡，使她们个个显示出皇家气派。人们把爱德华四世的孩子们不久前蒙受的私生子臭名以及伦敦塔内的可怕秘密统统置诸脑后。虽然入侵的危险迫在眉睫，这次节庆却是轻歌曼舞，觥筹交错。“伊丽莎白·格雷夫人”甚至往巴黎给她第一次结婚所生的儿子多塞特侯爵写信，要他抛弃里奇蒙，回国分享新得到的宠幸。更令人吃惊的是，伊丽莎白公主对于篡位者给她的照顾似乎毫不反感。1485 年 3 月，安妮王后去世，很可能是病故。有传闻说，理查三世想娶侄女为妻，目的是避免她同里奇蒙的结合。如果理查三世得到教皇的特许，这件乱伦的婚事本来是可以办成的，但是他在政务会和公开场合都否认自己有这种意图。如果他同被他宣布为私生子的公主结婚，我们真不知道他怎么能够巩固自己的地位。不管实情如何，里奇蒙却因此消除了自己的忧虑。

整个夏天，里奇蒙的远征军在塞纳河口忙于出征的准备工作。英格兰人络绎不绝地前来投奔他，数目可观。激战前的平静使理查三世难以忍耐。他感到自己处于仇恨和不信任的海洋之中。如果说有人为他效劳，那只是出于恐惧，或者是想博得恩宠。他生性顽强，不甘示弱，这决定了他要为自己的王冠进行一生中最激烈的保卫战。他在便于指挥的诺丁汉中心地带建立了司令部，几乎对各郡都下了动员令，要求人们拿起武器。他不得已地违反自己前一年发布的令状，要求“恩税”三万英镑，当时人们称之为“勒索”。他建立了一支纪律严明的常备军，并在交通干线上每隔 20 英里派驻一批驿夫，靠他们传递消息或传达命令。这个驿站网有条不紊，效率较高，这在英国史上是前所未有的。驿站制度的这一重要发展最早出自爱德华四世之手。理查三世不断地率领部队在英格兰中部地区巡视，企图靠武力和德政对心怀不满的臣民刚柔相济。他猛烈攻击里奇蒙说，“埃德蒙·都铎和欧文·都铎的后代亨利·都铎”无论在父亲身上还是母亲身上都有私生子的血液，而且野心勃勃，贪欲无度，时刻觊觎着王位，要“使国内崇高尊贵的人们永远丧失一切并遭到毁灭性的打击”。可是，人们对这些指责的反应却很冷淡。

8 月 1 日，里奇蒙率领约克派和兰开斯特派的联合力量以及一支法国军队在阿夫勒尔起锚扬帆。他的舰队顺风驶过英吉利海峡，避开“洛弗犬”的舰队，绕过地角，于 7 日在米尔福德港登陆。他跪着唱起圣歌。他吻了土地，对着自己划了个十字，然后下令以上帝和圣乔治的名义进军。他只有两千人马，可是充满信心，宣称理查是篡位者和造反者。威尔士人见到他们的本族人有希望登上英格兰大帝国的王位，非常高兴，因为这是他们梦寐以求的事情。古代布立吞人的后代将荣归故土。理查三世手下的重要酋长和军官里斯·阿普·托马斯觉得他效忠理查三世的誓言妨碍他帮助里奇蒙，他曾经宣布不让任何叛乱者进入威尔士，“除非他们从他的肚子上走过去”。不过，他曾以圆滑的理由为借口，拒绝把自己的独生子送到诺丁汉当人质，他对理查三世说，没有什么东西能比他的良心更有约束力。此时，他的誓言成了障碍。然而，圣戴维大教堂的主教帮助他解除誓约，建议他如果仍然感到不安的话，就躺在里奇蒙的面前，让他从肚子上迈过去。后来，里斯·阿普·托马斯采取了同样令人满意而更加体面的办法，他站在达勒附近的莫洛克桥下，里奇蒙伯爵亨利从桥上面走了过去，这样他就避免了违背誓言的窘境。里奇蒙不仅打起圣乔治的圣旗，还打出了卡德瓦拉德的赤龙大旗，一些威尔士绅士前来投到他的麾下。他带着五千人马经过什鲁斯伯里和斯塔福德向东挺进。

* * *

英王理查三世尽管遍设驿站，但在里奇蒙登陆五天之后他才得到消息。他纠集自己的军队，上前迎击仇敌。此时，斯坦利家族的态度成为决定胜败的因素。理查三世早就命令过他们，如果叛乱队伍在西部登陆，就由他们予以截击。但是，统辖几千人马的威廉·斯坦利爵士不想照办。理查三世因此召见这个家族的族长斯坦利勋爵，而当这位勋爵说他“病魔缠身”时，理查三世便拘捕了他的长子斯特兰奇勋爵，如果他不尽力效忠，就拿他的长子开刀。这个措施未能阻止威廉·斯坦利爵士率领柴郡的军队同里奇蒙结好。斯坦利勋爵则指望挽救儿子的性命，直到最后还抱着观望的态度。

这一次，约克城站在约克派一边。诺福克公爵和诺森伯兰伯爵珀西是理查三世的主要支持者，“老猫”[1]和“耗子”[2]则只有帮助主人取胜才有生存的

1　指凯茨比，见本章打油诗注释。——译者注

2　即拉特克利夫，见本章打油诗注释。——译者注

希望。8 月 17 日，理查三世在这些人的陪同下，率军前往莱斯特。他的军队分成四路纵队前进，两边有骑兵护卫，他本人骑着威武的白色战马走在中央，全军队列严整，声势浩大，令人望而生畏。8 月 21 日是个星期天，这支大军开出莱斯特，到马基特博斯沃思村附近迎击里奇蒙。一场决战将在翌日开始。

从表面上看，形势有利于理查国王。他利用国王的权威控制着一万训练有素的军队，而里奇蒙只有仓促召集的 5000 人的队伍。威廉·斯坦利爵士和斯坦利勋爵分别带着主要来自兰开夏和柴郡的部队，驻扎在离主力部队两侧不远的两个相对的山头上。有人说，整个战场的局势恰像四个人在打牌。据都铎时代的历史学家记载，理查虽然承认自己做了一夜的噩梦，却振振有词地鼓励他的军官们说："打消一切恐惧吧！……只要每个人进行一次有力的打击，胜利就属于我们了。那一小撮乌合之众怎么能战胜我们整个王国的力量呢？至于我本人，你们可以相信，我将取得辉煌的胜利，否则将战死沙场，流芳百世。"说完，他发出了开始战斗的信号，并且通知斯坦利勋爵说，倘若他不立即发动进攻，他的儿子马上就会成为刀下之鬼。斯坦利勋爵被迫在两条道路之间作出艰难的抉择，他凛然答道，他还有别的儿子。于是，理查国王下令处死斯特兰奇。接到这项命令的军官们认为，还是暂缓处决为妙，应该等着看看战局如何再定。他们说："陛下，敌军已经越过那片沼泽地，还是等战斗结束以后再收拾斯坦利家的这个年轻人吧。"

直到此时，里奇蒙还不知道斯坦利勋爵及其军队将站在哪一方。在发射羽箭和进行炮击之后，两军一经交锋，一切疑虑便烟消云散了。指挥理查三世左翼部队的诺森伯兰伯爵隔岸观火，斯坦利勋爵的队伍则公开帮助里奇蒙作战。理查三世见大势已去，一边喊着"叛徒！叛徒！"一边发疯似的冲到战斗最激烈的地方，企图亲手杀死里奇蒙。他杀死了里奇蒙的旗手威廉·布兰登爵士，并且打败了力气过人的约翰·切尼爵士。据说，他甚至冲到了里奇蒙身边，和他厮杀一番。但就在这时，威廉·斯坦利爵士统率的 3000 名

“穿着血红颜色衣服”的军队向浴血奋战的约克派猛扑过去，猛烈的冲击把这两位主要人物分开了。里奇蒙被保护起来，理查三世拒绝逃走，被众人打倒杀死，得到了应有的下场。

只要还有一口气，
我就决不逃走。
他说到做到，
虽然死了，却像个国王。

理查三世一直戴到生命最后一刻的王冠，被人从一丛荆棘中捡了起来，放到胜利者的头上。诺福克公爵英勇战死，他的儿子萨里勋爵被俘，拉特克利夫死于混战之中，凯茨比得到一点时间立下遗嘱，然后也在战场上被就地处决。亨利·都铎成为英格兰国王。理查三世的尸体刀伤累累，被剥光衣服后横绑在一匹马上，头和长发耷拉着，血肉模糊，令人作呕，他就是这副样子被带到莱斯特城示众的。

*　　　*　　　*

博斯沃思战役可以说是英国史上一个很长篇章的结束。虽然在下一个王朝里仍有明争暗斗，但红白玫瑰之间的斗争基本上已经终止。双方无一获胜。里奇蒙伯爵和八面玲珑的伊丽莎白公主结婚，使约克派和兰开斯特派的残余力量可以在此基础上获得和解。他们的成婚产生了都铎王族，约克派和兰开斯特派都是其中的成员。拼命厮杀的两代人的对立亡灵被永远抛在一边。理查三世的死亡也使金雀花王朝寿终正寝。300 多年来，这个家族的各代国王既有军事本领，又有政治手腕，才能和罪孽都在他人之上。他们一直追求权力，维护自己的帝国，而此时却失去了不列颠岛的恩宠。金雀花王朝及其制度所产生的贵族已经瓦解，绝大多数贵族在刀锋之下掉了脑袋，这些家族的两三代分支均被消灭。长期以来，寡头政治集团以自己的感情、忠君思想和罪恶撰写了英格兰的历史，此时也从举足轻重的地位上跌落下来。王族女系或私生子的后代同这个已经过去的时代有说不清的联系，正如“狮心王”曾经说过的那样，“我们是魔鬼的后代，最终将要去见魔鬼”。

玫瑰战争经过博斯沃思战役到了它的最后一个里程碑。在下一个世纪里，都铎王朝的臣民认为，中世纪也在1485年结束，一个新的时代已经随着亨利·都铎的登基而诞生。现代史学家一般认为，我们的这段历史没有截然的分期，亨利七世登基后继承并巩固了约克王族各代国王的大部分业绩。15世纪的激烈斗争、动荡局势和荒凉景象，使社会各阶层渴望有一个统一的强大政府。兰开斯特王族统治下盛行的国会观念扩大了立宪权利，这些权利此后将长期失去作用。直到17世纪，“先陈言后拨款”“大臣对民众的意志负责”和“国王是国家的仆人而不是主人”等传统原则才重见天日。聪明睿智、饱经风霜、处事谨慎的亨利七世国王开创了都铎王朝的专政，英格兰在他的引导下进入了一个新的时代。这个新时代的人们对客观情况感到迷惑不解，但也得到新的启发，文艺复兴的潮水和宗教改革的风暴又给他们带来了新的问题。

译名表

A

阿布维尔 Abbeville

阿德拉 Adela

阿德洛 Hardelot

阿尔菲奇 Alphege

阿尔弗雷德大帝 Alfred the Great

阿夫勒尔 Harfleur

阿格里科拉 Agricola

阿格丽品娜 Agrippina

阿基坦 Aquitaine

阿拉里克 Alaric

阿拉斯 Arras

阿勒颇 Aleppo

阿莉特 Arlette

阿伦德尔 Arundel

阿尼克 Alnwick

阿普尔多尔 Appledore

阿让库尔 Agincourt

阿塞尔纳 Athelney

阿瑟尔斯坦 Athelstan

阿什当 Ashdown

阿什凯隆 Ascalon

阿斯林 Ascelin

阿维尼翁 Avignon

埃德雷德 Edred

埃德蒙・里奇 Edmund Rich

埃德蒙・莫蒂默 Edmund Mortimer

埃德温 Edwin

埃丁顿 Edington

埃尔吉娃 Elgiva

埃夫伯里 Avebury

埃京哈德 Eginhard
埃克塞特 Exeter
埃克斯摩 Exmoor
埃里克 Eric
埃莉诺·科巴姆 Eleanor Cobham
埃奇科特 Edgcott
埃塞尔伯特 Ethelbert
埃塞尔博德 Ethelbald
埃塞尔雷德 Ethelred
埃塞弗莉达 Ethelfleda
埃塞瓦尔德 Ethelwald
艾奥纳 Iona
艾达 Ida
艾德河 Eider R.
艾尔苏夫 Arsuf
艾萨克二世 Isaac Ⅱ
爱德华·巴利奥尔 Edward Balliol
爱丽丝·佩勒斯 Alice Perrers
安德利斯 Andelys
安格尔西 Anglesey
安吉文 Angevins
安塞尔姆 Anselm
安特里姆 Antrim
安条克 Antioch
奥尔德雷德 Aldred
奥尔德肖特 Aldershot
奥克尼 Orkney
奥拉夫 Olaf
奥朗日 Orange
奥尼尔 O'Neill
奥斯特利 Ostorius
奥斯维 Oswy
奥特本 Otterburn
奥文 Auvergne

B

巴德伯雷 Badbury
巴勒迪克 Bar-le-Duc
巴特尔修道院 Battle Abbot
巴西特 Bassett
拜特诺斯 Byrhtnoth
班诺克本 Bannockburn
保利努斯 Paulinus
贝当库尔 Béthencourt
贝尔吉 Belgic
贝弗利 Beverley
贝克韦尔 Bakewell
贝伦加丽娅 Berengaria
贝奇耶 Béziers
贝特朗·杜·盖克兰 Bertrand du Guesclin
本弗利特 Benfleet
比约恩 Bjorn
边界伯爵 Earl of March
波连萨 Pollentia
伯格莱德 Burgred
伯克利 Berkeley
伯克姆斯特德 Berkhamsted
伯莎 Bertha
博阿迪西娅 Boadicea
博德里古 Baudricourt

博罗布里奇 Boroughbridge
博尼费斯 Boniface
博热 Beaugé
博沃 Boves
布狄卡 Boudicca
布拉肯伯里 Brackenbury
布莱克洛 Blacklow
布莱克沃特 Blackwater
布莱克希思 Blackheath
布莱尼姆 Blenheim
布赖恩·博勒 Brian Boru
布朗吉 Blangy
布朗什塔格 Blanchetaque
布里奇沃特 Bridgewater
布列塔尼 Brittany
布隆德尔 Blondel
布卢瓦 Blois

D

达勒姆 Durham
德丁顿 Deddington
德哥杜姆尼 Togodumnus
德维利尔 Deverill
邓斯顿伯格 Dunstanburgh
邓斯特布尔 Dunstable
迪河 Dee R.
蒂龙 Tyrone
栋雷米 Domrémy
杜普林 Dupplin
多米蒂安 Domitian
多塞特侯爵 Marquis of Dorset

E

恩舍姆 Eynsham

F

法莱斯 Falaise
法罗群岛 Faroe IS.
范·阿特维尔德 Van Arteveldt
菲茨杰拉德 Fitzgerald
菲茨休 Fitzhugh
菲莉帕 Philippa
费康 Fécamp
芬斯伯里菲尔德 Finsbury Fields
弗雷旺 Frévent
福克斯·德布雷欧特 Fawkes de Breauté
福斯-克莱德地峡 Forth-Clyde Isthmus

G

盖尔语 Gaelic-speaking
岗恩希尔德 Gunnhild
格克斯塔德 Gokstad
格拉摩根 Glamorgan
格拉提安努斯 Gratianus
格利斯纳茨 Gris Nez
格斯 Gyrth
格斯洛姆二世 Guthrum Ⅱ
贡比涅 Compiègne

H

哈德里安 Hadrian

哈迪·卡纽特 Hardi canute

哈夫丁 Halfdene

哈罗德·哈德雷达 Harold Hardrada

汉茨 Hants

汉弗莱 Humphrey

汉弗莱·德博恩 Humphrey de Bohun

赫克瑟姆 Hexham

黑斯廷斯勋爵 Lord Hastings

亨吉斯特 Hengist

亨利·博林布罗克 Henry Bolingbroke

亨利·布拉克顿 Henry Bracton

亨利·格林 Henry Greene

亨利·金雀花 Henry Plantagenet

霍茨珀 Hotspur

霍尔特 Holt

霍洛韦尔 Hollowell

霍萨 Horsa

J

基利克兰基 Killiecrankie

贾罗 Jarrow

贾斯珀 Jasper

简·肖尔 Jane Shore

教皇格列高利九世 Pope Gregory Ⅸ

杰弗里·乔叟 Geoffrey Chaucer

杰克·凯德 Jack Cade

杰克·斯特劳 Jack Straw

杰奎琳 Jacqueline

金霍恩 Kinghorn

K

卡昂 Caen

卡德桑 Cadzand

卡德瓦拉德 Cadwallader

卡迪根 Cardigan

卡尔卡松 Carcassonne

卡拉克塔克斯 Caractacus

卡莱尔 Carlisle

卡利佛 Calleva

卡利卡努河 Calycadnus R.

卡姆勒多纳姆 Camulodunum

卡西维罗尼斯 Cassivellaunus

卡锡特利德 Cassiterides

凯尼尔沃思 Kenilworth

坎布斯肯尼思 Cambuskenneth

康诺特 Connaught

康沃尔 Cornwall

科布伦茨 Coblenz

科茨沃尔兹 Cotswolds

科林伯恩 Collingbourne

科隆 Cologne

克拉肯韦尔 Clerkenwell

克拉伦斯 Clarence

克拉苏 Crassus

克拉旺 Cravant

克拉希斯阿努 Classicianus

克莱德 Clyde

克莱门特四世 Clement Ⅳ
克雷迪顿 Crediton
克雷西 Crécy
克里克莱德 Cricklade
克利福德 Clifford
克利瑟罗 Clitheroe
克卢尼 Cluny
克洛维斯 Clovis
库诺比莱纳斯 Cunobelinus

L

拉达盖苏 Radagaisus
拉德科特 Radcot
拉德洛 Ludlow
拉尔夫·格雷 Ralph Grey
拉尔夫·珀西 Ralph Percy
拉格纳·洛德布鲁克 Ragnar Lodbrok
拉罗谢尔 La Rochelle
拉姆利 Lumle
拉姆齐 Ramse
拉特克利夫 Ratcliffe
莱昂内尔 Lionel
莱斯内斯 Lesnes
赖辛 Rising
兰贝思 Lambeth
兰弗兰克 Lanfranc
兰开斯特 Lancaster
兰开夏 Lancashire
朗杜瓦 Landois
勒芒 Le Mans
雷德沃尔德 Redwald
雷丁 Reading
雷根斯堡 Regensburg
雷蒙德六世 Raymond Ⅵ
雷纳夫 Ranulf
雷尼 René
雷文斯珀 Ravenspur
里弗斯 Rivers
里奇博罗 Richborough
里斯·阿普·托马斯 Rhys ap Thomas
理查德·德克莱尔 Richard de Clare
理查德·马歇尔 Richard Marsha
理查德·伍德维尔 Richard Woodville
利奥波德 Leopold
利奥弗文 Leofwine
利丁顿坎普 Liddington Camp
利勒博纳 Lillebonne
利默里克 Limerick
利穆赞 Limousin
利奇菲尔德 Lichfield
利斯 Liss
林迪斯法恩 Lindisfarne
卢埃林亲王 Prince Llewellyn
卢瓦尔河 Loire R.
鲁昂 Rouen
罗伯特·伯内尔 Robert Burnell
罗伯特·布鲁斯 Robert Bruce
罗伯特·德维尔 Robert de Vere
罗伯特·格罗西特斯特 Robert Grosseteste
罗伯特·黑尔斯爵士 Sir Robert Hales

罗伯特 · 韦尔斯 Robert Welles
罗伯特 · 温切尔西 Robert Winchelsea
罗杰 · 比戈德 Roger Bigod
罗克斯伯勒 Roxburgh
洛弗尔子爵 Viscount Lovell
洛斯科特 Losecoat

M

马蒂尔达 Matilda
马恩岛 Man I.
马格努斯 · 马克西姆 Magnus Maximus
马基特博斯沃思 Market Bosworth
马库斯 Marcus
马洛礼 Mallory
马姆思伯里 Malmesbury
玛格丽特 · 博福特 Margaret Beaufort
迈克尔 · 德拉波尔 Michael de la Pole
梅德斯通 Maidstone
梅德韦河 Medway R.
梅尔格温 Maelgwyn
梅利塔斯 Mellitas
美索不达米亚 Mesopotamia
美因茨 Mainz
蒙费拉 Montferrat
蒙哥马利 Montgomery
蒙斯格劳皮乌斯 Mons Graupius
蒙塔古 Montagu
蒙特勒伊 Montreuil
米德尔赫姆 Middleham
米尔福德港 Milford Haven
密阿蒂 Mæatæ
莫洛克桥 Molloch Bridge
莫纳 Mona

N

纳齐苏斯 Narcissus
尼古拉斯 · 特里维特 Nicholas Trivet
纽卡斯尔 Newcastle
诺哈姆 Norham

O

欧塞尔城 Auxerre
欧文 · 都铎 Owen Tudor
欧文 · 格伦道尔 Owen Glendower

P

帕利格 Pallig
帕斯顿 Paston
庞蒂弗拉克特 Pontefract
庞弗里特 Pomfret
佩迪雷斯 · 赛雷利斯 Petilius Cerialis
佩弗雷尔 Peverel
佩尔什 Perche
佩里戈尔 Périgord
佩罗讷 Péronne
蓬蒂厄 Ponthieu
皮埃尔 · 德布莱赛 Pierre de Brézé
皮尔斯 · 加韦斯顿 Piers Gaveston
皮基尼 Picquigny
皮卡尔迪 Picardy

皮姆 Pym
皮特阿 Pytheas
普劳提乌斯 Plautius
普列坦 Pretanic
普瓦图 Poitou
普瓦捷 Poitiers

Q

奇尔特恩 Chiltern
奇彭纳姆 Chippenham
奇普塞德 Cheapside
乔治·内维尔 George Neville
切斯特勒街 Chester-le-Street

R

让·巴卢 Jean Balue

S

萨福克 Suffolk
萨拉丁Saladin
萨里 Surrey
萨默塞特 Somerset
萨瑟克 Southwark
塞文河谷 Severn Valley
塞伊 Say
赛伦塞斯特 Cirencester
桑德尔 Sandal
桑特 Saintes
什鲁斯伯里 Shrewsbury
圣埃德蒙兹 St. Edmunds
圣艾丹 St. Aidan
圣安德鲁 St. Andrew
圣吉思拉克 St. Guthlac
圣卡思伯特 St. Cuthbert
圣帕特里克 St. Patrick
圣瓦莱里 St. Valery
圣威尔弗雷德 St. Wilfred
史迪利科 Stilicho
斯基普顿 Skipton
斯鲁伊斯 Sluys
斯塔弗 Stuf
斯坦恩斯 Staines
斯坦福桥 Stamford Bridge
斯坦哥特 Stanegate
斯特拉斯克莱德 Strathclyde
斯托尼斯特拉特福 Stony Stratford
斯旺斯科姆 Swanscombe

T

塔德卡斯特 Tadcaster
塔尔博特 Talbot
塔内特 Thanet
泰恩 Tyne
泰瓦尔 Thelwall
唐克斯特 Doncaster
提尔 Tyre
托基格 Tokig
托马斯·贝克特 Thomas Becket
托马斯·布兰廷厄姆 Thomas Brantingham
托马斯·法林登 Thomas Faringdon

托马斯 · 基利尔 Thomas Kyriel
托马斯 · 莫布雷 Thomas Mowbray
托马斯 · 斯坦利 Thomas Stanley
托马斯 · 伍德斯托克 Thomas Woodstock
托斯蒂格 Tostig

W

瓦尔塞奥夫 Waltheof
瓦雷杜尼 Val-ès-Dunes
万塔贝尔格罗姆 Venta Belgarum
威尔茨 Wilts
威尔顿 Wilton
威廉 · 布兰登 William Brandon
威廉 · 德拉波尔 William de la Pole
威廉 · 克莱托 William Clito
威廉 · 朗香 William Long-champ
威廉 · 马歇尔 William Marshal
威廉 · 斯克罗普 William Scrope
威廉 · 威克姆 William Wykeham
威特格 Wihtgar
韦克菲尔德 Wakefield
韦勒姆 Wareham
韦鲁勒姆 Verulam
韦茅斯 Weymouth
韦纳伊 Verneuil
维特瑟克 Hvitserk
温德米尔 Windmill
翁弗勒尔 Honfleur
沃尔布鲁克 Walbrook
沃尔萨姆 Waltham
沃尔特 · 德 · 库坦塞斯 Walter de Coutances
沃尔特 · 亨格福德 Walter Hungerford
沃尔特 · 兰顿 Walter Langton
沃林福德 Wallingford
沃特 · 泰勒 Wat Tyler
沃特福德 Waterford
乌尔夫 Uif

X

西奥博尔德 · 沃尔特 Theobald Walter
西格德 Sigurd
西蒙 · 伯利 Simon Burley
西蒙 · 德蒙特福特 Simon de Montfort
西蒙 · 萨德伯里 Simon Sudbury
希恩洛奇 Sheen Lodge
希卢尔 Silure
休 · 德斯潘塞 Hugh Despenser
休 · 吕西尼昂 Hugh Lusignan
休 · 普赛特 Hugh Puiset
休伯特 · 德伯格 Hubert de Burgh

Y

雅克塔 Jacquetta
亚历山大 · 内维尔 Alexander Neville
伊尔内 Ierne
伊夫舍姆 Evesham
伊瓦尔 · 怀特 Ivar White
伊沃 · 泰尔弗 Ivo Taillefer
约翰 · 奥尔德卡斯尔 John Oldcastle
约翰 · 巴德比 John Badby

约翰·布希 John Bushy
约翰·蒂普托夫特 John Tiptoft
约翰·法尔斯塔夫 John Falstaff
约翰·福蒂斯丘 John Fortescue
约翰·格雷 John Grey
约翰·皮彻姆 John Pecham
约翰·切尼 John Cheney

Z

扎戈 Jargeau
詹姆斯·蒂雷尔 James Tyrell